UNIVERSITÉ DE MONTPELLIER

FACULTÉ DE DROIT

LA

JUSTICE FRANÇAISE

EN TUNISIE

THÈSE POUR LE DOCTORAT

PAR

G. DE SORBIER DE POUGNADORESSE

AVOCAT A LA COUR D'APPEL DE NIMES

MONTPELLIER

IMPRIMERIE Gustave FIRMIN et MONTANE

Ancien Hôtel de la Faculté des Sciences

M DCCC XCVII

UNIVERSITÉ DE MONTPELLIER

FACULTÉ DE DROIT

LA

JUSTICE FRANÇAISE

EN TUNISIE

THÈSE POUR LE DOCTORAT

PAR

G. DE SORBIER DE POUGNADORESSE

AVOCAT A LA COUR D'APPEL DE NIMES

MONTPELLIER

IMPRIMERIE Gustave FIRMIN et MONTANE

Ancien Hôtel de la Faculté des Sciences

M DCCC XCVII .

UNIVERSITÉ DE MONTPELLIER

FACULTÉ DE DROIT

MM. **Vigié**, Doyen, professeur de Droit civil, chargé du cours d'Enregistrement.

Valabrègue, assesseur, professeur de Droit commercial.

Brémond, professeur de Droit administratif.

Gide, professeur d'Économie politique.

Laurens, professeur de Droit civil, chargé du cours de Législation notariale.

Glaize, professeur de Procédure civile. chargé des cours de Voies d'exécution et de Législation financière.

Laborde, professeur de Droit criminel, chargé du cours de Législation et d'Economie industrielles.

Charmont, professeur de Droit civil, chargé du cours de Droit civil dans ses rapports avec le Notariat.

Chausse, professeur de Droit romain, chargé du cours de Pandectes.

Meynial, professeur d'Histoire du Droit.

Barde, professeur de Droit constitutionnel.

Valéry, agrégé, chargé des cours de Droit international public et de Droit international privé.

Declareuil, agrégé, chargé d'un cours de Droit romain et du cours d'Histoire du Droit public français.

Brouilhet, chargé d'un cours d'Économie politique.

Giraud, secrétaire.

MEMBRES DU JURY :

MM. **Chausse**, professeur, *président.*

Charmont, professeur, }

Declareuil, agrégé, } *assesseurs.*

A LA MÉMOIRE

DE MON PÈRE ET DE MA MÈRE

G. DE POUGNADORESSE,

ABRÉVIATIONS

A. M. J.	Arrêté du Ministre de la justice.
A. R.	Arrêté du Résident général de Tunisie.
Bomp.	Bompard (La législation de la Tunisie, recueil de textes, par).
Bull. jud. Alg.	Bulletin judiciaire algérien.
Clunet 90-205	Clunet (Journal du droit international privé. fondé par M.), année 1890, page 205.
Conf. cons. 91-2-19	Conférence consultative tunisienne (Procès-verbaux de la) ; année 1891, deuxième session, page 19.
D. Beyl.	Décret beylical.
D. Fr.	Décret français.
D. P. 73-1-129	Dalloz, recueil périodique, année 1873, 1re partie, page 129.
D. Rép.	Dalloz, répertoire.
J. Off.	Journal officiel de la République française.
J. Off. Tun.	Journal officiel tunisien.
J. Pal.	Journal du Palais.
J. T. 96-508	Journal des Tribunaux de la Tunisie (jusqu'au 31 décembre 1896, Journal des tribunaux français en Tunisie), année 1896, page 508.
Jur. Alg.	Jurisprudence algérienne, de 1830 à 1876, par M. Estoublon.
R. A. 85-2-235	Revue algérienne, tunisienne et coloniale de législation et de jurisprudence, année 1885, 2me partie, page 235.
Rev. de dr. int.	Revue de droit international et de législation comparée.
Rev. gén. de dr. int. publ.	Revue générale de droit international public.
Robe, 61-27	Journal de M. Robe, année 1861, page 27.
S. 96-1-221	Sirey. recueil général des lois et arrêts, année 1896, 1re partie, page 221.
Trib. col.	Tribune des colonies et des protectorats.

INTRODUCTION

DU PROTECTORAT DE LA FRANCE EN TUNISIE

Pour si haut que l'on remonte dans l'histoire des peuples, on y constate sans cesse ce fait, fatal en lui-même, que dans les rapports qui peuvent s'établir entre deux Etats, le plus puissant d'entre eux tend naturellement à s'assurer sur le deuxième une sorte de suprématie. On a vu fréquemment une nation prendre sous sa sauvegarde une deuxième nation plus faible qu'elle et obtenir en retour de cette garantie un droit d'ingérence dans les affaires du protégé en absorbant, à son profit, une partie des droits de souveraineté de ce dernier.

Nous n'avons pas la prétention de nous livrer à un exposé historique de cette situation (1). Contentons-nous de rappeler le *fœdus iniquum,* par lequel le peuple romain faisait reconnaître sa majesté, *majestas* (2), par les peuples qui l'environnaient. Au moyen-âge, ne voit-on pas,

---

(1) Cf. Engelhardt : *Les protectorats romains (Rev. de droit int.*, 1895, p. 489) ; et *Considérations historiques et juridiques sur les protectorats* (Clunet 1893, *passim*); Gairal : *Le protectorat international,* p. 9 et suiv. ; Despagnet : *Essai sur les protectorats.*

(2) Cicéron, *ad Herennium,* liv. II, § 12.

en 1395, la République de Gênes se mettre sous la protection du roi de France, comme l'avait déjà fait, en 1358,
l'ordre souverain de Saint-Jean de Jérusalem ? La République de Dantzig n'a-t-elle pas été, depuis le XVe siècle,
sous le protectorat de la Pologne ? A des époques plus
récentes, on retrouve nombre de situations de cette
nature : le traité secret de Montebello concède, en 1797, à
la République de Gênes la protection de la France, protection qui entraînera au besoin le concours de nos armées
pour défendre l'intégrité du territoire de la Ligurie. Sous
Napoléon Ier, la Suisse et la Confédération du Rhin se
trouvent dans une dépendance analogue à l'égard de
l'Empire français.

Les traités de 1815 organisèrent des rapports de cette
nature à l'encontre des îles Ioniennes et de l'Etat de
Cracovie.

Cependant, dans sa notion actuelle, le protectorat revêt
un caractère distinct et qui est très récent. Auparavant,
on pouvait relever dans les relations entre protecteur et
protégé une sorte de suprématie hiérarchique au profit
du premier, un souvenir du système féodal qui établissait entre eux des rapports analogues à ceux qui liaient
le vassal à son suzerain. De nos jours, bien que le protectorat soit souvent imposé par la force, il revêt un
caractère contractuel d'ordre commutatif où le protégé
ne concède au protecteur une partie de ses droits de souveraineté qu'en retour d'avantages effectifs qu'il retire du
traité de protectorat.

Le contrat, l'échange des volontés, est donc à la base
de tout protectorat, et c'est là qu'il faut rechercher la

cause même des difficultés que l'on rencontre à édifier une théorie synthétique de cette institution. S'il est vrai de dire que, dans leurs rapports juridiques, deux particuliers peuvent régler leur convention à leur guise et que les dispositions des lois civiles ne sont, en général, en pareille matière, qu'interprétatives de la volonté des parties, la situation est encore plus nette dans les traités internationaux, où les deux contractants, dont la volonté est souveraine, peuvent disposer sans aucune contrainte et réglementer avec une liberté sans contrôle l'organisation du régime de protectorat qui doit les unir.

Un protectorat ne vaut donc que par le traité qui l'a constitué, et c'est à ce traité qu'il faut se reporter pour rechercher les conditions de son fonctionnement. Divers auteurs ont exposé avec talent une théorie juridique du protectorat; mais, en fait, le protectorat-type, celui qui serait un modèle auquel on puisse se référer pour y trouver la solution des difficultés, n'existe pas et ne peut même pas exister.

En cette matière, on se trouve fatalement en présence d'un certain nombre d'espèces, dans lesquelles la sagacité du critique peut relever des lignes d'ensemble pour en élaborer la synthèse; mais il est impossible de conclure par voie d'analogie d'un régime à un autre sans s'exposer à de graves erreurs. Si l'on procédait à une revue de tous les protectorats qui existent actuellement, c'est en vain qu'on en chercherait deux qui soient absolument identiques (1) : les conditions de temps et de lieu, les différences

(1) Nous ne voulons parler que des protectorats du droit des

de civilisation imposent aux traités de protectorat de trop
contingentes conditions d'existence pour supposer qu'un
nouvel instrument diplomatique puisse, sans embarras,
procéder par voie d'extension au nouveau protectorat de
la totalité des règles déjà admises par un protectorat plus
ancien.

Cependant nous ne pousserions pas cette théorie à l'extrême, et nous ne dirions pas, comme M. Hanotaux, « le
protectorat ne se définit pas. C'est un état de fait et voilà
tout. » (1) La variété des systèmes de protectorat est certainement considérable, mais, au milieu de la diversité
des détails, on voit apparaître avec évidence les grandes
lignes de la théorie. La logique a imposé quelques règles
que la pratique a consacrées, et si ces règles sont dépourvues de sanction matérielle, c'est qu'elles tombent
dans la situation commune à tous les principes du droit
international public.

Aussi, tout en reconnaissant, avec M. Surville (2), que
« le protectorat est encore une institution mal définie »,
croyons-nous possible d'en présenter une rapide synthèse.

gens ; nous ne faisons pas allusion à ces protectorats d'ordre
colonial ou administratif, dans lesquels la souveraineté du
protégé disparaît, et qui ne sont que des procédés d'administration employés par l'Etat conquérant pour faciliter l'annexion,
qu'il a réalisée en fait.

(1) Hanotaux, *Le traité de Tananarive (Revue de Paris,*
1er janvier 1896, p. 5 et suiv.) ; — M. d'Orgeval, *Les protectorats allemands (Ann. de l'école des sc. polit. 1890,* p. 699) croit
impossible l'élaboration d'une théorie scientifique du protectorat.

(2) Surville, *Examen doctrinal (Rev. crit.* 1896, p. 229).

Le régime de protectorat résulte, dans ses traits essentiels, d'un lien contractuel entre deux Etats, dont le plus faible aliène en faveur du plus puissant une partie de ses droits de souveraineté en retour de l'appui matériel et moral que ce dernier lui accorde.

Le protectorat est la conséquence des nécessités politiques de notre époque. Désireuses d'étendre leur influence sans s'imposer toutefois des charges trop lourdes, les puissances européennes ont eu recours à ce procédé qui leur a permis de soumettre en fait à leur autorité de vastes territoires, d'en retirer des avantages analogues à ceux que peuvent fournir des colonies, et cependant qui leur a évité l'obligation de pourvoir par leurs propres ressources au fonctionnement administratif du pays soumis. En outre, le protectorat permet aux nations civilisées de faire l'éducation d'un peuple inférieur, de l'assimiler à nos mœurs et de contribuer à son relèvement matériel et moral : et s'il faut bien reconnaître qu'un but aussi désintéressé est difficile à relever dans l'histoire diplomatique de notre siècle, s'il est certain que l'Etat qui a assumé le rôle de protecteur retire de réels avantages de la mission civilisatrice qu'il s'est imposée, on n'en doit pas moins tenir compte de ce rôle si l'on cherche à élaborer la synthèse du protectorat (1).

Extension politique, mission civilisatrice, tel est le

(1) Cf. Wilhelm, *Théorie juridique des protectorats* (Clunet, 90, p. 205); Despagnet, *op. cit.* p. 137; Pic, *Influence de l'établissement d'un protectorat sur les traités antérieurement conclus avec des puissances tierces,* par *l'Etat protégé.* (*Rev. gén. de dr. int. publ.,* 1896, p. 613.)

double but du protectorat. Pour arriver à ce résultat, pour remplir efficacement ce rôle, tout régime de protectorat se voit dominé par quelques règles essentielles. La souveraineté externe du protégé doit se confondre avec celle du protecteur pour que celui-ci obtienne les avantages qu'il recherchait et qui sont analogues à ceux que procure l'annexion ; sa souveraineté interne est soumise aux restrictions nécessaires pour que le protecteur puisse mener à bien la mission « de seconder le gouvernement et le peuple protégés dans la voie de la civilisation et du progrès (1). »

Ces limites apportées aux droits souverains de l'Etat protégé peuvent se présenter sous les formes les plus diverses, depuis la curatelle la plus effacée jusqu'à la tutelle la plus accentuée et la plus étroite. De là naît la difficulté de fournir une théorie rigoureusement scientifique du protectorat et l'obligation de s'en tenir à des notions générales, qui manquent nécessairement d'une précision absolue. Aussi nous paraît-il préférable d'écarter toute théorie préconçue et de nous contenter de constater quels sont les rapports établis par les traités constitutifs du protectorat entre la France et la Régence de Tunis, pour dégager, par une analyse des deux traités du Bardo et de la Marsa, les règles du nouveau régime qu'ils ont établi en Tunisie.

On sait à la suite de quels évènements la France fut amenée à intervenir dans la Régence. La sécurité de l'Algérie rendait indispensable une action militaire, qui

(1) Formule du traité de Tananarive du 17 décembre 1885.

mit un terme aux déprédations dont nos sujets étaient
victimes et punit le gouvernement du Bey de son hostilité contre nous. M. d'Estournelles de Constant a tracé (1)
un historique remarquable de la période qui a précédé
notre protectorat, et sa plume autorisée convainc facilement de la nécessité où nous nous trouvions d'établir à
Tunis notre influence d'une façon stable et permanente.

L'annexion de la Tunisie a eu ses partisans ; on y a
heureusement renoncé. Les résultats que nous avons
obtenus dans la Régence sont trop satisfaisants pour ne
pas s'incliner devant eux : on doit même se flatter d'avoir
évité le système de l'annexion quand on voit, après plus
de soixante ans, notre administration procéder encore
par voie de tâtonnements à l'organisation de l'Algérie.

En Tunisie, notre protectorat nous a évité une conquête, ou, selon le mot du cardinal Lavigerie, « il nous a
fait l'économie d'une guerre de religion. » En outre, ce
procédé correspondait bien aux données de notre caractère national : comme l'a fait remarquer M. Wilhelm (2),
« rien de plus français que cette idée de protectorat, qui
comporte dans son essence un mélange de prosélytisme,
de vulgarisation, de dévouement et d'autorité, toutes qualités inhérentes au caractère national. » Grâce au protectorat, nous avons certainement tiré de la Régence tous
les avantages qu'elle nous eût fournis si nous l'eussions
réduite au rang de simple colonie, et nous avons, en
même temps, écarté les charges et les responsabilités de

_____

(1) Cf. d'Estournelles de Constant, *Le protectorat français en
Tunisie*, première partie.

(2) *Théorie juridique des protectorats* (Clunet, 90-205).

l'administration. Nous avons pu, en outre, conquérir progressivement à la civilisation une contrée à demi barbare, tout en respectant ses mœurs ; nous avons amélioré ses institutions sans les détruire, et nous avons ainsi évité de nombreuses difficultés.

Une conquête brise, en général, les cadres de l'organisation du pays vaincu. Le protectorat, au contraire, a des prétentions plus modestes ; c'est une simple évolution des institutions juridiques et politiques du pays protégé. La condition spéciale de la Tunisie permettait avec facilité d'en faire l'expérience. On se trouvait dans un pays possédant un gouvernement organisé : sans doute, comme tous les pouvoirs orientaux, ce gouvernement était l'arbitraire même, c'était le régime de la faveur, régime bizarrement amalgamé du despotisme le plus absolu avec la faiblesse et l'inertie. Malgré tous ces vices, ce gouvernement existait, et, en réalité, il était la conséquence logique du tempérament intellectuel et moral du peuple qui lui était soumis. On a dû lui faire subir des réformes, mais on n'a pas eu à en constituer un nouveau, et notre action a pu se produire sans choquer le sentiment populaire et sans irriter le fanatisme si susceptible du musulman. Ce sont des actes signés du Bey et émanant de son autorité, qui ont réalisé toutes les réformes du protectorat, et c'est ainsi que notre influence a pénétré sans secousse, sans soulever de récriminations. L'autorité du Bey est assurément devenue presque nominale, mais elle nous a couverts de son prestige et a mieux assuré notre pouvoir que ne l'eût fait une puissante armée d'occupation.

Il faut, cependant, reconnaître que l'on doit les résul-

tats obtenus en Tunisie plus à la pratique habile de nos
agents qu'aux moyens d'action mis par le traité du
Bardo à leur disposition (1). S'il est un traité de protectorat qui soit incomplet et rédigé à la hâte, c'est bien la convention signée le 12 mai 1881 : la timidité et les hésitations de notre diplomatie furent telles que le mot de *protectorat* n'y est pas même prononcé. Il est vrai que notre
qualité de protecteur résultait amplement de l'article 3,
dans lequel la France prenait « l'engagement de prêter un
constant appui à Son Altesse le Bey de Tunis contre tout
danger qui menacerait la personne ou la dynastie de
Son Altesse, ou qui compromettrait la tranquillité de ses
Etats. »

Au point de vue de la souveraineté externe, le traité du
Bardo va moins loin que les conventions analogues : en
général, le pays protecteur absorbe entièrement toute la
capacité internationale de l'Etat protégé. Ici, au contraire, si la France se charge de la représentation diplomatique de la Tunisie auprès des puissances étrangères,
le Bey conserve le droit de conclure directement les
traités avec les tierces puissances, sauf à en donner
connaissance au Gouvernement français et à s'entendre
préalablement avec lui. On peut emprunter, à cet égard,
à **M.** Wilhelm (2) une comparaison très juste, tirée d'un
rapprochement fait avec le droit civil : tandis qu'au
point de vue des relations extérieures, l'Etat protecteur
est, en général, un tuteur, en Tunisie, la France n'exerce

---

(1) Cf. Bomp., p. 472, le texte du Traité du Bardo.
(2) Wilhelm, *loc. cit.* (Clunet, 90-206),

« qu'une curatelle sous l'empire de laquelle le Bey agit
avec le consentement et le concours du Gouvernement
français. » Ce système garantissait évidemment les intérêts de la France, mais il pouvait exposer à des lenteurs
et à des malentendus ; aussi, en pratique, le Bey n'a-t-il
jamais fait usage de cette faculté, et c'est la France qui
a toujours conclu directement avec les puissances étrangères les actes internationaux qui intéressent la Tunisie (1).

Si les termes du traité du Bardo étaient plutôt hésitants
et timides au regard de la souveraineté externe, à l'encontre de la souveraineté intérieure, ils dépassaient les
bornes de toute insuffisance. A peine l'article 2 nous
accordait-il le droit d'occuper les points nécessaires pour
assurer le rétablissement de l'ordre et la sécurité de la
frontière et du littoral, et l'article 5 créait-il auprès du
Bey un Ministre-Résident, chargé de veiller à l'exécution
du traité, et « destiné à être l'intermédiaire des rapports
du Gouvernement français avec les autorités tunisiennes
pour toutes les affaires communes aux deux pays. » A
l'exception de ces deux stipulations, le traité gardait le
silence le plus absolu sur l'intervention de la France dans
l'administration intérieure de la Régence.

On pouvait conclure de l'esprit général du traité et de
l'institution d'un Ministre-Résident à Tunis, que la
France obtenait un droit de contrôle sur la Tunisie, mais

(1) C'est ainsi que la France a conclu directement avec l'Italie les récentes conventions du 25 septembre 1896. Il en est de
même pour les accords diplomatiques qui règlent la nouvelle
situation commerciale de la Tunisie avec les autres puissances.

la solution n'était pas évidente, et l'existence de la Commission financière internationale ne pouvait que rendre la
situation plus difficile. Cette Commission avait été organisée par un décret beylical du 5 juillet 1869, pour remettre l'ordre dans les finances de la Régence et assurer le
paiement de leurs droits aux créanciers de cette dernière.
Composée de Tunisiens et des délégués de la France, de
l'Angleterre et de l'Italie, cette commission, où nos nationaux ne formaient qu'une minorité impuissante, avait étendu son action sur toutes les branches de l'administration, sans cependant être armée d'un pouvoir assez fort
pour y apporter des réformes utiles. Aussi, au lieu d'être
un auxiliaire pour nous, ne faisait-elle qu'entraver notre
action et la paralyser.

Cette difficulté a disparu depuis que la France a pris
sous sa garantie absolue la dette de la Tunisie, et que,
dès lors, le contrôle de la Commission financière n'a plus
eu de motif légitime de s'exercer. Celle-ci s'est dissoute
le 13 octobre 1884. Dans l'intervalle, la question avait
fait un grand pas par la conclusion du traité signé à la
Marsa, le 8 juin 1883, et ratifié par la loi française du
10 avril 1884 (1). Cette convention, relative aux pouvoirs
du Gouvernement français dans la Régence, prononce
enfin le mot de *protectorat*. Son article premier assure la
main-mise de la France sur la Tunisie ; il est ainsi conçu :
« Afin de faciliter au Gouvernement français l'accomplissement de son protectorat, S. A. le Bey de Tunis s'engage
à procéder aux réformes administratives, judiciaires et

(1) Cf. Bomp. p. 473. Traité de la Marsa.

financières que le Gouvernement français jugera utiles. »
En présence de ce texte, l'autorité du Bey n'a guère plus
qu'un caractère nominal ; il ne possède plus qu'une souveraineté de parade, et si, en apparence, on lui conserve
le pouvoir de décision, en fait, il est contraint d'en user
dans le sens qui lui est indiqué par notre Gouvernement.

La situation de la France en Tunisie est cependant
bien meilleure que celle qui résulterait de l'interprétation
rigoureuse des traités du Bardo et de la Marsa. En réalité
l'autonomie du gouvernement beylical est devenue absolument théorique. Grâce à un ascendant légitimé d'ailleurs
par les services rendus, grâce aussi à l'habileté diplomatique et au tact de nos Ministres-Résidents, qui ont
su gagner progressivement du terrain sans froisser des
traditions respectables et des droits sacrés par eux-mêmes,
nous avons mis la haute main sur les affaires du pays,
en imprimant une direction absolue à l'initiative du Bey
et en plaçant des fonctionnaires français à la tête des
différents services de l'administration. Et si, par respect
pour les mœurs politiques et pour les habitudes sociales
et religieuses de la nation, nous avons laissé en contact
avec les populations des agents de leur race, nous avons
su par une puissante organisation du contrôle assurer
notre autorité et éviter les embarras qu'aurait pu nous
créer une hostilité de leur part.

Aussi faut-il établir une distinction profonde entre
notre autorité théorique sur le sol de la Régence et celle
qu'en fait nous y exerçons. En droit, il faut se rappeler
que les actes constitutifs du Protectorat sont l'œuvre de
deux contractants, dont la puissance peut sans doute être

inégale, mais dont l'autorité juridique est la même. De
ce que l'une des parties a fait la loi du contrat, on ne
saurait légitimement en conclure qu'il ait pris un caractère
léonin à l'égard de l'une d'entre elles. Il faut, au contraire,
se rappeler que l'indépendance réciproque des États forme
la base du droit international public : dès lors, cette indépendance doit se présumer dans la limite même où il n'y
est point dérogé par un texte formel. Dans l'espèce, ce
texte sera le traité qui aura créé et organisé le protectorat : dans leurs rapports, l'État protecteur et l'État
protégé devront être considérés comme indépendants l'un
de l'autre dans la mesure où le second n'aura pas abdiqué
en faveur du premier l'exercice de ses droits de souveraineté.

En ce qui concerne la Tunisie, si l'on se rapporte aux
deux traités du 12 mai 1881 et du 8 juin 1883, on constate qu'en droit, l'autorité de la puissance protectrice est
des plus restreintes et qu'elle ne s'exerce que sous une
forme très atténuée. Nous savons, au point de vue de la
souveraineté externe, que le Bey conserve la signature
des actes internationaux et qu'il n'est tenu qu'à s'entendre, au préalable, avec le Gouvernement français. De
même, le traité du Bardo laissait au Bey son entière autorité au point de vue intérieur, et le traité de la Marsa n'est
venu la modifier qu'en la limitant par le droit accordé à
la France d'imposer les réformes qui lui paraîtraient
utiles.

Ainsi se confirme ce caractère de curatelle, auquel nous
avons déjà fait allusion, dans les rapports de la France et
de la Tunisie : la puissance protectrice ne se substitue pas

au protégé, elle ne le représente pas. Elle se contente de
le diriger et de lui conférer son *consensus* en venant par-
faire par son intervention une capacité juridique incom-
plète. Le Bey conserve donc des droits souverains, qui
sont beaucoup plus étendus que ne le sont, en général,
ceux des chefs d'Etat soumis à un protectorat : aussi
doit-on approuver les solutions de la Cour de Paris et de
la Cour de Cassation (1) lorsqu'elles ont décidé que le
Bey, comme tout autre souverain étranger, jouissait à leur
égard, en vertu des principes du droit des gens, d'une
immunité de juridiction absolue, bien qu'il fût soumis au
protectorat de la France.

Si l'on quitte le domaine de la théorie pour entrer dans
celui de la réalité, on constate qu'en matière internationale, la diplomatie française a entièrement substitué
son action à celle du Bey, et qu'elle a directement conclu
avec les tierces puissances des engagements qui ont lié
la Tunisie sans que le Bey y soit personnellement intervenu. Dans le domaine de l'administration intérieure, on
a vu nos agents occuper tous les hauts postes et toutes
les fonctions supérieures de telle sorte que la main-mise
du Gouvernement français s'est exercée en fait sur toutes
les branches de l'administration : aussi ses vues ont-elles
triomphé avec la plus grande facilité.

Comment peut-on expliquer que le protectorat de la
France sur la Régence de Tunis, d'une timidité outrée si
l'on s'en tient aux termes exprès des traités, soit en réa-

(1) Paris, 1re ch., 14 décembre 1893 (J.T. 94-38); Cass. Civ.
21 janvier 1896 (S. 96-1-221). — *Sic :* Surville, *Examen doctrinal (Rev. crit.* 1896, p. 229).

lité un des plus rigoureux, un de ceux où la personnalité
du protégé est le plus effacée et où il ne possède plus la
moindre initiative. Ce résultat s'explique à la fois par
des conséquences historiques et par l'intention politique
du Gouvernement français lorsqu'il s'est assuré le protectorat de la Régence.

Bien avant notre établissement en Tunisie, la situation
de ce pays laissait prévoir l'intervention d'une puissance
européenne. Dès longtemps, en 1870, notre agent
diplomatique, M. de Botmiliau avait averti notre Gouvernement de cette éventualité, que la débâcle financière de la Régence rendait probable à brève échéance.
L'institution de la Commission financière ne sauva pas
le pays ; elle ne fit que prolonger pendant dix ans une
situation précaire et sans autre issue qu'une intervention européenne. La France avait plus que toute
autre puissance le droit d'imposer son autorité à la Tunisie ; non seulement le voisinage de l'Algérie, mais encore
l'importance des créances possédées par nos nationaux
contre le gouvernement beylical lui en donnaient le droit
strict. Malheureusement, nous nous trouvions au milieu
de cette période qui a suivi la guerre de 1870, dans
laquelle notre diplomatie, se sentant isolée, se montrait
peu sûre d'elle-même et manifestait de nombreuses et dangereuses hésitations, que le Gouvernement français par-
tageait. De là un retard sensible dans l'action, de là aussi,
le jour où la situation fut devenue telle que la temporisation
n'était plus possible, l'adoption du régime le plus atténué
de protectorat, la crainte même de prononcer ce mot dans
le traité du Bardo. Nous nous sommes félicités de la pré-

férence accordée au protectorat sur l'annexion ; mais si
cette dernière solution a été écartée, ce fut très probablement moins la suite d'une étude comparée des avantages
de ces deux régimes, que la conséquence d'une timidité
outrée et inquiète. Cette même timidité se manifesta dans
le traité du Bardo, quand cet acte diplomatique parut limiter
notre intervention dans les affaires intérieures de la Régence
à une occupation militaire, indiquée comme temporaire
puisqu'il était formellement stipulé qu'elle prendrait fin
lorsque l'administration locale serait en état de garantir
le maintien de l'ordre. On peut expliquer de la même
façon l'article 4 du traité du Bardo, dans lequel le Gouvernement français s'est porté garant de l'exécution des
traités passés entre le Bey et les tierces puissances : cette
clause nous a causé un grave préjudice quand nous avons
voulu organiser notre juridiction. Nous en ressentons
aujourd'hui encore les effets lorsque, dans nos tentatives
pour réglementer les rapports de commerce international
de la Régence, nous nous heurtons au traité anglo-tunisien
du 19 juillet 1875 (1), qui est perpétuel et qui, comportant la clause de la nation la plus favorisée au profit de
la Grande-Bretagne, nous met à la merci de cette puissance.

Aussi peut-on dire que si notre diplomatie évita de la
sorte en 1881 certaines difficultés, elle compromit gravement l'avenir. Cette erreur se fit sentir lorsque, après la
pacification du territoire de la Régence et la répression
de l'insurrection, qui entraîna le bombardement de Sfax,

(1) Cf. texte du traité, Bomp., p. 466.

on voulut procéder à la réforme de l'organisation intérieure du pays. En droit, les procédés d'action nous faisaient absolument défaut, et si le traité du 8 juin 1883
améliora la situation, il était cependant notoirement
insuffisant. Il fallut donc remédier par une pratique habile
aux défectuosités des traités du Bardo et de la Marsa.

Ce résultat a été obtenu grâce à la politique franche
et adroite de la France, qui a su convaincre le Bey de la
loyauté de ses intentions et obtenir son assentiment à
toutes les mesures qu'elle a jugées utiles.·

Au point de vue extérieur, nous rencontrions de nombreuses difficultés : existence de la Commission financière
avec sa main-mise sur la richesse du pays ; concessions
de capitulations, qui permettaient aux puissances étrangères d'avoir en Tunisie des juridictions consulaires ;
traités de commerce, qui rendaient impossible l'établissement d'une union douanière entre la France et la
Régence et ne permettaient même pas l'octroi d'un régime
de faveur pour nos importations (1).

La dernière de ces questions n'est pas encore résolue,

(1) M. Leroy-Beaulieu (*La dénonciation du traité de commerce
italo-tunisien ; Econ. fr.*, 1895, II, 169) et le vicomte de Montureux (*Lettre sur la situation de la Tunisie ; Econ. fr.*, 1895, I,
299) ont soutenu que la France, en sa qualité de puissance
protectrice, eût pu s'assurer une situation exceptionnelle sans
tomber sous la clause de la nation la plus favorisée. L'article 4
du traité du Bardo rend inacceptable dans l'espèce ce système,
employé par l'Autriche en Bosnie et en Herzégovine, système
qui peut fort bien se soutenir en théorie. (Cf. d'Orgeval, *Le
régime douanier de la Tunisie; Ann. de l'école libre des sc. polit.*,
1889, p. 613.)

bien que la plupart des puissances, l'Italie entre autres (1),
aient consenti à reconnaître que la clause du traitement
de la nation la plus favorisée ne leur donnerait pas droit
au régime douanier qui sera établi entre la France et la
Régence. Nous savons que le Gouvernement français, en
donnant sa garantie à la dette tunisienne, a rendu inutile
le fonctionnement de la Commission financière dès 1884.
Des conventions récentes ont abrogé les capitulations à
l'égard d'un certain nombre d'Etats parmi lesquels il faut
mentionner l'Italie (2) : si elles sont maintenues à l'égard
des autres puissances (3), elles ont cependant perdu leur
principal inconvénient par la suppression du pouvoir
juridictionnel qu'elles conféraient aux consuls : nous
aurons à faire, dès le début de cette étude, l'historique
de cette suppression.

Ces résultats, si importants qu'ils soient, ne sont
cependant pas suffisants pour assurer notre pouvoir sur
la Tunisie d'une façon absolue. En fait, il serait puéril de
vouloir le dissimuler, le protectorat n'est dans l'intention
de la puissance protectrice qu'une forme de l'annexion,
qu'une conquête déguisée. Or, le régime organisé en

---

(1) Traité de commerce italo-tunisien du 28 septembre 1896,
art. 8 (J. T., 96-508.)

(2) Cf. D. Beyl. du 1er février 1897, art. 1er (J. T., 97-82.)

(3) La Chambre correctionnelle de la Cour d'Alger a jugé, le
21 mai 1885 (R. A., 85-2-235), que les capitulations sont abrogées en Tunisie. C'est une erreur ; il n'y a que le pouvoir juridictionnel des consuls qui ait disparu avec ses conséquences
normales. Aujourd'hui cependant, depuis le 1er février 1897,
quelques puissances ont renoncé à leurs capitulations.

Tunisie est, aux termes des traités, l'un de ceux où la souveraineté interne du protégé est très étroitement respectée, et il y a loin entre lui et ces protectorats d'ordre colonial, où l'emploi du régime n'est pas le résultat d'une convention, mais bien l'acte unilatéral du protecteur, qui ne cherche qu'à faciliter pour lui l'administration du territoire soumis à sa domination. Il n'y a pas la moindre comparaison à formuler entre notre établissement dans la Régence et celui que nous avons constitué dans d'autres régions, au Cambodge, par exemple, où le pouvoir soi-disant protégé n'a pas de souveraineté réelle et n'est qu'un intermédiaire entre nous et la population indigène, en nous dispensant de pourvoir par nos propres ressources aux détails de l'action administrative.

Nous avons déjà noté que les résultats acquis en Tunisie provenaient surtout de la pratique modérée et habile de nos agents diplomatiques. Ils viennent de leur continuité de vues et de leur persistance à faire pénétrer lentement notre autorité dans toutes les branches de l'organisme social par l'ensemble des moyens mis à leur disposition.

L'organisation de la juridiction française a été l'un des principaux procédés de l'extension de notre influence en Tunisie. Dans la discussion de l'interpellation de M. Fleury-Ravarin sur l'organisation administrative de l'Algérie, en novembre 1896, M. Cambon, gouverneur général de l'Algérie, faisait remarquer que nos juges de paix avaient par beaucoup de côtés, dans notre grande colonie, une action politique par le contact incessant et immédiat qu'ils ont avec la population indigène à laquelle ils ren-

dent la justice dans de nombreuses hypothèses. La situation est identique en Tunisie, où l'on peut dire que non
seulement nos juges de paix, mais encore nos tribunaux
de première instance sont de puissants agents de l'influence française. On conçoit, en effet, que tout en respectant avec scrupule les principes du droit et de l'équité,
une juridiction, par le fait des pouvoirs qu'elle possède
et de l'autorité effective qu'elle exerce, acquierrc une
véritable influence sur la population qui lui est soumise
au moins indirectement.

Aussi voit-on toutes les nations qui s'établissent dans
un pays, s'empresser d'y constituer leurs tribunaux, et si
elles ne les substituent pas toujours à ceux qui peuvent
déjà exister, leur tendance normale est de pousser au
développement de la compétence de la nouvelle juridiction. En assumant le protectorat de la Régence, la France
a agi de la sorte. Elle trouvait cependant sur les lieux
son ancienne justice consulaire établie par les capitulations dans l'intérêt de nos nationaux. Ce n'est donc pas
en leur faveur qu'a été créée la nouvelle organisation
judiciaire ; et alors même que l'on considérerait l'établissement par le protecteur d'une juridiction spéciale à
ses nationaux comme une conséquence naturelle de tout
traité de protectorat, en Tunisie la question était déjà
suffisamment résolue en notre faveur. Eût-on voulu concéder de nouveaux privilèges aux sujets ou aux protégés
français, il n'était pas nécessaire de créer de nouveaux
tribunaux pour arriver à ce résultat, il suffisait d'étendre
la compétence de notre juge-consul.

En Tunisie spécialement, la création d'une juridiction avec tous ses développements normaux n'avait pas seulement pour but de consolider notre influence sur la population indigène et d'asseoir notre domination sur le territoire, elle avait l'avantage d'affaiblir et même de faire disparaître la situation privilégiée que les puissances étrangères tiraient des capitulations et qu'elles avaient augmentée à la faveur du désordre qui régnait dans l'administration beylicale. Si nous avions dû respecter indéfiniment les droits juridictionnels des consuls, notre action politique se serait heurtée à d'incessantes et insolubles difficultés : la création des nouveaux tribunaux, qui remplacèrent notre juge-consul, fut un moyen d'obtenir des puissances étrangères l'abolition de leurs justices, car leurs nationaux, devenus ressortissants de la juridiction ainsi organisée, bénéficièrent des extensions de compétence qu'elle avait obtenues du gouvernement beylical.

Nous constatons donc qu'au point de vue des relations internationales, comme au regard de l'administration intérieure, la justice française a été constituée pour faire prévaloir la pensée du protectorat. Cette considération nous paraît de la plus haute importance. C'est elle qui nous imposera dans les hypothèses douteuses le choix de la solution la plus favorable à l'extension de notre juridiction.

Cette interprétation large nous paraît répondre aux intentions des organisateurs du protectorat ; elle est conforme à la tendance générale de notre action politique,

et elle peut seule donner à notre justice l'autorité morale
nécessaire pour mener à bien sa mission civilisatrice et
réaliser la part qui lui incombe dans le relèvement de la
Tunisie.   .

En servant à consolider définitivement l'influence
nationale, la justice française coopérera à ce résultat.
Dès maintenant, la France peut être fière de son œuvre
dans la Régence, et les étrangers n'ont pas hésité à rendre
hommage à notre succès (1).

Dans la sphère d'action morale, notre protectorat a
été un instrument d'ordre et de pacification : au point de
vue matériel, il a réorganisé les finances de la Tunisie,
donné à l'administration locale un fonctionnement régulier et développé considérablement la richesse économique du pays.

L'œuvre n'est point terminée ; des expériences mal-
heureuses et des hésitations en ont retardé l'accomplissement ; mais, dans son ensemble, elle constitue cependant un succès pour notre politique coloniale. La réussite
définitive est encore plus, en pareille matière, l'œuvre
du temps que celle des hommes.

Puisse ce résultat ne pas être trop long à atteindre ;
puisse-t-il être complet et rendre à cette ancienne
province d'Afrique, qui fut jadis le grenier de Rome, sa

_____

(1) Dans l'*Edinburgh. Rev.* (avril 1893), un auteur anonyme,
qui semble doué d'une compétence spéciale, fait, sous le titre :
« *La politique coloniale de la France* », un très vif éloge de
notre protectorat de Tunisie (*Rev. gén. de dr. int.*, 1894, p. 271,
note 2).

prospérité d'autrefois ! Puisse la race latine, en remettant le territoire de la Tunisie sous son influence, y effa-
·cer les traces dévastatrices de l'invasion musulmane et
lui rendre, avec sa splendeur passée, sa prospérité disparue !

LA

JUSTICE FRANÇAISE

EN TUNISIE

CHAPITRE PRÉLIMINAIRE

ÉTABLISSEMENT DE LA JURIDICTION FRANÇAISE DE TUNISIE

§ Iᵉʳ. HISTORIQUE

Le traité du Bardo, signé le 11 mai 1881 et ratifié par la loi française du 27 du même mois, ne prononçait pas le mot de *protectorat* : mais il établissait incontestablement ce régime en Tunisie. Toutefois, par une prudence excessive peut-être, dans le but d'écarter toute difficulté d'ordre international, l'article 4 de cette convention stipula que la France se portait garante des traités contractés avec les puissances européennes par le gouvernement beylical (1).

Cette clause avait l'avantage de marquer l'entière bonne foi de la France, mais elle était empreinte de scrupules excessifs.

(1) Cf. Bomp. p. 472. Texte du traité du Bardo.

Il est incontestable que l'établissement du protectorat ne pouvait, en thèse générale, délier la Tunisie de ses engagements envers les tierces puissances ; mais cette règle devait cependant subir une exception à l'égard des conventions diplomatiques dont l'exécution était incompatible avec le nouvel ordre de choses inauguré par le traité de 1881 (1).

Aussi eût-on logiquement compris que, par le fait même de l'établissement de notre protectorat sur la Tunisie, les capitulations consenties précédemment aux gouvernements européens par le Bey, fussent abolies de plein droit. Ces traités, dans lesquels le pouvoir local abandonne, entre autres privilèges, aux consuls le droit de juridiction sur leurs nationaux, sont indispensables pour assurer la sécurité et la prospérité des Européens dans les pays musulmans ou dans ceux de l'Extrême-Orient : le juge local, souvent hostile aux Européens, est loin de leur donner les garanties nécessaires d'impartialité, de science juridique et d'indépendance. Mais le maintien des capitulations ne se justifie plus lorsqu'une nation européenne annexe un territoire ou met la haute main sur les affaires d'un pays en le soumettant à son protectorat : nul ne protesta quand le gouvernement français abolit les capitulations en Algérie, et trois ans à peine avant le traité du Bardo, à la suite de la guerre d'Orient, l'Autriche en Bosnie et en Herzégovine, l'Angleterre à Chypre, en plaçant ces contrées sous leur autorité, ont supprimé de leur propre mouvement les tribunaux consulaires qui y existaient en vertu des capitulations (2).

Il semble que le gouvernement français aurait pu agir de même en Tunisie, mais le traité du Bardo lui liait les mains, et

(1) Cf. tamen, Pic : De l'influence de l'établissement d'un protectorat sur les traités antérieurement conclus avec des puissances tierces par l'État protégé (Rev. gén. de dr. int. public, 1896, p. 613).
(2) L'Italie, qui nous a soulevé de grandes difficultés au sujet de l'abolition des capitulations en Tunisie, les a cependant déclarées abrogées à Massouah, par le fait de son installation en 1887.

il dut entamer avec les puissances étrangères des négociations diplomatiques pour obtenir d'elles leur consentement à la suppression de leurs juridictions consulaires.

Les pouvoirs conférés aux consuls par les capitulations ne pouvaient se concilier avec l'exercice de notre protectorat : non seulement, il en résultait une multiplicité de juridictions qui, à elle seule, constituait déjà une entrave à la bonne administration de la justice, mais encore les consuls se faisaient remarquer par une vraie partialité en faveur de leurs nationaux. Ils jugeaient seuls les causes dans lesquelles leurs nationaux et leurs protégés étaient défendeurs, et il fallait recourir à leur intervention pour exécuter les condamnations obtenues contre un de leurs justiciables : leur mauvais vouloir était fréquent en pareil cas et équivalait souvent à un déni de justice. En matière pénale, les consuls étaient les juges exclusifs des délits commis par leurs nationaux : là encore, leur partialité était excessive, et, le plus souvent, les poursuites n'entraînaient qu'une condamnation ridicule quand elles n'aboutissaient pas à des acquittements scandaleux. Dans l'exercice de leurs fonctions de juge, les agents diplomatiques ne se laissaient guider que par leur rôle politique : on sait qu'en 1881, ils eurent la prétention de dénier à nos conseils de guerre le droit de réprimer les attentats commis contre notre armée. Il résultait de cette situation une telle insécurité que les colonies anglaise, grecque et italienne demandèrent, par voie de pétition, à devenir justiciables de nos tribunaux (1).

L'abrogation des juridictions consulaires était donc urgente ; mais la France devait, pour l'obtenir, constituer au préalable ses propres tribunaux et offrir ainsi aux puissances européennes

(1) Des abus du même genre se produisent fatalement partout où fonctionnent des tribunaux consulaires. Ce sont eux qui amenèrent, en 1875, l'organisation de la juridiction mixte d'Egypte. (Cf. Simaïka : *De la compétence des Tribunaux mixtes d'Egypte*, p. 1 et s. — Laget : *De la condition juridique des Français en Egypte*, p. 98 et s. et *passim*. — Lamba : *De l'évolution de la condition juridique des Européens en Egypte*, p. 109 et s.).

les garanties d'une justice régulière. Dans ce but, le Gouvernement français, dans les derniers jours de mai 1882, déposa
à la Chambre des députés un projet de loi sur l'organisation
du protectorat en Tunisie : une des dispositions de ce projet
créait un tribunal civil et une justice de paix pour remplacer
le tribunal consulaire de France.

Ce projet, notoirement insuffisant, causa une déception générale (1), et la commission de la Chambre, chargée de l'étudier,
sur la proposition de MM. Antonin Dubost, rapporteur, et
Franck-Chauveau, demanda au Gouvernement de lui soumettre
des propositions plus complètes. C'est alors que la partie du
projet qui concernait la justice fut l'objet d'une étude séparée
et reçut de nombreux remaniements. Après avoir obtenu l'assentiment du pouvoir législatif, elle fut promulguée le
27 mars 1883.

La nouvelle loi, qui forme toujours la base organique de
notre juridiction en Tunisie, constituait dans la Régence un
tribunal civil et six justices de paix. Ces divers tribunaux recevaient une compétence *ratione materiæ*, analogue à celle des
tribunaux d'Algérie. En ce qui concerne les justiciables, la
nouvelle juridiction prenait la place de notre tribunal consulaire, et l'article 2 de la loi prévoyait que sa compétence pourrait être étendue « à toutes autres personnes par des arrêtés
ou des décrets de Son Altesse le Bey, rendus avec l'assentiment
du Gouvernement français.» La justice consulaire de France
était supprimée (2).

La loi du 27 mars 1883 fut promulguée en Tunisie le 18 avril
1883 (D. Beyl. du 10 Djoumadi-el-Tani 1300); elle fut aussitôt
mise à exécution. Le nouveau tribunal fut installé dans ses
fonctions avec une grande pompe le 24 avril, et, le même jour,
notre juge-consul cessa d'exercer ses pouvoirs (3).

(1) Cf. à ce sujet : Faucon, *La Tunisie*, tome I, p. 342 et s.
(2) Cf. Bomp., p. 266. Texte de la loi du 27 mars 1883.
(3) Pour les détails de l'installation, cf. d'Estournelles de Constant : *La politique française en Tunisie*, p. 375.

Il ne restait plus qu'à obtenir des puissances étrangères l'abolition de leurs privilèges, et tandis que des négociations diplomatiques étaient entreprises dans ce but, le Bey, par un décret en date du 5 mai 1883 (1), décidait que les nationaux des puissances étrangères passeraient sous la juridiction française au cas d'abrogation de leurs tribunaux consulaires.

Avec la plupart des gouvernements étrangers, les négociations arrivèrent facilement au résultat désiré (2). Seules l'Angleterre et l'Italie, qui voyaient avec regret leur ancienne influence disparaître en Tunisie du fait de notre protectorat, soulevèrent de nombreuses difficultés. La proximité de la Sicile ou de Malte, et, par suite le grand nombre de nationaux de ces deux puissances qui résidaient en Tunisie, expliquaient dans une certaine mesure leur répugnance à supprimer leurs consuls-juges. La Grande-Bretagne céda la première, et par un ordre du Conseil, en date du 31 décembre 1883, sa justice consulaire fut supprimée (3). L'Angleterre stipula seulement que certaines réclamations des particuliers seraient jugées par des arbitres spéciaux : deux affaires seulement ont été soumises à cette procédure.

L'Italie suivit l'exemple de l'Angleterre, mais, par un protocole en date du 25 janvier 1884 (4), elle régla la question en détails et subordonna son assentiment à des conditions nombreuses. Il fallut promettre de ne pas appliquer la peine de mort aux Italiens et donner à nos tribunaux la compétence administrative à leur égard alors qu'ils ne la possédaient pas à l'encontre des Français eux-mêmes. L'application de la loi italienne était formellement prescrite dans un grand nombre d'hypothèses. L'article premier du protocole ne parlait que de

(1) Bomp., p. 269.
(2) Cf. Bomp., p. 269, note 1, la date de fermeture des divers tribunaux consulaires.
(3) Cf. R. A., 85-3-50, note 1, la renonciation de l'Angleterre et celles des principales puissances.
(4) Cf. Bomp., p. 473, le texte du protocole franco-italien de 1884.

la *suspension* de la juridiction consulaire italienne et non de sa suppression ; mais le ministre des affaires étrangères d'Italie, M. Mancini, a reconnu que le terme « suspendu » signifiait que le tribunal italien ne pouvait être rétabli tant que la situation actuelle durerait en Tunisie. Cette réserve ne vise donc que le cas où notre occupation cesserait et se trouve reproduite dans la loi grecque du 20 février 1884 et dans la loi hollandaise du 7 octobre 1884.

Le tribunal consulaire des Pays-Bas cessa le dernier de fonctionner le 1er novembre 1884.

De son côté, le gouvernement beylical étendit la compétence de nos tribunaux à l'encontre des Tunisiens, et tandis qu'auparavant les juges-consuls n'avaient le droit de statuer que lorsque les Européens étaient défendeurs, le D. Beyl. du 31 juillet 1884 (1) donne ce pouvoir à la justice française toutes les fois qu'un Européen est en cause : les questions immobilières et celles de statut personnel et de successions sont cependant réservées. En outre un D. Beyl. du 2 septembre 1885 (2) soumet au jugement des tribunaux répressifs français un certain nombre d'infractions commises par des Tunisiens.

Enfin diverses dispositions des lois beylicales ont donné à notre justice pleine compétence, indépendamment de la nationalité des parties en cause, dans un certain nombre de matières spéciales. L'hypothèse la plus importante est celle de la loi foncière, qui donne pleine compétence aux tribunaux français dans les contestations relatives aux immeubles immatriculés (3). En outre, ils ont également la connaissance exclusive, tant au point de vue civil qu'au point de vue pénal, des affaires relatives à l'Etat civil (4), au domaine et aux servitudes mili-

(1) Bomp., p. 272.
(2) Bomp., p. 273.
(3) Loi foncière du 1er juillet 1885, art. 20 (Bomp., p. 208).
(4) D. Beyl., 29 juin 1886, art. 10, 13 à 19, 33 et 43 (Bomp., pp. 153, 154 et 155).

taires (1), aux brevets d'invention (2), aux marques de fabrique et de commerce (3), à la propriété artistique et littéraire (4), aux lignes télégraphiques de la Régence (5), à l'office postal tunisien (6) et à la falsification des certificats d'origine pour les produits tunisiens (7). Les litiges relatifs au domaine public sont du ressort de la juridiction française, quand le contestant est un de ses justiciables (8).

Un D. Beyl. du 11 décembre 1889 (9) avait renvoyé devant nos tribunaux, quelle que fût leur nationalité, les individus prévenus d'infractions au D. Beyl. du 21 mai 1888 sur la falsification des denrées alimentaires (10). Depuis lors, la matière avait fait l'objet d'une nouvelle réglementation par un D. Beyl. du 26 octobre 1892 (11), qui abrogeait formellement le D. Beyl. de 1888, mais ne parlait pas de celui de 1889. Ce dernier était-il abrogé par voie de conséquence ? La question était restée douteuse. Un récent décret du 27 janvier 1897 (12) a décidé, en termes exprès, que chaque juridiction conserverait la connaissance des délits commis par ses ressortissants. Il y a là un pas en arrière, que l'on est en droit de regretter.

Tel est le domaine de notre juridiction. On voit, par ce rapide historique, quelles ont été les étapes de sa formation, et comment, après avoir recueilli l'héritage de toutes les juridictions consulaires, elle s'est complétée par des concessions obtenues de la bonne volonté du gouvernement beylical.

(1) D. Beyl., 2 septembre 1886, art. 24 (Bomp., p. 484).

(2) D. Beyl., 26 décembre 1888, art. 28 (R. A, 89-3-33).

(3) D. Beyl., 3 juin 1889, art. 25 (R. A., 89-3-74).

(4) D. Beyl., 15 juin 1889, art. 11 (R. A., 89-3-118).

(5) D. Beyl., 6 juillet 1889, art. 12 (R. A., 89-3-119).

(6) D. Beyl., 11 juin 1888, art. 1er (R. A., 88-3-138) ; et D. Beyl., 11 juillet 1891, art. 1er (J. T., 91-220).

(7) D. Beyl., 26 novembre 1894 (R. A., 94-3-64).

(8) D. Beyl., 24 septembre 1885, art. 7 (Bomp., p. 96).

(9) R. A., 90-3-11.

(10) R. A., 88-3-135.

(11) R. A., 92-3-208.

(12) D. Beyl., 27 janvier 1897, art. 16 (J. T., 97-70).

§ II. — **Questions transitoires**

L'établissement de notre juridiction en Tunisie devait soulever nécessairement un certain nombre de questions transitoires : c'est ainsi qu'on pouvait se demander quelle était la juridiction compétente pour juger les procès pendants devant les justices consulaires, dont la suppression venait d'être prononcée. En outre, quelle force exécutoire fallait-il reconnaître aux jugements rendus par les consuls ou par les autres juridictions dessaisies ?

Un certain nombre des actes gouvernementaux, qui portaient suppression des tribunaux consulaires, avaient réservé à la juridiction supprimée le jugement des litiges en cours d'instance. C'est ce que fit pour les Italiens l'article 12 du protocole de 1884, qui retint en faveur de la Cour de Gênes la décision en appel. La loi allemande du 21 janvier 1884, la loi hellénique du 20 février 1884, l'ordonnance de l'empereur d'Autriche du 30 mai 1884 conservaient également aux juges-consuls la connaissance des procès en cours.

En l'absence même de toute réserve, cette solution s'imposait, car il était difficile d'admettre que les gouvernements étrangers, en consentant à perdre leurs privilèges de juridiction, aient voulu imposer à leurs nationaux l'abandon de leurs droits acquis et les contraindre à recommencer devant les nouveaux tribunaux des procès qu'ils avaient régulièrement portés devant le juge alors compétent.

La justice française a parfaitement accepté ce système et en a fait l'application aux tribunaux indigènes en décidant que le D. Beyl. du 31 juillet 1884 n'avait pas eu pour effet de dessaisir la juridiction légalement saisie avant sa promulgation (1).

Mais la justice française s'est refusée à reconnaître que le

(1) Tunis, 2e ch., 9 février 1888 (J. T. 94-466).

protocole de janvier 1884 ait conservé au consul d'Italie le
droit de procéder aux mesures d'exécution, nécessitées par les
anciens litiges, et, par deux fois, le 14 juin 1884 et le 15 avril
1885, le tribunal de Tunis a décidé que lui seul pouvait pourvoir auxdites mesures, et que son *exequatur* était indispensable (1). Un autre jugement du tribunal de Tunis, confirmé sur
ce point par la Cour d'Alger, a dénié au consul de Grèce le droit
de greffer de nouveaux actes de juridiction sur d'anciennes
procédures qui avaient reçu une solution définitive (2).

Toutefois, si nos tribunaux se sont montrés justement jaloux
de maintenir leur compétence exclusive, il leur fallait cependant tenir compte des décisions régulièrement prises par les
anciennes juridictions : il était, en effet, injuste et impossible
de donner un caractère rétroactif à l'établissement de notre
justice.

En ce qui concerne les tribunaux tunisiens, la solution ne
pouvait faire doute en présence de l'article 3 du D. Beyl. du
31 juillet 1884, qui porte: « les jugements et décisions qui
ont été rendus ou qui seront rendus jusqu'à ce qu'il en soit
autrement ordonné, par les tribunaux indigènes, l'*Ouzara* (3),
le comité exécutif de la Commission financière, la Commission
financière, les diverses autorités et corps constitués ou les
commissions spéciales instituées par notre Gouvernement,
dans les limites de leurs attributions ainsi qu'elles sont déterminées par les lois, usages ou pouvoirs consentis par les intéressés, continueront à être reconnus et exécutés, quelle que
soit la nationalité des parties en cause. »

Nos tribunaux ne pouvaient que s'incliner devant un texte

---

(1) *Adde :* Tunis, 2ᵉ ch., 13 décembre 1888 (R. A., 89-2-130).

(2) Tunis, 16 février 1887, conf. par Alger, 1ʳᵉ ch., 21 juillet 1890 (J. T.,
90-316).

(3) L'Ouzara est le tribunal supérieur, d'ordre laïque, compétent à
l'égard des Tunisiens. Il est divisé en deux sections: l'une a une compétence illimitée en matière civile ; l'autre, dite pénale, juge toutes les
infractions, mais ne peut prononcer la peine de mort. (Cf. de Diauous
Notes de législation tunisienne, p. 78).

aussi formel. C'est ainsi qu'ils ont décidé que la saisie immobilière, effectuée sur un Tunisien, en vertu d'un jugement du
tribunal indigène, à une époque où la juridiction indigène avait
seule compétence pour statuer à l'égard des défendeurs tunisiens, ne pouvait être contestée devant les tribunaux français (1). Dans le même ordre d'idées, ils se sont plusieurs fois
refusés à examiner des réclamations formées par de soi-disants
créanciers de la Tunisie contre les décisions de la Commission financière (2), et la Cour de Cassation a approuvé leur façon
d'agir (3).

Au demeurant, notre jurisprudence vérifie, avant d'exécuter
le jugement du tribunal tunisien, si celui-ci était compétent.
C'est ainsi qu'elle a plusieurs fois refusé de tenir compte (4),
sans les réviser au fond, de décisions du tribunal municipal de
Tunis sur des questions de propriété immobilière. Ce tribunal,
supprimé depuis la loi municipale tunisienne du 1er avril 1885,
tirait son existence de l'usage, à tel point qu'il a fallu se contenter d'un certificat émané du président de la municipalité
de Tunis pour déterminer ses pouvoirs (5). Sa compétence,
en vertu des anciens usages, portait sur les contestations immobilières d'un caractère local, en particulier au sujet des questions de mitoyenneté et de servitudes de jour ; mais elle ne
s'étendait pas aux procès de propriété proprement dite.

Aucun texte ne réglait l'autorité à accorder aux jugements
émanant des juridictions consulaires, mais les principes géné-

(1) Tunis, 14 juin 1884 (J. T., 89-273).
(2) Tunis, 1re ch., 15 janvier 1890 (R. A., 90-2-206) ; Alger, 2e ch.,
26 novembre 1892 (R. A., 93-2-78) ; Alger, 1re ch., 17 mai 1893 (R. A.,
93-2-334).
(3) Cass. Req., 14 janvier 1896 (J. T., 96-93). La Cour de Cassation
admet que le bénéfice d'une décision antérieure, régulièrement rendue
par une juridiction indigène, alors compétente, ne peut être enlevée, par
des changements politiques, à la partie qui l'a obtenue (Cass. Req.,
20 janvier 1896, J. T., 96-65).
(4) Tunis, 1re ch., 5 janvier 1888 (R. A., 88-2-345) ; Tunis, 2e ch., 14 mars
1894 (J. T., 94-225) ; Tunis, 1re ch., 22 avril 1895 (J. T., 95-369).
(5) Cf. ce certificat, J. T., 90-243, note 1.

raux permettaient facilement de trouver la solution juridique du problème.

Tout d'abord, les jugements rendus par le Consul de France ne pouvaient qu'être appliqués intégralement par le nouveau tribunal. Celui-ci se trouvait, en effet, en présence d'une décision rendue par un magistrat français, qui était compétent en vertu de la loi française du 28 mai 1836. C'est ce qu'il a fait le 24 juillet 1883 (1), bien que, le même jour, dans une affaire identique, il ait adopté une solution diamétralement opposée à celle du Consul de France.

La même jurisprudence devait triompher à l'égard des jugements rendus par les tribunaux consulaires des puissances étrangères. La nouvelle juridiction n'était, en réalité, que la continuation des magistratures supprimées, et il eût été, à la fois, contraire à la justice de priver les anciens plaideurs du bénéfice de jugements réguliers et définitifs, et à la logique la plus simple de supposer que les puissances étrangères, en consentant à la suppression de leurs tribunaux consulaires, avaient donné à cette concession un caractère rétroactif.

La justice française a donc reconnu que les jugements rendus par les consuls, avant leur dessaisissement, conservaient toute leur valeur ; mais il était inadmissible qu'un magistrat étranger pût mettre en mouvement la force publique française en procédant à des voies d'exécution : aussi, ces jugements consulaires ont-ils été soumis à la procédure d'*exequatur,* mais sans révision au fond. Ces principes sont affirmés dans une série de jugements (2).

Une fois, cependant, le 11 mars 1885 (3), le tribunal de Tunis

(1) Tunis, 24 juillet 1883 (J. T., 94-523 et note).

(2) Tunis, 9 juin 1884 (R. A., 85-2-209) ; Tunis, 11 mars 1885 (R. A., 85-2-278) ; Tunis, 12 mars 1885 (J. T. 94-465) ; Tunis, 2e ch., 14 mars 1887 (Clunet, 1889, p. 637) ; Tunis, 2e ch., 19 mars 1887 (R. A., 88-2-295) ; Tunis, 2e ch., 6 décembre 1888 (R. A., 89-2-75) ; Tunis, 2e ch., 6 mars 1890 (J. T., 90-82) ; Alger, 1re ch., 18 février 1891 (R. A., 91-2-222) ; Tunis, 1re ch., 14 janvier 1895 (J. T., 95-124) ; Tunis, 1re ch., 9 décembre 1895 (J. T., 96-75).

(3) Tunis, 11 mars 1885 (R. A., 85-2-278).

4

a abandonné ces principes, en déclarant que les jugements rendus par les anciens tribunaux consulaires n'avaient l'autorité de la chose jugée que s'ils réunissaient les conditions prescrites par l'article 1351 du Code civil. Cette décision a été l'objet de justes critiques (1). Le respect des droits acquis et la situation toute spéciale de nos tribunaux de Tunisie à l'égard des étrangers commandaient une autre solution. Imposer aux jugements des anciennes justices consulaires la nécessité de réunir les conditions prévues par l'article 1351 du Code civil, c'est priver du droit de se réclamer des jugements obtenus par eux, les nationaux des diverses puissances dont la loi ne concorde pas avec notre propre législation. Sans doute, le Tribunal français a le pouvoir de vérifier la validité des décisions qu'on lui demande de faire exécuter ; mais, pour déterminer cette validité, c'est à la loi étrangère, appliquée par chaque juridiction, qu'il faudra recourir dans chaque hypothèse. Agir autrement, constituerait une atteinte grave aux droits acquis.

Au demeurant, le tribunal de Tunis est revenu rapidement à une interprétation plus exacte. Il a déclaré qu'il y avait lieu pour lui d'appliquer toute décision exécutoire d'après la loi du pays auquel appartenait la juridiction qui l'avait rendue, mais en imposant, toutefois, au créancier qui en demandait l'exécution, l'obligation de rapporter la preuve de sa force exécutoire (2). C'est ainsi que notre jurisprudence a admis que c'était la loi nationale de l'ancienne juridiction consulaire qui devait décider si le jugement était ou non frappé de péremption (3).

Notons, cependant, que les décisions des anciens tribunaux consulaires ne peuvent être déclarées exécutoires, sans révision au fond, qu'autant que l'exécution doit avoir lieu en Tunisie : si elle doit être poursuivie en France, il faut appliquer à ces décisions les mêmes règles qu'aux autres juge-

(1) Cf. la note de M. Charmont, sous Tunis, 11 mars 1885 (R. A., 85-2-278, n. 1 et 2), et les observations de M. Chausse, *Examen doctrinal* (*Rev. critique*, 1886, p. 689).
(2) Tunis, 2ᵉ ch., 17 mars 1887 (R. A., 88-2-298).
(3) Tunis, 2ᵉ ch., 14 mars 1887 (Clunet, 1889, p. 637).

ments étrangers. C'est ce qu'a décidé le tribunal de Tunis, dans une espèce où on lui demandait de rendre exécutoire en Tunisie et en France un jugement de l'ancien tribunal consulaire italien : l'*exequatur*, sans révision au fond, a été accordé pour la Tunisie ; mais, en ce qui concerne la France, le demandeur a été renvoyé à se pourvoir, selon les formes prévues par le traité franco-sarde de 1760, procédure qui suppose l'existence d'une Cour d'appel, et ne peut, dès lors, s'appliquer aux tribunaux de première instance (1-2).

Le tribunal de Tunis a jugé que les formes réglées par ce dernier traité ne s'appliquaient pas, dans la Régence, aux jugements prononcés par l'ancien tribunal consulaire d'Italie (3), mais qu'elles s'imposaient aux décisions rendues par les tribunaux italiens depuis la suppression de la juridiction consulaire (4). En vertu des récentes conventions avec l'Italie, qui sont entrées en vigueur le 1er février 1897, les jugements et arrêts prononcés en Italie ont force de chose jugée en Tunisie, et peuvent y être exécutés après un jugement rendu en forme sommaire, et sans révision au fond (5).

Ce rapide exposé nous prouve que nos tribunaux appliquent, sans les réviser au fond, les décisions des anciennes justices consulaires ; mais encore faut-il qu'il s'agisse d'un jugement. Il a été reconnu qu'une ordonnance sur requête, rendue par le consul-juge d'Italie, conformément à la loi italienne en matière de change, n'ayant pas le caractère d'un jugement, ne pouvait être déclarée exécutoire par le tribunal français (6).

(1) Tunis, 2e ch., 6 mars 1890 (J. T., 90-82).
(2) Il n'est pas sans intérêt de remarquer que, selon la jurisprudence italienne, le traité franco-sarde de 1760 ne fait pas obstacle à la possibilité de demander en Italie l'exécution des jugements des tribunaux français, non d'après les formes qui y sont prescrites, mais d'après celles du C. P. C. italien (art. 941 et s.) (Cass. Rome, 26 avril 1889, Clunet, 1889, p. 376 ; Cass. Turin, 4 janvier 1895, Clunet, 1896, p. 216).
(3) Tunis, 2e ch., 13 décembre 1888 (R. A., 89-2-73).
(4) Tunis, 2e ch., 13 décembre 1888 (R. A., 89-2-135).
(5) Tr. italo-tunisien d'établissement du 28 septembre 1896, art. 11 (J. T., 96-477).
(6) Tunis, 31 mars 1886 (J. T., 95-250).

Nous savons que la Grande-Bretagne, en renonçant à sa juridiction, avait stipulé avec la France que les réclamations de certains de ses sujets ou protégés contre le Bey seraient soumises à un tribunal arbitral, nommé par les deux puissances. Ce tribunal rendit, le 5 mai 1884, sa décision sur le litige pendant entre le Bey et le général tunisien Hamida-Ben-Ayed, protégé anglais. Le 7 mai, le Président du tribunal de Tunis revêtit la sentence d'une ordonnance d'*exequatur* à laquelle Hamida-Ben-Ayed fit opposition. Il s'appuyait sur ce que le compromis qui avait créé le tribunal arbitral était nul en vertu de l'article 1006 du Code de procédure civile, comme comportant une désignation insuffisante des arbitres choisis. Hamida-Ben-Ayed soutenait, en outre, que si l'on voulait voir dans ce tribunal arbitral une juridiction contentieuse, ce ne pouvait être qu'un tribunal étranger, auquel l'*exequatur* n'était applicable qu'après révision au fond.

Par un jugement en date du 17 décembre 1884 (1), le tribunal de Tunis déclara que l'on se trouvait en présence d'une juridiction créée en vertu d'un accord international, dont il n'aurait pu réviser au fond la sentence, sans violer les arrangements diplomatiques, qui avaient précisément pour objet de lui enlever la connaissance de certains litiges, nés avant son institution.

Hamida-Ben-Ayed, débouté de son opposition en première instance, interjeta appel. La Cour d'Alger (2) refusa de reconnaître au Tribunal international le caractère d'une juridiction étrangère ; elle n'y vit qu'un tribunal arbitral, soumis aux conditions de l'article 1006 du Code de procédure civile ; mais elle déclara qu'en fait, ces conditions avaient été suffisamment observées. La Cour de Cassation a rejeté le pourvoi formé contre cet arrêt(3).

(1) Tunis, 17 décembre 1884 (R. A., 85-2-84).
(2) Alger, 1re ch., 20 juillet 1887 (R. A., 87-2-409).
(3) Cass. Req., 27 mars 1891 (J. T., 94-313).

PREMIÈRE PARTIE

ORGANISATION JUDICIAIRE

La loi française du 27 mars 1883, en prononçant la suppression de l'ancienne juridiction consulaire de France, a procédé à l'organisation des nouveaux tribunaux qui devaient fonctionner à sa place. L'extension de compétence, fort considérable, que ces nouvelles juridictions ont tirée de la suppression des justices consulaires ou des concessions du Gouvernement beylical, a rapidement exigé la création de corps judiciaires plus nombreux ; mais la loi du 27 mars 1883 reste toujours le Code fondamental de notre organisation juridictionnelle de Tunisie, et c'est elle qui détermine les pouvoirs de nos tribunaux et les règles qui président à leur fonctionnement.

CHAPITRE PREMIER

COUR D'APPEL. — UTILITÉ DE LA CRÉATION D'UNE COUR
D'APPEL SPÉCIALE A LA TUNISIE.

La Tunisie ne possède pas de Cour d'appel qui lui soit propre : aux termes de l'article 2 de la loi de 1883, les tribunaux français de Tunisie font partie du ressort de la Cour d'appel d'Alger, et l'article 5 de la même loi stipule que le tribunal de première instance, statuant au criminel, est saisi par un arrêt de renvoi, rendu par la Chambre des mises en accusation de la Cour d'Alger. La nouvelle loi n'apportait, d'ailleurs, aucune modification à l'organisation et au fonctionnement de la Cour d'Alger, et nous n'avons que peu d'observations à présenter à ce sujet.

Notons cependant que l'éloignement de la Cour d'appel a motivé une élévation du taux de la compétence en dernier ressort des tribunaux de première instance ; d'après l'article 4 de la loi du 27 mars 1883, elle est fixée à 3,000 fr., tandis qu'en France et même en Algérie, elle ne s'élève qu'à 1,500 fr.

De l'article 8 de cette même loi il résulte que les délais d'appel sont réglés par l'ordonnance du 16 avril 1843 sur l'organisation de la procédure en Algérie (1). En combinant les articles 6 et 16 de ce dernier texte, il est permis d'établir que le délai d'appel doit être augmenté d'un jour par myriamètre, à raison de la distance existant entre le domicile de l'appelant

_____

(1) De Ménerville, t. I, p. 569.

et celui de l'intimé. Cependant, on a soutenu que l'article 9 de l'ordonnance du 16 avril 1843, qui accordait un délai de 60 jours à la partie résidant à Tunis et citée devant un tribunal d'Algérie, devait recevoir son application en matière de délais d'appel. La Cour d'Alger a justement rejeté cette prétention (1) : en effet, cette disposition spéciale de l'ordonnance de 1843 a été implicitement remplacée par celle de l'article 8 de la loi du 27 mars 1883, qui donne un délai de 2 mois aux individus assignés qui habitent un pays du littoral de la Méditerranée *autre que la Tunisie.* Ce dernier pays perd donc le bénéfice d'une disposition qui n'avait été édictée qu'en l'absence de l'organisation de la justice française en Tunisie : s'il en était autrement, on arriverait à ce résultat qu'un individu, domicilié à Tunis, jouirait d'un délai de 60 jours pour comparaître devant le tribunal de cette ville : ce résultat seul suffit à condamner le système rejeté par la Cour d'Alger. Le délai d'appel est donc celui du droit commun de l'Algérie, délai dans lequel on ne compte ni le jour de la signification du jugement, ni celui de la notification de l'appel (2).

En matière correctionnelle, au contraire, la Cour d'Alger a admis, à plusieurs reprises, que l'article 9 de l'ordonnance du 16 avril 1843 devait recevoir application et qu'il y avait lieu, par suite, d'accorder un délai de 60 jours à la partie résidant à Tunis (3). On ne voit pas exactement les motifs qui ont pu déterminer la Cour à adopter cette jurisprudence, contraire à celle qu'elle suit en matière civile, alors que la raison de décider était la même dans les deux cas : les arrêts ne donnent, d'ailleurs, aucune explication à ce sujet.

Ainsi que nous l'avons déjà fait observer, il n'y a rien de profondément original à noter au sujet du fonctionnement de la Cour d'Alger, comme juridiction d'appel de la Régence :

(1) Alger, 2e ch., 2 novembre 1888 (R. A., 88-3-472).
(2) Alger, 2e ch., 9 décembre 1893 (J. T., 94-431).
(3) Alger, correct., 22 mai 1885 et 21 février 1890 (J. T., 90-173 et 175) ; Alger, corr., 17 novembre 1893 (J. T., 96-586).

cependant, il est de notre devoir d'examiner à fond le point de savoir si, en plaçant les tribunaux de Tunisie dans le ressort de la Cour d'Alger, le législateur n'a pas eu une idée défectueuse et s'il n'y aurait pas lieu de créer une juridiction d'appel spéciale à la Tunisie.

On comprend que la question ne se soit pas posée, lors de l'élaboration de la loi de 1883, à une époque où l'on n'était pas absolument certain d'obtenir l'abolition des juridictions consulaires et où l'on se contentait d'organiser un seul tribunal de première instance pour toute l'étendue de la Régence. Mais la compétence de nos tribunaux a progressé d'une façon si rapide, qu'il a presque immédiatement fallu créer de nouvelles juridictions ; en particulier, un tribunal civil a été organisé à Sousse, et l'on s'est alors demandé si la création d'une Cour d'appel à Tunis ne s'imposait pas.

Les motifs que l'on peut faire valoir en faveur de cette thèse sont nombreux et ont été relevés à la fois par plusieurs auteurs (1) et par de fréquentes délibérations de la Conférence consultative, représentation autorisée des intérêts de notre colonisation (2).

(1) D'Estournelles de Constant, *op. cit.*, p. 378 ; Rougier, *Tr. de droit colonial*, p. 340 ; Vicomte de Montureux, *Lettre sur la situation de la Tunisie* (*Econ. français*, 1895, I, 299).

(2) Conférence consultative : séances du 28 janvier, du 15 et du 20 novembre 1891, du 23 avril 1892 et du 6 mai 1895. — La Conférence consultative a été créée en vertu d'une décision du Ministre des affaires étrangères, en date du 24 octobre 1890. Sa composition est aujourd'hui réglée par un arrêté résidentiel du 22 février 1896 (J. T., 96-113). Elle comprend : 1° les membres des bureaux de la Chambre de commerce et de la Chambre d'agriculture du Nord (Tunis), des Chambres mixtes du Centre (Sousse) et du Sud (Sfax) ; 2° les membres élus par la délégation des électeurs français, non commerçants et non agriculteurs, dans les conditions réglées par l'arrêté résidentiel du 23 février 1896 (J. T., 96-115) ; 3° les vice-présidents français des municipalités des villes érigées en communes ou, à leur défaut, le plus ancien conseiller municipal français ; 4° les six chefs de service français du gouvernement tunisien. La Conférence est présidée par le Résident général ; le Résident adjoint remplit les fonctions de vice-président ; elle élit son secrétaire parmi ses membres. La Conférence consultative tient deux sessions par an, une dans le

L'argument le plus frappant que l'on puisse présenter en faveur de la création d'une Cour d'appel à Tunis, réside dans l'éloignement de la Cour d'Alger et dans la lenteur qu'impose à cette Cour l'évacuation d'un rôle trop chargé. Dans l'état actuel des communications, il ne faut pas moins de 40 heures de chemin de fer pour se rendre de Tunis à Alger : et ce délai doit encore s'augmenter de plusieurs heures, si l'on veut aller de Sousse, siège d'un tribunal de première instance, au chef-lieu du ressort d'appel. Les frais de voyage sont naturellement considérables, et l'on a justement fait remarquer que le trajet de Tunis à Alger était aussi dispendieux et aussi difficile que celui de Paris à Rome. Il en résulte pour la Cour d'Alger l'impossibilité morale d'entendre les témoins. En outre, en matière d'appels correctionnels, le transport des prévenus entraîne des frais considérables. Au point de vue civil, on peut considérer comme à peu près impossible que les plaideurs puissent suivre leurs affaires en personne.

Aux inconvénients qui résultent de la distance s'ajoutent ceux qui proviennent du grand nombre d'appels portés devant la Cour d'Alger, qui ne peut les juger qu'après un assez long délai. On a remarqué qu'il s'écoulait fréquemment un espace de deux ans entre la notification de l'appel et le prononcé de l'arrêt : une pareille lenteur est évidemment nuisible à une bonne administration de la justice, surtout en certaines matières, comme les affaires maritimes, qui demandent une rapide solution. Dans les instructions criminelles, la nécessité d'obtenir un arrêt de renvoi de la Chambre des mises en accusation de la Cour d'Alger devant les tribunaux criminels de Tunisie, entraîne de très longs délais : certaines affaires ont vu s'écouler plusieurs mois entre la clôture de l'instruction

second trimestre, l'autre dans le quatrième ; elle n'a pas d'attributions délibératives, mais elle doit être nécessairement consultée sur toute mesure qui imposerait une charge nouvelle à la colonie française. Les séances de la Conférence consultative ne sont pas publiques, mais les procès-verbaux doivent être publiés.

et le prononcé de l'arrêt de renvoi. De tels retards énervent nécessairement la répression ; ils aboutissent à une iniquité flagrante en prolongeant, au-delà de toute mesure, la détention préventive d'accusés dont l'innocence ressortira peut-être au cours des débats. Les inconvénients qui résultent du trop grand nombre d'affaires dont la Cour d'Alger doit connaître ont attiré l'attention de la Commission sénatoriale chargée d'étudier les réformes à introduire dans l'administration de l'Algérie, et, dans son rapport (1), M. Isaac a conclu à la création de deux Chambres d'appel, détachées de la Cour d'Alger et établies à Constantine et à Oran ; ce rapport et la proposition de loi, qui lui fait suite, ne s'occupent point de la Tunisie.

La création d'une Cour spéciale à la Tunisie et résidant sur le sol même de la Régence aurait, en outre, l'avantage de fournir aux justiciables une magistrature ayant une connaissance plus approfondie du droit de ce pays. La législation propre à la Tunisie est profondément originale et n'a guère avec le droit indigène algérien que des analogies apparentes : il en résulte que la Cour d'Alger, naturellement portée à appliquer sa jurisprudence habituelle, ne se rend peut-être pas un compte assez exact de la situation particulière de la Tunisie, de certaines conséquences historiques ou du caractère propre du droit tunisien. Aussi, en quelques matières, une opposition marquée s'est-elle établie entre la jurisprudence de la Cour d'Alger et celle des tribunaux de Tunisie, opposition qui disparaîtrait, très probablement, au cas d'établissement d'une juridiction d'appel à Tunis. Une création de cette nature ne pourrait que servir la consolidation et le développement de l'influence française dans la Régence.

Toutes les considérations que nous venons d'exposer ont amené la Conférence consultative à se prononcer par deux fois en faveur de la création d'une Cour d'appel à Tunis, le 28 janvier 1891 et le 23 avril 1892 (2). Toutefois, dans le but de

(1) *J. Off.*, 1895. Doc. parl., annexe 36, p. 43.
(2) Conf. cons., 91-1-59 et 92-1-45.

sauvegarder l'indépendance de cette nouvelle juridiction, la Conférence demandait, dans son vœu de 1891, que le bénéfice de l'inamovibilité fût accordé à ses membres. Dans la même discussion, un orateur, redoutant le rapprochement du magistrat et du justiciable dans une colonie peu nombreuse, allait jusqu'à demander qu'une Chambre, détachée de la Cour d'appel d'Aix, fût établie à Tunis : ce système peu pratique n'obtint alors aucun succès.

Dans l'intervalle, la Conférence consultative avait émis, le 19 novembre 1891 (1), un vœu demandant l'envoi périodique à Tunis d'une Chambre prise dans le personnel de la Cour d'Alger et composée d'un président, de quatre conseillers et d'un avocat général : cette délégation aurait jugé toutes les affaires susceptibles de recevoir une solution immédiate et aurait rempli les fonctions de Chambre des mises en accusation. Pour soutenir son système, le rapporteur du vœu faisait remarquer que la moyenne des appels interjetés en Tunisie était inférieure à celle des appels portés devant les Cours les moins occupées de France, et il pensait que, dans l'impossibilité, en présence de cette situation, d'obtenir une Cour à Tunis, il était préférable de se rallier à son système, qui mettait la justice à la portée de tous.

Cette théorie fut admise par la Conférence consultative, mais après une vive discussion ; et nous adopterions entièrement les arguments employés pour la combattre. La faiblesse comparative du chiffre des appels n'est qu'apparente si l'on songe, d'une part, que les frais de comparution devant la Cour d'Alger font reculer nombre de plaideurs, qui préfèrent à une justice trop coûteuse l'expédient d'une transaction, et, d'autre part, si l'on se rappelle que le taux de la compétence en dernier ressort des tribunaux de première instance est de 3,000 fr. en Tunisie, tandis qu'il n'atteint que 1,500 fr. en France et en Algérie. Cette différence devrait logiquement disparaître avec la création d'une

_____

(1) Conf. cons., 91-2-19.

Cour à Tunis et le chiffre des appels en serait dès lors augmenté
dans une proportion très sensible. La formation d'une délégation temporaire obligerait, en outre, de recourir à la Cour elle-
même pour le règlement des affaires urgentes, qui pourraient
se produire dans l'intervalle des sessions. Enfin le roulement,
auquel il y aurait lieu de soumettre la délégation en question,
ne permettrait guère aux magistrats de se perfectionner dans
la connaissance du droit spécial à la Tunisie.

Ces diverses raisons nous font rejeter ce système, que la Conférence consultative a rapidement abandonné, et nous croyons
que pour remédier à l'éloignement et à la lenteur de la Cour
d'Alger, aussi bien que pour donner à la Régence une juridiction qui soit plus versée dans la connaissance de sa législation
particulière, il y a lieu de créer à Tunis une juridiction d'appel.
Composée d'ailleurs d'un petit nombre de magistrats, sur le
modèle des Cours d'appel établies dans certaines de nos colonies (1), cette assemblée judiciaire complètera heureusement,
pour les intérêts des justiciables et le développement de l'influence française, l'édifice constitué par la loi de 1883.

Toutefois, à titre transitoire, on pourrait se rallier au système
soutenu par M. Flandin dans son rapport, présenté au nom de
la Commission du budget, sur la situation de la Tunisie. On y

_____

(1) Une Cour d'appel, composée d'un président, de sept conseillers, d'un
procureur général et d'un substitut, ainsi qu'ont été organisées, par la
loi du 15 avril 1890, les Cours de la Martinique, de la Guadeloupe et de
la Réunion, suffirait à tous les besoins actuels du service. C'est de la
sorte que fut constituée la Cour d'Alger à son début. Divers textes récents,
tels que le *D. Fr.* du 9 juin 1896 (R. A., 96-3-166), pour Madagascar, et
celui du 15 septembre 1896 (R. A., 97-3-1), pour l'Annam et le Tonkin, ont
donné aux Cours de Tananarive et d'Hanoï une composition beaucoup
plus restreinte, qui cadre avec le système du juge unique, usité dans ces
pays en première instance. Le nombre de magistrats de ces Cours, trois
ou quatre conseillers y compris le président, nous paraît insuffisant pour
la Tunisie : le décret du 16 octobre 1896 (R. A., 97-3-7), qui a dû porter
de neuf à douze le chiffre total des conseillers à la Cour de Saïgon, nous
prouve qu'un personnel trop restreint ne pourrait assurer le service de la
Régence, car ce pays est incontestablement plus riche que la Cochinchine
et possède une population à peu près égale.

propose l'établissement *permanent* à Tunis d'une Chambre détachée de la Cour d'Alger (1).

Peut-être pourrait-on aussi se rattacher, mais toujours à titre transitoire, au système que la Conférence consultative vient d'adopter dans sa séance du 3 mai 1897 (2). Son rapporteur, M. Bessière, demandait le rattachement des appels tunisiens à la Cour d'Aix, devant une délégation spéciale continuant de siéger dans cette ville. Ce système évitait les inconvénients d'ordre juridique qui résultent de l'intervention de la Cour d'Alger, mais il exposait à de nombreuses lenteurs. Aussi la Conférence consultative, tout en acceptant le rattachement à la Cour d'Aix, a-t-elle émis le vœu que la délégation chargée des appels tunisiens fût établie à Tunis d'une façon permanente.

(1) *J. Off.*, 1896, p. 1247, annexe 2033.
(2) *Journal des Débats*, 6 mai 1897.

CHAPITRE II

§ Ier. Tribunaux de première instance

La loi de 1883 ne créait qu'un seul tribunal pour toute la Régence ; son siège était fixé à Tunis. Composé, à l'origine, d'une seule chambre, il a fallu rapidement lui en adjoindre une deuxième, qui a été organisée par le décret du 19 juillet 1886 (1). Un nouveau poste de substitut a été créé dans le courant de 1896 (2). De la combinaison de ces divers textes il résulte que le tribunal de Tunis comprend un président, un vice-président, cinq juges, dont un chargé de l'instruction, trois juges suppléants, un procureur de la République, deux substituts, un greffier et deux commis-greffiers.

Malgré l'augmentation du nombre de ses magistrats, le tribunal de Tunis ne pouvait suffire aux nécessités du service pour la totalité de la Régence. Un décret du Président de la République, en date du 1er décembre 1887 (3), a constitué à Sousse un tribunal pour le sud de la Tunisie, et l'a composé d'un président, de deux juges titulaires, de deux juges suppléants, d'un procureur de la République et d'un greffier ; un deuxième décret, en date du 21 janvier 1890 (4), a complété

(1) Bomp., p. 274.
(2) *D. Fr.*, 11 juillet 1896 (*J. Off.*, 21 juillet 1896).
(3) Bomp., p. 276.
(4) R. A., 90-3-18.

cette juridiction par l'adjonction d'un substitut et d'un commis-greffier. Un poste de juge suppléant a été supprimé.

Aux termes de l'article 15 de la loi du 27 mars 1883, les
divers magistrats qui composent les tribunaux de Tunisie
« sont soumis aux lois et règlements qui régissent les juridictions algériennes. » Ils ne jouissent donc pas du bénéfice de
l'inamovibilité et peuvent être révoqués par décret rendu sur
la proposition du Garde des Sceaux (1). Leur nomination a
lieu dans la même forme, sous réserve des conditions d'âge et
de capacité exigées pour l'exercice des mêmes fonctions en
Algérie. Leurs traitements, qui sont assez élevés, sont fixés
par la loi de 1883, ou les décrets qui ont organisé les nouveaux
tribunaux.

A l'exception de la matière des référés, qui constitue une
théorie spéciale, les magistrats de Tunis et de Sousse remplissent respectivement des attributions identiques à celles des
magistrats des tribunaux de la Métropole. En outre, le D. Beyl.
du 29 juin 1886 (2), qui a organisé l'état-civil, impose au président du tribunal, au procureur de la République et au greffier diverses obligations d'ordre administratif.

Les tribunaux de première instance de Tunisie ont, comme
ceux de la Métropole, compétence illimitée en premier ressort;
mais, par suite de l'éloignement de la Cour d'Alger, leur compétence en dernier ressort est élevée au double du taux

---

(1) On a cependant soutenu que la loi du 30 août 1883 s'appliquait à
l'Algérie et qu'il fallait, dès lors, reconnaître aux magistrats algériens le
bénéfice de l'inamovibilité. (Cf. deux articles de M. Charmont, R. A.,
85-1-220 et 86-1-139, ainsi qu'une note du même auteur R. A., 87-2-145. —
Sumien : *Le régime législatif de l'Algérie*, p. 76.) Cette opinion, condamnée
par une délibération de la Cour de Cassation, toutes chambres réunies.
le 9 juin 1885 (R. A., 85-1-222, en note) a été rejetée par le Conseil d'Etat
statuant au contentieux, le 23 juin 1893 (J. T., 93-219). M. Isaac, dans son
rapport au nom de la commission sénatoriale de l'Algérie (*J. Off.*, 1896.
annexe 36, p. 43). et M. Pourquery de Boisserin (*Rapport sur le budget de
l'Algérie*, 1895, p. 171) concluent en faveur de l'inamovibilité de la magistrature algérienne.

(2) Bomp., p. 152.

déterminé pour la France et l'Algérie. L'article 4 de la loi de
1883 le fixe à 3,000 francs, en matière personnelle et mobilière,
et à 120 francs de revenu en matière immobilière. Les lois qui
établissent ces divers taux sont d'ordre public, car ils tiennent
à l'organisation même de la juridiction ; il ne saurait dépendre
de la volonté des parties de les modifier, fût-ce par voie indirecte.

L'interdiction de relever appel, quand l'objet du litige ne
dépasse pas 3,000 francs, est incontestable, et la jurisprudence
en a fait de fréquentes applications (1); il est également certain
qu'il faut se baser sur les prétentions définitives du demandeur
pour établir si la demande est en dernier ressort (2). Toutefois,
il peut y avoir quelques raisons de douter, lorsqu'il est
répondu par une demande reconventionnelle supérieure à
3,000 francs à une demande principale inférieure à ce chiffre ;
en présence du silence de la loi de 1883, il n'y a, nous semble-
t-il, qu'à revenir au droit commun, tel qu'il est déterminé par
l'article 2 de la loi du 11 avril 1838, et à décider que le jugement rendu, tant sur la demande principale que sur la demande
reconventionnelle, n'a été prononcé qu'en premier ressort.
C'est la solution admise par la Cour d'Alger dans une hypothèse où la demande reconventionnelle, bien qu'indéterminée,
était manifestement d'une valeur supérieure à 3,000 francs (3).

En matière de référés, le tribunal de première instance jouit
du droit de contrôler en appel les ordonnances rendues par les
juges de paix en vertu de leur compétence étendue. Dans
les ressorts de justice de paix, où siège un tribunal civil, le
président du tribunal conserve la connaissance des référés (4),

---

(1) Alger, 3e ch., 21 mars 1888 (R. A., 88-2-205) ; Alger, 2e ch., 18 octobre 1890 (R. A., 90-2-521) ; Alger, 1re ch., 16 novembre 1892 (R. A., 93-2-
38) ; Alger, 2e ch., 16 décembre 1893 (R. A., 94-2-196) ; Alger, 2e ch.,
20 janvier 1894 (R. A., 94-2-202) ; Alger, 3e ch., 25 mars 1895 (R. A.,
95-2-451) ; Alger, 3e ch., 13 novembre 1895 (R. A., 96-2-160).

(2) Alger, 2e ch., 16 décembre 1893 (R. A., 94-2-196).

(3) Alger, 2e ch., 20 janvier 1894 (R. A., 94-2-202).

(4) Cf. la controverse à ce sujet, *infrà*, p. 42.

et, dans ce cas, conformément au droit commun, l'appel doit être porté devant la Cour d'Alger: dans toutes les autres circonscriptions, les juges de paix ont compétence en matière de référés, et c'est devant le tribunal civil que leurs ordonnances doivent être déférées par la voie de l'appel.

Cette dernière solution n'a pas été admise sans de vives controverses (1). On a soutenu que l'appel devait, en pareille matière, être porté devant la Cour, en argumentant du texte de l'article 2 du décret du 19 août 1854, qui dispose que les juges de paix d'Algérie remplissent, en matière de référés, les fonctions déférées en France au président du tribunal civil ; on en conclut que, de même qu'en France, l'appel doit être soutenu devant la Cour. Le décret de 1854, a-t-on fait remarquer, stipule formellement que l'appel des jugements rendus en matière correctionnelle par les juges de paix est porté devant le tribunal correctionnel, tandis que ce même texte garde le silence au sujet des appels frappant des ordonnances de référés ; le droit commun de la France, c'est-à-dire l'appel devant la Cour, s'impose donc logiquement.

Cette théorie, soutenue depuis longtemps en Algérie, y a été formellement condamnée par la Cour d'Alger (2), et les tribunaux de Tunisie se sont prononcés dans le même sens (3). L'incompétence de la Cour d'appel, proclamée d'ordre public, devrait, au besoin, être déclarée d'office (4).

Il nous semble que cette solution est absolument exacte. En effet, si l'on prétend appliquer le droit commun, le système le plus sûr et le plus juridique est celui qui respecte l'ordre hiérarchique de nos juridictions, tel qu'il résulte de l'article 7

---

(1) Cf. à ce sujet, Martineau, *De la compétence des juges de paix en Tunisie*, chap. Ier, section V, no 46.

(2) Alger, 1re ch., 30 juillet 1877 (Jur. Alg., 1877, p. 291) ; Alger, 1re ch., 29 avril 1885 (R. A., 87-2-388) ; Mostaganem, 13 décembre 1888 (R. A., 89-2-67).

(3) Tunis, 10 décembre 1883 (J. T., 94-264) ; Tunis, 1re ch., 23 juin 1891 (J. T., 91-304) ; Tunis, 1re ch., 12 octobre 1891 (J. T., 94-487).

(4) Alger, 20 janvier 1872 (S., 72-2-3).

de la loi du 27 ventôse an VIII, qui constitue le tribunal de première instance juge d'appel de toutes les décisions rendues en premier ressort par les juges de paix. Il est d'ailleurs illogique de ne pas porter les causes d'appel à la juridiction immédiatement supérieure, et, au surplus, donner à la Cour d'Alger la connaissance des appels sur ordonnances de référé paraît contraire à l'intention même du législateur ; en conférant compétence en cette matière aux juges de paix, on a voulu favoriser le justiciable en diminuant ses dépenses et en abrégeant la distance et les délais ; est-il raisonnable de le contraindre à comparaître en deuxième instance devant la Cour d'Alger, et de lui faire perdre ainsi tout le bénéfice de la juridiction expéditive et rapprochée suivie en premier ressort ?

Au surplus, bien qu'ayant les pouvoirs du président du tribunal, le juge de paix ne statue jamais qu'en sa propre qualité (1); l'appel doit donc se régler suivant la hiérarchie de la juridiction sans que la nature spéciale de la cause puisse influer sur elle. En outre, si le décret de 1854 garde le silence sur cette question, ne peut-on pas dire qu'il s'est implicitement rapporté aux dispositions formelles de l'ordonnance du 18 décembre 1842 ? Celle-ci donnait aux commissaires civils alors existants les attributions conférées par le décret de 1854 aux juges de paix d'Algérie, et stipulait que l'appel de leurs ordonnances de référé devait être porté devant le tribunal civil (2). Enfin, si le décret de 1854 a donné une décision spéciale en matière d'appels correctionnels, ne peut-on pas dire, avec le tribunal de Philippeville (3), qu'il y a dans ce fait la preuve formelle que le législateur a tenu à respecter les principes supérieurs de notre organisation judiciaire, puisqu'il n'a pas hésité à priver des condamnés du bénéfice de comparaître devant des magistrats d'un rang plus élevé ?

---

(1) Alger, 1re ch., 30 juillet 1879 (Bull. Jud. Alg., 1884, p. 139).
(2) Alger, 2e ch., 20 janvier 1872 (S., 72-2-3).
(3) Philippeville, 1er décembre 1866 (Jur. Alg., 1866, p. 50).

Nous admettons donc que l'appel des ordonnances de référé rendues par les juges de paix, doit être porté devant le tribunal civil, et nous noterons à ce sujet que les jugements prononcés par défaut en pareil cas sont susceptibles d'opposition, tandis que l'ordonnance rendue en premier ressort, aux termes de l'article 809 du Code de procédure civile, ne donnerait pas ouverture à cette voie de recours (1).

Le président du tribunal civil est donc incompétent en matière de référés (2); mais cette incompétence est-elle absolue et d'ordre public? Est-elle, au contraire, relative et peut-elle disparaître du consentement formel ou tacite des parties en cause? A l'appui de la première opinion, on a fait valoir que cette incompétence tenait à l'ordre des juridictions organisées en Algérie et par voie de conséquence en Tunisie, et qu'il ne pouvait dépendre de la volonté des parties de le modifier. D'après ce système, le juge des référés de Bougie s'était déclaré d'office incompétent dans une affaire où, en vertu des clauses formelles d'un bail, les parties s'étaient présentées devant lui (3).

L'opinion contraire nous paraît préférable, et nous croyons que l'incompétence du président du tribunal est purement relative. Le but du législateur est de procurer au justiciable une juridiction plus rapprochée de lui, surtout en des matières qui, par leur nature, requièrent une prompte solution : il y a là pour le plaideur une simple mesure de faveur, à laquelle il lui est loisible de renoncer. Cette solution nous paraît certaine en présence du système de la loi de 1883, qui laisse au président du tribunal la connaissance des référés dans le ressort de justice de paix où il siège et ne la lui enlève qu'à l'égard des circonscriptions dont il se trouve éloigné (4).

(1) Tunis, 1re ch., 1er juin 1891 (J. T., 94-486).
(2) Tunis, réf., 3 juillet 1884 (J. T., 95-193).
(3) Bougie, réf., 7 décembre 1887 (R. A., 88-2-324).
(4) Alger, 2e ch., 5 mai 1888 (R. A., 88-2-358).

§ II. Justices de paix.

ORGANISATION. — L'organisation des justices de paix de Tunisie, telle qu'elle résulte de l'article 3 de la loi du 27 mars 1883, présente une véritable originalité. Ces tribunaux ont reçu une compétence étendue, qui en fait de véritables juridictions d'un caractère spécial, bien que conservant, comme on l'a remarqué (1), les règles de procédure formulées pour les justices de paix ordinaires.

La loi de 1883 ne créait dans la Régence que six justices de paix à Tunis, La Goulette, Bizerte, Sousse, Sfax et Le Kef. Depuis cette date, de nombreuses justices de paix ont été créées directement, ou bien, après n'avoir eu qu'une constitution provisoire, ont reçu plus tard un caractère définitif. Actuellement il existe des justices de paix régulières à Bizerte, Gabès, Grombalia (2), Kairouan, La Goulette, Le Kef, Sfax, Souk-el-Arba et Sousse. La justice de paix de Tunis a été subdivisée en deux circonscriptions, celle de Tunis-Nord et celle de Tunis-Sud, par le D. Fr. du 19 février 1891 (3).

Depuis ce dernier décret, la justice de paix de La Goulette se trouve dans une situation spéciale. Il serait faux de dire que le juge de paix de Tunis-Nord se rend à La Goulette pour y tenir une audience foraine. En créant une deuxième justice de paix à Tunis, on s'est contenté de supprimer le personnel de la justice de paix de La Goulette sans faire disparaître la juridiction elle-même. Cette solution résulte avec évidence de l'article 4 du décret de 1891, qui détermine le ressort de La Goulette et de l'article 6 du même texte, qui porte que le juge de paix de Tunis-Nord tient ses audiences, soit à Tunis, soit à La Goulette,

---

(1) Charpentier, *Cours de Législation algérienne*, p. 71.
(2) Poste créé à Nabeul en 1885 et transféré à Grombalia par le D. Fr. du 9 janvier 1893.
(3) R. A., 91-3-25.

suivant que les affaires sont du ressort de l'une ou de l'autre justice de paix. D'ailleurs, la justice de paix de La Goulette, créée par une loi, n'aurait pu être supprimée par décret. Il résulte de cette situation certaines conséquences au point de vue de la compétence du juge de paix, conséquences sur lesquelles nous reviendrons ultérieurement.

Pour faciliter l'administration de la justice, des audiences foraines ont été organisées dans divers centres. Le juge de paix de Souk-el-Arba tient une audience bi-mensuelle à Béjà et une audience mensuelle à Medjez-el-Bab (1); le juge de paix de Sousse tient chaque mois une audience à Monastir et une deuxième à Mehdia (2) ; le juge de paix de Grombalia siège aussi à Nabeul en audience foraine (3). Ces audiences, en rapprochant la justice du plaideur, rendent de très grands services, et le Résident général a manifesté l'intention de les multiplier (4).

Les justices de paix sont divisées en deux classes. Elles se composent d'un juge de paix, d'un ou de plusieurs suppléants et d'un greffier ; un officier de police judiciaire remplit les fonctions de ministère public. Auprès des sièges les plus importants ont été créés des postes de suppléants rétribués et de commis-greffiers. Des interprètes peuvent être attachés aux justices de paix. (L. 27 mars 1883, art. 13).

Les magistrats qui composent les tribunaux de paix de Tunisie, sont nommés et révocables par décret rendu sur la proposition du Garde des Sceaux. Ils sont soumis aux lois et règlements, qui régissent les juridictions algériennes ainsi qu'aux conditions d'âge et de capacité exigées en Algérie. (L. 27 mars 1883, art. 14 et 15).

A côté des justices de paix, ainsi constituées à titre définitif, le D. Fr. du 29 octobre 1887 (5) est venu organiser des justices

(1) A. M. J., 7 juillet 1890 (R. A., 90-3-69).
(2) A. M. J., 30 décembre 1887 (R. A., 88-3-26).
(3) A. M. J., 10 janvier 1893 (J. T., 93-81).
(4) Conf. cons.. séance du 5 mai 1895 (Conf. cons., 95-1-12).
(5) Boump., p. 275.

de paix provisoires. Il y a eu là une conception ingénieuse
destinée à donner le bénéfice de juridictions permanentes à des
régions éloignées des justices de paix définitives et où cependant le nombre des affaires était trop restreint pour nécessiter
la nomination de magistrats, spécialement chargés de juger.
Ces justices de paix provisoires, auxquelles sont applicables
les règles de procédure et d'instruction criminelle ordinaires,
sont gérées par le contrôleur civil ou son suppléant ; les fonctions de ministère public sont remplies par le commandant de
la brigade de gendarmerie et celles de greffier et d'huissier
par le secrétaire du contrôle civil. A défaut de contrôleur
civil, un officier, désigné par le commandant du corps d'occupation, remplit les fonctions de juge de paix et un sous-officier,
celles de greffier et d'huissier (1). Les justices de paix provisoires sont créées par décret, mais leur ressort est fixé par
arrêté du Résident général (D. Fr. 29 octobre 1887, art. 6). En
présence des termes du décret de 1887, il y a lieu de décider
que les juges de paix provisoires ne sont pas soumis aux conditions d'âge et de capacité, exigées des juges de paix titulaires : ils ne sont pas tenus de prêter le serment, réclamé de
ces derniers magistrats, avant leur entrée en fonctions (2). Il
existe actuellement des justices provisoires à Aïn-Draham,
Djerba, Gafsa, Maktar, Thala et Tozeur : la tendance semble
être de leur donner un caractère définitif.

COMPÉTENCE CIVILE. — L'article 3 de la loi du 27 mars 1883
donne aux juges de paix de Tunisie la compétence déterminée
pour l'Algérie par le D. Fr. du 19 août 1854 (3). Ils connaissent
de toutes les actions personnelles et mobilières en dernier
ressort jusqu'à 500 fr., et à charge d'appel, jusqu'à 1000 fr.
Ils ont, en outre, le droit de rendre des ordonnances de référé
et de prescrire toutes mesures conservatoires. On voit que leur

(1) Il n'existe plus de justices de paix gérées par des officiers.
(2) **Cass. Crim.**, 25 juillet 1889 (R. A., 89-2-559).
(3) De **Ménerville**, t. I, p. 416.

compétence reçoit une extension considérable et cette solution était indispensable dans un pays où les communications sont très difficiles et où, d'autre part, les tribunaux de première instance sont au nombre de deux seulement.

A l'égard des actions personnelles et mobilières, qui n'ont pas fait l'objet de dispositions spéciales dans la loi du 25 mai 1838, la compétence du juge de paix jusqu'à la valeur de 1,000 fr. est admise sans difficulté, abstraction faite de la nature du litige, s'agirait-il même de l'action en résiliation d'un contrat (1). On ne saurait également se baser sur les difficultés que présente la question, pour enlever à un juge de paix la connaissance d'un litige qui rentre dans le taux de sa compétence (2). Une demande en dommages-intérêts inférieure à 1,000 fr., intentée par un locataire pour privation de jouissance sera de la compétence du juge de paix, bien que le prix annuel de la location soit supérieur à cette somme (3). Il en est de même pour l'action en réparation de dommages résultant d'une négligence (4) ou de l'action civile en dommages-intérêts pour diffamation, introduite séparément de l'action publique (5). Ces diverses solutions, que nous prenons dans la jurisprudence à titre d'exemple, prouvent que celle-ci a posé un principe très conforme au texte de la loi : la compétence du juge de paix se détermine uniquement par le taux de la demande sans tenir compte de la nature du litige.

Mais cette extension de compétence ne modifie pas le pouvoir d'attribution du magistrat ; à plus forte raison ne lui donnet-elle pas la plénitude de juridiction (6). Le juge de paix ne

---

(1) Tunis, 1re ch., 23 octobre 1893 (J. T., 95-115) ; Tunis, 1re ch., 23 novembre 1896 (J. T., 97-33).

(2) Tunis, 1re ch., 11 décembre 1893 (J. T., 95-141); Tunis, 1re ch., 22 juillet 1895 (J. T., 95-471).

(3) Tunis, 1re ch., 18 décembre 1893 (J. T., 95-255).

(4) Cass., 17 janvier 1865 (S., 65-1-160).

(5) J. de P. Tunis-Sud, 12 novembre 1895 (J. T., 95-582).

(6) Tunis, 2e ch., 5 mai 1888 (R. A., 88-2-506) ; Tunis, 2e ch., 19 décembre 1889 (J. T., 90-112) ; Tunis, 2e ch., 30 janvier 1890 (J. T., 90-74).

peut donc pas connaître d'une demande en validation de saisie-arrêt, qui rentre dans le taux de son ressort : à l'exception de l'hypothèse réglée par la loi du 12 janvier 1895 sur la saisie des salaires et des petits traitements, le tribunal civil est seul compétent en pareille matière (1).

C'est le taux de la demande qui doit établir si le juge de paix est compétent et si sa décision est rendue en premier ou en dernier ressort. La somme due principalement doit seule entrer dans ce calcul, dont il faut exclure les accessoires, tels que les frais de justice ou ceux du protêt qui aura pu être dressé (2). Notons, à ce sujet, une décision en vertu de laquelle lorsqu'une demande est formée de deux chefs distincts d'une valeur totale supérieure à 500 francs, mais que le juge de paix statue de plein droit sur l'une d'elles en dernier ressort, si le deuxième chef de la demande est lui-même inférieur à 500 francs, la décision à intervenir ne sera pas susceptible d'appel (3). De même, si plusieurs demandes, inférieures chacune à 500 francs, sont réunies dans une assignation collective de façon à former un total supérieur à cette somme, le jugement n'en sera pas moins rendu en dernier ressort ; il importerait peu que ces diverses demandes aient une même convention pour base, si l'obligation qui en résulte n'est ni solidaire, ni indivisible (4).

L'existence d'une demande reconventionnelle en dommages-intérêts ne modifie en rien la compétence du juge de paix, alors même qu'elle serait fondée sur la demande principale. L'article 2 de la loi du 11 avril 1838 donne, en pareil cas, au tribunal de première instance, compétence en dernier ressort, quel que soit le taux de la demande. Mais ce texte exceptionnel

(1) Alger, 8 février 1860 (Jur. Alg., 1860, p. 10).
(2) Tunis, 2e ch., 31 janvier 1895 (J. T., 95-143) ; Tunis, 2e ch., 25 octobre 1895 (J. T., 95-517) ; Tunis, 1re ch , 13 juillet 1896 (J. T., 96-439).
(3) Tunis, 1re ch., 18 décembre 1893 (J. T., 95-219).
(4) Alger, 3e ch., 24 mai 1893 (J. T., 95-195, note 1) ; Tunis, 1re ch., 21 novembre 1893 (J. T., 95-195).

n'a pas été étendu aux juges de paix et, dès lors, il faut, à leur égard, s'en tenir aux principes du droit commun et déterminer leur compétence par le taux de la demande. Cette solution triomphe en jurisprudence (1).

S'il s'agit d'une demande reconventionnelle, qui n'ait pas pour fondement exclusif une action en dommages-intérêts basée sur la demande principale, là encore il y a lieu de recourir aux règles du droit commun. Si le taux de la demande reconventionnelle dépasse sa compétence, le juge de paix pourra, aux termes de l'article 8 de la loi du 25 mai 1838, renvoyer les parties à se pourvoir pour le tout devant le tribunal de première instance, ou bien statuer sur les deux demandes, mais à charge d'appel (2). Il ne pourrait pas disjoindre les deux affaires pour décider uniquement sur la demande principale en dernier ressort, alors même que celle-ci serait inférieure à 500 francs (3). Une exception à cette règle se produirait, toutefois, au cas où le juge de paix se trouverait en présence d'une demande reconventionnelle le saisissant d'une question dont le tribunal de première instance ne pourrait pas plus connaître que sa propre juridiction ; dans ce cas, il statuerait en dernier ressort sur la demande principale et, sur les conclusions reconventionnelles, renverrait la partie à se pourvoir ainsi qu'elle aviserait (4).

Les principes généraux exigent que le juge de paix ne prononce qu'en premier ressort, sur une demande dont le taux

(1) Tlemcen, 24 mars 1887 (R. A., 87-2-287) ; Tunis, 1re ch., 2 novembre 1887 (J. T., 94-277, note 1) ; Tunis, 1re ch., 16 novembre 1891 (J. T., 94-277, note 1) ; Tunis, 1re ch., 17 avril 1893 (J. T., 93-202) ; Tunis, 1re ch., 21 juillet 1893 (J. T., 93-334) ; Tunis, 1re ch., 16 avril 1894 (J. T., 94-276) ; Tunis, 1re ch., 28 janvier 1895 (J. T., 95-269) ; Tunis, 2e ch., 20 mars 1895 (J. T., 95-206) ; — Cf. tamen, Oran, 1re ch., 20 juillet 1890 (R. A., 91-2-92).
(2) Tunis, 1re ch., 4 avril 1892 (J. T., 94-299) ; Tunis, 1re ch., 21 juillet 1893 (J. T,, 93-334).
(3) Loi du 25 mai 1838, art. 8.
(4) Tunis, 1re ch., 25 juin 1892 (J. T., 93-50).

est indéterminé (1). Aux termes de l'article 14 de la loi du
25 mai 1838, auquel aucun texte n'a dérogé à l'égard de la
Tunisie, les juges de paix ne peuvent statuer qu'à charge d'appel
·sur les exceptions d'incompétence que les parties leur soumettent ; il importerait peu que la décision eût été qualifiée en
dernier ressort (2). L'appel ne peut être interjeté qu'après le
jugement définitif (3). La même règle s'applique à l'appel des
jugements préparatoires (4).

Dans les limites fixées par le décret de 1854, la compétence
du juge de paix est absolue et d'ordre public ; c'est donc à bon
droit que le tribunal de Tunis, saisi d'une demande en validation de saisie-arrêt et d'une deuxième demande en condamnation pour paiement de la créance, qui y avait donné lieu, mais
dont le taux rentrait dans la compétence du juge de paix, a dis-
joint les affaires pour ne statuer que sur la première (5).

Le taux de la compétence du juge de paix est fixé formellement à 1,000 francs en premier ressort et à 500 francs en deuxième instance par l'article 2 du décret du 19 août 1854 ; mais
il s'agit de déterminer la portée exacte de ce texte et de voir
s'il peut se concilier avec les dispositions des articles 2 à 6 de
la loi du 25 mai 1838. Ceux-ci confèrent, en France, au juge de
paix une compétence exceptionnelle en certaines matières ;
c'est ainsi qu'il peut juger en premier ressort *à quelque valeur
que la demande puisse s'élever,* les actions en paiement de
loyers, expulsions, congés, si le prix annuel du bail ne dépasse
pas 400 francs ; il juge aussi les résiliations de baux pour
défaut de paiement, les actions pour dommages aux champs,
pour réparations locatives à la charge des locataires, les contestations relatives aux engagements des gens de travail, les

(1) Tunis, 1re ch., 16 octobre 1893 (J. T., 93-402) ; Tunis, 1re ch.,
23 novembre 1896 (J. T., 97-33).
(2) Tunis, 1re ch., 2 mars 1896 (J. T., 96-208).
(3) Tunis, 1re ch., 18 janvier 1892 (J. T., 93-286) ; Tunis, 1re ch., 30 octobre 1893 (J. T., 93-407) ; Tunis, 1re ch., 24 février 1896 (J. T., 96-207).
(4) Tunis, 1re ch., 10 décembre 1890 (J. T., 94-485).
(5) Tunis, 12 novembre 1882 (J. T., 94-263).

actions en paiement des nourrices, les actions civiles pour diffamation verbale et les demandes en pension alimentaire
formées en vertu des articles 205, 206 et 207 du Code civil. Les
juges de paix connaissent, en outre, en premier ressort jusqu'à 1,500 francs, des indemnités pour non-jouissance du fait
du propriétaire, lorsque le droit à une indemnité n'est pas contesté, et pour dégradations et pertes dans les cas prévus par
les articles 1732 et 1735 du Code civil.

Le point à élucider consiste à déterminer si la compétence
spéciale accordée en France aux juges de paix par la loi de
1838, existe en Algérie et en Tunisie en présence des termes
exprès du décret de 1854.

Un premier système a soutenu que le D. Fr. de 1854 n'avait
eu pour but que d'étendre la compétence des juges de paix
d'Algérie dans l'hypothèse générale, prévue par l'article 1er de
la loi de 1838, mais que les articles 2 à 6 de cette loi n'étaient
pas visés par le décret de 1854 et devaient s'appliquer dans
leurs hypothèses spéciales. On argumentait, en ce sens, de ce
fait que l'article 2 du décret de 1854 est exactement libellé
comme l'article 1er de la loi de 1838 (1).

Les jugements qui avaient accepté ce système ayant été
frappés d'appel, la Cour d'Alger les réforma, en adoptant une
deuxième théorie en vertu de laquelle le décret de 1854 a
abrogé en Algérie la loi de 1838 (2). Pour elle, en présence
des termes absolus du décret de 1854, il n'y a pas lieu de distinguer selon la nature du litige, et c'est le taux de la demande
qui fixe seul la compétence du juge. On ne doit point s'arrêter
aux règles spéciales formulées par les articles 2 à 6 de la loi
de 1838. Au surplus, le D. Fr. de 1854 forme le droit commun
pour l'Algérie, et il y a lieu de l'appliquer, sauf dérogation
formelle. Dans cette théorie, toute demande en paiement de
loyers inférieure à 1,000 francs doit être portée devant le juge

(1) Constantine, 11 avril 1861 (Robe, 1861, p. 127) ; Philippeville, 19 avril
1861 (Robe, 61-127).
(2) Alger, 22 mai 1861 (Robe, 61-127).

de paix, alors même que le prix annuel de location excéderait 400 francs.

A ce deuxième système, de nombreux auteurs (1) opposent une troisième théorie à laquelle nous n'hésitons pas à nous rallier. Pour nous, le décret de 1854 n'a eu d'autre but que d'étendre.en Algérie la compétence que les juges de paix possèdent en France. Comme le fait très justement remarquer le premier président de Ménerville, « les motifs d'intérêt général, qui ont déterminé l'extension de la juridiction des juges de paix en Algérie, doivent servir à interpréter le décret de 1854, et ce serait en méconnaître l'esprit que de limiter au lieu de l'étendre la compétence attribuée à ces juges de paix. » Comment, en effet, admettre logiquement que le législateur, après avoir accordé au juge de paix de France des pouvoirs spéciaux dans les hypothèses visées par les articles 2 à 6 de la loi de 1838, les refuse au juge de paix d'Algérie auquel il concède cependant une compétence générale notoirement plus étendue? Pour nous, l'article 2 du décret de 1854 se substitue à l'article 1er de la loi de 1838; mais les articles 2 à 6 de cette loi ne sont pas atteints par ce premier texte et doivent se concilier avec lui.

Grâce à ce système, on évite certains résultats fâcheux produits par la jurisprudence de la Cour d'Alger ; c'est ainsi que, d'après sa doctrine, une demande en paiement de loyers supérieure à 1,000 francs, mais dont le prix annuel de location n'excéderait pas 400 francs, devrait être portée devant le tribunal civil, tandis qu'en France elle serait de la compétence du juge de paix. Ce résultat ne se produirait pas avec notre opinion, par laquelle nous combinons la loi de 1838 et le décret de 1854 dans leurs dispositions les plus favorables à l'extension de la compétence du juge de paix. Nous admettons donc

---

(1) Zeys, *Les juges de paix algériens*, p. 189 ; Hugues et Lapra, *Code algérien*, p. 296 ; Charpentier, *op. cit.*, p. 72 ; Vermeil et Bachan, *Code-manuel des juges de paix*, p. 16 ; Tilloy, *Répertoire de législation algérienne*, p. 1094 ; Martineau, *op. cit.*, chap. I, section 1re, § 2.

que, dans les matières visées par les articles 2 à 6 de la loi de
1838, les juges de paix prononcent en dernier ressort jusqu'à
la valeur de 500 francs. Ils jugent à charge d'appel dans les
hypothèses prévues par les articles précités à quelque valeur
que la somme puisse s'élever, et décident jusqu'à 1,000 francs
en dehors de ces espèces spéciales.

La jurisprudence du tribunal d'Alger semble se rallier à ce
système (1). Celle des tribunaux de Tunisie est des plus hési-
tantes (2). On a vu le tribunal de Tunis décider qu'en matière
de baux ou de locations, la compétence était déterminée par le
taux de la demande et non par celui de la location. Le juge
de paix serait donc compétent en dernier ressort jusqu'à
500 francs et, à charge d'appel, jusqu'à 1,000 francs quel que
soit le prix annuel de location et alors même que l'existence ou
la validité du bail seraient contestées (3). De même, il pourrait
juger les demandes en résiliation de baux, seraient-elles fondées
sur une autre cause que le défaut de paiement, à la condition
que le prix total des locations, restant à courir, soit inférieur à
1,000 francs (4). Cependant, dans des questions de dommages-
intérêts pour des dégâts causés à un champ, ces hésitations se
sont clairement manifestées : après avoir appliqué le décret de
1854 à une première hypothèse (5), le tribunal de Tunis, dans
un second cas, a fait application de l'article 5 de la loi de
1838 (6). Enfin une jurisprudence plus récente semble admettre
le système que nous soutenons (7). Il va de soi que le juge de
paix est certainement incompétent lorsque ni la loi de 1838, ni

---

(1) Trib. Algér., 4 juin et 30 juillet 1886 (Robe, 86, 509 et 373).

(2) Berge : *De la Juridiction française en Tunisie*, p. 16.

(3) Tunis, 1re ch., 26 décembre 1888 (J. T., 94-238) ; Tunis, 1re ch.,
23 octobre 1893 (J. T., 95-53) ; Tunis, 1re ch., 2 avril 1894 (J. T., 94-247).

(4) Tunis, 1re ch., 8 mai 1893 (J. T., 95-217) ; Tunis, 1re ch., 31 octobre
1892 (J. T., 94-526) ; Tunis, 2me ch., 24 janvier 1894 (J. T., 94-441).

(5) Tunis, 1re ch., 6 juin 1888 (J. T., 94-411).

(6) Tunis, 1re ch., 7 mars 1892 (J. T., 94-414).

(7) Tunis, 1re ch., 13 janvier 1896 (J. T., 96-133) ; Cf. Saint-Denis de la
Réunion, 21 décembre 1895 (J. T., 96-270).

le décret de 1854 ne peuvent s'appliquer : par exemple, au cas d'une demande en résiliation de bail, dont le prix annuel est supérieur à 400 francs, si le loyer restant à courir dépasse lui-même 1,000 francs (1-2).

Ainsi que nous l'avons déjà dit, il n'existe pas pour les juges de paix de texte analogue à l'article 2 de la loi de 1883, qui confère plénitude de juridiction au tribunal civil : le juge de paix reste donc juge d'exception et il ne peut connaître que des matières qui lui sont attribuées par un texte formel. Il sera donc incompétent pour statuer sur une question d'état des personnes ou pour procéder à la liquidation d'une succession.

La même incompétence existe pour le juge de paix en matière immobilière, à l'exception toutefois des actions possessoires, dont la connaissance lui est déférée par la loi du 25 mai 1838. C'est ainsi que le juge de paix est incompétent pour statuer sur une servitude foncière (3) : cette incompétence est d'ordre public et doit être relevée d'office par le magistrat dès qu'il s'agit d'une demande au pétitoire (4).

De ces principes sont résultées des conséquences spéciales à l'égard d'un contrat propre au droit tunisien, le contrat d'*enzel* (5). En vertu de ce contrat, qui n'est pas sans avoir de grandes analogies avec les tenures perpétuelles de l'ancien régime, le domaine éminent est seul retenu par le propriétaire, qui transmet le domaine utile à un preneur contre le paiement d'une rente perpétuelle : une pareille convention tient à la fois de la vente et du louage et possède un caractère immobilier,

---

(1) Tunis, 1re ch., 18 novembre 1895 (J. T., 95-599).

(2) Le Juge de Paix tire de la loi du 12 janvier 1895 compétence absolue en matière de saisies-arrêts de salaires et petits traitements (Tunis, réf., 2 avril 1895, J. T., 95-206 ; J. de Paix Tunis-Nord, 20 avril 1895, J. T., 95-285 ; Tunis, réf., 23 août 1895, J. T., 95-514).

(3) Sousse, 27 juin 1889 (J. T., 93-279).

(4) Tunis, 1re ch., 16 mars 1896 (J. T., 96-240).

(5) Sur le contrat d'enzel, cf. P. Sumien : *Du contrat d'enzel* (R. A., 93-1-201) ; Berge : *Notes sur la jurisprudence en matière d'enzel* (J. T., 93-117).

qui rend le juge de paix incompétent à son égard. La loi de 1838 ne s'applique pas aux locations d'un caractère spécial.

Par suite, s'il ne s'agit que d'une demande en paiement des arrérages de la rente enzel, la question étant purement mobilière, le juge de paix sera compétent dans les limites fixées par le D. Fr. du 19 août 1854 (1); mais dès que la question prendra un caractère immobilier, quand il s'agira de statuer sur l'existence du contrat d'enzel et du droit du créancier à la rente, le juge de paix deviendra incompétent (2). Il le sera encore si on lui demande de prononcer la résiliation du contrat (3). Il va de soi que le juge de paix pourrait passer outre aux exceptions, tirées par le défendeur du défaut de validité de la constitution d'enzel, s'il lui apparaissait qu'elles n'ont aucun fondement sérieux et qu'elles sont purement dilatoires (4). Le juge de paix n'a d'ailleurs qu'à surseoir jusqu'au jugement de la question préjudicielle de propriété, mais il conserve sa compétence à l'égard de la demande en paiement des arrérages (5).

La loi de 1838 confère aux juges de paix la connaissance en premier ressort des actions possessoires. En Tunisie, on a soutenu que, par sa nature même, l'action possessoire est de la compétence exclusive de la juridiction indigène ; nous aurons à discuter ultérieurement la valeur de ce système, mais qu'il nous soit permis de dire immédiatement qu'il n'a pas été admis en pratique, et que la compétence du juge de paix a été acceptée (6), mais à charge d'appel (7).

(1) Tunis, 1re ch., 17 décembre 1894 (J. T., 95-88).
(2) Tunis, 1re ch., 15 mai 1893 (J. T., 93-256); J. de P. Tunis-Nord, 12 juin 1896 (J. T., 96-530); Tunis, 1re ch., 21 décembre 1896 (J. T. 97-40).
(3) Tunis, 2e ch., 19 décembre 1889 (J. T., 90-112) ; Tunis, 2e ch., 13 novembre 1890 (J. T., 91-150); Tunis, 1re ch., 25 avril 1892 (J. T., 94-397).
(4) Tunis, 1re ch., 15 mai 1893 (J. T., 93-246) ; Tunis, 1re ch., 26 novembre 1894 (J. T., 95-119).
(5) Tunis, 2e ch., 20 juillet 1894 (J. T., 94-473).
(6) Tunis, 2e ch., 14 janvier 1887 (J. T., 91-238) ; Tunis, 1re ch., 14 mars 1892 (J. T., 93-30) ; J. de P. Grombalia, 15 septembre 1893 (J. T., 94-455) ; J. de P. Tunis-Nord, 19 décembre 1895 (J. T., 96-112).
(7) Tunis, 26 mai 1886 (J. T., 94-264).

DES RÉFÉRÉS. — En Algérie, la compétence accordée en France au président du tribunal civil, en matière de référés, est concédée au juge de paix par l'article 2 du décret du 19 août 1854, qui lui permet, en outre, de prendre toute mesure conservatoire. La loi de 1883 rend ce texte applicable à la Tunisie.

Le décret de 1854 assimile complètement le juge de paix au président du tribunal civil ; ses pouvoirs sont les mêmes, et c'est ainsi qu'il peut ordonner la mise sous séquestre d'un immeuble litigieux (1). Il en résulte que pour les matières spéciales, qui sont de la compétence exclusive du juge de paix, ce magistrat possède des pouvoirs plus étendus que le président du tribunal civil en France ; c'est ainsi qu'il pourra ordonner une expertise pour constater et évaluer les dommages causés aux champs par des animaux. Le président du tribunal civil serait incompétent, car la connaissance de cette nature de litiges appartient en propre au juge de paix (2).

Nous avons admis que l'incompétence du président du tribunal, en causes de référés, n'était que relative (3). Il est même une hypothèse où il retrouve certainement sa compétence de droit commun ; c'est à l'égard des ressorts dans lesquels siège un tribunal de première instance, par conséquent dans les deux circonscriptions de Tunis et dans celle de Sousse. En effet, l'article 3 de la loi de 1883 restreint la compétence étendue accordée aux juges de paix qui siègent dans les villes où un tribunal civil est établi, aux actions personnelles et mobilières en matière civile et commerciale. Pour le surplus, ils n'exercent que la compétence ordinaire.

En dépit de ce texte, on a soutenu que la connaissance des référés était conservée aux juges de paix de Tunis et de Sousse comme rentrant dans les matières civiles dont le jugement leur est attribué. Si ce système était exact, il faudrait

(1) Tunis, 1re ch., 1er juin 1891 (J. T. 94-486).
(2) Cass., 18 décembre 1872 (D. P., 73-1-129).
(3) Cf. *suprà*, p. 29.

décider que le juge de paix ne peut statuer que jusqu'à la
valeur de 1,000 francs, limite de sa compétence civile. Pour
nous, il est incompétent alors même que le litige est d'un taux
inférieur à 1,000 fr.; en effet, la procédure des référés est exclue
par l'article 6 du Code de procédure civile pour les cas urgents,
qui rentrent dans la compétence du juge de paix (1).

Remarquons que le juge de paix de Tunis-Nord, lorsqu'il
siège dans le ressort de La Goulette, y retrouve la compétence
fixée par le décret de 1854. La justice de paix de La Goulette
forme un ressort spécial qui n'est pas dans l'hypothèse prévue
par le dernier alinéa de l'article 3 de la loi de 1883. Au contraire, la compétence du juge de paix de Sousse n'est pas modifiée quand il tient des audiences foraines à Mehdia ou à
Monastir; celles-ci ne constituent pas des ressorts spéciaux, et
il n'y a jamais qu'une seule juridiction dans laquelle la compétence du juge ne varie pas.

Faut-il admettre, ainsi qu'on l'a prétendu, que le juge de
paix ne peut ordonner des mesures conservatoires qu'en référé?
Cette théorie a été rejetée par la Cour d'Alger, qui a fait remarquer que le décret de 1854 donnait au juge de paix le droit de
parer aux mesures conservatoires dans une disposition distincte de celle qui lui conférait les pouvoirs du magistrat des
référés. Il en résulte, avec évidence, que le droit d'ordonner
des mesures conservatoires n'est pas une conséquence du
pouvoir de rendre des ordonnances de référé (2).

Quelle que soit l'autorité accordée au juge de paix, en cette
matière, par le décret de 1854, il est bon de remarquer que sa
compétence comme juge du fond n'en subit aucune modification. Par exemple, l'action en reddition de comptes du séquestre, nommé en référé par le juge de paix, ressortit au tribunal civil quand elle est d'un taux qui dépasse la compétence du
tribunal de paix (3).

(1) J. de Paix Tunis-Nord, 4 octobre 1894 (J. T., 95-229).
(2) Alger, 6 janvier 1872 (S., 73-2-116).
(3) Tunis, vac., 2 août 1894 (J. T., 94-349).

Voies de recours. — L'appel des jugements rendus par les juges de paix doit être porté devant le tribunal civil du ressort, conformément à la hiérarchie de nos juridictions. Les règles ordinaires des appels doivent recevoir leur application ; aussi faut-il rejeter en dernier ressort une augmentation de la demande formée en première instance devant le juge de paix (1).

L'article 13 de la loi du 25 mai 1838, qui interdit d'appeler d'une décision d'un juge de paix avant un délai de trois jours, doit être appliqué en Tunisie (2). L'exécution provisoire de ces sentences ne peut avoir lieu que dans les conditions prévues par les articles 11 et 12 de la même loi (3).

Nous avons déjà admis que l'appel des ordonnances de référé, rendues par un juge de paix, doit être porté devant le tribunal civil du ressort dont sa circonscription fait partie (4).

Le juge de paix taxe les frais exposés à sa barre. L'appel interjeté contre l'exécutoire délivré par lui à ce sujet n'est recevable que s'il a été formé opposition devant ce magistrat, et que la décision ainsi intervenue ait été rendue dans les limites de sa compétence en premier ressort (5).

Aux termes de l'article 15 de la loi du 25 mai 1838, les sentences des juges de paix ne peuvent être l'objet d'un pourvoi en cassation, si ce n'est pour excès de pouvoirs. Ce texte ne saurait s'appliquer aux justices de paix à compétence étendue qui fonctionnent en Tunisie. La loi de 1838, en ne permettant même pas de déférer à la Cour de cassation une sentence de juge de paix pour violation de la loi, a formulé une disposition exorbitante du droit commun ; on ne saurait en étendre la portée au-delà des justices de paix à compétence normale pour lesquelles la loi de 1838 a été rédigée. Nous ferons donc l'application du droit commun aux justices de paix de la Régence,

(1) Tunis, 1re ch., 18 décembre 1893 (J. T., 95-219).
(2) Tunis, 1re ch., 16 avril 1894 (J. T., 94-276).
(3) Tunis, 1re ch., 16 juillet 1894 (J. T., 94-448).
(4) Cf. *suprà*, p. 26.
(5) Sousse, 1er mars 1894 (J. T., 94-232).

et cela d'autant plus logiquement que l'extension des pouvoirs du juge entraîne, par voie de conséquence, la possibilité d'en appeler de sa décision devant une juridiction supérieure (1).

§ III. — **Matières commerciales**

La loi de 1883, en organisant la justice française en Tunisie, n'a point créé de tribunaux de commerce. Bien plus, cette loi a formellement déféré les matières d'ordre commercial au tribunal civil par son article 2 et aux juges de paix par son article 3.

Depuis cette date, la colonie française a fréquemment demandé la création, à Tunis, d'un tribunal de commerce élu par les commerçants français. Etudiée en commission par la Conférence consultative, cette proposition y a été l'objet d'un avis favorable (2) ; mais la réalisation de ce vœu s'est heurtée à la situation spéciale dans laquelle se trouvent nos tribunaux de Tunisie. Il ne faut pas oublier, en effet, que notre juridiction tire une partie de ses pouvoirs de la renonciation des puissances étrangères à l'existence de leurs tribunaux consulaires ; or, cette renonciation n'a été faite qu'en faveur des juridictions constituées par la loi de 1883 qui passe sous silence l'organisation d'un tribunal propre aux commerçants. Il faudrait donc obtenir des diverses puissances leur consentement à cette création, et comme le nouveau tribunal ne pourrait, sans déroger aux principes les plus formels de notre droit public, être élu que par les commerçants français, on s'exposerait probablement à de grandes difficultés pour la bonne issue des négociations. La question, revenue devant la Conférence consultative dans sa séance du 15 mai 1895, y a été l'objet d'un ajournement indéterminé (3).

(1) Cass. civ., 26 juin 1882 (D. P., 83-1-78).
(2) Séance du 27 janvier 1891 (Conf. cons., 91-1-48).
(3) Conf. cons., 95-1-12.

Dans sa séance du 3 mai 1897 (1), la Conférence consultative
a examiné de nouveau la question de la création d'un Tribunal
de commerce à Tunis. M. Gaudiani, rapporteur, proposait simplement l'adjonction d'assesseurs commerciaux au Tribunal de
première instance jugeant commercialement. Le président de
la chambre de commerce du Nord, M. Poublon, a réclamé un
tribunal de commerce élu par les commerçants et composé
comme ceux de France. La Conférence s'est arrêtée à un
système intermédiaire, analogue à celui qui fonctionne dans
divers pays d'Europe, en Allemagne notamment : elle conclut
à la création d'un tribunal qui comprendrait des commerçants
élus comme juges, sous la présidence d'un magistrat de
carrière.

TRIBUNAL DE PREMIÈRE INSTANCE. — Aux termes de l'article 2
de la loi du 27 mars 1883, le tribunal civil a la plénitude de
juridiction en matière commerciale : sa compétence est illimitée
en premier ressort, et il statue sans appel jusqu'à la valeur
de 3,000 francs (2). Toutefois, cette plénitude de juridiction du
tribunal de première instance ne saurait lui permettre de juger
une affaire rentrant dans le taux de la compétence du juge de
paix, mais qui lui serait déférée sous le couvert d'une demande
en déclaration de faillite (3).

Par contre, dans les limites que nous venons d'indiquer, le
tribunal civil, jugeant au titre commercial, est compétent à
l'égard de tous les actes de commerce, sans tenir compte des
accessoires de la créance : le tribunal pourra donc régulièrement connaître de la demande en paiement d'un billet à ordre,
alors même que le débiteur aurait constitué, à titre de garantie,
des immeubles en gage à son créancier (4).

(1) *Journal des Débats*, 6 mai 1897.
(2) Alger, 3ᵉ ch., 21 mars 1888 (R. A., 88-2-205) ; Alger, 2ᵉ ch , 16 décembre 1893 (R. A., 94-2-196).
(3) Tunis, 2ᵉ ch., 24 avril 1890 (J. T., 94-322).
(4) Tunis, 2ᵉ ch., 13 décembre 1894 (J. T., 95-121).

Nous savons que le D. Beyl. du 26 décembre 1888 défère aux tribunaux de première instance la connaissance des actions relatives à la propriété des brevets d'invention et à la demande en nullité de ces mêmes brevets. Ce texte a été interprété en ce sens que l'affaire doit être portée devant le tribunal statuant au civil et non devant la même juridiction, jugeant commercialement (1).

Justices de paix (2). — L'article 3 de la loi du 27 mars 1883 accorde aux juges de paix de Tunisie la même compétence en matière commerciale qu'en matière civile. Ils jugent donc en dernier ressort jusqu'à la valeur de 500 francs et à charge d'appel jusqu'à celle de 1,000 francs. Cette compétence existe toutes les fois que la valeur du litige ne dépasse pas 1,000 francs, alors même qu'il s'agirait du solde d'une somme supérieure à ce chiffre (3). Au contraire, les accessoires, tels que les frais de protêt, n'entrent pas dans le calcul du taux de la compétence (4).

Les pouvoirs du juge de paix sont restreints aux questions personnelles et mobilières dont la valeur est déterminée ; il ne saurait prononcer une déclaration de faillite ou l'annulation d'un acte de société (5).

Normalement, le caractère civil ou commercial d'une affaire se détermine d'après la qualification qui lui est donnée par le demandeur dans son assignation. Le juge, saisi de la sorte, ne pourra statuer que selon les règles de la juridiction à laquelle le demandeur s'est adressé : c'est ainsi que l'admissibilité de la preuve testimoniale, qui serait interdite, en matière civile,

(1) Tunis, 2e ch., 4 avril 1895 (J. T., 95-261).
(2) Cf. Martineau, *Op. cit.*, chap. Ier, sect. II, nos 31 et suiv.
(3) Tunis, 1re ch., 25 mars 1895 (J. T., 95-258).
(4) Tunis, 2e ch., 31 janvier 1895 (J. T., 95-143) ; Tunis, 2e ch., 25 octobre 1895 (J. T., 95-517) ; Tunis, 1re ch., 13 juillet 1896 (J. T., 96-439) ; *Adde :* Cass. civ., 6 janvier 1897 (J. T., 97-20).
(5) Cass., 11 janvier 1869, cité par Martineau, *op. cit.*, chap. I, sect. II § I, no 31.

au-dessus de 150 francs, sera, au contraire, autorisée devant le juge de paix statuant au titre commercial.

Le juge de paix possède une compétence identique en matière civile et en matière commerciale; mais les différences qui existent entre le mode de procédure des deux juridictions ne permettent pas de les confondre. C'est donc très logiquement que le tribunal d'Alger a dénié au juge de paix, prononçant au titre commercial, le droit de décider qu'une partie qui oppose à une demande le fait qu'elle a renoncé à une succession, a fait acte d'héritier: il y a là, en effet, une violation de l'article 426 du Code de procédure civile, qui interdit aux juridictions commerciales de se prononcer sur la qualité d'héritier d'une des parties (1).

La fausse qualification de l'affaire n'entrainerait pas toutefois l'incompétence du juge, car aucun texte de loi n'oblige le demandeur à déterminer le caractère civil ou commercial de sa créance. L'incompétence du juge n'aurait d'autre effet que d'obliger le créancier à recommencer l'affaire sur nouveaux frais, et c'est là un résultat qu'il est préférable d'éviter (2).

A quelles règles de procédure doit-on soumettre le juge de paix jugeant commercialement?

A ce sujet, on a soutenu que, par suite de l'extension de sa compétence, le juge de paix se trouvait transformé en un véritable magistrat consulaire, et que, par suite, il devait appliquer la procédure fixée pour les tribunaux de commerce, par les articles 439 et suivants du Code de procédure civile et l'article 641 du Code de commerce (3). Dans ce sens, une décision admit que, faute d'exécution, les jugements rendus par défaut par les juges de paix, statuant à titre commercial, se prescrivaient par six mois (4).

Cette solution est restée isolée, et la jurisprudence a, en

---

(1) Trib. Alger. 1re ch.. 1er février 1877 (Bull. Jud. Alg., 1877, p. 252).
(2) Vermeil et Bachan. *op. cit.*, p. 32 ; Martineau, *op. cit.*, n° 34, *in fine*.
(3) Vermeil et Bachan, *op. cit.*, p. 33, n° 46.
(4) J. de P. Tunis, 27 août 1887 (J. T., 94-454).

général, préféré le système contraire (1). Il nous semble que c'est à juste titre. Le législateur a fixé, en effet, les règles de procédure plutôt en vue de la juridiction qui doit les appliquer, que de la nature de l'affaire. On doit donc avoir recours aux règles de procédure habituelles aux juges de paix. Sans doute, la procédure commerciale s'applique aux tribunaux civils, jugeant commercialement, mais c'est en vertu d'un texte spécial, l'article 641 du Code de commerce, qui n'a pas été reproduit à l'égard des juges de paix.

Par suite, nous n'admettrons ces magistrats à ordonner l'exécution provisoire de leurs jugements en matière commerciale que dans les conditions prévues par la loi de 1838 (2). De même, à l'égard des sentences par défaut rendues par eux dans les causes commerciales, l'opposition ne sera pas recevable jusqu'à l'exécution (3), et, dans les affaires où ils rendent des jugements préparatoires, ceux-ci ne pourront être frappés d'appel avant que la décision définitive ne soit intervenue (4).

Quand le litige n'est pas d'une valeur supérieure à 1,000 fr., le défendeur, assigné commercialement, n'est justiciable que du juge de paix de son domicile. Le tribunal civil est incompétent, alors même qu'il prononcerait à titre commercial, car le décret de 1854 a supprimé sa juridiction en ce qui concerne les affaires dont il attribue la connaissance au juge de paix (5). Cette incompétence nous paraît d'ordre public ; on relève toutefois une décision qui ne lui reconnaît qu'un caractère relatif (6).

---

(1) Tunis, 1re ch., 10 décembre 1890 (J. T., 94-485) ; Tunis, 1re ch., 16 juillet 1894 (J. T., 94-448) ; Tunis, 1re ch., 26 novembre 1894 (J. T., 95-58) ; Tunis, 1re ch., 2 février 1895 (J. T., 95-127).
(2) J. de P. Tunis-Nord, 17 janvier 1895 (J. T., 95-183).
(3) Tunis, 1re ch., 10 décembre 1890 (J. T., 94-485).
(4) Tunis, 1re ch., 10 décembre 1890 (R. A., 91-2-105).
(5) Alger, 24 décembre 1860 (Jur. Alg., 1860, p. 55) ; Alger, 9 février 1882 (Bull. Jud. Alg., 1882, p. 208) ; Alger, 8 mai 1884 (Bull. Jud. Alg., 1884, p. 186) ; Alger, 3e ch., 13 décembre 1892 (R. A., 96-2-11).
(6) Alger, 3 juin 1872 (Jur. Alg., 1872, p. 28).

Au-dessus de 500 francs, le juge de paix ne statue qu'à charge d'appel. La demande doit être portée devant le tribunal prononçant au civil et non devant la même juridiction, jugeant au titre commercial. Aucun texte n'est, en effet, venu déroger à la règle en vertu de laquelle l'appel des sentences des juges de paix se porte devant le tribunal civil (1).

§ IV. Règles de procédure spéciales à la Tunisie.

L'article 7 de la loi de 1883 a rendu applicables aux juridictions instituées en Tunisie les règles de procédure en vigueur en Algérie. Aux termes de cette législation, toutes les affaires sont réputées sommaires et la taxe des dépens est réglée de la même façon. Les conclusions des parties sont posées 24 heures avant le jour que le tribunal a fixé pour les plaidoiries. Rien ne s'oppose, d'ailleurs, à ce que le tribunal, s'il le juge utile, procède aux enquêtes en la forme ordinaire (2).

La citation peut-elle être valablement donnée à un mandataire général ou spécial ? Un jugement l'a admis, par application de l'article 71 de l'ordonnance algérienne du 27 septembre 1842 (3) : il nous semble cependant que ce texte est infirmé par l'article 3 de l'ordonnance du 16 avril 1843, qui annule toute citation faite à un mandataire, à moins qu'il n'ait reçu un pouvoir spécial de défendre (4).

L'article 8 de la loi de 1883 règle le délai des ajournements et appels d'après l'ordonnance du 16 avril 1843, mais en fixant ce délai à 2 mois pour les habitants de l'Europe et des pays du littoral de la Méditerranée et de la mer Noire, et à 5 mois pour les habitants des autres pays. Nous savons que pour les parties

(1) Tunis, 21 mai 1885 (J. T., 94-298).
(2) Alger, 1re ch., 15 janvier 1895 (J. T., 95-292).
(3) Tunis, 21 avril 1886 (J. T., 94-545).
(4) Tunis, 1re ch., 11 mars 1895 (J. T., 95-224).

domiciliées à Tunis et citées en appel à Alger, une controverse s'est produite (1).

La règle que *nul ne plaide par procureur* est applicable en Tunisie (2). Il en est de même du principe en vertu duquel les qualités doivent être réglées par les magistrats qui ont pris part au jugement de l'affaire : un membre de la Chambre des vacations ne peut y procéder qu'en l'absence de tous les juges qui ont participé au prononcé du jugement (3).

La loi de 1883 (article 9) dispose, en outre, que les insertions légales doivent, à peine de nullité, être faites dans l'un des journaux désignés à cet effet par un arrêté du Résident général.

Une règle spéciale de procédure ressort de l'article 4 du D. Beyl. du 31 juillet 1884 (4), qui est ainsi conçu : « Toute pièce signifiée à un tunisien doit l'être, à peine de nullité, en langue arabe, jusqu'à ce qu'il ait constitué avoué. » Ce texte n'a pas été appliqué au protêt : le tribunal de Sousse, s'appuyant sur l'ordonnance algérienne du 26 septembre 1842, ne l'a pas considéré comme un acte de procédure (5).

L'article 7 de la loi de 1883 a rendu applicable en Tunisie l'article 2 de l'ordonnance algérienne du 16 avril 1843 (6) : aux termes de cette disposition, lorsqu'il s'agit de droits ou actions ayant pris naissance en Algérie, le demandeur peut porter son instance, soit devant le tribunal du domicile du défendeur en France, soit devant le tribunal d'Algérie dans le ressort duquel le droit ou l'action a pris naissance. Le principe s'applique en Tunisie sans contestation (7). Les tribunaux

---

(1) Cf. *suprà*, p. 16.
(2) Tunis, 1re ch., 1er juin 1896 (J. T., 96-320).
(3) Cass. civ., 15 mai 1895 (S., 95-1-422).
(4) Bomp., p. 272.
(5) Sousse, 8 novembre 1894 (J. T., 94-574).
(6) De Ménerville, t. 1, p. 568.
(7) Tunis, 3 décembre 1884 (R. A., 85-2-202) ; Tunis, 1re ch., 7 mars 1892 (J. T., 95-182, note 1) ; Tunis, 1re ch., 12 décembre 1892 (R. A., 93-2-143) ; Alger, 3e ch., 5 février 1894 (R. A., 94-2-200) ; Tunis, 1re ch., 12 novembre 1894 (J. T., 94-571) ; Tunis, 2e ch., 24 octobre 1895 (J. T., 95-546).

français de la Régence restent compétents quand le droit ou
l'action ont pris naissance dans leur ressort, alors même que le
défendeur, précédemment domicilié en Tunisie, aurait fait une
déclaration régulière de transférement de domicile de Tunisie
en France (1).

Mais l'application de l'article 2 de l'ordonnance de 1843
exige une interprétation restrictive, puisqu'il s'agit d'une exception au droit commun. Il faut que l'action ou le droit aient
pris naissance en Tunisie; on ne pourra donc l'appliquer à une
action en règlement d'un compte courant ; en effet, par suite
de l'indivisibilité de tous les éléments du compte courant, il est
impossible de déterminer où a pris naissance la créance définitive; dans cette hypothèse, le tribunal du domicile du défendeur est seul compétent (2). Notons, toutefois, que le tribunal
de Tunis a interprété la clause d'une facture d'après laquelle
« le transport franco et le règlement en effets de commerce
ne formeraient pas dérogation à la règle de délivrance et de
paiement au domicile du vendeur », en ce sens que l'option
de juridiction, établie par l'article 420 du Code de procédure
civile, était supprimée, mais qu'il était loisible au demandeur
de recourir au bénéfice de l'ordonnance de 1843 (3).

Par contre, l'interprétation restrictive du texte ne permet
pas d'attribuer compétence aux tribunaux de Tunisie quand le
défendeur a son domicile en Algérie; dans ce cas, les principes
généraux du droit ne subissent aucune dérogation (4).

L'élection de domicile en France entraîne renonciation au
bénéfice de l'ordonnance de 1843 (5).

La question la plus controversée, en notre matière, est de
déterminer si l'article 2 de l'ordonnance de 1843 s'applique

(1) Tunis, 3 décembre 1884 (J. T., 91-53).
(2) Tunis, 2e ch., 31 janvier 1895 (J. T., 95-143).
(3) Tunis, 2e ch., 28 février 1895 (J. T., 95-181).
(4) J. de P. Tunis-Nord, 18 mai 1895 (J. T., 95-472) ; Tunis, 2e ch., 9 janvier 1896 (J. T., 96-133).
(5) Alger, 2e ch., 24 mai 1895 (R. A., 96-2-77).

aux causes commerciales comme aux matières civiles. L'affirmative est admise par la jurisprudence des tribunaux d'Algérie et de Tunisie (1). Cependant, tout en reconnaissant que le texte de l'ordonnance de 1843 n'est affirmatif dans aucun sens, il semble que le doute doive s'interpréter en faveur du droit commun, c'est-à-dire de la négative. Cette solution, plus juridique par elle-même, aurait, en outre, l'avantage, au point de vue économique, de ne pas exposer le commerce de la métropole à plaider fréquemment devant nos juridictions d'Algérie et de Tunisie sans que la réciprocité lui soit accordée. La Cour de Cassation semble favorable à notre interprétation (2).

L'article 69 de l'ordonnance du 26 septembre 1842, rendu applicable en Tunisie par la loi de 1883, édicte que les nullités d'exploit et de procédure sont, en Algérie, facultatives pour le juge, qui doit s'inspirer des circonstances de la cause pour les admettre ou les rejeter. Cette mesure fut prise au début de la conquête, à une époque où l'on ne disposait que d'un personnel judiciaire peu instruit, pour éviter aux justiciables des nullités dont il était difficile de les rendre responsables. On conçoit que le développement de notre pratique judiciaire doive faciliter le retour aux principes généraux du Code de procédure civile ; mais, en Tunisie surtout, il est difficile de supprimer actuellement le système des nullités facultatives. Toutefois, on pourrait rendre l'officier ministériel coupable de la nullité, responsable des frais de l'annulation de l'acte, ainsi que l'a proposé la Commission sénatoriale de l'Algérie, par l'organe de son rapporteur, M. Isaac (3).

Il est certain que l'article 69 de l'ordonnance du 26 septembre 1842 s'applique à la Tunisie (4). Quant à la façon dont on

---

(1) **Alger**, 1re ch., 18 février 1884 (R. A., 86-2-446) ; Trib. comm. Alger, 1er mars 1886 (R. A., 86-2-448) ; Tunis, 2e ch., 28 février 1895 (J. T., 95-181) ; Alger, 2e ch., 14 mars 1895 (R. A., 95-2-439) ; Alger, 1re ch., 2 mars 1896 (R. A., 96-2-358).

(2) Cass. req., 7 mai 1860.

(3) J. Off., 1895, p. 43, annexe 36.

(4) Tunis, 14 février 1884 (R. A., 85-2-338).

doit l'interpréter, il est évidemment difficile d'en fournir une théorie générale, puisque toute latitude est laissée au juge dans l'application de cet article (1). Ce que l'on peut poser en principe, et c'est une jurisprudence ordinairement admise dans les décisions de notre justice (2), bien que la Cour d'Alger, dans une espèce récente, ait cru devoir donner une solution contraire (3), c'est que l'ordonnance de 1842, dans son article 69, ne vise que les nullités de forme et non les déchéances résultant de l'expiration de certains délais, celle, par exemple, qui est produite par un appel tardif (4).

Les articles 37 et 38 du D Beyl. du 1er avril 1885 règlent le cas où une commune est engagée dans une instance judiciaire (5).

La commune ne peut ester en justice, par l'intermédiaire du Président de la municipalité, qu'après avoir obtenu l'autorisation du Premier Ministre auquel elle doit fournir les justifications suffisantes d'intérêt et de chances de succès. Une nouvelle autorisation, donnée dans la même forme, lui est nécessaire pour se pourvoir devant un autre degré de juridiction. Cependant, la commune peut plaider après un délai de deux mois, à partir de sa demande, si le Premier Ministre n'a point fait connaître sa décision. Exceptionnellement, il n'est point nécessaire que le Président de la municipalité soit pourvu d'une autorisation pour défendre aux oppositions formées contre les états dressés pour le recouvrement des taxes municipales.

La nécessité de l'autorisation n'atteint pas les actions possessoires. Le Président de la municipalité a pleins pouvoirs

---

(1) Cf. le résumé de la jurisprudence au J. T., 94-432, note 2 et 95-89, note 1. *Adde :* Tunis, 2e ch., 22 février 1895 (J. T., 95-221) ; Tunis, 1re ch., 11 mars 1895 (J.-T., 95-224) ; Sousse, 7 février 1895 (J. T., 95-374) ; Tunis, 2e ch., 24 avril 1895 (J. T., 95-406) ; Tunis, 2e ch., 23 octobre 1895 (J. T., 95-596).

(2) Tunis, 2e ch., 22 novembre 1895 (J. T., 95-596, note 1) ; Sousse, 27 février 1896 (J. T., 96-211) ; Sousse, 12 mars 1896 (J. T., 96-322).

(3) Alger, 2e ch., 9 mai 1895 (J. T., 96-148).

(4) Alger, 2e ch., 9 décembre 1893 (J. T., 94-431).

(5) Cf. Berge, *op. cit.*, p. 83 ; De Dianous, *op. cit.*, p. 256.

pour les intenter ou y défendre ; il a également le droit d'accomplir tous actes conservatoires ou interruptifs de déchéance.

Au cas où la commune serait défenderesse, nulle action ne peut lui être régulièrement intentée sans que le demandeur ait, au préalable, adressé au Premier Ministre un mémoire exposant les bases de sa réclamation. Un récépissé de dépôt doit lui être délivré.

Le Premier Ministre prend avis du Conseil municipal, auquel il communique le mémoire : il rend sa décision dans le délai de deux mois. Pendant ce temps, l'action ne peut être portée devant la justice.

Le dépôt du mémoire, s'il est suivi, dans les trois mois de sa date, d'une assignation en justice, interrompt le cours de la prescription et arrête toute déchéance. Le demandeur possède d'ailleurs le droit de faire tous actes conservatoires.

Le dépôt du mémoire préalable à l'introduction de l'instance n'est pas exigé pour les actions possessoires. Dans tous les autres cas, il est absolument obligatoire (1) ; tous les actes accomplis sans cette formalité sont nuls, et le dépôt postérieur du mémoire ne les validerait point (2).

§ V. Représentation en justice du Gouvernement tunisien et du Gouvernement français en Tunisie.

Quel est le fonctionnaire qui peut régulièrement exercer devant les tribunaux les actions qui appartiennent à l'Etat tunisien ou défendre utilement à celles qui lui sont intentées? La question demande, pour recevoir une solution, l'examen de différentes hypothèses : toutefois, il est certain en principe que le Gouvernement tunisien ne peut ester en justice, tant en

(1) Tunis, 1re ch., 7 décembre 1887 (J. T., 95-198. note 2).
(2) Tunis, 2e ch., 27 février 1895 (J. T., 95-198).

demandant qu'en défendant, que par l'intermédiaire d'un fonctionnaire, habilité à cet effet par la loi (1).

En matière de contentieux administratif, les administrations
publiques sont valablement représentées devant les tribunaux
français par un de leurs fonctionnaires (2). Dans les autres cas,
la même solution ne peut être admise : il est contraire à tous
les principes du droit public que l'action judiciaire d'une personne morale puisse être exercée par un agent d'ordre inférieur.
Ce seront donc les chefs d'administration qui représenteront
l'Etat tunisien devant la juridiction française.

En principe, c'est le Premier Ministre qui exerce les
actions de l'Etat et plaide en son nom. Cependant les chefs de
certains services peuvent exercer les actions de leur ressort.
Par exemple, le général commandant la division d'occupation,
en sa qualité de Ministre de la guerre, plaidera en ce qui concerne le domaine militaire (3). En vertu du D. Beyl. du 17 février
1886, les actions qui intéressent le domaine de l'Etat et le
recouvrement de ses créances sont exercées par le directeur
général des finances (4). Le directeur général des travaux
publics plaidera en ce qui concerne le domaine public (5), sauf
cependant à l'égard des forêts et des immeubles remis à l'administration de l'agriculture, dont le directeur général possédera
l'exercice des actions les concernant (6).

Rien ne s'oppose, en outre, à ce qu'un chef de service délègue à l'un de ses subordonnés le droit de suivre l'action à sa
place. Un agent local peut donc agir au nom du directeur des
finances, s'il a reçu une délégation de ce dernier (7).

---

(1) Alger, 1re ch., 1er mai 1893 (J. T., 93-382).
(2) D. Beyl. du 27 novembre 1888, art. 2 (R. A., 89-3-2).
(3) Sousse, 1er mars 1895 (J. T., 95-495).
(4) Cass. civ., 7 janvier 1895 (R. A., 95-2-141).
(5) Tunis, 1re ch., 5 janvier 1887 (J. T., 94-66) ; Tunis, 2e ch., 13 juin
1889 (J. T., 90-274) ; Alger, 1re ch., 11 mai 1891 (R. A., 91-2-453).
(6) D. Beyl. 3 novembre 1890, art. 3 (R. A.. 90-3-117) ; D. Beyl. 13 janvier 1895 (J. T., 95-70).
(7) Cass. civ., 7 janvier 1895 (R. A., 95-2-141).

Au contraire, un agent secondaire ne saurait de son propre chef intenter une action qui appartienne à l'Etat. Le défaut de qualité des caïds tunisiens a été établi (1). De même, le directeur du service des ports de la Régence n'est pas recevable à plaider au nom du Gouvernement tunisien (2). Un agent forestier est sans droit pour poursuivre de son chef devant un tribunal quelconque la répression d'un délit forestier (3) : depuis le D. Beyl. du 13 janvier 1895 (4), c'est le directeur général de l'agriculture qui exerce les actions concernant les forêts.

Aux termes de l'article 22 du D. Beyl. du 1er avril 1885 sur l'organisation des municipalités (5), le Président de la municipalité est chargé, sous le contrôle du conseil municipal, de représenter la commune, soit en demandant, soit en défendant.

Nous aurons ultérieurement l'occasion de faire remarquer que les *habous* publics sont représentés par le président de l'administration des habous, tandis que l'exercice des actions qui concernent un habou privé appartient au *mokaddem*, élu par les bénéficiaires.

Par suite de son rôle de protecteur, l'Etat français peut avoir des actions judiciaires à soutenir en Tunisie. Par qui devra-t-il être représenté ? Il a été jugé que le général commandant une subdivision du corps d'occupation ne pouvait être assigné

(1) Tunis, 16 décembre 1885 (J. T., 91-45).
(2) Tunis, 2e ch., 25 novembre 1886 (J. T., 95-211).
(3) Tunis, 1re ch., 2 juillet 1890 (J. T., 90-224).
(4) J. T., 95-70.
(5) Bomp., p. 338. — La loi municipale tunisienne du 1er avril 1885 est copiée sur notre loi du 5 avril 1884. Les communes sont créées par décrets rendus sur le rapport du Premier Ministre ; chaque décret fixe la composition du corps municipal, qui comprend : un président, un ou plusieurs vice-présidents et un certain nombre de conseillers. Le président est toujours tunisien ; un des vice-présidents est pris parmi les habitants français de la commune ; les conseillers sont choisis en partie parmi les Européens, en partie parmi les musulmans tunisiens et parmi les israélites indigènes. — Les conseils municipaux sont en totalité nommés par le Bey. Ils tiennent quatre sessions ordinaires par an. (Cf. de Dianous, *op. cit.*, p. 240 et s.).

comme représentant du Ministre de la guerre français (1) ; la
même solution a été adoptée en ce qui concerne un directeur
du génie (2). La règle est, en France, que le préfet soutienne les
actions de l'État ; en Tunisie, elle est donc inapplicable. Il faut,
dès lors, s'adresser au Ministre lui-même. La pratique fournit
de fréquents exemples de l'intervention du Ministre de la guerre
français au sujet des immeubles dont le Gouvernement beylical a fait remise à son administration.

(1) Alger, 1re ch., 10 juillet 1889 (J. T., 89-303).
(2) Tunis, 1re ch., 15 décembre 1886 (J. T., 95-194).

CHAPITRE III

Nos juridictions pénales de Tunisie comprennent, à côté de tribunaux correctionnels et de justices de paix à compétence étendue, des tribunaux criminels qui remplacent les Cours d'assises et présentent un caractère profondément original. C'est dans la loi de 1883 qu'il faut rechercher les bases fondamentales de cette organisation et la délimitation de la compétence respective de chaque ordre de juridictions.

§ 1er. Tribunaux criminels

Le nombre relativement restreint de citoyens français, domiciliés en Tunisie, rendait difficile la constitution de Cours d'assises dans la Régence. La loi de 1883 organisa donc un tribunal criminel dans lequel des assesseurs, tirés au sort comme nos jurés, venaient s'adjoindre aux magistrats du tribunal correctionnel et délibérer en commun avec eux.

Ce système a fonctionné en Algérie pendant près de quarante ans, car ce ne sont que les décrets du 24 octobre et du 18 novembre 1870 qui ont constitué dans notre grande colonie des Cours d'assises assistées d'un jury. Le système des tribunaux criminels semble devoir y reparaître prochainement, au moins à l'égard des indigènes musulmans ; la Commission sénato-

8

riale de l'Algérie a conclu en ce sens (1), et, de son côté, dans
la séance du 15 juin 1896 (2), la Chambre des députés a
adopté une proposition de loi déposée par les députés de l'Algérie et établissant pour les indigènes musulmans la juridiction des tribunaux criminels (3).

Des tribunaux de cette sorte existent dans la plupart de nos
colonies avec quelques différences dans le nombre ou dans les
pouvoirs des assesseurs. Ils n'ont été supprimés qu'en 1880
pour nos colonies de la Martinique, de la Guadeloupe et de la
Réunion.

Ce système a parfaitement réussi en Tunisie, où, d'ailleurs,
il a été constitué sur le mode le plus libéral. Le nombre des
assesseurs y est, en effet, de six, tandis que, ailleurs, le plus
souvent, il n'est que de deux ou de quatre, et les assesseurs
ont obtenu voix délibérative autant sur la question de culpabilité que sur l'application de la peine, tandis que, dans
certains de nos autres tribunaux criminels, ils ne prononcent
que sur la culpabilité de l'accusé (4).

ORGANISATION. — La loi du 27 mars 1883 a été assez brève
dans celles de ses dispositions qui concernent l'organisation

(1) J. Off., 1895, p. 43, annexe 35.
(2) J. Off., 16 juin 1896 ; Déb. parl. Ch. des dép. session ord. 1896, p. 932.
(3) Cf. Maurice Colin : *La réforme des Cours d'assises en Algérie* (*Rev.
politique et parlem.*, 1896, t. X, p. 343).
(4) Les Tribunaux criminels de Poudichéry, de la Nouvelle-Calédonie,
du Sénégal, de la Guyane, des établissements français de l'Océanie, de
Saint-Pierre et Miquelon ne comptent que quatre assesseurs : c'est ce
chiffre que le décret du 15 septembre 1896 (R. A., 97-3-1) a adopté pour
les Cours criminelles d'Hanoï et d'Haïphong. C'est également à ce chiffre
que s'arrêtent les différentes propositions de lois tendant à rétablir les
tribunaux criminels à l'égard des musulmans d'Algérie. Il n'y a que deux
assesseurs au Tribunal criminel de la Guinée française et à ceux que le
décret du 9 juin 1896 a organisés à Madagascar (R. A., 96-3-166).
Les assesseurs au tribunal criminel de Poudichéry ne délibèrent pas
sur l'application de la peine ; leur vote est restreint à la question de la
culpabilité. Il en était de même au Tonkin lors de la première organisation des tribunaux criminels dans cette colonie. (Cf. Girault. *Principes
de colonisation et de législation coloniale*, p. 412 et suiv.)

du tribunal criminel. Elle se contente de stipuler qu'en matière criminelle, le tribunal de première instance statue en dernier ressort avec adjonction de six assesseurs ayant voix délibérative et tirés au sort. Elle ajoute que si l'un des accusés est français ou protégé français, les assesseurs doivent être tous français (loi de 1883, article 4). Les conditions dans lesquelles devait être dressée la liste des assesseurs, étaient renvoyées à un règlement d'administration publique.

Ce règlement fut rendu par un décret du 14 avril 1883, qui fut successivement modifié par deux autres décrets du 9 juillet 1884 et du 12 décembre 1885. Cependant, l'insuffisance du nombre des assesseurs français avait amené diverses protestations (1) ; en outre, il y avait lieu de pourvoir à la solution de quelques points douteux que l'on avait vu surgir en pratique ; aussi a-t-on procédé à une refonte générale de la matière dans un décret du 29 novembre 1893 (2), qui réglemente en détail la question du choix des assesseurs.

La liste générale des assesseurs comprend 230 noms à Tunis et 205 seulement à Sousse. Elle est divisée en trois catégories : 1° assesseurs français ; 2° assesseurs étrangers ; 3° assesseurs indigènes. Pour répondre aux réclamations de la colonie française, la liste des assesseurs français comprend 100 noms à Tunis et 75 à Sousse, tandis que les autres catégories sont uniformément composées de 65 noms.

Les commissions chargées de dresser les listes des assesseurs français se composent du président du tribunal et du procureur de la République, du président de la chambre de commerce française, et, enfin, à Tunis, du contrôleur civil ou, à son défaut, d'un fonctionnaire désigné par le Résident général et, à Sousse, d'un vice-président français de la municipalité désigné par le Résident général.

A l'égard des assesseurs étrangers, la commission comprend

---

(1) Conf. cons., séance du 28 janvier 1891 (Conf. cons., 91-1-64).
(2) J. T., 93-393.

le président du tribunal et le procureur de la République, assistés de deux notables élus par les consuls étrangers.

Deux fonctionnaires ou notables tunisiens, désignés par le Bey, remplacent ces derniers pour l'élaboration de la liste des assesseurs indigènes.

Ces diverses commissions sont présidées, à Tunis, par le Résident général ou son représentant, et, à Sousse, par le contrôleur civil ou son délégué.

Les listes d'assesseurs sont permanentes ; elles sont dressées, chaque année, au mois de décembre pour l'année suivante. Deux exemplaires en sont établis : l'un reste au greffe du tribunal, tandis que l'autre est déposé aux archives de la Résidence.

Les fonctions d'assesseurs, réservées aux personnes d'une honorabilité absolue, exigent l'âge de 30 ans et ne peuvent être conférées aux domestiques ou serviteurs à gages. Elles sont incompatibles avec les charges de fonctionnaire français ou étranger en Tunisie, de militaire ou de marin en activité de services et de fonctionnaire tunisien, civil ou militaire. Cette disposition est absolue et atteint même les suppléants non rétribués de juge de paix (1).

En dehors des exigences prévues par les dispositions précédentes, aucune autre condition ne saurait être imposée aux assesseurs ; il y a dans le fait de leur désignation présomption légale qu'ils peuvent remplir utilement leurs fonctions. Un pourvoi en cassation, basé sur ce qu'un des assesseurs serait sourd, ne serait pas admissible (2).

Un mois avant la date d'ouverture de chaque session criminelle, le président du tribunal tire au sort, en chambre du conseil, sur les listes générales des assesseurs, le nom de ceux qui doivent siéger dans la session. En cas d'empêchement du président, le vice-président en remplit naturellement les fonc-

(1) Cass. crim., 28 juillet 1887 (R. A., 88-2-242).
2) Cass. crim., 1er août 1895 (J. T., 95-497).

tions (1). Il est admis en pratique, dans le doute laissé à cet égard par le décret de 1893, que le tribunal régulièrement composé assiste au tirage au sort des assesseurs (2).

Ce tirage porte sur 18 noms français à Tunis et sur 16 à Sousse. Les catégories d'assesseurs étrangers et indigènes fournissent chacune 14 noms dans chaque ressort. On ne doit pas comprendre dans le tirage le nom des assesseurs qui ont déjà rempli leurs fonctions dans une des sessions de la même année.

Les assesseurs qui complètent le tribunal sont tous français, si les accusés ou l'un d'eux sont français ou protégés français. Si les accusés sont tous étrangers, on adjoint au tribunal trois assesseurs français et trois étrangers ; ces derniers sont remplacés par trois assesseurs indigènes, si les accusés sont tous indigènes. Enfin, dans le cas où les accusés seraient les uns étrangers et les autres tunisiens, à côté des trois assesseurs français siègeraient deux assesseurs étrangers et un assesseur indigène.

A l'ouverture de l'audience, on procède à l'appel des assesseurs en présence des accusés et du ministère public. Le tribunal statue sur les cas d'excuse et procède à la radiation des assesseurs décédés ou incapables. Les noms restants sont déposés dans une urne pour en être successivement extraits par un tirage distinct pour chaque catégorie d'assesseurs. L'accusé ou son conseil et le ministère public peuvent exercer deux récusations dans chaque catégorie. Le tirage au sort cesse pour chaque ordre d'assesseurs quand le président a retiré de l'urne un nombre suffisant de noms qui n'ont pas été récusés. Aux termes de la jurisprudence de la Cour de Cassation, la présence de l'accusé à ces diverses formalités est substantielle ; il en est de même de celle du ministère public (3).

(1) Cass. crim., 16 janvier 1891 (J. T., 91-257).
(2) Berge : op. cit., p. 24, note 2.
(3) Cass. crim., 18 octobre 1895 (J. T., 96-45).

Au cas où il y a plusieurs accusés, ceux-ci peuvent se concerter à l'effet d'exercer ensemble leur droit de récusation pour le tout ou pour partie seulement. Ils ont également le pouvoir de les proposer séparément sans cependant dépasser le chiffre de deux récusations par chaque catégorie ; dans ce cas, le sort règle l'ordre dans lequel les accusés exercent leurs récusations. L'assesseur, récusé par un seul accusé, l'est aussi à l'égard de tous les autres.

Si, pour un motif quelconque, le chiffre des assesseurs non récusés se trouve insuffisant dans l'une des catégories, le Président tire au sort, en chambre du conseil, en présence de l'accusé et du ministère public, les assesseurs supplémentaires en nombre utile et pris dans chaque catégorie parmi les personnes portées sur les listes générales et habitant au siège du tribunal.

Si les accusés sont tous étrangers, les assesseurs de leur catégorie sont tirés au sort sur la liste de la session parmi ceux de la même nationalité qu'eux : en cas d'insuffisance, ils sont tirés parmi ceux de la nationalité qu'ils désignent. Dans ce but, chaque nationalité forme une section distincte sur la liste.

Existe-t-il des accusés de nationalités différentes, chacun d'eux peut demander un assesseur de sa nationalité et, s'il ne s'en trouve pas, peut indiquer celle de son choix. Si les accusés sont au nombre de deux, le sort désigne celui d'entre eux qui obtient deux assesseurs. S'ils sont plus de trois, c'est encore par voie de tirage au sort que sont désignés les accusés qui ont droit aux assesseurs de leur nationalité. Ces diverses règles étaient d'ailleurs formellement stipulées en faveur des Italiens par le protocole de 1884 (1).

Ce même texte conférait également aux nationaux italiens le droit de renoncer au bénéfice de l'adjonction au tribunal de trois assesseurs de leur nationalité pour les remplacer par trois

(1) Protocole franco-italien de 1884, art. 8 (Bomp., p. 474).

assesseurs français. Dans le silence des textes, la jurisprudence (1), se basant sur le caractère exceptionnel de la disposition, qui fait siéger des étrangers dans un tribunal criminel
français, a reconnu le droit pour tous les étrangers et pour les
indigènes de réclamer l'adjonction de six assesseurs français
au tribunal. L'article 13 du décret du 29 novembre 1893 a
confirmé cette interprétation, en disant que s'il y a plusieurs
accusés et qu'il existe entre eux un désaccord à ce sujet, le
sort règle l'ordre des options. S'il y a deux accusés, le sort désigne celui d'entre eux dont le choix porte sur deux assesseurs. S'ils sont trois, chaque accusé possède le droit d'option
à l'égard d'un siège d'assesseur. En pratique, les accusés font
un assez fréquent usage de ce droit d'option.

Les sessions du tribunal criminel ont lieu tous les trois mois,
aux dates fixées d'avance par arrêté du Garde des Sceaux. (Loi
de 1883, article 6.)

Notons qu'avant le décret de 1893, les assesseurs, au lieu
d'être tirés au sort pour chaque affaire, étaient désignés par un
unique tirage qui avait lieu un mois avant l'ouverture de la
session. Le tribunal remplaçait les assesseurs absents ou empê-
chés par les assesseurs suivants de la même catégorie dans
l'ordre de la liste (2-3).

PROCÉDURE CRIMINELLE. — L'article 4 de la loi du 27 mars 1883
dispose assez brièvement que « le tribunal, statuant au criminel, est saisi par un arrêt de renvoi rendu par la Chambre des
mises en accusation de la Cour d'Alger, conformément aux
dispositions du Code d'instruction criminelle ; sa décision est

(1) Cass. crim., 24 décembre 1886 (R. A., 87-2-79).
(2) Cass. crim., 19 mars 1887 (R. A., 87-2-247).
(3) Il nous semble que si l'on créait une Cour d'appel à Tunis, on
pourrait donner la présidence des tribunaux criminels à un magistrat
de la nouvelle juridiction. Ce système, suivi pour la plupart de nos tribunaux criminels, a été adopté pour les juridictions de cet ordre, que l'on
propose de rétablir en Algérie.

rendue dans les mêmes formes que les jugements en matière correctionnelle ».

De ce texte la Cour de Cassation a conclu que la procédure de la Cour d'assises s'imposait jusqu'à l'ouverture des débats, à partir de laquelle les formes correctionnelles devaient lui être substituées (1). C'était la seule combinaison qui permit de concilier, avec la suppression des formalités, qui supposent l'existence du jury, l'intérêt de l'accusé qui devait faire préférer les formes plus protectrices de la procédure criminelle.

Ainsi que le dispose la loi de 1883, c'est par arrêt de renvoi de la Cour d'Alger que le tribunal est saisi. Aux termes du Code d'instruction criminelle, cet arrêt et l'acte d'accusation doivent être signifiés à l'accusé. En cas de besoin, un avocat doit lui être nommé d'office (2). Le président du tribunal procède à l'interrogatoire préalable de l'accusé : il peut également, aux termes de l'article 303 C. I. C., ordonner, avant l'ouverture des débats, un complément d'instruction (3). La notification régulière de la liste des assesseurs à l'accusé est requise, comme une garantie indispensable des droits de la défense (4). Par contre, la citation de l'article 184 C. I. C. est inutile (5).

Dès l'ouverture des débats, la situation change, et c'est à la procédure correctionnelle qu'il faut avoir recours. Ce sont normalement les membres de la chambre correctionnelle du tribunal qui doivent siéger (6) ; le juge d'instruction qui a instruit l'affaire peut prendre place parmi les magistrats (7), et les commis-greffiers assermentés ont droit, comme le greffier lui-même, de compléter la juridiction (8).

(1) Cass. crim., 26 avril 1890 (R. A., 90-2-506).
(2) D. Fr., 18 juin 1884, art. 23 (Bomp., p. 271).
(3) Cass. crim., 26 avril 1890 (R. A., 90-2-506).
(4) Cass. crim., 24 juin 1887 (J. T., 90-25).
(5) Cass. crim., 29 juin 1889 (J. T., 89-164).
(6) Cass. crim., 19 mars 1887 (S., 90-1-238).
(7) Cass. crim., 29 décembre 1887 (R. A., 88-2-291) ; Comp. Cass. crim., 11 avril 1895 (J. T., 97-112),
(8) Cass. crim., 28 mars 1895 (J. T., 95-396).

Avant d'ouvrir les débats, on procède, dans les formes que nous avons indiquées, à la désignation des assesseurs. Aucun texte ne prévoyait leur prestation de serment, mais, en présence des principes généraux de notre législation, cette formalité s'imposait. La loi de 1883 rendant applicables à la Tunisie les règles de procédure suivies en Algérie, la Cour de Cassation en a conclu que les assesseurs de Tunisie devaient prêter le serment imposé aux jurés algériens par l'article 312 du Code d'instruction criminelle (1).

La procédure étant celle du tribunal correctionnel, c'est à l'article 190 qu'il faut recourir pour régler l'ordre des débats (2). Cependant, en pratique, on a jugé plus favorable à la marche du procès de faire précéder les dépositions des témoins par l'interrogatoire de l'accusé, et la Cour de Cassation a validé cette façon de procéder, en décidant qu'elle ne portait aucune atteinte à la libre défense de l'accusé. L'article 190 C. I. C. prescrit la lecture des procès-verbaux à l'audience, mais la Cour de Cassation a admis que cette formalité était inutile et qu'on pouvait, ainsi qu'on en use en pratique, la remplacer par la lecture de l'arrêt de renvoi et de l'acte d'accusation (3).

Les témoins doivent prêter le serment de l'article 155 C. I. C., prescrit pour les affaires correctionnelles, et non le serment de l'article 317 du même Code imposé en Cour d'assises. Cette différence est essentielle, car la formule du serment est sacramentelle et ne saurait être modifiée en rien ; toute erreur vicie la procédure et entraine la nullité du jugement qui intervient (4).

(1) Cass. crim., 20 juin 1889 (J. T., 89-140) ; Cass. crim , 29 juin 1889 (J. T., 89-164),
(2) Cass. crim., 29 juin 1889 (J. T., 89-164).
(3) Cass. crim., 25 septembre 1889 (J. T., 89-272).
(4) Cass. crim., 23 septembre 1886 (J. T., 89-29) ; Cass. crim., 22 mars 1888 (R. A., 90-2-56) ; Cass. crim., 29 août 1890 (J. T., 90-234) ; Cass. crim., 6 décembre 1894 (J. T., 95-133) ; Cass. crim., 28 mars 1895 (J. T., 95-396).

En l'absence de tout texte, le président du tribunal criminel ne jouit pas du pouvoir discrétionnaire accordé en France au président de la Cour d'assises (1). Il en résulte qu'on ne peut entendre un témoin non cité ou appeler un expert à titre de simple renseignement (2). Il en est de même à l'égard de l'épouse de l'accusé, ou de ses parents ou alliés aux degrés visés dans l'article 322 C. I. C. (3). Le ministère public reste seul juge des témoins à citer ; le président n'a pas à leur poser les questions indiquées dans l'article 317 C. I. C. (4).

Il y a lieu d'appliquer aux jugements du tribunal criminel la règle en vertu de laquelle le ministère public doit fournir ses conclusions sur tout incident soulevé par le défenseur (5).

Les interprètes doivent avoir 21 ans, mais il n'est pas nécessaire que leur âge soit énoncé dans le jugement. Ils doivent également avoir prêté serment, mais la fonction d'interprète assermenté les dispense de renouveler ce serment dans chacune des affaires où leur ministère est requis (6). La Cour de Cassation a décidé fréquemment, à l'égard des Cours criminelles d'Indo-Chine, que le concours de l'interprète était suffisamment indiqué par une mention générale insérée dans le jugement. Elle a confirmé sa jurisprudence dans une décision analogue à l'égard des tribunaux criminels de Tunisie (7).

Ajoutons que le procès-verbal des débats est inutile (8), et que l'accusé ne peut exiger copie gratuite du plan des lieux dans lesquels le crime a été commis (9).

---

(1) Cass. crim., 21 mars 1889 (J. T., 89-75) ; Cass. crim., 25 mars 1892 (J. T., 92-141).

(2) Cass. crim., 21 mars 1889 (J. T., 89-75); Cass. crim., 25 mars 1892 (J. T., 92-141) ; Cass. crim., 28 décembre 1893 (J. T., 94-35).

(3) Cass. crim., 14 juin 1890 (J. T., 90-206).

(4) Cass. crim., 21 mars 1889 (J. T., 89-75).

(5) Cass. crim., 29 juin 1889 (J. T., 89-198).

(6) Cass., crim., 26 mars 1896 (J. T., 96-273).

(7) Cass. crim., 1er août 1895 (J. T., 95-497).

(8) Cass. crim., 11 juin 1886 (R. A., 86-2-329) ; Cass. crim., 14 juin 1890 (J. T., 90-206).

(9) Cass. crim., 29 mars 1895 (J. T., 95-398).

Le tribunal, assisté des assesseurs, délibère avec eux tant sur la culpabilité que sur la peine à prononcer. Aucune règle ne lui impose l'obligation de demander à l'accusé ou au ministère public leurs observations sur l'application de la peine (1).

D'après une décision rendue à l'égard du tribunal criminel de Nouméa, mais qui semble s'appliquer par identité de motifs à ceux de Tunisie, les communications des assesseurs avec le dehors ne sont pas interdites à peine de nullité ; encore faudrait-il prouver qu'il en est résulté un préjudice quelconque pour l'accusé (2).

Les motifs de décision du tribunal criminel sont souverains et la Cour de Cassation ne saurait les contrôler (3), mais, comme dans les affaires correctionnelles, le jugement doit énoncer et articuler les faits sur lesquels le tribunal criminel a basé sa conviction (4). Le jugement doit porter par lui-même la preuve de l'accomplissement des formalités requises comme le concours des interprètes. Il doit être prononcé publiquement et mention doit être faite de cette publicité (5).

En l'absence de tout texte formel, on peut se demander si le président doit, en cas de condamnation, avertir l'accusé qu'il a un délai de trois jours pour se pourvoir en cassation ; la raison de douter vient de ce que cette formalité n'est pas exigée en matière correctionnelle et de ce que l'assistance nécessaire d'un avocat peut remédier à l'ignorance de l'accusé. Cependant, l'hésitation est possible, et il nous semble que l'interprétation la plus favorable à l'accusé doit prévaloir : nous exigerions donc cet avertissement d'autant plus qu'en matière correctionnelle le prévenu jouit du bénéfice de l'appel, tandis que la décision du tribunal criminel est rendue en dernier ressort.

A l'époque où il n'existait qu'un seul tribunal criminel en

---

(1) Cass. crim.. 19 mars 1887 (R. A., 87-2-247).
(2) Cass. crim., 23 février 1894 (J. T., 94-258).
(3) Cass. crim., 29 mars 1895 (J. T., 95-398).
(4) Cass. crim., 1er août 1889 (J. T., 89-255).
(5) Cass. crim., 11 juin 1886 (R. A., 86-2-329).

Tunisie, la Cour de Cassation avait jugé que, dans le cas où l'arrêt était cassé, le renvoi ne pouvait avoir lieu devant une Cour d'assises d'Algérie, mais devant le tribunal criminel de Tunis, composé d'autres juges et d'autres assesseurs (1). Actuellement, la première partie de la solution est encore exacte, mais rien ne s'oppose au renvoi devant le tribunal criminel de Sousse.

Avant l'établissement du timbre et de l'enregistrement en Tunisie, la Cour de Cassation avait refusé de tenir compte du désistement de pourvoi formulé par un condamné, sur papier libre. Sa décision est aujourd'hui sans intérêt (2).

§ II. Juridictions correctionnelles et de simple police.

Dans l'organisation judiciaire de la Métropole, c'est aux juridictions civiles, statuant à titre spécial, qu'est déférée la répression des délits et des contraventions ; il en est de même en Tunisie. L'originalité du système se manifeste dans l'attribution respective de la compétence aux tribunaux correctionnels et aux justices de paix.

TRIBUNAL CORRECTIONNEL.— « Le tribunal de première instance... en matière correctionnelle, statue en premier ressort sur tous les délits et contraventions, dont la connaissance n'est pas attribuée aux juges de paix par l'article précédent. » (Loi du 27 mars 1883, article 4.)

Il faut s'en rapporter à la compétence des juges de paix pour déterminer celle du tribunal correctionnel. Celui-ci connaîtra de tous les délits punis d'une peine supérieure à six mois de prison et à 500 francs d'amende, à l'exception des infractions

(1) Cass. crim., 11 juin 1886 (R. A., 86-2-329).
(2) Cass. crim., 31 octobre 1889 (J. T., 90-7).

aux lois sur la chasse. Toutes les contraventions sont du ressort du juge de paix, même celles qui, en France, sont de la compétence du tribunal correctionnel.

Toutefois, en vertu du dernier alinéa de l'article 3 de la loi de 1883, dans les cantons où siège un tribunal de première instance, cette dernière juridiction, statuant au titre correctionnel, retrouve sa compétence de droit commun (1). L'incompétence du juge de paix des villes sièges d'un tribunal de première instance, est absolue et doit être prononcée d'office (2).

La réciproque est-elle vraie, et le tribunal correctionnel est-il incompétent à l'égard des délits déférés aux juges de paix, et ce, d'une manière absolue ? Doit-on dire, au contraire, que la compétence n'a été accordée au juge de paix que pour donner à la répression un caractère plus rapide, mais que le tribunal correctionnel conserve la plénitude de juridiction, surtout en présence des termes généraux de l'article 2 de la loi de 1883 ?

Au début, la jurisprudence des tribunaux d'Algérie, s'appuyant sur l'article 192 du Code d'instruction criminelle, aux termes duquel le tribunal correctionnel peut statuer sur les contraventions qui lui sont soumises par erreur, lorsque les parties ne demandent pas le renvoi en simple police, en avait conclu que l'incompétence du tribunal correctionnel doit être excipée par le prévenu. On déduisait de l'article 192 C. I. C., qui ne parle que des contraventions, cette théorie qu'il avait pour effet d'attribuer au tribunal correctionnel compétence en premier et dernier ressort, dans l'hypothèse qu'il vise, à l'égard des matières qui sont, en première instance, de la compétence du tribunal de police (3).

Aujourd'hui, cette jurisprudence est abandonnée. On a re-

---

(1) Le juge de paix de Tunis-Nord, lorsqu'il siège dans le ressort de La Goulette, y possède la compétence étendue (Cf. *suprà*, p. 30 et 43).

(2) Cass. crim., 29 décembre 1888 (R. A., 89-2-214).

(3) Alger, ch. corr., 23 novembre 1877 (Bull. jud. Alg., 1878, p. 13).

connu, avec raison, que l'attribution de compétence accordée
respectivement au tribunal correctionnel et au tribunal de
police était d'ordre public, comme tenant à l'organisation
même des juridictions. La compétence du juge de paix est
donc exclusive de celle du tribunal correctionnel (1).

A qui doit-on attribuer la connaissance des délits contraventionnels entraînant une peine supérieure à 6 mois de prison
et à 500 francs d'amende? Bien que, par la pénalité qui les
frappe, ces infractions rentrent dans l'ordre des délits, il y a
quelque lieu de douter qu'ils doivent ressortir au tribunal correctionnel, en présence des termes de l'article 2 du D. Fr. du
19 août 1854, qui, dans son paragraphe premier, attribue aux
juges de paix la répression de toutes les contraventions de la
compétence des tribunaux correctionnels qui sont commises
ou constatées dans leur ressort. On ne voit pas clairement à
quoi appliquer ce texte, si ce n'est aux délits d'ordre contraven-
tionnel. Nous les déférerons donc au juge de paix, et cette solution a été récemment adoptée par la Cour d'Alger (2).

Le tribunal correctionnel connaît, en outre, des appels des
jugements rendus en matière de délits par les juges de paix.
L'article 3 du D. Fr. du 19 août 1854 les déclare tous susceptibles d'appel. Il importerait peu d'ailleurs que le jugement fût
mal qualifié en dernier ressort (3).

On reconnaît au procureur de la République un délai de deux
mois pour faire appel des jugements rendus par les tribunaux
de police. Il tire ce droit de l'ancien article 205 du Code d'instruction criminelle, modifié en France par la loi du 13 juin
1856, qui enleva aux tribunaux des chefs-lieux de département
la connaissance des appels correctionnels des autres tribunaux
pour la remettre à la Cour d'appel. La théorie de l'appel, telle
qu'elle résulte du décret de 1854, n'ayant pas subi de modifi-

(1) Zeys, *op. cit.*, p. 193 ; Guelma, 9 novembre 1894 (J. T.. 95-150) ;
Alger, 1re ch., 1er mai 1891 (R. A., 91-2-373).
(2) Alger, ch. corr., 18 octobre 1894 (J. T., 95-593).
(3) Cass. crim., 20 octobre 1885 (R. A., 85-2-357).

cations, le droit du ministère public près de la juridiction d'appel est resté intact (1).

Les formes prévues pour les appels par le Code d'instruction criminelle s'appliquent, en vertu de l'article 62 de l'ordonnance du 26 septembre 1842, aux appels formés devant le tribunal correctionnel à l'égard des sentences des juges de paix. Les débats doivent donc, à peine de nullité, être précédés d'un exposé complet de l'affaire fait par l'un des magistrats (C. I. C., art. 209) (2).

L'appel interjeté par les prévenus condamnés contradictoirement doit être formulé dans les dix jours du jugement, par voie de déclaration au greffe de la juridiction qui l'a rendu (3).

TRIBUNAUX DE POLICE. — Les tribunaux de police sont formés par le juge de paix assisté de son greffier ; un officier de police judiciaire remplit les fonctions de ministère public (loi de 1883 ; article 12) (4).

Aux termes du droit commun, les juges de paix de Tunisie connaissent des contraventions ordinaires, comme les juges de paix de la Métropole. Mais ils tirent, en outre, de l'article 2 du D. Fr. du 19 août 1854 une compétence spéciale en matière de délits.

Elle porte : 1° sur toutes les contraventions de la compétence des tribunaux correctionnels, qui sont commises ou constatées dans leur ressort, et nous avons déjà admis que les délits contraventionnels rentraient dans les prévisions de cette hypothèse ; 2° sur les infractions aux lois sur la chasse et 3° sur

(1) Trib. corr. Alger, 4 février 1878 (Bull. Jud. Alg., 1880, p. 125); Cass. crim., 4 mai 1882 (D. P., 82-1-188) ; Sousse, 10 juillet 1889 (J. T., 90-183).
(2) Cass. crim., 17 décembre 1892 (R. A., 93-2-53) ; Cass. crim., 2 février 1893 (J.-T., 93-179).
(3) Tunis. 1re ch., 19 mars 1895 (J. T., 95-225).
(4) Les commissaires de police ont, en Tunisie, compétence et qualité pour la recherche et la poursuite de toutes les contraventions de police municipale (Cass. crim., 12 janvier 1894, R. A., 94-2-117).

tous les délits n'emportant pas une peine supérieure à six mois de prison et à 500 francs d'amende (1-2).

On a toutefois soutenu que la compétence accordée aux juges de paix à l'égard de ces derniers délits n'était pas cumulative, mais qu'elle s'appliquait seulement à l'une ou à l'autre de ces deux alternatives. Cette théorie, peu compatible avec l'esprit du décret de 1854, n'est plus admise aujourd'hui. La Cour de Cassation l'a formellement condamnée dans un arrêt du 11 mai 1876 en décidant qu'aucun texte n'interdisait au juge de paix de prononcer à la fois la condamnation à l'emprisonnement et à l'amende, si l'une et l'autre de ces deux peines restaient dans les limites du maximum fixé par le D. Fr. de 1854 (3).

Le juge de paix pourra-t-il se déclarer compétent lorsque le taux de la peine, édictée par la loi, est indéterminé ? Par exemple, il est certaines hypothèses où la loi fixe l'amende à une valeur double ou triple du préjudice délictuellement causé à un tiers : on peut citer, dans cet ordre d'idées, l'article 30 de la loi du 6 octobre 1791 ou l'article 135, alinéa 2, du Code pénal. Le D. Beyl. du 15 décembre 1896 sur la police rurale (4) nous fournit un exemple d'emprisonnement indéterminé dans son article 17, où il est dit que quiconque aura abattu un ou plusieurs arbres qu'il savait appartenir à autrui sera puni d'un emprisonnement de six jours à six mois, *à raison de chaque arbre.*

Il faut, nous semble-t-il, admettre la compétence du juge de paix, lorsqu'il résultera de l'inculpation elle-même que l'emprisonnement ne pourra être supérieur à six .mois ou que

(1) Cf. la liste des délits qui rentrent dans la compétence des juges de paix, dans Martineau, *op. cit.*, chap. II, section Ire, nos 59 à 62.

(2) Rappelons, en passant, que les juges de paix de Tunis et de Sousse, villes où siège un Tribunal de première instance, n'ont que la compétence en matière de contraventions, dans les limites où elle est accordée aux juges de paix de France.

(3) Alger, ch. corr., 12 juin 1873 (Jur. Alg., 1873, p. 31) ; Cass., crim., 11 mai 1876 (S., 76-1-435) ; Alger, ch. corr., 7 mars 1884 (Bull. Jud. Alg., 1884, p. 84).

(4) J. T., 97-6.

l'amende maxima ne dépassera pas 500 francs. Ainsi dans l'hypothèse prévue par le dernier alinéa de l'article 135 du Code
pénal, en vertu duquel celui qui, ayant reçu de bonne foi des
pièces fausses, les remet en circulation après les avoir fait vérifier, est passible d'une amende variable entre le triple et le
sextuple des pièces ainsi remises en circulation, le juge de
paix sera compétent si le sextuple de ces pièces ne dépasse pas
500 francs (1).

De même, si la prévention ne détermine pas la valeur du
litige, on pourra recourir aux conclusions de la partie civile
pour rechercher si le juge de paix est compétent. L'article 30
de la loi du 6 octobre 1791 punit celui qui, avec préméditation,
a blessé de nuit dans un enclos rural une jument appartenant à
autrui, de deux mois de prison et d'une amende double de la
valeur du dommage causé : si la partie civile demande des
dommages-intérêts inférieurs à 250 francs, le juge de paix
sera compétent, car l'amende ne pourra excéder 500 francs.

Que décider en l'absence de toute estimation du dommage,
soit dans les termes de la prévention, soit dans les conclusions
de la partie civile? MM. Faustin Hélie et Chauveau soutiennent
que le juge de paix doit se déclarer compétent, mais ne prononcer que le minimum de l'amende (2) ; la Cour de Cassation
rejette ce système et se déclare pour l'incompétence du
juge (3). A notre avis, cette dernière solution est la meilleure,
car, d'une part, l'on ne voit pas sur quelle base juridique l'on
se fonde pour restreindre les pouvoirs d'estimation du magistrat, et de l'autre, il est de règle, dans notre législation, qu'une
demande indéterminée entraîne le droit de recourir aux lumiè-
res des juridictions supérieures.

Six mois de prison et 500 francs d'amende constituent les
deux termes extrêmes de la compétence du juge de paix en
matière de délits : si, à ces deux peines principales, viennent

(1) Cass. crim., 10 novembre 1883 (Bull. Jud. Alg., 1884, p. 217).
(2) Faustin Hélie et Chauveau, article 455.
(3) Cass. crim., 13 juin 1845 (D. P., 45-1-371).

se joindre des pénalités accessoires telles que l'interdiction de séjour ou les incapacités visées par l'article 42 du Code pénal, le juge de paix doit se déclarer incompétent (1).

Un inculpé de contravention ne saurait décliner la compétence du juge de paix sous le prétexte que le fait relevé contre lui, fût-il prouvé, ne constituerait pas une contravention : il faudrait, en outre, établir que le fait incriminé est une infraction plus grave, un délit par exemple (2). Mais le juge de simple police n'est pas compétent à l'égard des contraventions aux clauses d'un cahier des charges ; les amendes prononcées à ce titre ne sont que des réparations civiles sans caractère de répression pénale (3).

Quand le juge de paix statue en matière correctionnelle, il doit, aux termes de l'article 63 de l'ordonnance du 26 septembre 1842, procéder dans les formes prescrites aux tribunaux correctionnels. Ce magistrat doit être saisi par le ministère public, dont le rôle est rempli, nous le savons déjà, par un officier de police judiciaire. Ce dernier, subordonné au procureur de la République, en remplit toutes les fonctions à l'audience.

Le procureur de la République reste toutefois maître absolu de la poursuite, et le juge de paix ne saurait se saisir d'office de la connaissance d'un délit à l'égard duquel il serait cependant compétent. Il y a d'ailleurs un motif d'utilité pratique à cette solution ; le procureur de la République est seul à même de connaître le casier judiciaire des prévenus ; or, tel délit, qui rentre dans la compétence normale du juge de paix, est frappé, en cas de récidive, de peines plus fortes qui transfèrent la connaissance de l'affaire au tribunal correctionnel (4).

Nous savons que les décisions des juges de paix en matière

(1) Circulaire Proc. Gén. Alger, 10 décembre 1873, citée dans Martineau, *op. cit.*, n° 56.
(2) J. de P. Sousse, 26 novembre 1895 (J. T., 96-62).
(3) J. de P. Sfax, 7 juin 1889 (J. T., 90-279).
(4) Martineau, *op. cit.*, n° 63.

de délits sont toujours susceptibles d'appel. Il n'en est pas de
même à l'égard des contraventions sur lesquelles le juge de
paix prononce souverainement. Toutefois, le ministère public
pourrait frapper d'appel un jugement par lequel un juge de
paix, saisi d'un délit, se serait déclaré incompétent à son égard
en le qualifiant de contravention, et aurait statué séance tenante
par un deuxième jugement sur cette prétendue contravention (1). Le prévenu, ainsi condamné, peut également interjeter
appel de cette décision, car les deux jugements forment un
tout connexe, dont la première partie n'est pas de la compétence en dernier ressort du juge de paix, à tel point que le
prévenu qui déférerait la condamnation à la Cour de Cassation,
sans avoir fait appel, s'exposerait à ce que son pourvoi fût
déclaré irrecevable (2).

Le juge de paix auquel une contravention est déférée et qui
constate qu'elle revêt les caractères d'un délit, ne peut se
saisir lui-même et doit renvoyer l'affaire au procureur de la
République (art. 160 C. I. C.) (3).

Les jugements des juges de paix sont susceptibles de pourvoi en cassation, mais seulement lorsque l'appel n'est plus
possible (4).

---

(1) Sousse, 10 juillet 1889, réformant J. de P., Gabès, 21 mai 1889
(J. T., 90-309).
(2) Cass. crim., 27 février 1886 (R. A., 90-2-75).
(3) Martineau, op. cit., n° 64.
(4) Cass. crim., 5 février 1880 (Bull. Jud. Alg., 1880, p. 212) ; Cass.
crim., 17 mai 1883 (D. P., 85-1-315) ; Cass. crim., 27 février 1886 (R. A.,
90-2-75) ; Cass. crim., 13 juillet 1888 (R. A., 88-2-143).

CHAPITRE IV

§ Ier. Auxiliaires du Juge.

Une juridiction ne peut fonctionner sans un certain nombre d'auxiliaires, qui facilitent son exercice et la mettent à même de rendre une justice plus approfondie. Nous allons rapidement étudier comment on a pourvu à ces divers besoins devant les tribunaux de Tunisie.

GREFFIERS. — Les greffiers et les commis-greffiers attachés aux tribunaux et aux justices de paix de Tunisie, sont soumis, en vertu de l'article 15 de la loi de 1883, aux règlements édictés en Algérie pour les mêmes fonctions et doivent remplir les mêmes conditions d'âge et de capacité.

Le greffier fait partie intégrante de la juridiction près de laquelle il siège ; il doit être de nationalité française. Cependant, le protocole du 25 janvier 1884 stipule que les Italiens sont admissibles aux *emplois subalternes* des greffes des juridictions françaises (1). En présence des termes vagues de cette disposition, il nous semble que ce texte ne vise que les employés sans caractère officiel, et laisse de côté ceux qui, comme les commis-greffiers assermentés, font partie de la juridiction.

(1) Protocole franco-italien du 25 janvier 1884, art. 11 (Bomp., p. 474).

On a institué des commissions d'examen chargées de recruter les greffiers par voie de concours. Ce procédé paraît avoir donné de bons résultats.

Les traitements des greffiers de Tunisie sont assez élevés et supérieurs à ceux de leurs collègues d'Algérie. Il en a été ainsi disposé pour pouvoir supprimer les droits de greffe et les remises sur le timbre dont bénéficient ces derniers.

Un conflit d'attribution s'est élevé entre les huissiers et les greffiers de justice de paix au sujet des ventes publiques de meubles. Aux termes de l'arrêté ministériel du 23 juin 1841, les commissaires-priseurs établis en Algérie ont le privilège exclusif de la vente publique aux enchères de tous biens meubles et des marchandises neuves et d'occasion, tant au siège de leur résidence que dans un rayon de quatre kilomètres. D'autre part, l'article 9 du décret du 3 septembre 1884 (1) dispose qu'à défaut de commissaire-priseur, les fonctions en sont remplies par les greffiers de justice de paix pourvus du diplôme spécial prévu par l'article 12 du même décret. Les greffiers de Tunisie ont réclamé ce monopole des ventes à l'encontre des huissiers, et il leur a été donné gain de cause en vertu de l'article 15 de la loi de 1883, qui soumet les officiers ministériels de Tunisie aux mêmes règles que ceux d'Algérie (2).

INTERPRÈTES. — En vertu de l'article 13 de la loi du 27 mars 1883, des interprètes sont attachés aux diverses juridictions de Tunisie. Ils sont nommés par décret rendu sur la proposition du Garde des Sceaux et peuvent être révoqués dans la même forme (art. 14). Ils sont soumis, quant à la discipline et aux conditions d'âge et de capacité, aux règles qui régissent en Algérie les fonctions d'interprète judiciaire.

Un interprète pour la langue arabe est attaché auprès des tribunaux de Tunis et de Sousse. On trouve également auprès

(1) R. A., 85-3-13.
(2) J. de P., Sfax, 18 décembre 1889 (J. T., 90-13) ; Alger, 1re ch., 8 mai 1895. (J. T., 95-499).

de ces deux juridictions un interprète traducteur assermenté
pour les langues italienne et maltaise (1).

DÉFENSEURS. — La fonction d'avoué n'existe pas en Tunisie ;
ces officiers ministériels y sont remplacés par des défenseurs
qui cumulent le droit de postuler avec l'exercice de la plaidoi-
rie. Les dispositions de l'arrêté du 26 novembre 1841 (2), qui
réglementait en Algérie cette profession depuis supprimée,
leur ont été rendues applicables (Loi du 27 mars 1883, article 10) (3).

Toutefois, une disposition exceptionnelle de la loi de 1883 a
autorisé les avocats français ou étrangers, qui exerçaient auprès des juridictions consulaires au moment de sa promulgation, à adresser dans le délai d'un mois une demande à l'effet
d'être admis à remplir les fonctions de défenseur. Cette demande devait être soumise au Ministre-Résident, après avoir
reçu l'avis du tribunal ; ces mesures de précaution avaient
pour but de remplacer les conditions exigées par l'arrêté de
1841 (4). Le protocole franco-italien de 1884 assurait, en outre,
aux avocats, qui avaient pratiqué devant le tribunal consulaire
d'Italie, le droit de plaider comme défenseurs.

A côté de cette disposition transitoire, une autre clause du
protocole de 1884 permet aux nationaux italiens de remplacer
le stage de deux ans au barreau, qui est prescrit par l'arrêté de
1841, par le stage auprès d'un avocat ou d'un procureur en
Italie (5).

(1) Berge, op. cit., p. 14.
(2) De Ménerville, t. 1er, p. 260.
(3) Pour être défenseur, il faut, aux termes de l'article 7 de l'arrêté du
26 novembre 1841 : a) avoir vingt-cinq ans et jouir de ses droits civils et
politiques ; b) être licencié en droit et avoir fait un stage de deux ans
dans une étude d'avoué ou de défenseur ; c) être français ou avoir 5 ans
de résidence en Algérie ; d) avoir satisfait à la loi du recrutement ; e) justifier de sa moralité.
(4) Il y a actuellement sept défenseurs à Tunis, dont quatre français.
(5) Protocole franco-italien de 1884, art. 10 (Bomp., p. 474).

Un D. Fr., en date du 14 avril 1888, a créé quatre postes de défenseurs auprès du tribunal de Sousse (1).

En outre de leurs fonctions normales, les défenseurs ont le droit de représenter les parties devant le tribunal mixte (2); ils peuvent aussi, moyennant un décret nominatif d'autorisation, être admis à plaider devant les tribunaux indigènes qui ont été récemment institués à Sfax, à Gabès, à Gafsa, à Sousse et à Kairouan (3). Un avocat-défenseur fait partie du bureau de l'assistance judiciaire ; il doit être de la nationalité du demandeur, si celui-ci est étranger (4-5).

Les parties peuvent également se choisir un défenseur comme mandataire, en matière administrative, mais, dans ce cas, le ministère de ces officiers n'est pas obligatoire (6). Il en est de même dans la procédure relative au règlement de l'indemnité due à l'exproprié pour cause d'utilité publique (7). Leur ministère n'est également pas requis dans les oppositions aux contraintes délivrées par le Conservateur de la propriété foncière pour le paiement des droits et des salaires d'immatriculation (8).

Malgré le développement donné à leurs fonctions, et bien qu'ils soient nommés et révoqués par décret du chef de l'État, les défenseurs ne sauraient être regardés comme des fonctionnaires publics, ni comme des dépositaires ou agents de l'autorité publique, car ils n'exercent leur ministère que pour la sauvegarde d'intérêts privés. La jurisprudence de la Cour de Cassation est formelle à ce sujet (9). Mais, dans ces limites,

(1) R. A., 88-3-106.
(2) Loi foncière, art. 41 (Bomp., p. 211).
(3) D. Beyl. du 18 mars 1896 et du 25 février 1897 (J. T., 96-170 et 97-105).
(4) D. Fr., 18 juin 1884 ; art. 2 (Bomp., p. 269).
(5) Ils ne peuvent toutefois exercer que dans l'arrondissement judiciaire du tribunal près duquel ils sont nommés (Alger, ch. corr., 11 février 1897. J. T.. 97-114).
(6) D. Beyl. du 27 novembre 1888, art 2 (R. A. 89-3-1).
(7) Bougie, 12 mai 1886 (R. A. 86-2-323).
(8) D. Beyl. du 14 juin 1886, art. 35 (Bomp. p. 260).
(9) Cass. crim., 4 janvier 1894 (S., 95-1-378).

ce sont des mandataires à pouvoirs étendus, dont les actes lient le plaideur, si celui-ci n'a pas recours à la procédure de désaveu (1).

Les clercs des défenseurs ne doivent pas gérer d'affaires contentieuses à leur profit personnel et en dehors de l'étude à laquelle ils sont attachés; le défenseur est tenu de s'y opposer (2).

Les défenseurs sont soumis à la taxe; sauf le cas de désaveu en cours d'instance, le défenseur a droit à la totalité des frais taxés (3). Mais ils sont obligés de tenir le registre prescrit par l'article 151 du tarif civil de 1807, et sur lequel ils doivent mentionner les sommes reçues des parties (4). D'ailleurs, en dehors des frais taxés, ils ont le droit de recevoir des honoraires supplémentaires pour les affaires importantes qui ont exigé de leur part des soins particuliers (5).

Au début, il existait dix-neuf défenseurs auprès du tribunal de Tunis; il n'en reste plus que sept aujourd'hui. Cette disparition progressive rendra, à bref délai, une réforme nécessaire. On pourrait créer des avoués, comme on l'a fait en Algérie; peut-être, pour éviter le dualisme coûteux de l'avoué et de l'avocat, faudrait-il, de préférence, recourir au système proposé par M. Flandin (6), et donner sous certaines garanties à tout avocat le droit de postuler.

AVOCATS. — L'Ordre des avocats a été organisé, en Tunisie, par un D. Fr. du 1er octobre 1887 (7), qui lui rend applicables les dispositions de l'ordonnance du 20 novembre 1822. Toutefois, il y a lieu de faire une exception pour les Italiens qui

(1) Cass. civ., 29 décembre 1886 (J. T., 91-123).
(2) Tunis, vacat., 9 août 1894 (J. T., 94-527).
(3) Tunis, 1re ch., 22 juin 1896 (J. T. 96-527).
(4) Cass. civ., 2 mars 1896 (J. T. 96-148).
(5) Alger, 1re ch., 5 décembre 1890 (R. A., 91-2-17).
(6) Rapport déjà cité (J. Off. 1896, annexe 2033).
(7) Bomp., p. 275.

n'ont besoin que de justifier des qualités nécessaires pour exercer en Italie la profession d'avocat (1).

Il résulte de là que la loi française ne règle point seule les conditions requises pour être avocat en Tunisie, et que le barreau revêt un caractère cosmopolite. Le D. Fr. de 1887 a pris, à cet égard, certaines précautions en déférant au tribunal les fonctions de conseil de discipline, quels que soient le nombre ou la nationalité des avocats admis au tableau (2).

Il va de soi qu'un avocat français peut seul être appelé à compléter le tribunal ; l'appel se fera dans l'ordre du tableau, en omettant les avocats de nationalité étrangère (3).

Les avocats partagent avec les défenseurs le privilège de représenter les parties devant le tribunal mixte ou dans les instances en matière de contentieux administratif. Moyennant un décret nominatif d'autorisation, ils peuvent plaider devant les tribunaux indigènes de Sfax, de Gabès, de Gafsa, de Sousse et de Kairouan.

Il est admis que la loi de 1883 a rendu applicable à la Tunisie l'article 2 de l'arrêté du 17 juillet 1848, aux termes duquel le pouvoir de plaider et de représenter les parties devant le tribunal de commerce et les justices de paix est présumé en faveur de l'avocat porteur de l'original ou de la copie de la citation (4). Ce mandat n'autorise pas l'avocat à recevoir les significations adressées à son client (5). L'aveu fait par l'avocat lie le plaideur, à moins qu'un désaveu n'intervienne avant la clôture des débats et qu'il ne résulte des circonstances de la cause que l'avocat a outrepassé son mandat (6).

(1) Protocole franco-italien de 1884, art. 10 (Bomp., p. 475).
(2) D'après le tribunal de Tunis, les admissions au tableau qu'il prononce, ne peuvent être frappées d'appel (Alger, ch. réunies, 4 novembre 1889, R. A., 89-2-507).
(3) Sousse, 13 novembre 1889 (J. T., 89-259).
(4) Tunis, 1ʳᵉ ch., 4 mars 1891 (R. A., 91-2-295) ; Alger, 3ᵉ ch., 26 juin 1895 (R. A., 96-2-146).
(5) Tunis, 2ᵉ ch., 16 mars 1894 (J. T., 94-243).
(6) J. de P. Tunis-Nord, 4 novembre 1896 (J. T., 96-594).

Les règles de discipline de l'Ordre des avocats sont les mêmes qu'en France. Il en a été fait application en interdisant aux avocats de partager leurs honoraires avec des tiers qui se seront occupés de certaines affaires (1) ou de prendre à forfait les soins d'un procès (2).

Huissiers. — L'article 10 de la loi de 1883 déclare applicables aux huissiers de Tunisie les dispositions des décrets et arrêtés, qui régissent la même profession en Algérie. Leur organisation ne présente rien de spécial : ils doivent, comme leurs confrères de la Métropole, remettre eux-mêmes les exploits qu'ils sont chargés de signifier (3).

Les huissiers de la Régence sont l'objet de vives attaques (4) dont certaines paraissent fondées. On peut leur reprocher une tendance à multiplier les procédures et à provoquer des procès ; peut-être serait-il bon de leur accorder un traitement fixe et de percevoir leurs honoraires au profit de l'Etat.

Commissaires-priseurs. — Un D. Fr. du 20 février 1889 (5) a créé deux charges de commissaires-priseurs à Tunis ; un autre décret du 31 janvier 1890 (6) en a établi une à Sousse et à Sfax. Ces officiers ministériels sont soumis aux règlements qui régissent leur profession en Algérie.

Toutefois leur monopole subit une atteinte du fait d'une réserve, insérée dans le décret du 20 février 1889, au profit des *Dellals* ou crieurs indigènes, par rapport aux droits qui leur sont conférés par le Gouvernement tunisien. Quelques difficultés se sont élevées au sujet de l'étendue de cette réserve:

(1) Tunis, ass. gén., 17 mai 1895 (J. T., 95-436).
(2) Tunis, 1re ch., 22 juin 1896 (J. T., 96-527).
(3) Cass. crim., 24 mai 1883 (R. A., 85-2-316) ; Alger, ch. corr., 17 octobre 1891 (R. A., 91-2-525).
(4) Cf. à ce sujet, d'Estournelles de Constant, *op. cit.*, p. 377.
(5) R. A., 89-3-46.
(6) R. A., 90-3-19.

on a admis qu'elle ne pouvait s'appliquer qu'aux objets appartenant à des sujets tunisiens (1).

CURATEURS AUX SUCCESSIONS VACANTES (2). — Le régime des successions vacantes a été organisé en Algérie par une ordonnance du 26 décembre 1842 (3), qui a réglé la matière d'une façon fort originale. Cette ordonnance a été rendue applicable à la Tunisie (4).

Il n'entre pas dans le cadre de cette étude de développer cette organisation : qu'il nous suffise d'indiquer ce qu'elle présente de particulier en ce qui concerne les fonctions de curateur. Tandis qu'en France, elles sont accidentelles et que le curateur ne possède qu'un mandat restreint à une succession, en Algérie et en Tunisie, ce mandat est général à l'égard de toutes les successions vacantes dans un ressort déterminé. Le curateur remplit un office public. Il est nommé pour deux ans par le Procureur Général : après ce délai, il termine la liquidation des successions dont il s'est occupé.

Pour remplir les fonctions de curateur, il faut être majeur, jouir de ses droits civils, fournir des preuves d'aptitude et des garanties de moralité et être domicilié dans la circonscription. A moins d'excuse légitime, les officiers ministériels sont tenus de remplir les fonctions de curateur (5).

_____

(1) Sousse, aud. corr., 20 août 1890 (J. T., 90-247).

(2) Sur le régime des successions vacantes, cf. P. Sumien : *Du régime des successions vacantes en Algérie* (R. A., 94-1-93) ; G. Pierret : *Commentaire théorique et pratique de la législation coloniale des successions vacantes* (Rev. gén. du droit, 1894, p. 489).

(3) De Ménerville, T. I, p. 629.

(4) Tunis, 2e ch., 11 avril 1894 (R. A., 94-2-387).

(5) La Cour de Cassation (Ch. Crim., 26 février 1897. R. A., 97-2-73) vient de décider que de la combinaison des articles 6, 8 et 12 du décret du 3 septembre 1884, les greffiers des justices de paix d'Algérie, à compétence étendue, sont exclusivement chargés des fonctions de curateur aux successions vacantes, qui peuvent être considérées comme comprises dans les attributions de l'office de ces greffiers. Cette interprétation semble devoir être suivie pour la Tunisie, car les greffiers de nos

Les tribunaux ont un pouvoir discrétionnaire pour fixer les honoraires du curateur, en tenant compte de l'importance de la succession et des soins qu'elle a nécessités (1).

Ces diverses règles s'appliquent aux sujets français seulement : les règlements de successions vacantes des étrangers appartiennent au consul de leur nation. Aux termes des conventions diplomatiques intervenues entre la Tunisie d'une part, et l'Allemagne, l'Autriche, l'Espagne, le Danemark, la Russie et la Suisse, et promulguées par le D. Beyl. du 1er février 1897 (2), les traités de toute nature, qui lient ces puissances à la France, sont de plein droit applicables en Tunisie : c'est dans leurs dispositions qu'il faudra rechercher la réglementation des successions vacantes laissées par les nationaux de ces Etats. L'article 23 de la convention italo-tunisienne d'établissement détermine les pouvoirs des consuls italiens en pareille hypothèse (3).

NOTARIAT. — L'article 16 de la loi du 27 mars 1883 est ainsi conçu : « Les fonctions de notaires continueront à être exercées dans la Régence par les agents consulaires français jusqu'à ce que le notariat y ait été organisé par un règlement d'administration publique. » Bien qu'il soit difficile d'en contester l'utilité ou même l'urgence, ce règlement n'est pas encore fait (4).

En l'absence de notaires européens dans la Régence, on a admis qu'il suffisait de notifier le jugement du tribunal français, qui organise la curatelle d'un interdit anglo-maltais, au

juridictions de la Régence sont soumis aux mêmes règles que leurs confrères d'Algérie (Loi du 27 mars 1883, art. 15).
(1) Alger, 1re ch., 20 novembre 1894 (R. A., 95-2-135).
(2) J. T., 97-82.
(3) J. T., 96-482.
(4) Berge. op. cit., p. 33. — Dans son rapport déjà cité, M. Flandin demande la création de notaires européens et pense qu'en se réservant une partie des produits de l'office, l'Etat se créerait des ressources de façon à améliorer l'organisation judiciaire.

contrôleur civil faisant fonction de consul de France et au consul de Grande-Bretagne à Tunis (1).

Les consuls étrangers remplissent les fonctions de notaire à l'égard de leurs nationaux. Ce droit est formellement consacré au profit des consuls d'Italie par les nouvelles conventions du 28 septembre 1896 (2).

Il existe dans la Régence un notariat tunisien (3), constitué par un D. Beyl. du 8 janvier 1875 (4), et qui fonctionne sous la surveillance des cadis. De même, les rabbins ont sous leur direction des notaires israélites, soumis aux règles du notariat tunisien (5).

Ces divers officiers ont compétence à l'égard des indigènes seulement ; en ce qui concerne les justiciables des tribunaux français, leurs actes n'ont aucune force d'authenticité. Ils ne peuvent être opposés aux Européens que si ces derniers les ont revêtus de leur signature ou qu'il soit constaté, avec l'assistance d'un interprète assermenté, qu'ils ne savent ou ne peuvent signer (6). Cependant l'Européen qui aurait exécuté l'acte ne serait pas recevable à en contester la validité (7).

En l'absence même de toute signature donnée par l'indigène, alors cependant que ce dernier saurait écrire, l'acte fait foi contre lui pour tout son contenu, s'il a été légalisé par le cadi (8).

---

(1) Tunis, 1re ch., 23 novembre 1891 (Clunet, 92-966)

(2) Conv. italo-tunisienne d'établissement, 28 septembre 1896, art. 22 J. T., 96-481).

(3) Cf. de Dianous, *op. cit.*, p. 80.

(4) Bomp., p. 383.

(5) D. Beyl. du 12 septembre 1887 (Bomp., p. 394).

(6) Tunis, 12 décembre 1883 (J. T., 95-110) ; Alger, 1re ch., 5 novembre 1888 (R. A., 88-2-498) ; Sousse, 28 novembre 1895 (J. T., 96-161) ; Tunis, 1re ch., 13 janvier 1896 (J. T., 96-134).

(7) Tunis, 2e ch., 25 mars 1890 (R. A., 90-2-477).

(8) Tunis, 1re ch., 15 février 1897 (J. T., 97-125).

§ II. **Assistance judiciaire.** — **Caisse des dépôts et consignations.** — **Frais de justice.**

ASSISTANCE JUDICIAIRE. — L'assistance judiciaire est organisée
en Tunisie par le D. Fr. du 18 juin 1884 (1). Elle est accordée
aux étrangers dans les mêmes conditions qu'aux Français (2).

Il est formé auprès de chaque tribunal de première instance (3) un bureau d'assistance judiciaire, composé du procureur de la République ou de son substitut, président, d'un
membre nommé par le Résident général, et d'un défenseur,
désigné par le tribunal et pris autant que possible dans la
nationalité de l'indigent.

Ce dernier saisit le bureau d'assistance judiciaire par une
demande, dans laquelle il indique ses moyens d'existence.
L'adversaire est appelé à fournir les renseignements utiles :
après quoi, le bureau statue sans motiver sa décision. S'il
estime que les juridictions françaises ne sont pas compétentes,
il renvoie l'affaire au bureau établi près du tribunal qui doit
en connaître.

S'il admet que nos juridictions sont compétentes et qu'il
accorde l'assistance, le procureur de la République notifie la
décision au président du tribunal ou au juge de paix, de qui
l'affaire relève régulièrement. Ce magistrat désigne un défenseur et un huissier, qui doivent fournir leur concours à
l'assisté.

L'assistance judiciaire a pour effet de dispenser celui qui en
bénéficie du paiement des sommes dues aux greffiers, officiers

(1) Bomp., p. 269.
(2) Le bénéfice de l'assistance judiciaire est formellement stipulé au
profit des Italiens par le traité d'établissement du 28 septembre 1896,
art. 6 (J. T., 96-475).
(3) Le bureau de Sousse a été constitué par le D. Fr. du 3 mai 1888 (R.
A., 88-3-120).

ministériels et avocats. Le Trésor doit faire l'avance, selon le tarif, des frais de transport des juges et experts, des honoraires de ces derniers, des taxes des témoins dont la citation est autorisée. Le juge peut faire délivrer gratuitement des expéditions d'actes publics.

Le ministère public doit être entendu dans toutes les affaires pour lesquelles l'assistance judiciaire a été admise.

Si l'adversaire de l'assisté est condamné, le Trésorier-payeur recouvre sur lui toutes les sommes dues pour honoraires et frais, et en fait la répartition entre les intéressés. Si l'assisté est condamné aux dépens, il doit seulement le remboursement des frais avancés par le Trésor.

L'assisté qui veut faire appel doit obtenir une nouvelle décision du bureau ; il en est dispensé, au contraire, s'il est intimé, même au cas où il formerait un appel incident.

Sur la demande du procureur de la République ou de l'adversaire de l'assisté, le bureau peut retirer l'assistance judiciaire dans le cas où l'indigence a pris fin ou bien si la déclaration de l'assisté est reconnue frauduleuse. Le retrait de l'assistance rend immédiatement exigibles tous les honoraires dus ainsi que les frais avancés par le Trésor. En cas de fraude, l'assisté est, en outre, passible de poursuites correctionnelles.

En matière criminelle, l'article 294 du Code d'instruction criminelle doit recevoir application ; en matière correctionnelle, le président du tribunal désigne d'office un défenseur au prévenu indigent qui en fait la demande. Le président peut, en outre, faire citer les témoins indiqués par l'accusé, et ordonner de produire les pièces qu'il juge utiles.

L'assistance judiciaire est accordée devant la Cour d'Alger dans les conditions prévues par le D. Fr. du 2 mars 1859 (1), et devant la Cour de Cassation, conformément à la loi du 22 janvier 1851.

_____

(1) De Ménerville, T. I, p. 108.

CAISSE DES DÉPOTS ET CONSIGNATIONS. — Le service de la Caisse des dépôts et consignations est fait, en son nom, par les payeurs du corps d'occupation, qui remplissent les fonctions attribuées en France aux receveurs particuliers des finances.

Un décret beylical, en date du 8 février 1891, a autorisé le gouvernement tunisien à se libérer des sommes dont il est redevable, en opérant leur consignation à la Caisse des dépôts et consignations lorsqu'elles sont frappées d'opposition ou de saisie-arrêt. La justice française peut rendre ce dépôt obligatoire (1).

Certains défenseurs auprès du tribunal de Tunis avaient ouvert des distributions par contribution sur la caisse du receveur spécial du Gouvernement tunisien. Ils ont dû renoncer à cette pratique, qui a été reconnue illégale (2).

FRAIS DE JUSTICE. — La loi de 1883 (article 17) a rendu applicables à la Tunisie les tarifs de frais de justice en vigueur en Algérie, tant qu'un règlement d'administration publique n'aura pas établi un tarif spécial.

Ce tarif n'est pas encore formulé. Un arrêté résidentiel du 18 novembre 1890 (3) a chargé une commission d'étudier les diverses questions relatives à cette réforme dans le but d'arriver à une diminution sur le tarif algérien. On a, en particulier, soulevé la question de l'emploi de la poste à la place des huissiers pour la signification des actes de procédure. Jusqu'à ce jour, ce projet de réformes n'a pas abouti.

Jusqu'à une date récente, les impôts du timbre et de l'enregistrement n'existaient pas en Tunisie. Un D. Beyl. du 20 juillet 1896 a définitivement établi le timbre (4). Un deuxième D. Beyl. en date du même jour (5) a organisé l'enregistrement en y

(1) R. A., 91-3-22.
(2) Berge, *op. cit.*, p. 32.
(3) R. A., 91-3-17.
(4) D. Beyl. du 20 juillet 1896, sur le timbre (J. T., 96-386).
(5) D. Beyl. du 20 juillet 1896, sur l'enregistrement (J. T., 96-400).

soumettant les jugements définitifs, les ordonnances de référé et tous les actes produits en justice. Sont dispensés de cette formalité, les jugements préparatoires et interlocutoires, ceux qui ont pour objet le recouvrement de taxes dues à l'Etat et aux communes, les procès-verbaux, les constats d'huissier et les actes d'avoué à avoué.

Un D. Beyl. du 25 juillet 1896 ordonne la restitution des droits de timbre et d'enregistrement dans les conditions prévues par la loi française du 23 octobre 1884, lorsque le prix en principal d'un immeuble vendu à la barre des tribunaux français ne dépasse pas 2,000 francs (1).

Le Trésorier-payeur général du corps d'occupation est chargé du paiement des frais de justice avancés en toute matière ; il effectue le recouvrement des amendes et condamnations prononcées au profit du Trésor (2).

(1) J. T., 96-412.
(2) D. Fr., 24 janvier 1890 (R. A., 90-3-81).

DEUXIÈME PARTIE

COMPÉTENCE DE LA JURIDICTION FRANÇAISE EN TUNISIE

Normalement, on ne rencontre sur un même territoire qu'une seule juridiction : celle-ci, émanant de la souveraineté locale, exerce ses pouvoirs dans toute l'étendue du pays à l'exclusion de toute autre autorité judiciaire. Tel est le cas de la France et des divers pays de civilisation européenne. Dans ces Etats, les questions de compétence perdent une grande partie de leur importance et rentrent plutôt dans le cadre de l'organisation judiciaire ou de la procédure civile. Il en est tout autrement dans les pays où, à côté de la justice qui fonctionne au nom de la souveraineté territoriale, on relève la présence de juridictions établies par des puissances étrangères et constituées en vertu d'accords internationaux, qui leur donnent une existence indépendante du pouvoir local. Dans ces pays, la détermination rigoureuse de la compétence revêt une importance toute spéciale, puisque c'est elle qui délimite le domaine propre à chaque juridiction : la solution juridique des difficultés de cette nature est le plus souvent rendue très délicate par la lutte d'influence qui s'établit presque fatalement entre les justices concurrentes.

C'est une situation de cette sorte que nous trouvons dans la Régence de Tunis : nous y voyons la magistrature indigène, émanation de la souveraineté beylicale, exercer son action à

côté de la justice française, qui tire ses pouvoirs de la France,
la puissance protectrice de la Tunisie.

Une question se présente aussitôt à l'esprit : quelle est de
ces deux juridictions celle qui possède l'autorité de droit commun ? Tout en réservant aux détails de la controverse une
explication plus développée (1), qu'il nous soit permis d'affirmer que la base fondamentale de l'organisation judiciaire de
la Régence réside dans l'indépendance réciproque des deux
juridictions : aucune d'elles ne possède à l'égard de l'autre
l'autorité de droit commun (2).

L'idéal serait que cette autorité de droit commun pût être
reconnue à nos tribunaux : ce résultat est dans la tendance
du protectorat et semble devoir être la conséquence logique
du développement progressif de notre influence.

(1) Cf. *infrà*, 2ᵐᵉ partie, chap. V. § 1ᵉʳ.
(2) On a soutenu qu'il en est de même en Egypte, où la juridiction
mixte et la juridiction indigène seraient toutes deux revêtues de l'autorité
de droit commun (Borrelli-Bey, préface de *La législation égyptienne anno-
tée*). Il semble que dans la situation spéciale à l'Egypte, ce soit la magistrature indigène qui forme la juridiction de droit commun (Simaïka,
op. cit., p. 11 ; Lamba, *op. cit.*, p. 127). Tout au plus serait-il possible
d'admettre, avec M. Laget (*op. cit.*, p. 164), qu'il n'y a pas en Egypte de
juridiction qui possède ce caractère.

CHAPITRE PRÉMIER

COMPÉTENCE CONSIDÉRÉE AU POINT DE VUE DE LA NATIONALITÉ

OU DE LA QUALITÉ DES PARTIES EN CAUSE (1).

L'abrogation des juridictions consulaires, obtenue des diverses puissances européennes, a transféré aux tribunaux français les droits qu'elles tiraient des capitulations, consenties par le Bey en leur faveur : il en est résulté pour notre juridiction une compétence générale à l'égard des Français et protégés français, des Européens et de leurs protégés. Le Bey, au contraire, a réservé à ses tribunaux la connaissance des affaires concernant exclusivement des Tunisiens, musulmans ou israélites. Diverses exceptions à ces deux règles ainsi que quelques controverses qui se sont élevées à l'occasion de leur application, nous imposent l'obligation d'examiner successivement les différentes hypothèses qui peuvent se présenter.

§ Ier. Français et protégés français. — Algériens.

La loi française du 27 mars 1883, en organisant la juridiction française de Tunisie, supprimait dans son article 18 l'ancienne justice consulaire de France et transférait aux nouveaux tribu-

(1) Cf. Berge : *De la nationalité des indigènes musulmans ou israélites au point de vue de la compétence des Tribunaux français* (de Tunisie) (J. T., 93-375).

naux la connaissance des causes qui ressortissaient auparavant
à la juridiction disparue.

Aux termes de l'article 2 de la même loi, les magistrats
créés par elle recevaient la connaissance « de toutes les affaires
civiles et commerciales entre français et protégés français »
ainsi que « de toutes les poursuites intentées contre les français et les protégés français pour contraventions, délits et
crimes. » (1).

Ces dispositions formelles, jointes à l'ancienne pratique
consulaire, auraient dû exclure toute controverse. Aucune
discussion, semble-t-il, n'aurait pu s'élever à leur égard.
Cependant, en ce qui concerne les Algériens, il n'en a pas été
ainsi.

L'article 2 du décret beylical du 31 juillet 1884 était ainsi
conçu : « Néanmoins, est expressément réservé aux tribunaux religieux le règlement des contestations relatives au
statut personnel et aux successions des sujets tunisiens, musulmans ou israélites. » Des termes mêmes du décret il résultait
que cette réserve ne s'appliquait qu'aux Tunisiens soumis à la
souveraineté du Bey et ne pouvait viser les musulmans d'Algérie, devenus nos sujets par la conquête, et auxquels le sénatus-
consulte du 14 juillet 1865 reconnaissait formellement la qualité de Français. Avant l'organisation de la justice française, le
consul de France avait toujours exercé la plénitude de juridiction à l'égard des musulmans d'Algérie, et les tribunaux de
Tunis et de Sousse n'hésitèrent pas à adopter cette jurisprudence dans une série de jugements (2). Le tribunal de Tunis
décidait, en outre, que les israélites protégés français rele-
vaient de sa juridiction et non de celle des tribunaux rabbini-

---

(1) Les tribunaux français de Tunisie, ayant hérité de toutes les préro-
gatives de la justice consulaire, sont seuls qualifiés pour ordonner la vente
des immeubles des Français qui ne paient pas leurs dettes (Alger, 2e ch.,
10 juin 1890, R. A., 90-2-392).

(2) Tunis, 28 avril 1884 (R. A., 85-2-246) ; Sousse, 9 mai 1889 (R. A.,
89-2-538) ; Tunis, 2e ch., 30 janvier 1890 (J. T., 90-74).

ques tunisiens (1), et, que, en l'absence de cadi musulman
français qui puisse, comme en Algérie, prendre des mesures de
protection à l'égard des incapables français de religion islamique, c'était lui qui devait procéder aux divers actes nécessaires pour sauvegarder leurs droits (2).

Cependant les tribunaux indigènes eurent la prétention d'organiser la tutelle de musulmans algériens, mais le gouvernement du Bey intervint aussitôt, et déclara, par un décret du 15
février 1887, que la juridiction française avait seule compétence en pareille matière (3) ; peu de temps après, par un deuxième décret en date du 9 avril 1887 (4), il autorisait les notaires tunisiens à recevoir les actes qui concernaient les musulmans d'Algérie, mais confirmait de nouveau l'incompétence de
la justice indigène à leur égard.

Cette jurisprudence pouvait paraître établie, quand la Cour
d'Alger rendit, le 25 mars 1891, un arrêt (5) dans lequel elle
déclarait incidemment qu'en matière de questions d'état, les
tribunaux français étaient incompétents, même en ce qui concerne les musulmans algériens (6). Le tribunal de Tunis refusa
de s'incliner devant cette décision, et tint pour non avenu un
jugement du cadi de Tunis qui prononçait l'interdiction d'un de
nos sujets arabes (7).

Cependant, le conflit fut de courte durée, car la Cour d'Alger,
abandonnant sa première opinion, proclama, le 1er juillet 1893,
que les Algériens sont, en toute matière, justiciables des tribu-

(1) Tunis, 31 décembre 1883 (J. T., 91-34).
(2) Tunis, ch. du cons., 25 février 1885 (R. A., 85-2-169) ; Tunis, 1re ch.,
27 février 1888 (J. T., 95-502) ; Tunis, 1re ch., 8 juin 1896 (J. T., 96-373).
(3) Bomp., p. 275.
(4) Bomp., p. 394.
(5) Alger, 1re ch., 25 mars 1891 (R. A., 91-2-265).
(6) Une controverse de cette nature existe devant les tribunaux consulaires de France en Orient, qui ont tendance à se déclarer incompétents
pour les questions d'état qui intéressent les Algériens (Cf. Féraud-Giraud,
*Questions d'état des Algériens, sujets français, portées devant les Trib.
cons. du Levant*, Clunet, 96-547).
(7) Tunis, 2e ch., 16 avril 1891 (J. T., 95-250).

naux français de Tunisie (1). Depuis lors, la compétence de
notre juridiction s'exerce sans contestation à leur égard (2).

Tous les protégés français sont justiciables de nos tribunaux au même titre que nos nationaux : on a fait, en particulier, application de ce principe aux Maronites et aux chrétiens d'Orient (3).

§ II. Nationaux des Puissances européennes.

En accordant la suppression de leurs tribunaux consulaires,
les diverses puissances européennes transférèrent à notre
juridiction pleine compétence à l'égard de leurs nationaux et
de leurs protégés, qui formèrent aussitôt une importante catégorie de justiciables pour les nouveaux tribunaux.

La justice française a donc acquis la plénitude de juridiction
à l'égard des Européens, pour qui elle forme le tribunal de
droit commun (4). Sa compétence entre nationaux ou protégés
des puissances est absolue (5).

En général, les États étrangers ont renoncé purement et
simplement à leurs justices consulaires ; seule, l'Italie, dans le
Protocole du 25 janvier 1884, a réglé d'une façon minutieuse
la compétence de notre juridiction à l'égard de ses nationaux.

En vertu du D. Beyl. du 5 mai 1883, les nationaux des puissances étrangères dont les tribunaux consulaires ont été supprimés, sont devenus justiciables des tribunaux français aux
mêmes conditions que les Français eux-mêmes. On a donc

(1) Alger, 1re ch., 1er juillet 1893 (J. T., 93-327).
(2) Tunis, ch. du cons., 21 mai 1894 (J. T., 94-349) ; Tunis, vacat.,
29 août 1895 (J. T., 95-494).
(3) Tunis, 1re ch., 14 décembre 1887 (J. T., 90-239).
(4) Tunis, 1re ch., 5 février 1887 (J. T., 94-66) ; Tunis, 1re ch., 15 mai
1893 (R. A., 93-2-305).
(5) Tunis, 1re ch., 6 mars 1893 (R. A., 93-2-273) ; Alger, 1re ch., 7 mars
1894 (J. T., 94-211).

décidé que les Européens ne pouvaient être astreints à fournir la caution *judicatum solvi* devant la juridiction française, quel que fût d'ailleurs leur domicile. Cette solution est naturelle, puisqu'ils comparaissent devant leur juge de droit commun ; elle est juste, car ils étaient dispensés de cette exigence devant leurs juges-consuls (1-2).

Les étrangers étant assimilés aux Français, nos tribunaux conservent toutes leurs fonctions à l'égard des premiers et leur appliquent les mêmes règles de compétence et de procédure. On a bien cherché à proclamer leur incompétence en ce qui concerne les questions d'état, mais nos tribunaux, tout en appliquant le statut personnel de l'étranger, ont retenu la connaissance du litige (3).

La deuxième chambre du tribunal de Tunis a cependant jugé qu'elle ne pouvait organiser la curatelle de la succession vacante laissée par un étranger, parce que le règlement des successions rentre dans le statut personnel (4). Ce motif est pour nous absolument faux, et on ne l'admet plus aujourd'hui ; mais la solution reste exacte, car l'administration de la succession vacante d'un étranger rentre dans la juridiction gracieuse de son consul.

Le protocole franco-italien de 1884 avait établi des règles de compétence spéciales à l'égard des Italiens : l'article 6 de cette convention a donné au tribunal français la compétence en matière de contentieux administratif à l'encontre des nationaux italiens. Depuis cette époque, le D Beyl. du 27 novembre 1888

---

(1) Tunis, 2ᵉ ch., 2 novembre 1888 (J. T., 89-10) ; Tunis, 2ᵉ ch., 13 décembre 1888 (R. A., 89-2-135) ; Tunis, 1ʳᵉ ch., 12 décembre 1892 (R. A., 93-2-145).

(2) La convention italo-tunisienne d'établissement du 28 septembre 1896 (art. 5), dispense expressément les Italiens de la caution *judicatum solvi* dans la Régence (J. T., 96-475).

(3) Alger, 1ʳᵉ ch., 30 mai 1888 (R. A., 88-2-394) ; Tunis, 1ʳᵉ ch., 10 novembre 1890 (Clunet, 91-233) ; Tunis, 1ʳᵉ ch., 10 décembre 1894 (R. A., 95-2-129) ; Tunis, 1ʳᵉ ch., 18 mai 1896 (J. T., 96-297).

(4) Tunis, 2ᵉ ch., 3 février 1887 (deux jugements) (J. T., 95-362) ; Cf. Berge, *op. cit.*, p. 39.

a conféré la connaissance de ces matières à notre juridiction, mais les dispositions de ce décret ne concordent pas entièrement avec celles de la loi italienne du 20 novembre 1865, et c'est cette loi que devait appliquer aux Italiens le tribunal français (1). Ce privilège n'est plus mentionné dans les conventions italo-tunisiennes du 28 septembre 1896 : il semble donc qu'il soit abrogé (2) et qu'il y ait aujourd'hui lieu de faire application du droit commun en matière administrative aux sujets italiens.

Le protocole de 1884, dans son article 4, a formellement prescrit l'application de la loi italienne pour les rapports juridiques qui se sont formés, en Tunisie, sous l'empire de cette loi et dans les questions de statut personnel et de rapports de famille. Cette disposition expresse contraint parfois nos tribunaux à renoncer à l'égard des Italiens à l'application de leur jurisprudence habituelle.

C'est ainsi qu'en matière de contrat de mariage, nos tribunaux appliquent de préférence la loi du domicile matrimonial ; pour les Italiens, ils devront s'en référer à la loi nationale de ces derniers. De même, en ce qui concerne les successions testamentaires ou *ab intestat* des Italiens, ou les donations faites par eux, ce sera encore à la loi italienne que le tribunal devra avoir recours, tandis que, d'après les décisions rendues en général par nos magistrats, les donations ou successions de nature immobilière seraient du domaine de la loi tunisienne, comme matières de statut réel, et que, peut-être en ce qui concerne les meubles, la préférence serait donnée à la loi du domicile du *de cujus* sur la loi nationale.

Dans les récentes conventions qu'elle a conclues avec la Tunisie, l'Italie n'a pas cru nécessaire de renouveler des stipulations expresses à cet égard. Cette abstention provient sans doute de ce que nos tribunaux n'ont jamais hésité à appliquer

(1) Sur l'application de la loi italienne de 1865, Cf. Tunis, 6 mai 1885 (R. A., 85-2-282).

(2) D. Beyl. du 1er février 1897, art. 1er (J. T., 97-82).

dans la Régence la loi nationale des parties comme règle de leur statut personnel. Ils ont reconnu que la plénitude de juridiction ne leur avait été conférée, à l'encontre des étrangers, qu'à la charge de leur appliquer les règles de leur statut personnel (1).

Lorsque nos tribunaux de Tunisie fournissent une interprétation de la loi étrangère qu'ils appliquent, remarquons que leur situation est fort différente de celle des tribunaux de France. D'après une jurisprudence formelle (2), on considère comme question de fait, échappant à la censure de la Cour de Cassation, l'interprétation donnée par les juges du fond à la loi étrangère. Il ne saurait, nous semble-t-il, en être de même en Tunisie. Dans ce pays, nos tribunaux, juges de droit commun à l'égard des Européens, tiennent leurs pouvoirs sur eux des concessions faites par les gouvernements étrangers : les tribunaux consulaires, auxquels ils se sont substitués, appliquaient la loi étrangère, qui était impérative pour eux ; ils n'auraient pu, par une interprétation sans contrôle, s'écarter de ses dispositions. Notre juridiction doit être dans la même situation, et nous admettons que son interprétation peut tomber sous la censure de la Cour de Cassation.

D'après les dispositions strictes du D. Beyl. du 5 mai 1883, nos tribunaux ne seraient devenus compétents qu'à l'égard des nationaux des puissances qui ont prononcé la suppression de leurs juridictions consulaires ; ce décret laisse donc en dehors de ses prévisions les nationaux des puissances qui n'ont pas possédé de capitulations. C'est en vertu de cette règle que notre justice s'est déclarée incompétente à l'égard des sujets de l'Empire ottoman (3); mais elle a jugé un procès en séparation de corps entre Brésiliens (4), bien que le Brésil n'ait jamais eu

(1) Tunis, 1ʳᵉ ch., 10 décembre 1894 (R. A. 95-2-129).

(2) Paris, 1ʳᵒ ch., 26 janvier 1888 (J. T., 94-366) ; Cass. req., 12 février 1895 (Clunet, 95-834).

(3) Tunis, 1ʳᵉ ch., 22 juin 1891 (R. A., 91-2-567) ; Tunis, 1ʳᵉ ch., 11 janvier 189? (J. T., 93-286).

(4) Tunis, 1ʳᵉ ch., 7 janvier 1895 (J. T., 95-93).

de juridiction constituée à Tunis et qu'actuellement il n'y possède même pas de consul. Dans cette décision, le tribunal de Tunis s'est évidemment basé sur des motifs d'intérêt général, conformes à la tendance qui a présidé à l'organisation de la justice française en Tunisie, en cherchant à soustraire les chrétiens aux juridictions indigènes; mais il est peut-être permis de trouver que ce jugement dépasse les termes du D. Beyl. du 5 mai 1883 (1).

§ 3. Des Tunisiens. Des autres Musulmans.

L'établissement de notre protectorat laissait subsister les tribunaux du Bey; il était donc logique que ces juridictions fussent l'organe de droit commun à l'égard des Tunisiens. C'est un principe devant lequel notre jurisprudence n'a pas hésité à s'incliner (2).

Les Tunisiens ne seront jamais considérés comme justiciables personnels de notre juridiction et appelés comme tels à sa barre; celle-ci ne deviendra compétente à leur égard, en matière civile, que par suite de la nature de l'objet litigieux ou de la présence en cause d'une partie européenne; ou bien encore, en matière pénale, parce que le fait délictueux aura été accompli avec l'assistance d'Européens, qu'il aura été commis à leur préjudice, ou qu'il constituera une entrave au bon fonctionnement de la justice française.

Il existe toutefois une catégorie de Tunisiens qui tombe sous la compétence de nos tribunaux; ce sont les sujets indi-

---

(1) Les Tribunaux mixtes d'Egypte partagent ces tendances : ils considèrent comme étranger, ayant droit au bénéfice de leur juridiction, toute personne non originaire du pays, qu'elle appartienne ou non à une puissance qui ait adhéré à la Réforme (Lamba, *op. cit.*, p. 117 ; Simaïka, *op. cit.*, p. 17 ; Laget, *op. cit.*, p. 166).

(2) Tunis, 1re ch., 24 juin 1889 (J. T., 89-141) ; Tunis, 1re ch., 23 mai 1893 (J. T., 92-317) ; Tunis, 2e ch., 6 décembre 1893 (J. T., 95-335).

COMPÉTENCE RATIONE PERSONÆ

gènes incorporés dans les régiments français, et qui, par
suite du D. Beyl. du 7 mars 1885 (1), se trouvent soumis au
Code de justice militaire français pour toute la durée de leur
service. Il a été jugé, par voie de réciprocité, qu'ils devaient
être considérés comme protégés français, et devenaient, de la
sorte, justiciables de nos tribunaux (2). Cette solution était
commandée par l'impossibilité de concilier légalement, sur
de nombreux points, les règles de la justice tunisienne avec
celles de notre Code de justice militaire, notamment en matière
d'emprisonnement pour dettes.

On a voulu aller plus loin, et soutenir que, par le fait de
notre établissement en Tunisie, les administrations tunisiennes, devenues protégées françaises, étaient du ressort de notre
juridiction. Cette théorie a été rejetée en première instance et
en appel (3), et avec raison, car le traité de 1881 a laissé au
Gouvernement beylical une autonomie suffisante pour ne
rester soumis qu'à la juridiction de ses propres tribunaux. La
nationalité tunisienne de l'administration des postes de la
Régence a également été reconnue (4).

Pareille solution devait être admise à l'égard des fonctionnaires et agents de l'autorité beylicale ; sans doute, le conseil
de guerre de Tunis a bien qualifié d'agents de la force publique
française des agents de police tunisiens (5), en appliquant à
deux militaires, coupables de voies de fait à leur égard, les
articles 230 et 231 du Code pénal; mais en déclarant que, par
suite du traité du Bardo, la France s'était obligée à protéger

(1) Bomp., p. 22.
(2) J. de P. Sfax, 23 avril 1889 (J. T., 89-69) ; Sousse, 16 janvier et
13 février 1889 (N. D. L. R. sous Sfax, précité).
(3) Tunis, 1re ch., 24 juin 1889 (R. A., 89-2-421) : Conf. par Alger,
1re ch., 20 mai 1890 (R. A., 90-2-325).
(4) J. de P. Tunis-Nord, 17 juin 1891 (J. T., 91-199). — Toutefois, à la
suite de cette décision, un D. Beyl. du 10 juillet 1891 (J. T., 91-220), est
venu rendre la juridiction française seule compétente pour les contestations dans lesquelles l'office postal tunisien serait en cause.
(5) Cons. de rev. milit. d'Alger, 12 mai 1887 (R. A., 88-2-252).

comme siens les agents de l'autorité tunisienne, le conseil de révision d'Alger n'a certainement voulu que donner à ces derniers certains privilèges dans l'exercice de leurs fonctions et non point les priver du bénéfice de leur juridiction nationale.

Quand un employé européen d'une administration tunisienne est assigné en cette dernière qualité, il doit être considéré comme Tunisien. La justice française ne serait donc pas compétente pour connaître d'une demande en dommages-intérêts intentée à cet employé par un indigène, à raison de faits commis par lui dans l'exercice de ses fonctions. Au contraire, s'il s'agit d'un acte personnel de l'employé, la juridiction française retrouve sa compétence normale (1).

Nous aurons à examiner ultérieurement si les Tunisiens peuvent renoncer à être jugés par leurs tribunaux et porter leurs litiges devant notre justice.

Les musulmans, à l'exception de ceux qui sont nos sujets ou nos protégés ou qui ressortiraient d'une puissance européenne, sont assimilés en tous points aux Tunisiens (2). Rien, en effet, ne leur donne un titre pour réclamer la juridiction de nos tribunaux, ils doivent donc tomber sous le pouvoir de la justice locale.

§ IV. Protégés diplomatiques.

L'existence de la protection diplomatique, institution spéciale aux Echelles du Levant et de Barbarie, amène devant nos tribunaux de Tunisie un grand nombre de justiciables. Dans ces protégés diplomatiques, il ne faut point voir les sujets d'un Etat, lié lui-même à une puissance par un traité de protectorat : sans doute, les nationaux de la puissance protégée doivent nécessairement être considérés comme protégés de l'Etat pro-

---

(1) J. de P. Tunis-Nord, 14 octobre 1896 (J. T., 96-574).
(2) Tunis. 2e ch., 22 juin 1891 (R. A., 91-2-567) ; Tunis, 1re ch., 11 janvier 1892 (J. T., 93-286).

tecteur et on leur assure, en général, les privilèges de juridiction, que possèdent les nationaux de ce dernier (1). Mais, à côté d'eux, vient se placer une foule de clients, qui, bien que ne se rattachant à aucune nation européenne, obtiennent souvent avec une trop grande facilité la protection d'un consul pour échapper à l'action du pouvoir local.

Dans la plupart des pays d'Orient, profitant de la faiblesse des autorités territoriales, les agents diplomatiques, dans le but d'étendre leur influence politique, accordent des patentes de protection aux indigènes dont la situation sociale paraît devoir être utile à l'influence de leur nation. Et tandis que les consuls étendent ainsi le cercle de leurs justiciables, les nouveaux protégés retirent de cette situation de nombreux avantages : ils échappent à leurs juges naturels et sont exempts des impôts les plus onéreux et du service militaire.

Par elle-même, la protection diplomatique ne peut qu'être défavorable au bon fonctionnement de l'Etat, mais ses abus dépassent parfois les bornes de toute imagination. C'est ainsi que le Brésil entretient en Egypte un consul général et trois vice-consuls alors qu'il n'y a pas un seul Brésilien en ce pays et que les intérêts de son commerce y sont presque nuls : ces quatre agents n'ont d'autre occupation que de se créer une clientèle en élargissant, au-delà de toute mesure, le cercle de leurs protégés (2). On connaît aussi les difficultés de toutes sortes qui ont surgi entre le Gouvernement turc et la Grèce, par suite de la facilité avec laquelle l'autorité hellénique accorde sa protection aux sujets grecs du Sultan.

(1) C'est ainsi qu'en Egypte, par un accord intervenu en 1887, les Tunisiens sont considérés comme administrés français (Cour mixte d'Alexandrie, 4 février 1890). Cf. à ce sujet le protocole franco-italien de 1884, art. 5 (Bomp., p. 474).

(2) Il est regrettable que les tribunaux mixtes d'Egypte aient cru devoir sanctionner de pareilles pratiques. Leur jurisprudence admet que, par le fait de la protection consulaire, un Egyptien peut être assimilé par eux à un étranger (Dislère et de Mouy : *Droits et devoirs des Français dans les pays d'Orient et d'Extrême-Orient,* n° 176, p. 155).

En présence de ces abus, on conçoit que les pouvoirs locaux aient cherché à réagir; mais leur faiblesse ne leur a pas permis de résister utilement aux nations européennes. En Tunisie, le Gouvernement beylical tenta un effort, en juillet 1866, en déclarant qu'il ne tiendrait pas compte de la protection diplomatique accordée à ses propres sujets (1). Ce décret est resté à l'état de lettre morte et les abus ont continué à se produire. Depuis l'établissement de notre protectorat, on a soutenu que le décret de 1866 était en vigueur dans la Régence : le tribunal de Sousse a refusé d'en tenir compte parce qu'il n'avait pas été revêtu du visa de notre Résident général (2).

Cependant, au point de vue administratif, on peut constater une tendance à restreindre la protection diplomatique. On ne tient pas compte des patentes de protection, postérieures au protectorat ou tout au moins de celles qui émanent de consulats qui, comme ceux des Pays-Bas, les accordent trop facilement. Au contraire, dans le but d'étendre son cercle d'action, la jurisprudence de nos tribunaux se montre très large à cet égard. La convention italo-tunisienne d'établissement porte, dans son deuxième protocole annexe, la clause suivante : « Les indigènes protégés, actuellement inscrits au consulat général d'Italie à Tunis, auront droit en Tunisie au même traitement que les Italiens eux-mêmes (3). » On peut en déduire que l'Italie a renoncé pour l'avenir au droit de délivrer des patentes de protection.

La qualité de protégé s'établit par la production de la patente qui a été concédée par le consul. On a refusé de tenir compte d'un passeport délivré à Paris, par le préfet de police (4) : l'aveu de l'intéressé ne saurait également avoir de force probante (5).

Le certificat de protection délivré par le consul, l'est en

(1) D. Beyl. de juillet 1866 (Bomp., p. 402).
(2) Sousse, 28 février 1895 (J. T., 95-282).
(3) J. T., 96-491.
(4) Tunis, 1re ch., 24 février 1891 (J. T., 93-267).
(5) Tunis, vacat., 9 août 1894 (J. T., 94-499).

général pour un certain temps, qui y est spécialement mentionné : le bénéfice de la protection n'a d'effet que pendant
cette durée (1). D'ordinaire, le consul perçoit une taxe sur ses
protégés : le non-paiement de cette redevance ne fait pas perdre de plein droit au protégé le bénéfice de la protection
diplomatique ; il faut, en outre, une décision du gouvernement
protecteur, et le renouvellement de la patente, consenti après
son échéance, a pour effet de remettre le protégé dans la situation où il se trouvait auparavant (2). Cependant, la péremption
de la patente, par suite du défaut de paiement de la taxe, peut
produire diverses conséquences d'ordre administratif, en particulier en ce qui concerne l'impôt de la *Medjba* (3).

Si le protégé diplomatique bénéficie de la sauvegarde morale
et matérielle qui résulte pour lui de l'assistance d'un consul,
et s'il obtient, en outre, des privilèges de juridiction, il n'en
conserve pas moins sa nationalité d'origine (4). Il en résulte
qu'en Tunisie, le protégé diplomatique est justiciable des tribunaux français, même pour les questions d'état ou de succession,
mais que nos magistrats doivent lui faire l'application de son
statut personnel (5). Cette jurisprudence est formelle et l'on
applique aux israélites tunisiens, protégés d'une puissance
européenne, les règles du droit rabbinique.

On s'est cependant appuyé sur l'article 5 du protocole franco-

(1) Tunis, 1re ch., 1er juin 1896 (J. T., 96-369).
(2) Sousse, 28 février 1895 (J. T. 95-282).
(3) Tunis, 1re ch., 17 juin 1895 (J. T., 95-465).
(4) La protection diplomatique ne dénationalise pas le protégé. (Commission supérieure consulaire britannique, Constantinople, 28 mai 1886 ;
Commission judiciaire des lords du Conseil privé, 17 mai 1888 (Clunet,
89-489 et 92-758) ; Trib. consulaire de France, Constantinople, rapporté
sans date (Clunet, 94-553).
(5) Tunis, 1re ch., 1er juin 1887 (J. T., 94-236) ; Tunis. 1re ch., 22 février
1892 (J. T., 96-154) ; Tunis, 1re ch., 11 juillet 1892 (R A., 92-2-330) ; Tunis,
2me ch., 8 janvier 1896 (J. T., 96-107) ; J. de P., Tunis, Nord, 28 mai
1896 (J. T., 96-301) ; Alger, ch. corr. 5 février 1897 (J. T., 97-149).
Solution implicite : Tunis, 1re ch., 18 mai 1896 (J. T. 96-297).

italien de 1884 pour soutenir que l'on devait appliquer au protégé la loi nationale du pays protecteur. Cet article déclare que « les protégés italiens sont, en matière de juridiction, entièrement assimilés aux nationaux italiens. » On en déduisait qu'il y avait, dès lors, lieu d'appliquer, dans les causes de statut personnel, la loi italienne aux protégés italiens, et que, d'autre part, la France ayant en Tunisie le bénéfice de la nation la plus favorisée, il y avait lieu de faire application de la loi française aux protégés français. Le tribunal de Sousse a fait bonne justice de cette prétention peu sérieuse en prouvant que le texte du traité de 1884 ne visait que la question de juridiction, mais ne concernait nullement la loi à appliquer aux parties (1).

§ V. Des Sociétés commerciales. Autres associations.

La nationalité d'une société commerciale est parfois délicate à déterminer, et la solution de la question est encore plus difficile à formuler dans un pays où, comme en Tunisie, le législateur a gardé le silence sur les règles qui président au fonctionnement des sociétés et où, d'autre part, on se trouve en présence de deux juridictions émanant chacune d'une souveraineté distincte et exerçant concurremment leurs pouvoirs.

A l'égard des sociétés anonymes, la solution nous paraît facile à dégager, et nous reconnaîtrions à ces sociétés la nationalité tunisienne quand elles ont été fondées en Tunisie et qu'elles y ont constitué leur principal établissement. Nous appliquerions la même règle aux sociétés en commandite par actions. En effet, il a toujours été admis en principe, dans la législation tunisienne, que les sociétés ne pouvaient se constituer sur le sol de la Régence qu'avec l'autorisation du Gouver-

_____

(1) Sousse, 28 juin 1894 (R. A. 94-2-557).

nement local et s'il s'était établi, sous l'action des consuls, une pratique tolérante qui a fini par se transformer en droit à l'égard des sociétés en nom collectif que les Européens ont pu constituer librement sans intervention du Gouvernement beylical, il n'en a pas été de même en ce qui concerne les sociétés anonymes. La nécessité d'obtenir une autorisation du Bey a été récemment mise en lumière par le tribunal de Tunis au sujet de la société des monts-de-piété de Tunisie (1) et, au surplus, elle est formellement rappelée dans l'article 18 du traité italo-tunisien du 8 septembre 1868, et dans l'article 16 du traité anglo-tunisien du 19 juillet 1875 (2). En présence d'une pareille législation, qui impose comme condition même de l'existence d'une société commerciale anonyme qu'elle ait été autorisée par le Gouvernement local, il est impossible de ne pas lui reconnaître la nationalité du pays où elle s'est fondée, à moins de réserves formelles contenues dans l'acte d'autorisation. Cette solution est conforme aux règles du droit international, qui admettent que la nationalité des personnes morales se détermine par le lieu où elles ont été constituées et autorisées. La pratique est en ce sens en Egypte, et ce pays, avec la coexistence de ses diverses juridictions, n'est pas sans présenter d'intéressantes analogies avec la Tunisie ; c'est ainsi que la Compagnie du canal de Suez est certainement égyptienne, et si elle jouit du bénéfice de la juridiction mixte, c'est en vertu d'une théorie spéciale qui n'infirme en rien la valeur du principe (3).

S'agit-il de déterminer la nationalité des sociétés en nom

(1) Tunis, 1re ch , 22 juillet 1895 (J. T., 95-508).
Ce jugement vient d'être réformé par la Cour d'Alger (Alger, 2me ch., 4 février 1897, J. T. 97-225) ; mais pour des motifs qui n'infirment en rien la théorie énoncée au texte.
(2) Cf. ces textes dans Bomp., pp. 464 et 468.
(3) La compétence de la juridiction mixte d'Egypte à l'égard de la Compagnie du canal de Suez, résulte de l'accord spécial que le gouvernement Egyptien a conclu avec elle en février 1866 (Cour mixte d'Alexandrie, 20 mars 1880) (cf. Simaïka, op. cit., p. 33).

collectif qui existent en Tunisie, la question devient fort
délicate. A ne nous en tenir qu'aux principes, nous devrions
donner la même solution que pour les sociétés anonymes ; ce
serait plus juridique et c'est ainsi qu'en a décidé la jurisprudence des tribunaux mixtes d'Egypte (1) Mais, en Tunisie, la
présence des tribunaux français, institués en concours avec
la justice beylicale, commande de résoudre autrement le problème. Chaque juridiction applique ses lois, et dès lors la souveraineté du Bey, limitée par notre protectorat, ne peut plus
s'imposer avec la même autorité aux sociétés commerciales
fondées dans la Régence.

En effet, avant notre établissement en Tunisie, les Européens avaient pu former librement des sociétés commerciales
et les soumettre à leurs lois nationales et à la juridiction de
leurs juges-consuls sans que le Gouvernement beylical soit
intervenu dans la constitution ou le fonctionnement de ces
sociétés autrement que pour assurer le respect de ses règlements de police. Cette pratique ne se limitait pas aux sociétés
qui étaient exclusivement composées d'Européens, mais elle
s'étendait à celles qui comptaient des Tunisiens parmi leurs
membres.

Dans la suite, l'Italie, par le traité du 8 septembre 1868
(article 18), et l'Angleterre, par la convention du 19 juillet 1875
(article 16), se faisaient formellement concéder en faveur de
leurs nationaux le droit d'organiser librement des sociétés de
commerce non anonymes. La France, qui jouissait depuis
Charles X du régime de la nation la plus favorisée, pouvait
également se prévaloir des privilèges accordés aux deux
autres pays.

Rien, ni dans le traité italo-tunisien, ni dans la convention
conclue avec l'Angleterre, ne pouvait laisser supposer que ces
deux puissances aient entendu atteindre un autre but que
d'obtenir la consécration expresse des usages dont profitaient

---

(1) Cour d'appel mixte d'Alexandrie ; 4 novembre 1891 (Clunet, 92-510).

déjà leurs nationaux. Les juges-consuls continuèrent à connaître des litiges intentés contre les sociétés de leur nation, bien
que les traités fussent muets à cet égard. Sans doute, les deux
conventions soumettaient les sociétés commerciales aux lois
du pays où elles s'établissaient, mais en Tunisie, en l'absence
de toute législation qui les concernât, ce texte ne pouvait s'appliquer qu'aux règlements de police locale et aux clauses qui
auraient pu violer l'ordre public tunisien. Pour le surplus, il
ne fallait pas songer à leur appliquer le droit commun ; les
dispositions de leurs lois nationales pouvaient seules être
admises, et, d'autre part, puisque, en défendant, la cause était
portée devant le consul étranger, c'est qu'on ne reconnaissait
pas à ces sociétés la possession de la nationalité tunisienne (1).

La suppression des juridictions consulaires n'a pas apporté
de modifications à cette situation ; nos tribunaux, héritiers des
pouvoirs des consuls-juges, ont ainsi obtenu compétence à
l'égard des sociétés commerciales formées par des Européens,
et notre jurisprudence admet que les Européens peuvent constituer des sociétés en nom collectif sous l'empire de leur loi
particulière (2).

Le tribunal indigène de l'Ouzara a partagé cette interprétation
en reconnaissant la nationalité française à une société constituée entre Français, dans les formes établies par notre loi.
Il s'est déclaré incompétent pour connaître de l'action personnelle et mobilière intentée par cette société contre un sujet
tunisien (3).

Une difficulté peut toutefois se présenter pour déterminer la
nationalité d'une société qui compte à la fois parmi ses membres des Européens et des indigènes. En pareil cas, le tribunal

---

(1) Au sujet de la nationalité des sociétés de commerce, cf. Pic : *De la
faillite et de la liquidation judiciaire des Sociétés commerciales en droit
international privé* (Clunet, 92-577) ; Thaller : *De la nationalité des Sociétés
par actions* (Ann. de dr. comm., 1890-2, p. 257 et s.)

(2) J. de P., Sousse, 16 juin 1896 (J. T., 96-501) ; Tunis, 1re ch., 11 janvier 1897 (J. T., 97-235).

(3) Ouzara, ch. civ., 30 septembre 1896 (J. T., 96-582).

se trouve en présence d'une question de fait à résoudre ; il doit établir quels sont les membres principaux auxquels la société doit emprunter sa nationalité. C'est ainsi que le tribunal de Tunis a refusé de reconnaître comme tunisienne une société en commandite simple, composée d'Européens et de Tunisiens, mais où un protégé d'une puissance européenne était associé en nom et jouait le rôle principal (1).

La loi tunisienne reprend pleinement son empire quand il s'agit d'associations non commerciales jouissant de la personnalité civile. N'ayant vu le jour que par le bon vouloir de l'autorité beylicale, qui seule a pu leur donner existence légale sur le sol de la Tunisie, ces associations sont certainement et nécessairement de nationalité tunisienne. Le Gouvernement du Bey exige d'ailleurs qu'il en soit ainsi, tant à leur égard qu'à l'encontre des sociétés anonymes formées en Tunisie. Le tribunal de Sousse a fait application de cette règle au syndicat obligatoire des viticulteurs créé par le D. Beyl. du 3 mars 1892 (2). Il semble toutefois que ce principe doive subir une exception : le paragraphe 3 du protocole annexe au traité italo-tunisien d'établissement du 28 septembre 1896 (3) confère l'autorisation légale aux associations et établissements italiens existant actuellement dans la Régence ; les conditions dans lesquelles leur a été reconnue l'existence juridique en Tunisie peuvent permettre de croire que ces personnes morales ont conservé la nationalité italienne.

(1) Tunis, 2me ch., 13 février 1890 (J. T., 90-78).
(2) Sousse, 7 décembre 1893 (J. T. 94-389).
(3) J. T. 96-491.

§ VII. Les Consuls, leurs immunités, leurs fonctions.

En règle générale, les consuls ne jouissent pas des immu‑
nités diplomatiques que le droit international consacre au
profit des ambassadeurs et des ministres plénipotentiaires (1).
En pays de capitulations, où leur mission est à la fois plus
délicate et plus complexe, les traités ont reconnu aux consuls
les mêmes privilèges qu'aux ambassadeurs. Il en est ainsi
dans les Echelles du Levant, dans les pays de l'Extrême-Orient
et dans les Echelles de Barbarie, dont la Tunisie faisait partie.
Non seulement les consuls jouissaient, dans la Régence, de
l'immunité de juridiction, mais encore ce privilège était
étendu aux divers agents des consulats, tels que les drogmans
et même les janissaires indigènes. De plus, les résidences
consulaires étaient inviolables.

Il semble qu'à la suite de l'établissement de notre protectorat, les pouvoirs d'ordre exceptionnel et les privilèges spéciaux des consuls eussent dû prendre fin. Notre influence
prépondérante sur les destinées de la Régence garantissait toute
sécurité aux nationaux des diverses puissances et la suppression des droits de juridiction et d'exécution, accordés précédemment aux consuls, ne nécessitaient plus que ceux-ci aient
à leur disposition des privilèges exorbitants du droit commun.

Malheureusement, l'article 4 du traité du Bardo, dans lequel
la France promettait de respecter les traités conclus entre le
Bey et les puissances européennes, liait les mains au Gouvernement français : les diverses nations exigèrent avec un soin
jaloux le maintien des privilèges que leurs consuls tiraient des

(1) Cf. sur la matière : Slatiu : *De la juridiction sur les agents diplomatiques* (Clunet, 1884, p. 329 et 463) ; Engelhardt : *De la condition juridique
des consuls* (Rev. de droit int. public, 1890, p. 336) ; Lamba, *op. cit.*, p.
119 ; Simaïka, *op. cit.*, p. 47.

capitulations. Dans l'article 2 du protocole franco-italien du 25 janvier 1884, on relève cette clause formelle : « Le maintien des immunités et garanties assurées par les capitulations, les usages et les traités est intégral envers les personnes et les résidences consulaires. »

Cette situation était abusive : aussi la Conférence consultative avait-elle adopté à l'unanimité, dans sa séance du 13 juin 1896, un vœu demandant la réduction des immunités diplomatiques et consulaires aux proportions usitées en Europe (1). Depuis, diverses conventions ont abrogé les traités conclus par la Tunisie avec l'Allemagne, l'Autriche-Hongrie, le Danemark, l'Espagne, la Russie et la Suisse en étendant à la Régence les traités que la France a pu conclure avec ces diverses puissances : les immunités des consuls de ces États sont ramenées aux règles suivies en Europe.

L'Italie a également consenti à l'abrogation des capitulations, mais elle a, dans le traité d'établissement du 28 septembre 1896, stipulé minutieusement les règles auxquelles ses consuls sont soumis. L'immunité personnelle leur est acquise ; ils sont exemptés d'impôts (2) et leurs résidences sont inviolables.

Quoi qu'il en soit, l'ancienne situation persiste au profit des consuls des nations, qui n'ont pas renoncé au bénéfice des capitulations : tel est le cas de la Grande-Bretagne ou celui de la Grèce. L'immunité de juridiction absolue doit être conservée en faveur des agents de ces puissances.

D'après la jurisprudence formelle établie en Tunisie, nos tribunaux sont incompétents pour prononcer dans une action publique intentée contre un consul (3) et le juge de paix de La Goulette a estimé que c'était par voie diplomatique que les réclamations contre les consuls pouvaient être formulées (4).

---

(1) Conf. cons., 96-1-87.
(2) Sauf cependant à l'égard des immeubles qu'ils posséderaient dans la Régence.
(3) Tunis, 26 mai 1885 (R. A., 85-2-371).
(4) J. de p., La Goulette, 27 juin 1887 (J. T., 89-184).

Notre juridiction ne s'est pas formellement expliquée sur la nature de son incompétence à l'égard des consuls étrangers. Est-elle absolue et basée sur un motif d'ordre public? Est-elle, au contraire, purement relative ? Il nous semble que c'est la première de ces deux solutions qu'on doive préférer. Sans doute, l'immunité accordée au consul l'a été dans un but de protection à son égard, mais elle lui a été surtout concédée pour qu'il pût remplir efficacement ses fonctions : le véritable motif de ce privilège réside non dans l'intérêt personnel du consul, mais bien dans celui de la nation qu'il représente. Nous n'admettrons donc pas qu'il puisse valablement renoncer à son immunité de juridiction, et nous déciderons que l'incompétence des tribunaux français à l'égard des consuls étrangers est absolue et d'ordre public. C'est cette solution qui triomphe en Égypte devant les tribunaux mixtes : le 23 décembre 1891, la Cour d'appel d'Alexandrie (1) s'est déclarée incompétente à l'égard des consuls étrangers, alors même qu'ils seraient demandeurs et elle a décidé que son incompétence, tenant à un défaut de tout droit même éventuel de juridiction, pouvait être soulevée pour la première fois en appel (2).

Il est cependant telles hypothèses où le bénéficiaire de l'immunité diplomatique se trouve engagé dans les liens d'une obligation avec d'autres personnes qui ne sont pas elles-mêmes protégées par cette immunité. Les principes nous commandent d'admettre que le consul doit toujours être mis hors de cause (3), alors même que l'objet de son obligation serait indivisible (4). Il faut, d'ailleurs, décider que les codébiteurs condamnés peuvent agir contre la personne revêtue de l'immunité consulaire par voie de réclamation diplomatique. Ces solutions, que l'on relève fréquemment dans la pratique des tribunaux

---

(1) Clunet, 92-509.
(2) Au sujet de la juridiction sur les consuls. cf. : Simaïka, *op. cit.*, p. 50 et suiv. ; Laget, *op. cit.*, p. 203.
(3) Cour d'appel mixte d'Alexandrie, 10 février 1881.
(4) Cour d'appel mixte d'Alexandrie, 16 février 1882.

mixtes d'Egypte, nous paraissent devoir s'appliquer également en Tunisie : notre jurisprudence est muette à ce sujet, mais le motif de décider est le même, et ce ne sont là que les conséquences logiques des principes sur lesquels se fonde l'immunité consulaire. L'indépendance nécessaire au consul pour l'accomplissement efficace de sa mission ne saurait dépendre de la pluralité des débiteurs ou d'une modalité de l'obligation.

L'immunité de juridiction est acquise à l'agent dès son entrée en fonctions, alors même que les réclamations formulées contre lui porteraient sur des engagements contractés à une date antérieure, et si une instance se trouvait en cours au moment de la nomination du nouveau consul, il ne faut pas hésiter à reconnaître que le tribunal saisi devrait aussitôt proclamer son incompétence (1). Il n'est pas à craindre qu'à l'abri de cette solution il s'élève des abus et que l'on cherche par des nominations de complaisance à soustraire un étranger à nos tribunaux. Un consul ne peut, en effet, procéder aux actes de son ministère que s'il a obtenu l'*exequatur* du Gouvernement auprès duquel il est accrédité : la nécessité de l'agrément de la Résidence de France à Tunis donne toutes garanties pour la répression des abus qui viendraient à se produire.

L'immunité de juridiction cesse avec les fonctions remplies par le consul (2).

L'immunité diplomatique n'est pas cependant si absolue qu'elle ne subisse une restriction quand l'agent s'est engagé dans des opérations juridiques qui sont entièrement indépendantes de ses fonctions : par exemple s'il fait le commerce ou s'il accepte la tutelle d'un mineur soumis à la juridiction locale. En pareil cas, il n'y a aucune raison sérieuse de le dispenser de comparaître devant les tribunaux étrangers pour tous les faits qui se rapportent à ces opérations. C'est à la puissance que le consul représente à lui interdire ces divers actes par

(1) Cour d'appel mixte d'Alexandrie, 15 janvier 1880.
(2) Tunis, 1re ch., 28 janvier 1895 (J. T. 95-363).

voie de règlement, si elle estime qu'il en résulte des inconvénients pour le bon accomplissement de sa mission (1).

Notons également que l'immunité diplomatique ne saurait protéger que la personne juridique du consul, mais elle ne pourrait bénéficier aux sociétés de commerce dont il ferait partie, alors même qu'il s'agirait d'une société en nom collectif. Les sociétés commerciales constituent des personnes morales absolument indépendantes de la personnalité juridique de chaque associé. Les fonctions consulaires remplies par l'un d'eux ne sauraient conférer aucun avantage à la société dont il est membre (2).

La même immunité de juridiction est accordée aux agents des consulats, à leurs drogmans et à leurs janissaires. Les lois beylicales concèdent, en outre, divers privilèges à ceux de ces employés qui sont tunisiens : ils sont exempts de l'impôt de la *Medjba* (3) et jusqu'à concurrence d'un certain nombre par agent consulaire, ils sont dispensés du service militaire (4). Pour profiter de ces divers avantages, il faut qu'avis de la nomination de l'agent ait été donné à la Résidence de France et le tribunal de Tunis a refusé de laisser jouir du bénéfice de l'immunité diplomatique une personne qui remplissait, en fait, les fonctions de chancelier du consulat d'Angleterre à Tunis parce que cette circonstance n'avait pas été notifiée au Ministre de France (5). De même, pour être dispensés du service militaire, les janissaires des consulats doivent être munis d'un décret du Bey. Ces privilèges, accordés aux agents des consulats, ne sont conférés que tout autant qu'ils remplissent effectivement leurs fonctions : un simple titre honorifique,

(1) Notre jurisprudence admet parfaitement en Tunisie que les consuls étrangers peuvent être traduits devant nos tribunaux pour le règlement d'opérations de commerce auxquelles ils se livrent habituellement (Cf. Berge : *op. cit.*, p. 36).

(2) Cour d'appel mixte d'Alexandrie, 16 février 1882.

(3) D. Beyl., du 11 juillet 1872 (Bomp., p. 322, note 1).

(4) D. Beyl., du 2 janvier 1886, titre II, art. 1 (Bomp., p. 434).

(5) Tunis, 1re ch., 28 janvier 1895 (J. T., 95-363).

celui de drogman honoraire, par exemple, ne procure aucun avantage à celui qui le porte (1).

L'immunité des agents consulaires s'étend aux matières pénales : le traité italo-tunisien d'établissement du 28 septembre 1896 admet toutefois que les consuls et autres représentants du royaume d'Italie peuvent être arrêtés et emprisonnés pour les faits qualifiés de crimes par la loi française (2).

Les consuls étrangers exercent, en Tunisie comme en tout autre pays, la juridiction gracieuse à l'égard de leurs nationaux. Le traité d'établissement du 28 septembre 1896 la réglemente en détails à l'encontre des Italiens(3); les consuls d'Allemagne, d'Autriche, de Danemark, d'Espagne, de Russie et de Suisse ont, en Tunisie, les pouvoirs qu'ils possèdent déjà en France à ce sujet (4). Ils confèrent, en général, l'authenticité aux actes qui intéressent leurs nationaux et tirent des traités (5) ou de l'usage le droit de régler les successions vacantes, qui concernent ces derniers (6). Quelques controverses se sont élevées sur des points de détails : c'est ainsi qu'on s'est demandé si un Italien pouvait renoncer à une succession par une déclaration faite devant son consul, ou s'il devait recourir au greffe du tribunal. Aux termes combinés de l'article 944 du Code civil italien et de l'article 4 du protocole franco-italien du 25 janvier 1884, il a été reconnu que les dispositions de la loi italienne qui prescrivent la déclaration au greffe de la justice de paix dans le ressort de laquelle la succession s'est ouverte

(1) Cour d'appel mixte d'Alexandrie, 12 avril 1877.

(2) Convention d'établissement du 28 septembre 1896, art. 15 (J. T., 96-478).

(3) Convention précitée, articles 21 et suivants (J. T., 96-480).

(4) Conventions ratifiées par le D. Beyl. du 1er février 1897 (J. T., 97-82).

(5) Traité anglo-tunisien du 10 octobre 1863, art. 7 (Bomp., p. 459) ; Convention italo-tunisienne d'établissement du 28 septembre 1896, art. 23 (J. T., 96-482).

(6) Les consuls ou leurs chanceliers n'ont aucun privilège pour le paiement de leurs honoraires sur les immeubles de la succession qu'ils ont liquidée, à l'encontre des créanciers qui détiennent ces immeubles en gage (Tunis, 1re ch., 27 novembre 1893, J. T., 94-21).

devaient s'appliquer et que, par suite de la dévolution des attributions de la juridiction consulaire aux tribunaux français, c'est au greffe de la justice de paix française qu'un Italien doit renoncer à une succession (1).

La législation maritime a fait naître un certain nombre de difficultés sur la détermination des pouvoirs qu'il fallait reconnaître aux consuls (2). Quelle était la force probante à attribuer aux rapports de mer que les capitaines de navires étrangers effectuent devant les consuls de leur nation : tel est le point de droit qui a été le plus souvent soulevé en pratique. Nos tribunaux de Tunisie ont assimilé les ports de la Régence à des ports français (3) et se sont refusés à reconnaître aux actes établis par les consuls toute force probante : pour eux, les consuls étrangers n'ont aucun droit de juridiction en pareille matière (4). Cette jurisprudence est sujette à discussion ; les tribunaux de la métropole ne fournissent pas dans cette hypothèse des solutions identiques et c'est ainsi que le tribunal de commerce de Nantes a décidé que les rapports de mer, régulièrement faits par les capitaines de navires étrangers devant le consul de leur nation peuvent être produits devant les tribunaux français contre des Français et doivent avoir la même force probante que s'ils avaient été déposés devant des magistrats français (5). Dans le même ordre d'idées, les tribunaux de Tunisie ont refusé aux consuls le droit de connaître des contestations s'élevant à l'occasion d'une charte-partie et de nommer des experts pour opérer le règlement des contesta-

---

(1) J. de P. Tunis-Nord, 17 novembre 1894 (J. T., 95-151).

(2) Sur les pouvoirs des consuls italiens en matière maritime, cf. la convention d'établissement du 28 septembre 1896, articles 27 et suivants (J. T., 96-486).

(3) Aussi obligation a-t-elle été faite aux capitaines de navires français de faire le dépôt du rapport de mer au greffe des juridictions françaises (Tunis, 2e ch., 9 mars 1893, J. T., 93-151).

(4) Tunis, 2e ch., 31 janvier 1895 (J. T., 95-126) ; Tunis, 2e ch., 21 mars 1895 (J. T., 95-365).

(5) Trib. comm. Nantes, 28 novembre 1891 (Clunet, 93-120).

tions relatives à ces litiges (1). On a, toutefois, admis que les
consuls étaient seuls juges du point de savoir si un marin d'un
navire étranger avait été légitimement congédié, mais ils
n'auraient aucun droit de régler les rapports juridiques qui
peuvent subsister entre le capitaine du navire et le marin
renvoyé : les loyers ou salaires du matelot, les indemnités
auxquelles il peut prétendre sont du domaine du droit commercial maritime et ressortissent, en Tunisie, à nos juridictions
civiles, qui font l'office de tribunaux de commerce (2).

Ces diverses décisions sont toutes inspirées par le soin
jaloux avec lequel nos tribunaux veillent sur la compétence
que leur a accordée l'abrogation des justices consulaires ; dans
leur préoccupation d'interdire aux consuls tout acte de juridiction, peut-être sont-ils allés un peu loin et ont-ils oublié
qu'en ces matières de droit maritime privé, où les lois ne sont
le plus souvent qu'une codification de l'usage, les consuls
agissaient en réalité moins comme des magistrats d'ordre
contentieux, qu'à titre d'arbitres naturels, mieux placés que
tous autres pour faire une application équitable aux nationaux
de leur pays, de leurs coutumes et de leurs usages maritimes.
Le législateur de notre Code de commerce n'a-t-il pas sanctionné, au profit des navires français, de semblables pratiques ?
Dans de nombreuses hypothèses (emprunt sur le navire en
cours de route, relâche forcée, dépôt du rapport de mer), où
nos tribunaux sont compétents en France, notre loi confère
cette même compétence à l'étranger au consul de France, et
ce n'est qu'à défaut d'agent français que l'on doit recourir au
magistrat du lieu (3).

Le corps consulaire étranger remplit divers rôles administratifs dans la Régence. Deux de ses membres, élus par
leurs collègues, font partie du conseil sanitaire de Tuni-

(1) Tunis, réf., 9 avril 1892 (J. T., 95-538) ; Tunis, 2ᵉ ch., 31 janvier 1895
(J. T., 95-126).
(2) J. de P. La Goulette, 9 février 1886 (J. T., 91-135).
(3) Cf. C. comm. français, art. 234, 244, 245, 345, 414, 416.

sie (1); de même les représentants des puissances étrangères désignent deux notables étrangers pour faire partie de la commission chargée de dresser la liste annuelle des assesseurs aux tribunaux criminels (2).

Individuellement, chaque consul tient aussi des droits spéciaux de la législation applicable à la Tunisie. La loi foncière de 1885 a recours à eux pour fournir la légalisation des signatures de leurs nationaux ou de leurs protégés, qui demandent l'inscription de droits réels immobiliers au registre de la Conservation de la propriété foncière ; ils peuvent requérir cette inscription au profit des incapables de leur nationalité ; au cas d'ouverture d'une succession, ils certifient la qualité d'héritiers de leurs ressortissants pour obtenir en leur faveur l'inscription nominative des droits réels immobiliers qui en proviennent (3). Quand leurs nationaux réclament le bénéfice de l'assistance judiciaire, ce sont les consuls qui certifient la sincérité de la déclaration d'indigence (4). Si l'expertise est demandée au cas de contestation de la véracité d'une déclaration estimative en douane, le consul du négociant étranger nomme un arbitre au nom de ce dernier ; le service des douanes ne peut également procéder à la visite d'un navire étranger sans en avoir averti le consul de la nation à laquelle il appartient, pour que celui-ci puisse y assister (5). En matière de mariage, le consul délivre aux futurs conjoints étrangers un certificat constatant qu'ils ont satisfait aux prescriptions de leur loi nationale (6).

Les fonctions de consul de France sont remplies par les contrôleurs civils. Notons, à ce sujet, une décision qui, en l'absence d'un consul du Brésil à Tunis, a renvoyé pour

(1) D. Beyl. du 28 septembre 1892, art. 3 (J. T., 92-259).
(2) D. Fr. du 29 novembre 1893. art. 2 (J. T., 93-395).
(3) Loi foncière, articles 343, 359 et 366 (Bomp., p. 229 et 231).
(4) D. Fr. du 18 juin 1884, art. 7 (Bomp., p. 270).
(5) D. Beyl. du 3 octobre 1884, art. 6 et 14 (Bomp., p. 102 et 103).
(6) D. Beyl. du 29 juin 1886, art. 35 (Bomp., p. 154).

la liquidation des droits et reprises de deux Brésiliens, séparés
de corps, les parties devant le consul de France, comme étant
celui du pays qui protège la Régence (1). Ce jugement est dépourvu de motifs sur ce point spécial, et il est difficile d'y voir
autre chose qu'une solution empirique.

§ **VII. Détermination et preuve de la nationalité ou de la
protection diplomatique. — Nationalité fictive. — Changement de nationalité en cours d'instance.**

Les justiciables peuvent trouver de réels avantages à porter
leur cause devant la juridiction française ; aussi est-il quelquefois assez délicat de déterminer la nationalité exacte d'un
plaideur. S'il s'agit certainement d'un Européen, au point de
vue de la compétence des tribunaux français, il importe peu
de fixer avec précision la nationalité à laquelle il se rattache ;
ce point n'a d'importance que pour la recherche du statut
personnel de chaque intéressé et de la loi qui lui est applicable.

Au contraire, si l'on se trouve en présence de musulmans, la
détermination précise de la nationalité est de la plus haute
nécessité, car, selon la solution qui triomphera, le plaideur
sera justiciable des tribunaux français ou du magistrat indigène.

En l'absence de tout texte précis, notre jurisprudence a dû
s'efforcer de dégager quelques principes généraux qui puissent
la guider dans la solution des divers problèmes qu'elle a eu à
résoudre. C'est ce qu'elle a fait avec assez de bonheur. En se
fondant sur cette présomption que, jusqu'à preuve contraire,
on doit être considéré comme sujet du pays où l'on est né,
alors surtout qu'on y réside, et que rien, dans votre religion
ou dans vos mœurs, ne vous distingue notoirement des habi-

(1) Tunis, 1re ch., 7 janvier 1895 (J. T., 95-93).

tants du pays, une jurisprudence très considérable a décidé
que tout musulman ou israélite domicilié en Tunisie devait
être présumé tunisien jusqu'à preuve contraire (1). Le tribunal
indigène de l'*Ouzara* s'est rallié à cette manière de voir (2).

Dès lors, en vertu de ce principe très sage, c'est à celui qui
se réclame d'une nationalité autre que la nationalité tunisienne
à faire la preuve de son assertion. Malheureusement, dans la
pratique, l'application de cette règle n'est pas sans présenter
de nombreuses difficultés. L'absence de tout état-civil rend
très délicat l'établissement de la filiation chez les musulmans (3); de plus, le nom de famille n'existe pas chez eux; ils
ne se distinguent que par une série de prénoms qui peuvent
s'appliquer à des individus n'ayant entre eux aucun lien de
parenté (4). Il est résulté de cette situation une grande hésitation de la part de notre jurisprudence au sujet des preuves à
exiger, et, d'autre part, les tentatives de fraude ont trouvé sans
peine moyen de s'exercer.

Une allégation généralement frauduleuse est celle qui a
consisté à réclamer la nationalité française en se prétendant
sujet algérien. Le voisinage de l'Algérie et de la Tunisie, l'absence d'état-civil et de nom patronymique dans ces deux contrées jusqu'à une date récente, la facilité avec laquelle, avant

(1) Tunis, 2e ch., 27 décembre 1887 (R. A., 90-2-25); Tunis, 1re ch.,
30 octobre 1893 (J. T., 93-408); Sousse, 5 avril 1894 (J. T., 94-310); Sousse,
28 juin 1894 (J. T., 94-530); Tunis, 1re ch., 25 mars 1895 (J. T., 95-274);
Tunis, 1re ch., 25 novembre 1895 (J. T., 96-27); Tunis, 1re ch., 16 mars
1896 (J. T., 96-210); Tunis, 1re ch., 1er juin 1896 (J. T., 96-369); Tunis,
1re ch., 15 février 1897 (R. A., 97-2-142); Tunis, 1re ch., 8 mars 1897 (J. T.,
97-239). — Pour la jurisprudence antérieure au 1er juillet 1893, cf. J. T.,
93-378, note 1.

(2) Ouzara, ch. civ., 27 février 1896 (J. T., 96-165).

(3) En Algérie, l'état-civil n'est obligatoire que depuis la loi du 23 mars
1882, pour les indigènes; en Tunisie, ce n'est que par le D. Beyl. du
29 juin 1886 que les musulmans ont été soumis à ses prescriptions. En
fait, dans l'un et l'autre de ces deux pays, la mesure n'a pas encore
donné de résultats satisfaisants.

(4) C'est la loi du 23 mars 1882 qui a imposé aux indigènes d'Algérie
l'obligation de prendre un nom de famille

le protectorat, les consuls de France admettaient les réclamations des indigènes, sont autant de motifs qui viennent favoriser la fraude. Celle-ci est souvent ancienne, et dès lors plus
difficile à démasquer ; en effet, avant l'établissement de nos
tribunaux, la nationalité française donnait aux Algériens le
droit de recourir à nos juges consuls ; de plus, l'impôt de
capitation ou la *medjba* n'est pas perçu sur les musulmans
sujets français.

Ce sont donc surtout les circonstances de chaque espèce
qui inspirent la décision de nos tribunaux lorsqu'on réclame
devant eux la qualité d'Algérien. Sur ce point, par conséquent,
une théorie d'ensemble est impossible à édifier au sujet des
preuves qui établissent la situation d'Algérien.

Il semble, toutefois, que lorsque l'origine algérienne d'un
musulman est prouvée d'une façon incontestable, la nationalité française devrait lui être reconnue sans difficultés en
présence des principes de notre droit civil, en vertu desquels
le *jus sanguinis* domine l'acquisition de la qualité de Français.
Sans doute, si l'on s'en rapportait aux termes de l'article premier du sénatus-consulte du 14 juillet 1865, tels que la Cour
d'Alger les a interprétés (1), il faudrait admettre que tout Algérien, devenu sujet français par la conquête, transmet cette
qualité à ses enfants quel que soit le lieu de leur naissance, alors même qu'il aurait fui l'Algérie pour éviter les
conséquences de cette même conquête. Cependant, les administrations consulaires de France, en particulier en Tunisie,
n'ont pas voulu reconnaître à ces Algériens la qualité de Français et ne leur ont concédé que des patentes de protection
révocables à volonté. Cette pratique a conduit le tribunal de
Tunis à montrer quelque exigence à ce sujet, et on l'a vu décider (2) que lorsque l'expatriation était antérieure à la loi du
26 juin 1889, il y avait lieu de rechercher si, aux termes de

(1) Alger, 11 juin 1877 (Bull. Jud. Alg., 1877, p. 363) ; Alger, 1re ch.,
18 juin 1890 (J. T., 91-173) ; Alger, 1re ch., 1er juillet 1893 (J. T., 93-327).
(2) Tunis, 1re ch., 2 décembre 1891 (R. A., 92-2-143).

l'ancien article 17 du Code civil, il n'y avait point là un établissement en pays étranger susceptible d'avoir fait perdre à l'Algérien la qualité de Français, sans que la loi de 1889, qui est dépourvue de tout caractère de rétroactivité, ait pu la lui restituer. Actuellement, en présence de la loi du 26 juin 1889, le musulman d'Algérie ne saurait plus perdre la qualité de Français par suite d'une expatriation sans esprit de retour (1). Il nous semble donc que les tribunaux français gardent toute latitude dans leur appréciation pour les établissements d'Algériens à l'étranger, s'ils sont antérieurs au 26 juin 1889 ; quant à la pratique de nos consuls, elle nous parait abusive et dépourvue de base légale.

Le pouvoir de décision de nos tribunaux est encore plus large quand l'origine algérienne ne peut être prouvée, et qu'on doit s'attacher à diverses circonstances qui varient suivant chaque espèce. C'est ainsi qu'on peut relever et expliquer des jugements qui semblent en apparence contradictoires : par exemple, après avoir refusé d'admettre, comme preuve suffisante de la qualité d'Algérien, un permis de voyage en Algérie accordé à un indigène qui ne s'était pas fait inscrire en Tunisie sur la liste des sujets français (2), ou encore un passeport délivré par le préfet de la Seine (3), notre jurisprudence accepte, dans une autre décision, la présentation d'un passeport ou d'un permis de voyage, mais déclare que l'usage de la langue kabyle ne constitue pas une preuve admissible (4). Cette dernière décision accepte aussi le certificat de nationalité délivré par le consul (5), tandis qu'un jugement plus récent refuse de s'en contenter à l'égard d'un israélite qui, il est vrai, n'a pas satisfait à la loi militaire française (6).

(1) Tunis, 1re ch., 17 juin 1895 (J. T., 95-465).
(2) Tunis, 1re ch., 14 mars 1892 (R. A., 92-2-243).
(3) Tunis, 1re ch., 24 février 1891, conf. par Alger, 1re ch., 27 juin 1893 (J. T., 93-267 et 340).
(4) Tunis, 1re ch., 14 décembre 1891 (J. T., 93-345).
(5) *Adde:* Tunis, 1re ch., 22 janvier 1894 (J. T., 94-112).
(6) Sousse, 28 juin 1894 (J. T., 94-530).

Les questions de nationalité sont fréquemment soulevées au point de vue de la qualité d'Algérien; il est plus rare de voir réclamer une autre nationalité. Cependant des israélites du rite portugais ont prétendu jouir, en vertu de leur origine, de la qualité de Portugais. Leur établissement de temps immémorial dans la Régence, où ils ont été considérés comme Tunisiens, et le fait qu'ils n'ont aucune relation avec le Portugal, ont amené le rejet de cette prétention (1).

Comme on le voit, la jurisprudence, après avoir établi en principe une présomption de nationalité tunisienne à l'égard des plaideurs, et rejeté sur eux l'obligation d'établir leurs droits à une nationalité étrangère ou à une protection diplomatique (2), s'est réservé la plus grande latitude dans l'examen des preuves fournies par les parties. Toutefois un point paraît établi ; les questions de nationalité étant d'ordre public, il ne saurait dépendre de la simple déclaration de volonté de l'intéressé d'en modifier les effets (3). Son aveu ne serait pas suffisant, et on ne pourrait lui opposer ce fait qu'il aurait lui-même saisi la juridiction française à une époque antérieure, à titre de protégé français. De même, une partie appelante ne pourrait se prévaloir en appel de ce qu'elle a reconnu, en première instance, avoir droit à une protection diplomatique (4).

La preuve normale résultera, en général, des registres de nationalité ou des patentes de protection délivrées par les consuls. Cependant, les tribunaux conserveront encore une grande liberté d'appréciation : d'une part, les inscriptions faites sur les registres de nationalité sont des indications sans caractère authentique : elles ne doivent pas être crues jusqu'à inscription de faux (5). Quant aux patentes de protection, elles

(1) Sousse, 11 janvier 1895 (J. T., 95-128).
(2) Sousse, 5 mai 1889 (R. A., 89-2-538).
(3) Tunis, vacat., 9 août 1894 (J. T., 94-499).
(4) Sousse, 5 avril 1894 (J. T., 94-310).
(5) Sousse, 28 juin 1894 (R. A., 94-2-557).

suffiront généralement (1) ; mais il ne faut pas oublier qu'elles ont un caractère précaire et qu'elles peuvent être révoquées à tout instant (2).

A côté de ces allégations de nationalité, dont la preuve incombe à celui qui prétend en bénéficier, il y a lieu d'étudier l'hypothèse où une nationalité aurait été acquise régulièrement en apparence, mais dans le but unique de tourner la loi. La jurisprudence de la métropole s'est toujours énergiquement refusée de tenir compte d'une naturalisation *in fraudem legis*, quand l'intention frauduleuse était démontrée. Le tribunal de Tunis a eu l'occasion de faire l'application de cette théorie dans l'espèce suivante (3) : une Tunisienne musulmane, après avoir vainement tenté d'obtenir du magistrat indigène un jugement favorable, avait porté sa cause ultérieurement devant le tribunal français en soutenant qu'elle était devenue Française par son mariage avec un Algérien. Ce mariage, d'ailleurs régulier en la forme, était évidemment fictif : l'acte de célébration stipulait, en effet, que la femme pourrait résider en Tunisie tandis que le mari continuerait, sous peine de divorce, à habiter l'Algérie. En refusant de tenir compte de ce mariage, le tribunal de Tunis n'a fait qu'indiquer une théorie générale en vertu de laquelle il y a lieu de considérer comme inexistantes les acquisitions fictives de nationalité excipées devant notre juridiction de Tunisie.

Il nous reste à examiner l'effet qu'aurait sur la compétence de nos tribunaux l'adoption d'une nationalité en cours d'instance. Notre justice a consacré la seule solution juridique en se refusant à tenir compte de cette modification de la qualité des parties. En effet, une naturalisation provient, en général, d'un acte de volonté de celui qui l'obtient ; il n'était pas acceptable que, dans le cours d'une instance régulièrement engagée,

(1) Tunis, 1re ch., 24 février 1891 (J. T., 93-267) ; Alger, 1re ch., 27 juin 1893 (J. T., 93-340).
(2) Tunis, 2e ch., 14 novembre 1895 (J. T., 95-579).
(3) Tunis, 1re ch., 23 mai 1892 (J. T., 93-331).

un des plaideurs pût, de son propre mouvement, créer, modifier ou supprimer la compétence du tribunal. Cette circonstance était encore plus grave en Tunisie, où le seul fait d'avoir acquis une nationalité européenne rend justiciable de notre juridiction : dans un but frauduleux, un plaideur aurait pu choisir la législation la moins sévère en matière de naturalisation et devenir justiciable de nos tribunaux en se dispensant des garanties que notre Code civil exige (1). La chose eût été encore plus facile s'il eût suffi de la simple obtention d'une patente de protection diplomatique. La jurisprudence des tribunaux mixtes d'Egypte est depuis longtemps fixée en ce sens (2). En acceptant la doctrine de la Cour de cassation (3), notre magistrature de Tunisie s'est refusée à tenir compte des changements de nationalité intervenus en cours d'instance. On a cependant cherché à argumenter, par voie d'analogie, contre cette décision de la règle en vertu de laquelle le musulman, jugé en première instance en Algérie et qui est, depuis lors, devenu citoyen français, peut décliner la compétence de la Chambre des appels musulmans : notre tribunal a répondu, à juste titre, que les Chambres musulmanes n'étaient, en Algérie, que des juridictions d'exception, qui devaient s'incliner devant la compétence du tribunal français, juge de droit commun, tandis qu'en Tunisie la justice française et la juridiction indigène, émanant chacune d'un pouvoir différent, sont souveraines dans leur sphère particulière et égales en droit dans leurs relations (4). Il est donc admis qu'en cours d'instance, un changement de nationalité ou l'acquisition d'une protection diplomatique ne saurait modifier la compétence du tribunal saisi.

----

(1) Cf. Salem : *Les étrangers devant les tribunaux consulaires et nationaux en Turquie,* n° 119 (Clunet, 91-1145).

(2) Cour d'appel mixte d'Alexandrie, 23 décembre 1891 (Clunet, 93-230) ; Cour d'appel mixte d'Alexandrie, 15 mars 1893 (Bull. de lég. et de jurisp. égyptienne, t. V, p. 169).

(3) Cass. civ., 4 février 1891 (S., 91-1-449) ; Trib. Seine, 1re ch., 27 février 1894 (S., 95-2-232).

4) Tunis, 1re ch., 23 mai 1893 (R. A., 93-2-385).

Au surplus la compétence doit se déterminer en se reportant à l'époque où la demande a été introduite et non à celle où les engagements ont pris naissance. La jurisprudence de nos tribunaux consulaires du Levant a parfaitement admis qu'un protégé français est justiciable de leur juridiction pour l'exécution d'obligations qu'il a contractées antérieurement à l'acquisition de la protection diplomatique : la même règle doit s'appliquer en Tunisie (1).

(1) Cass. req., 16 janvier 1867 (D. P., 67-1-308) ; Aix, 31 janvier 1876 (Clunet, 79-63). Cf. Manassé : *Jurisprudence des tribunaux, spécialement des tribunaux consulaires français sur le droit applicable dans les Echelles du Levant* (Rev. de dr. int., 1896, p. 193).

CHAPITRE II

Pour déterminer quelle est, en Tunisie, la juridiction compétente pour connaitre d'une instance, il ne suffit pas de s'attacher à la nationalité des parties en cause ; il importe, en outre, de tenir compte de la nature du litige. Quelquefois même certaines particularités de son objet peuvent amener une dérogation aux règles normales de la compétence : rappelons, à titre d'exemple, les contestations relatives à l'office postal tunisien ou celles qui ont trait aux brevets d'invention.

Le texte qui parait le plus important en cette matière est le décret beylical du 31 juillet 1884. A ne considérer que les termes absolus qu'il emploie dans son article 1er, on pourrait admettre que le Bey concède à nos tribunaux l'autorité de droit commun pour toutes les matières civiles ou commerciales dans lesquelles un de leurs justiciables est en cause. Nous ne croyons pas cependant qu'il en soit ainsi, et nous estimons qu'il faut conserver à la juridiction indigène son autorité de droit commun dans les causes immobilières ou dans celles de statut personnel et ne donner ce caractère à la justice française qu'en matière mobilière. En effet, l'article 2, qui réserve les affaires de statut personnel et l'article 5, qui retient les causes immobilières, nous apparaissent, non point comme des restrictions apportées à une concession générale de compétence, qui résulterait de l'article 1er du D. Beyl. de 1884,

mais bien, comme des mentions destinées à limiter d'une
façon plus précise l'abandon de juridiction formulé dans cet
article. Au surplus, de tous les sacrifices que le protectorat a
imposés au Bey, la perte de la souveraineté judiciaire est peut-
être celui auquel il oppose le plus de résistances. Le pouvoir du
juge dans les pays musulmans s'identifie avec la toute-puis-
sance du souverain : de ce dernier émane toute justice ; il
peut évoquer tous les procès et les magistrats, qu'il institue, ne
sont que ses délégués. Si l'on songe que rendre la justice est
l'attribut le plus important, presque essentiel, de l'autorité
chez les populations musulmanes, et qu'il revêt un caractère
religieux, on conçoit les répugnances que le pouvoir beylical
ressent lorsqu'il s'agit de s'en dessaisir, et, loin de supposer
un abandon général de juridiction, dans le doute où nous
laisse le D. Beyl. de 1884, c'est la solution contraire qui nous
paraît préférable.

SECTION PREMIÈRE. — *Statut personnel.*

S'il est une matière où la compétence de nos tribunaux
s'impose à l'égard de leurs justiciables naturels, c'est évidemment dans les questions d'état, et l'on conçoit difficilement que
la Cour d'Alger ait pu, ainsi que nous l'avons vu précédemment, admettre que les Algériens, habitant en Tunisie, soient
justiciables de la juridiction indigène en pareille hypothèse.
Cette doctrine est aujourd'hui abandonnée, et l'on peut dire
que le principe a été facilement accepté et que les tribunaux
français sont pleinement compétents pour déterminer l'état et
la capacité des Français, des Européens et de leurs protégés
diplomatiques.

A l'égard des indigènes, la question est réglée par un texte
formel, l'article 2 du D. Beyl. du 31 juillet 1884, qui est ainsi
conçu : « Est expressément réservée aux tribunaux religieux la
connaissance des contestations relatives au statut personnel

ou aux successions des sujets tunisiens, musulmans ou israélites. » Le principe formulé par ce texte est trop précis pour qu'il se
soit élevé sur son application autre chose que des controverses de détails. La jurisprudence française l'a plusieurs fois
sanctionné (1), et il est parfaitement admis qu'en pareille
matière l'affaire relève, selon la religion des parties, soit du
tribunal du *Charâ* (2), soit du tribunal rabbinique (3). Notons,
à cet égard, que le tribunal du Charâ, en sa qualité de juridiction religieuse, refuse de s'occuper des successions de chrétiens, quelle que soit leur nationalité : à l'exemple des pratiques
suivies, en pareil cas, en Turquie, et pour éviter un déni de
justice, notre tribunal ne s'est pas déclaré incompétent dans
une espèce de cette nature (4).

Cette dernière décision est basée sur un incontestable motif
d'utilité pratique, mais elle n'est pas très sûre en théorie. En
effet, les termes du D. Beyl. du 31 juillet 1884 sont trop formels
pour que notre juridiction ne soit pas radicalement incompétente à l'égard des questions d'état et de succession qui intéressent les indigènes tunisiens. Cette incompétence provient
évidemment du défaut même de tout droit de juridiction ; elle
est d'ordre public, et il est certain que le tribunal doit la prononcer d'office.

Remarquons que rien ne s'oppose à la compétence du tribunal français, s'il s'agit d'actions purement personnelles et

(1) Tunis, 1re ch., 22 juin 1891 (R. A., 91-2-567) ; Alger, 3e octobre 1894 (Clunet, 95-830).
(2) Le Charâ, tribunal supérieur religieux musulman, juge selon les
deux rites hanéfite et malékite. Le défendeur a le choix du rite. Sa compétence, bien que vaguement définie, s'étend à toutes les causes dont
un texte spécial n'attribue pas la connaissance à l'Ouzara. Il peut seul
prononcer la peine de mort ; l'Ouzara lui renvoie les accusés qui en sont
passibles (Cf. de Dianous, *op. cit.*, p. 74).
(3) Le rabbin juge seul les questions de minime importance; il statue
en premier ressort sur les autres, dont l'appel est porté devant le Tribunal rabbinique supérieur, composé du grand rabbin et de deux rabbins
ordinaires (Cf. de Dianous, *op. cit.*, p. 76).
(4) Tunis, 2e ch., 11 avril 1894 (R. A., 94-2-387).

mobilières qui découlent d'une question de statut personnel,
quand ce dernier n'est pas mis en cause ; tel le cas d'une
demande en pension alimentaire, si le mariage qui lui sert de
base n'est point contesté (1). Il en serait tout autrement, si,
dans le cours d'une instance en matière mobilière, il venait à
s'élever une question préjudicielle de statut personnel. Dans
ce cas, tout en retenant la connaissance du litige principal, le
tribunal français devrait surseoir à statuer jusqu'à la décision
du tribunal indigène sur la question préjudicielle (2). Il est
toutefois évident que par la force même des choses, nos tribunaux doivent se prononcer sur les questions préjudicielles de
nationalité, bien qu'elles soient certainement du domaine du
statut personnel.

Les redditions de comptes de tutelle de mineurs indigènes
et celles des comptes de successions d'individus musulmans
rentrent évidemment dans la compétence exclusive du tribunal
indigène (3), alors même que le tuteur ou l'administrateur
poursuivis seraient européens ou protégés, et que l'action ne
tendrait, en définitive, qu'à obtenir le paiement d'une somme
d'argent (4). Des solutions identiques doivent être admises à
l'égard des successions israélites (5) ou des tutelles de mineurs
de cette religion (6).

C'est la nationalité du *de cujus* qui détermine la compétence
à l'égard des successions ; celle des héritiers est indifférente,
et la circonstance qu'ils seraient du ressort de la juridiction
française laisserait intacte la compétence du tribunal indigène,

(1) Tunis, 2e ch., 12 juin 1890 (J. T., 93-245) ; Tunis, 2e ch., 27 décembre 1893 (J. T., 94-217).
(2) Tunis, 26 mars 1886 (R. A , 88-2-409) ; Tunis, 2e ch., 2 mai 1891)
(J. T., 95-536) ; Tunis, 1re ch., 14 avril 1891 (J. T., 94-322) ; Tunis, 2e ch.,
27 décembre 1893 (J. T., 94-217).
(3) Tunis, 1re ch., 15 décembre 1886 (J. T., 95-401) ; Sousse, 9 mai 1889
(R. A., 89-2-538) ; Tunis, 1re ch., 7 janvier 1891 (J. T., 96-132).
(4) Tunis, 1re ch., 6 janvier 1896 (J. T., 96-103).
(5) Tunis, 3 juin 1884 (J. T., 91-35).
(6) Tunis, 1re ch., 17 juin 1895 (J. T., 95-469) ; Tunis. 2e ch., 14 novembre 1895 (J. T., 95-579).

si le défunt est lui-même musulman ou israélite. Il importerait
peu que, depuis l'ouverture de la succession, un des héritiers
ait acquis la qualité de protégé français (1); les termes du
D. Beyl. du 31 juillet 1884 sont trop formels pour laisser place
à la moindre exception.

Pour les mêmes causes, dans une succession musulmane,
la présence du cessionnaire européen d'un héritier ne saurait
influer sur la compétence du tribunal (2); la solution serait
identique à l'encontre du créancier européen, exerçant les
droits de son débiteur en vertu de l'article 1166 du Code
civil (3).

La Cour d'Alger, dans un arrêt en date du 19 mai 1891 (4),
a paru admettre que nos tribunaux étaient incompétents d'une
façon absolue à l'égard des donations dans lesquelles un Tunisien se trouverait en cause. Bien que la Cour ne s'en explique
pas d'une manière formelle, il semble qu'elle ait considéré la
matière comme du domaine du statut personnel et, par suite,
comme appartenant exclusivement à la juridiction indigène.
Nous formulerions quelques réserves à l'encontre de cette
solution trop absolue. Si les questions qui touchent aux règles
de capacité du donateur et du donataire, ou celles qui dominent la quotité disponible, sont du ressort du statut personnel,
il nous semble, d'autre part, que les effets de la donation,
spécialement sur les immeubles, rentrent dans le statut réel.
Il est vrai que la solution n'en serait pas modifiée à l'égard de
la Cour d'Alger, puisqu'elle admet que l'incompétence de notre
juridiction est absolue en matière immobilière dès qu'un
Tunisien est en cause ; mais si l'on adopte, ainsi que nous
n'hésiterons pas à le faire, la jurisprudence des tribunaux de
Tunis et de Sousse, et qu'on admette qu'ils ne sont incompétents que de façon relative, la controverse revêt un réel intérêt.

(1) Tunis, 3 juin 1884 (J. T., 91-35).
(2) Tunis, 1re ch., 22 juin 1891 (J. T., 91-303).
(3) Tunis, 2e ch., 19 décembre 1894 (J. T., 96-200).
(4) Alger, 1re ch., 19 mai 1891 (J. T., 91-236).

Dans les débuts du fonctionnement de notre juridiction, le
tribunal de Tunis, par un jugement du 19 février 1885 (1),
suivi de plusieurs décisions identiques (2), s'était déclaré
incompétent pour prononcer la faillite de sujets tunisiens.
Il estimait que la déclaration de faillite, entraînant un certain
nombre d'incapacités à l'égard du failli, affectait son état, son
statut personnel, et qu'il y avait, dès lors, une violation du
D. Beyl. de 1884 s'il s'agissait de la prononcer contre un sujet
tunisien. La justice française, en outre, n'estimait pas avoir le
droit d'ordonner le dépôt d'un Tunisien dans la maison d'arrêt.
Enfin, elle remarquait que la faillite, en suspendant le cours
des intérêts et en annulant certains actes, avait pour effet de
lui faire juger des contestations entre Tunisiens quand il existait des créanciers de cette nationalité.

Ces décisions furent l'objet de critiques d'autant plus vives,
qu'elles compromettaient gravement les intérêts des Européens qui pouvaient être créanciers de commerçants tunisiens (3). On aurait pu faire remarquer que, dans l'organisation
des tribunaux mixtes d'Egypte, on avait refusé de faire entrer
la faillite dans les matières de statut personnel avec d'autant
plus de raison qu'elle n'est, dans la plupart des cas, que la
sanction d'engagements commerciaux (4). La colonie française
demanda que le législateur intervint pour assurer aux tribunaux français le droit de prononcer la faillite des sujets tunisiens.

Cette intervention fut rendue inutile par une évolution de
notre jurisprudence. En effet, pour résoudre la question, il ne
faut se préoccuper que de la déclaration de faillite en elle-
même ; on ne doit pas la confondre avec les conséquences
qu'elle peut produire, alors même que le tribunal n'eût pu
prononcer ces conséquences par voie principale. Une fois

---

(1) R. A., 86-2-34.
(2) Sic : Tunis, 3 avril et 29 octobre 1885; 26 février 1886.
(3) Cf. une note de R. Estoublon (R. A.. 86-2-34, note 2).
(4) Simaïka, op. cit.. p. 61.

la déclaration de faillite rendue, quand il s'agira d'en régler les
effets et de déterminer les mesures d'exécution auxquelles elle
peut donner lieu sur le failli lui-même ou sur ses biens, le
tribunal français pourra alors se déclarer incompétent par suite
de la qualité des parties (1). Si l'on considère que les tribunaux
de la métropole n'hésitent pas à prononcer la faillite des
étrangers qui font le commerce en France, alors même qu'ils
n'y seraient pas domiciliés (2), il est certain qu'il faut accorder
aux tribunaux de Tunisie semblable pouvoir à l'encontre des
indigènes. En Algérie également, la justice française, même à
l'époque où les Arabes échappaient à sa juridiction, a prononcé
des faillites d'indigènes musulmans sans se préoccuper des
conséquences qu'elles auraient sur la personne ou sur le patrimoine du failli (3).

Tous ces motifs ont rapidement fait revenir nos tribunaux
sur leurs premières décisions, et ils ont admis que la déclaration de faillite, ne constatant que l'état de cessation de paie-
ments, rentrait dans la catégorie des affaires mobilières déférées aux juridictions françaises, quand il y a un Européen en
cause. La présence de créanciers qui relèvent de notre justice,
permet donc à notre tribunal de prononcer la faillite du débiteur tunisien, alors même que la procédure serait ouverte par
le dépôt du bilan, effectué par lui au greffe du tribunal, sans
aucune intervention de ses créanciers (4). La question est aujourd'hui résolue (5), et la justice française s'est même reconnu le droit d'ordonner le dépôt de la personne du failli à la
maison d'arrêt (6).

---

(1) Sousse, 1er mars 1889 (Clunet, 89-631).
(2) Cass. civ., 4 février 1885 (S., 86-1-200) ; Paris, 17 novembre 1886
(Clunet, 86-711).
(3) Alger, 5 juillet 1880 (Robe, 81-65).
(4) Sousse, 28 décembre 1888 (J. T., 89-84).
(5) Sousse, 12 avril 1889 (J. T., 89-88).
(6) Tunis, 2e ch., 10 mai 1889 (J. T., 89-100).

SECTION DEUXIÈME. — *Matières mobilières.*

§ Ier. Théorie générale.

Quand la justice française eut recueilli l'héritage des juridictions consulaires, il résultait des différentes capitulations
qu'elle était compétente en matière personnelle et mobilière
dans toutes les affaires où un Européen ou un protégé européen
se trouvait défendeur. L'article 1er du D. Beyl. du 31 juillet 1884
vint modifier profondément cette situation en stipulant que
« les tribunaux français connaîtront, à partir de la promulgation du présent décret, de toutes les affaires civiles et commerciales dans lesquelles des Européens seront en cause, dans
les matières où ils sont compétents actuellement lorsque des
Européens sont défendeurs. »

Tel est donc le principe qui déterminera la compétence de
notre tribunal en matière personnelle et mobilière, puisque
c'est l'hypothèse où la justice française était auparavant compé-
pétente lorsqu'un Européen était défendeur. Il suffira donc de
constater la présence dans la cause d'un de nos justiciables, quel
que soit le rôle qu'il y joue, pour consacrer la compétence de la
juridiction française (1). Il est bien évident qu'un principe aussi
large pourrait comporter des abus, si l'application n'en était pas
rigoureusement contrôlée. Il faut le combiner avec cette autre
règle que celui qui n'a pas d'intérêt ne saurait avoir d'action :
la compétence du tribunal français n'existera que si un intérêt
sérieux légitime la présence des parties européennes (2). Cette
exigence a soulevé des controverses de détail, sur lesquelles
nous aurons lieu de revenir.

(1) Tunis, 1re ch., 13 juin 1892 (R. A., 92-2-418) ; Tunis, 1re ch., 15 février
1897 (J. T., 97-125).
(2) Tunis, 1re ch., 22 janvier 1894 (J. T., 94-112).

En dehors de cette restriction, la compétence du tribunal
français est absolue, et il peut statuer alors même que le juge
tunisien aurait déjà prononcé dans l'affaire, car les décisions
de la juridiction indigène n'ont pas force de chose jugée à
l'égard de la justice française (1). Il en serait de même si une
inscription de faux, présentée comme exception civile, était formulée par un Européen contre un Tunisien. Sans doute, au
point de vue répressif, l'Ouzara pourrait avoir qualité pour
juger le Tunisien, mais il n'a nullement le droit de prononcer,
même par voie préjudicielle, dans un litige personnel et mobilier dans lequel un Européen est en cause. Sa juridiction pénale
serait, en outre, très contestable en présence des termes de
l'article 1er du D. Beyl. du 2 septembre 1885 (2).

Le tribunal français pourra également se prononcer dans
les actions personnelles et mobilières, où un Tunisien est partie, alors même que les obligations litigieuses découleraient,
soit d'un acte de statut personnel, soit d'un contrat immobilier,
à la condition que la validité de ces actes ne soit pas mise directement en cause. C'est ainsi que la justice française pourra
examiner une demande en paiement faite par une femme pour
une dot promise par son mari ou pour une pension alimentaire,
si le mariage, qui en est la cause, n'est pas contesté (3). De
même, elle sera compétente pour juger les actions en paiement
d'annuités d'enzel si le droit à la rente est admis par le prétendu débiteur (4).

On a contesté que l'exercice d'une action en licitation pût
être effectué devant le tribunal français quand un Tunisien
est en cause. La controverse provenait surtout du caractère
peu déterminé de l'action. Toutefois, si l'on fait la remarque
que la licitation n'est pas nécessairement un acte de partage,

---

(1) Alger, 2e ch., 14 janvier 1892 (R. A., 92-2-232).
(2) Tunis, 2e ch., 14 février 1887 (J. T., 96-131).
(3) Tunis, 26 mars 1886 (R. A., 88-2-400).
(4) Sousse, 24 octobre 1889 (J. T. 93-92) ; Tunis, 1re ch., 30 octobre
1893 (J. T., 93-407).

mais qu'elle est seulement la mise en action du droit qu'a tout
propriétaire de ne pas rester dans l'indivision, on n'y verra
qu'une action personnelle et mobilière à l'égard de laquelle la
compétence de la juridiction française est certaine (1).

En thèse générale, la présence d'un Européen en cause suffit
pour légitimer la compétence de nos tribunaux sans qu'il y ait
lieu d'examiner par suite de quelles circonstances il s'y trouve;
c'est ainsi qu'ils pourront régulièrement statuer sur la demande
en paiement d'un billet à ordre dont le souscripteur et le
bénéficiaire sont Tunisiens, s'il a été endossé en faveur d'un
Européen (2).

§ II. Effets des cessions de créance sur la compétence de nos tribunaux (3).

La cession de créance peut avoir une influence considérable
sur la compétence de notre juridiction ; pour en modifier les
règles, il suffit de transmettre la créance que l'on possédait
à un tiers d'une autre nationalité ou qui soit justiciable d'une
autre juridiction. Les effets d'une cession de créance doivent
donc être étudiés avec d'autant plus de soin qu'il peut y avoir
là un artifice de procédure tendant à détourner le plaideur de
ses juges naturels. Il est de principe, en droit français, que
le cessionnaire d'une créance prend les lieu et place du cédant
auquel il se trouve entièrement substitué. En Tunisie, cette
règle doit subir une modification sensible du fait des principes
de compétence spéciaux au territoire de la Régence. Le D. Beyl.
du 31 juillet 1884 défère aux tribunaux français la connaissance
de toutes les affaires mobilières dans lesquelles un Européen
est en cause, sans distinguer le motif et le titre en vertu des-

(1) Sousse, 15 novembre 1894 (J. T., 95-26).
(2) Tunis, 2e ch., 9 décembre 1886 (J. T., 95-401).
(3) Cf. Martineau : *De l'influence des cessions de créance sur la compétence de la juridiction française en Tunisie* (J. T., 93-305).

quels il s'y trouve. Il en résulte donc que l'Européen, cessionnaire d'une créance appartenant à un indigène et souscrite par un autre indigène, doit porter son instance devant la juridiction française, tandis que la justice beylicale aurait été compétente si la cession de créance n'avait pas eu lieu ou si elle eût été effectuée en faveur d'un Tunisien.

On conçoit, dès lors, qu'à l'abri de cette situation puissent se produire des tentatives frauduleuses pour amener irrégulièrement un indigène devant la juridiction française. Le Tunisien qui, dans ses poursuites contre un de ses compatriotes, aura échoué devant la justice beylicale et qui voudra s'adresser au tribunal français, cèdera en apparence sa créance à un Européen pour que ce dernier l'exerce devant nos magistrats. C'est là un abus grave et destructif de toutes les règles de compétence qui président, en Tunisie, au partage de la souveraineté judiciaire entre la justice française et la justice indigène.

Notre juridiction devait donc condamner de pareils procédés sans cependant aller jusqu'à proscrire la cession de créance elle-même. Cette opération juridique est formellement autorisée par le droit français, et si quelques contestations se sont élevées au sujet de sa validité en droit musulman, l'affirmative est admise d'une façon générale (1). Il fallait, d'ailleurs, éviter toute exagération dans la solution à donner dans l'espèce, car, par elle-même, la cession de créance n'a rien que de licite et n'est qu'un mode très légitime d'exercice du droit de propriété. En principe, par conséquent, la cession de créance sera validée, et le tribunal français devra affirmer sa compétence en pareil cas (2).

Toutefois, en présence des facilités de fraude que présente le droit de cession de créance, il faut que cette dernière ait un caractère sérieux et qu'elle ne constitue pas une opération

---

(1) Tunis, 1re ch., 21 novembre 1892 (J. T., 93-272).

(2) Tunis, 1re ch., 16 février 1891 (J. T., 93-285) ; Tunis, 1re ch., 8 mai 1893 (J. T., 93-299) ; Tunis, 2e ch., 15 novembre 1893 (R. A., 94-2-218) ; Tunis, 2e ch., 30 novembre 1893 (J. T., 94-267).

régulière en apparence, mais n'ayant d'autre but que d'arracher le Tunisien à la juridiction de ses juges naturels pour le faire comparaître devant nos magistrats, alors que ceux-ci sont certainement incompétents (1).

C'est l'examen attentif de chaque cession qui peut faire ressortir son caractère frauduleux. La fraude ne saurait, en outre, se présumer, et toute cession régulière en apparence doit être validée jusqu'à preuve du contraire (2).

Tantôt le caractère frauduleux de l'acte ressortira de ce que le nom du cessionnaire n'est pas inscrit dans la cession et que celle-ci coïncide en outre avec l'exercice d'une action introduite contre le débiteur tunisien devant son juge naturel (3). Tantôt on s'est basé sur ce que le prix de la cession n'était pas mentionné dans l'acte et qu'il y était stipulé que la cession était faite dans le but de recourir contre le débiteur: le cessionnaire n'a, dans ce cas, été considéré que comme un mandataire *ad litem* (4). La preuve de la fraude ressortira encore de ce que la cession a été effectuée après que le cédant a échoué dans ses poursuites contre le débiteur cédé, devant la juridiction beylicale (5); ou bien qu'il n'a remporté qu'un succès très problématique (6).

Un Tunisien a-t-il obtenu de l'autorité indigène une condamnation contre un de ses compatriotes, il ne pourra céder la créance qui en résulte à un Européen qu'en maintenant la compétence de la juridiction beylicale. Le cessionnaire euro-

(1) Tunis, 1ᵣᵉ ch., 17 décembre 1890 (J. T., 91-20) ; Tunis, 1ᵣᵉ ch., 22 juin 1891 (J. T., 93-254) ; Tunis, 1ʳᵉ ch., 26 octobre 1891 (J. T , 93-255); Tunis, 1ʳᵉ ch., 18 janvier 1892 (J. T., 93-286) : Tunis, 1ʳᵉ ch., 13 juin 1892 (R. A., 92-2-418) ; Tunis, 1ʳᵉ ch., 21 novembre 1892 (R. A., 93-2-103) ; Alger, 2ᵉ ch., 25 mai 1893 (J. T., 93-357) ; Tunis, 1ʳᵉ ch . 21 décembre 1896 (J. T., 97-42).

(2) Alger, 30 janvier 1854 (Jur. Alg., 1854, p. 7) ; Tunis, 1ʳᵉ ch., 8 mai 1893 (J. T., 93-299).

(3) Tunis, 1ʳᵉ ch., 26 octobre 1891 (J. T., 93-255).

(4) Tunis, 1ʳᵉ ch., 22 juin 1891 (J. T., 93-254).

(5) Tunis, 2ᵐᵉ ch., 30 novembre 1893 (J. T., 94-267).

(6) Sousse, 22 mars 1894 (J. T. 94-329).

péen ne saurait avoir, en ce cas, d'autres droits que son cédant
et il ne pourra employer d'autres voies d'exécution que celles
mises à sa disposition par l'autorité tunisienne (1).

Une cession de créance, même sincère, mais effectuée après
l'introduction de l'instance contre le débiteur ne saurait influer
sur la compétence de la juridiction, qui a été régulièrement
saisie à l'origine (2).

Les règles que nous venons d'indiquer ne s'appliquent plus
lorsqu'il s'agit d'une transmission de propriété effectuée par
voie de clause à ordre. En souscrivant à une stipulation de
cette nature, le débiteur tunisien a accepté implicitement
comme créancier toute personne à qui le titre a été régulièrement endossé : il ignore donc devant quelle juridiction l'affaire sera portée et n'a pas de droit exclusif au bénéfice de
l'une d'elles (3). Cependant l'on retomberait dans la règle
générale si la créance à ordre, au lieu d'être transmise par un
endossement régulier, l'avait été dans les formes usitées pour
les cessions de créance ordinaires (4).

Rappelons enfin que, dans les matières d'état ou de succession, une cession de créance n'a aucune influence sur les droits
de compétence de la juridiction beylicale à l'égard de sujets
tunisiens (5).

§ III. Procédés employés pour modifier la compétence respective des deux juridictions.

L'emploi fictif de la cession de créance est un des procédés
les plus faciles pour amener illicitement un débiteur tunisien

---

(1) Tunis, 1re ch., 26 juin 1893 (R. A., 93-2-430).
(2) Tunis, 2me ch., 16 avril 1891 (J. T., 93-270) ; Tunis, 1re ch., 26 octobre 1891 (J. T., 93-255).
(3) Tunis, 1re ch., 8 mai 1893 (J. T., 93-299) ; Sousse, 15 novembre 1894
(J. T., 95-26) ; J. de p. Sousse, 27 novembre 1894 (J. T., 95-231) ; Tunis.
1re ch., 25 mars 1895 (J. T., 95-257).
(4) Tunis, 1re ch., 18 janvier 1892 (J. T., 93-286).
(5) Cf. suprà, p. 134.

devant la juridiction française. Mais l'ingéniosité des plaideurs
ne s'est pas arrêtée à cette seule fraude et la pratique a enseigné d'autres moyens pour arriver à ce résultat. Nous allons les
passer rapidement en revue.

On a vu, par exemple, dans des actions possessoires, intentées par un Tunisien contre un autre Tunisien, le détenteur
faire intervenir un locataire européen, quelquefois même un
locataire fictif, pour soutenir ensuite que la cause devait être
portée devant la juridiction française. Nos magistrats ont déjoué
cette tactique en décidant qu'un possesseur à titre précaire,
tel qu'un locataire, ne pouvait avoir l'exercice de l'action possessoire : le locataire européen a donc été mis hors de cause
et l'affaire renvoyée devant qui de droit, puisqu'elle s'agitait
entre deux Tunisiens (1).

Au surplus, bien que le cas ne se soit pas formellement
présenté en Tunisie, nous n'admettrions la tierce intervention
que si elle n'est pas un artifice de procédure destiné à créer la
compétence du tribunal français (2).

A la suite de l'adoption de la jurisprudence, en vertu de
laquelle notre juridiction s'est reconnu le droit de prononcer
la faillite de débiteurs tunisiens lorsqu'ils ont des créanciers
européens, un nouveau procédé s'est fait jour dans le but
d'amener irrégulièrement un indigène devant notre justice. On
a vu des Tunisiens assigner leur débiteur de même nationalité
en déclaration de faillite devant nos tribunaux, sous prétexte
que la masse comprenait des créanciers européens ou protégés d'une puissance européenne. La justice française n'a vu là
qu'un débat mobilier entre deux indigènes et s'est, par suite,
déclarée incompétente (3).

Dans le même ordre d'idées, on ne saurait conférer au créancier européen d'un Tunisien le droit de pratiquer des procédu-

(1) J. de p. Grombalia, 15 septembre 1893 (J. T., 94-455) ; Sousse. 15
novembre 1894 (J. T. 94-576).
(2) Trib. mixte d'Alexandrie, 29 avril 1876 (Clunet, 76-396).
(3) Berge : op. cit., p. 54. Cf. Tunis. 2me ch., 24 avril 1890 (J. T., 94-322).

res, qui auraient pour effet d'amener le tribunal français à juger
un litige entre Tunisiens, sous le prétexte de permettre à cet
Européen d'exercer les droits de son débiteur indigène. L'emploi de mesures conservatoires ne saurait en rien influer sur
la compétence. Le créancier européen ne pourra donc opérer
une saisie conservatoire, qui rendrait le tribunal français juge
du litige principal, lors de l'instance en conversion (1). De
même, malgré les droits qu'il tient de l'article 1166 du Code
civil, un Européen ne saurait exercer à la barre du tribunal
français, au nom de son débiteur tunisien, l'action en licitation
que celui-ci peut posséder contre d'autres indigènes (2).

Ces divers exemples ne sont que les applications d'un même
principe : la justice française, tout en possédant pleine compétence en matière mobilière dès qu'un de ses justiciables est en
cause, ne doit pas retenir la connaissance de l'affaire, si ce
dernier n'est que partie apparente dans un débat qui, en réalité,
s'agite entre deux Tunisiens.

§ IV. Effets des appels en garantie sur la compétence de notre juridiction.

L'appel en garantie doit être étudié séparément dans les
effets qu'il est susceptible de produire sur la compétence des
tribunaux français. On se trouve en présence d'un procédé
licite, qui consiste dans l'exercice d'un droit formellement
consacré par la loi ; on ne saurait donc le proscrire et interdire au défendeur d'amener dans l'instance celui de qui il
tient ses droits, qui est l'auteur responsable du litige et qui
doit, par suite, être à même de répondre à la demande d'une
façon utile. D'ailleurs, le Code de procédure civile est applicable en Tunisie, et son article 181 dispose que « ceux qui seront

(1) Tunis, 2me ch., 8 juin 1893 (J. T., 93-259).
(2) Sousse, 19 mars 1896 (J. T. 96-382).

assignés en garantie seront tenus de procéder devant le tribunal où la demande originaire sera pendante, encore qu'ils dénient être garants. »

L'exercice de l'action en garantie était donc très légitime, mais il fallait tenir compte de la situation spéciale faite à la Tunisie par la coexistence des deux juridictions française et indigène. N'allait-on pas de la sorte enlever à la justice beylicale la connaissance de contestations sur lesquelles elle seule avait le droit de se prononcer? Qu'on suppose, en effet, une instance s'agitant entre deux Tunisiens, admettra-t-on que l'appel en cause d'un Européen vienne dessaisir les magistrats indigènes ; n'a-t-on pas à craindre, en cas d'affirmative, qu'il n'y ait là un artifice de procédure destiné à soustraire la contestation à ses juges naturels? Ou bien encore, dans une instance principale en matière immobilière, intentée par un Européen contre un autre Européen, peut-on admettre que le défendeur appelle un Tunisien comme garant devant la juridiction française et rende celle-ci compétente dans une affaire immobilière où un sujet du Bey est en cause? Il y avait évidemment là une situation délicate et digne d'attention.

Pour résoudre la question, il fallait déterminer la portée exacte des termes de l'article 181 du Code de procédure civile. Devait-on donner aux dispositions de ce texte un sens absolu et les appliquer en toute circonstance? Les tribunaux de Tunisie ne l'ont pas pensé, et nous acceptons entièrement leur manière de voir. L'article 181 du Code de procédure civile n'a été édicté qu'en vue de l'hypothèse normale, celle où l'action étant intentée devant les tribunaux de la Métropole, il n'y avait pas à tenir compte de l'existence concomitante d'une autre juridiction. Et même, en France, la Cour de cassation n'en admet l'application qu'autant que le tribunal saisi de la demande principale n'est pas incompétent *ratione materiæ* à l'égard de l'action subsidiaire en garantie (1). En d'autres ter-

(1) Cass. civ., 20 avril 1859 (D. P., 59-1-170) ; Cass. req., 16 novembre

mes, l'article 181 du Code de procédure civile n'a eu qu'un
seul but, celui de supprimer l'exception d'incompétence, que
le tiers appelé en garantie aurait pu faire valoir, si le tribunal saisi de la demande principale n'est pas celui de son
domicile.

Limité ainsi dans son champ d'application, l'article 181 du
Code de procédure civile ne pouvait autoriser la juridiction
française à connaître, sous prétexte d'appel en garantie, d'une
action dont le jugement lui est refusé par la loi, soit à cause
de la nationalité des parties, soit à raison de la nature de l'affaire. Les tribunaux de Tunisie, sauf de rares dissidences (1),
ont adopté ce système (2). Ils ont toutefois admis que leur
incompétence n'était que relative, et exigé que le moyen fût
proposé avant toute défense au fond (3). En matière d'immeubles non immatriculés, le garant tunisien a également été
autorisé à décliner la compétence du tribunal français (4).

D'autre part, il ne fallait pas pousser le respect de la juridiction indigène jusqu'à priver la justice française du jugement
du litige principal à l'égard duquel elle est compétente. La
seule solution qui pût s'allier avec l'indépendance réciproque
des deux justices était celle qui laissait à chacune d'elles la
connaissance de l'instance, qui lui revenait selon le droit
commun. On a donc décidé qu'il y avait lieu de prononcer la
disjonction et de renvoyer au tribunal indigène la connaissance de l'action en garantie, quand il y avait en cause un

1881 (S. 82-1-225) ; Paris, 6me ch., 9 novembre 1886 (Gaz. du Pal., 86-2-
737) ; Douai, 1re ch., 18 décembre 1893 (J. T., 94-292).
(1) Tunis, 1re ch., 4 mars 1891 (J. T., 96-197) ; Tunis, 1re ch., 12 novembre 1894 (J. T., 95-13).
(2) Tunis, 1re ch., 14 janvier 1887 (J. T., 89-274) ; Tunis, 1re ch., 4 avril
1892 (J. T., 93-291) ; Tunis, 1re ch., 19 décembre 1893 (S. 94-2-129) ;
Tunis, 1re cb., 22 janvier 1894 (J. T., 94-111).
(3) Tunis, 2me ch., 16 juin 1893 (J. T., 93-332) ; Tunis, 1re ch., 12
novembre 1894, (J. T., 95-13).
(4) Tunis, 1re ch., 23 mai 1892 (J. T., 93-271) ; Tunis, 2me ch., 16 juin
1893 (J. T., 93-332).

Tunisien en matière immobilière et quand, en matière mobilière, l'affaire s'agitait entre indigènes (1).

§ V. Difficultés d'exécution des jugements de la justice française en matière mobilière.

Il est un principe, que l'indépendance de la juridiction française rend nécessaire, c'est qu'elle seule peut être juge des difficultés d'exécution qui s'élèvent à l'occasion de ses jugements (2). Cette règle a soulevé d'importantes controverses dans les questions immobilières, controverses au sujet desquelles nous aurons l'occasion de revenir. En matière personnelle et mobilière, on peut dire qu'elle n'a été l'objet d'aucune contestation, à tel point que la jurisprudence est à peu près muette à cet égard. C'est à peine si l'on peut noter une décision en vertu de laquelle l'administrateur séquestre, nommé par la justice française, ne saurait, quelle que soit sa nationalité, décliner la compétence de notre tribunal, quand il est assigné devant lui, en vertu de l'article 527 du Code de procédure civile, à l'effet de rendre ses comptes (3).

Quelques hypothèses spéciales se sont cependant produites au sujet de l'exécution des jugements de la juridiction française. Nous verrons ultérieurement quelle est la pratique admise par nos tribunaux lorsque des saisies sont opérées sur un même objet par les deux autorités française et beylicale, chacune en vertu de décisions judiciaires émanant de sa juridiction particulière (4). On a également pu se demander si un Tunisien avait le droit de pratiquer entre les mains d'un Européen une saisie-arrêt pour sûreté d'une créance qu'il possédait

(1) Tunis, 1re ch., 4 avril 1892 (J. T., 93-291) ; Tunis, 2me ch., 16 juin 1893 (J. T., 93-332).
(2) Sousse, 10 octobre 1889 (R. A., 90-2-32).
(3) Tunis, 1re ch., 17 juin 1895 (J. T., 95-465).
(4) Cf. *infrà*, 2me partie, chap. V.

contre un autre Tunisien. Il a été jugé, avec raison, nous semble-t-il, que le tribunal français était compétent pour examiner
la validité de la saisie, mais qu'il ne pouvait se prononcer sur
l'existence même de la créance sans excéder les bornes de son
autorité (1). De même, le tribunal de Tunis s'est déclaré incompétent pour connaître de l'instance en contestation de déclaration affirmative, élevée entre un saisissant et un tiers-saisi
tunisiens, alors cependant que le saisi serait Européen. Il en
serait autrement si ce dernier avait été mis en cause (2).

SECTION TROISIÈME. — *Matières immobilières.*

En matière immobilière, la compétence de nos tribunaux est
loin d'être réglée avec la même précision que dans les causes
mobilières ; aussi les controverses sont-elles nombreuses à ce
sujet, et elles nous conduiront, dans le développement de leur
exposition, à relever de graves conflits de jurisprudence entre
la Cour d'Alger et les tribunaux de Tunis et de Sousse.

§ 1ᵉʳ. — **Hypothèses dans lesquelles la juridiction française
est compétente.**

Les causes qui peuvent rendre la justice française compétente en matière immobilière sont multiples ; elles résultent
parfois de la nature de l'immeuble, jointe à la qualité de l'une
des parties ; c'est ainsi qu'à l'égard des contestations portant
sur des immeubles qui font partie du domaine public, la justice française sera compétente, si l'adversaire de l'État tunisien
est un de ses justiciables (3). Parfois aussi, la compétence de

(1) Tunis, 1ʳᵉ ch., 31 octobre 1892 (R. A., 93-2-72).
(2) Tunis, 2ᵐᵉ ch., 6 décembre 1893 (J. T., 95-335).
(3) D. Beyl. du 24 septembre 1885 ; art. 7 (Bomp., p. 96).

nos magistrats proviendra de l'existence d'une procédure d'immatriculation dans laquelle interviendra un opposant de nationalité européenne (1). Les hypothèses les plus fréquentes sont : celle qui résulte de la nature de l'immeuble, lorsque celui-ci a été immatriculé conformément aux dispositions de la loi foncière et celle qui provient de la nationalité européenne de toutes les parties en cause.

Nos consuls tenaient des capitulations juridiction pleine et entière à l'égard de tous les litiges pendants entre Français. La loi du 27 mars 1883 transféra ces droits à la nouvelle juridiction, et son article 2 stipula que les tribunaux de Tunisie connaîtraient « de toutes les affaires civiles et commerciales entre Français et protégés français. » Le décret beylical du 5 mai 1883, en disposant que les nationaux et protégés des puissances qui renonceraient à leur juridiction consulaire deviendraient justiciables des tribunaux français dans les mêmes cas et aux mêmes conditions que les Français eux-mêmes, permit à notre justice d'étendre sa compétence sur toutes les affaires civiles et commerciales pendantes entre Européens et protégés, lorsque les tribunaux consulaires auront été abolis. Les textes sont, en effet, formels, et une jurisprudence nombreuse (2) en fait l'application dans les affaires immobilières, à l'égard d'immeubles non immatriculés, et sans distinguer si l'action est portée au pétitoire ou au possessoire, dès qu'il est constant que le litige ne s'élève qu'entre Européens et protégés des puissances européennes.

La compétence de la juridiction française peut aussi provenir de la nature de l'immeuble, indépendamment de la qualité des parties, si celui-ci est immatriculé. Aux termes de l'arti-

---

(1) Loi foncière ; art. 36 (Bomp., p. 210).

(2) Tunis, 14 janvier 1886 (Clunet, 88-660) ; Tunis, 1re ch., 13 juillet 1887 (R. A., 90-2-22) ; Tunis, 1re ch., 2 novembre 1887 (J. T., 93-387) ; Tunis, 1re ch., 6 mars 1893 (R. A., 93-2-273) ; Tunis. 1re ch., 6 mars 1893 (J. T., 93-148) ; Alger, 1re ch., 7 mars 1894 (J. T., 94-211) ; Sousse, 14 avril 1894 (J. T., 94-311) . Cf. Chausse : *Examen doctrinal* (Rev. Crit., 1893, p. 488).

cle 20 de la loi foncière de 1885, « les immeubles immatriculés ressortent exclusivement et d'une manière définitive à la juridiction des tribunaux français. » Les expressions mêmes de ce texte excluent toute controverse, et nos tribunaux n'ont pas hésité à en faire la plus complète application (1). Toute action immobilière relative à un immeuble immatriculé rentre dans le domaine de la justice française, que cette action soit réelle ou personnelle, possessoire ou intentée à titre pétitoire (2).

L'article 20 de la loi foncière dispose en outre que, « en cas de contestations sur les limites ou les servitudes d'immeubles contigus, lorsque l'un d'eux sera immatriculé et que l'autre ne le sera pas, la juridiction française sera seule compétente, et il sera fait application de la présente loi. » Le décret du 24 septembre 1885 sur le domaine public a tenu compte de ce principe en édictant que « lorsque le différend existera entre les droits du domaine public et ceux d'un immeuble placé sous le régime de la loi de 1885, la juridiction française sera seule compétente » (3). La règle ainsi formulée est absolue, et c'est en vain qu'on a voulu y chercher des restrictions au sujet de la nationalité des parties en cause ou qu'on a prétendu qu'elle ne serait applicable qu'à des litiges analogues à un déplacement de bornes : rien n'autorise une pareille interprétation, et c'est à bon droit que notre juridiction a expressément proclamé sa compétence (4).

On peut, enfin, tirer de l'article 36 de la loi foncière une nou-

(1) Tunis, 2me ch., 20 décembre 1888 (R. A. 90-2-28) ; Tunis, 1re ch., 14 mars 1892 (R. A., 92-2-237) ; Tunis, 1re ch., 13 juin 1892 (R. A. 92-2-418) ; Tunis, 2me ch., 14 mars 1894 (J. T., 94-224) ; Alger, 2me ch., 17 mars 1894 (R. A , 94-2-382) ; Tunis, 2me ch., 22 mai 1895 (J. T., 95-461) ; Alger, 2me ch., 2 novembre 1895 (J. T., 96-129).
(2) Tunis, 1re ch., 13 juin 1892 (R. A., 92-2-418).
(3) Tunis, 1re ch., 22 avril 1895 (J. T., 95-369).
(4) Cass. req., 18 octobre 1893 (R. A., 93-2-524) ; Tunis, 1re ch., 20 mai 1895 (J. T., 95-436) ; Tunis, 1re ch., 23 novembre 1896 (J. T., 96-591) ; Tunis, 1re ch., 1er mars 1897 (J. T., 97-198).

velle hypothèse où la justice française est compétente. Cet
article est ainsi conçu : « Dans le cas où une opposition à une
immatriculation requise par un justiciable des tribunaux français, serait formée par un justiciable de ces mêmes tribunaux,
il sera loisible à ce dernier de la porter devant la juridiction
·française, pourvu qu'il le fasse avant toute défense au fond
devant le Tribunal mixte, et pourvu que l'instance soit fondée
sur un droit existant entre ses mains avant l'insertion au *Journal Officiel* de la déclaration d'immatriculation. » On peut voir
là une compétence spéciale, accordée à notre juridiction, dont
la mise en cause d'un sujet tunisien ne saurait altérer les
droits (1). Au surplus, depuis le D. Beyl. du 6 novembre 1888 (2),
il suffit que l'opposant soit un de nos justiciables pour que le
tribunal français acquière pleine connaissance du litige soulevé par la demande d'immatriculation (3).

§ II. Hypothèses dans lesquelles la justice française est incompétente. Nature de cette incompétence (4).

Le décret beylical du 31 juillet 1884 réservait implicitement
aux tribunaux indigènes la connaissance des affaires immobilières en instituant « une commission chargée de préparer la
codification des lois relatives à la propriété foncière en Tunisie,
et de proposer les conditions dans lesquelles la compétence
en matière immobilière sera remise aux tribunaux français. »
Des délibérations de cette commission sortit la loi foncière
du 1er juillet 1885, qui conféra le jugement des litiges concernant les immeubles immatriculés à la juridiction française.

---

(1) Tunis, 1re ch., 27 mai 1895 (J. T., 95-462).
(2) R. A., 88-3-199.
(3) Tunis, 1re ch.. 20 mai 1895 (J. T., 95-459) ; Tunis, 1re ch., 18 mai
1896 (J. T., 96-296).
(4) Cf. X... : *Du caractère de la compétence des tribunaux en Tunisie
en matière immobilière* (R. A., 90-1-133) ; Chausse : *Examen doctrinal*
(Rev. Crit., 1893, p. 488).

Celle-ci restait incompétente à l'égard des fonds non immatriculés et depuis lors, aucune réforme n'est intervenue à ce sujet. Cette incompétence de la justice française n'est pas contestée en principe (1), et il est parfaitement admis qu'elle a un caractère absolu lorsque l'affaire se débat exclusivement entre plaideurs de nationalité tunisienne (2).

Toutefois, lorsqu'on rencontre une partie européenne en présence d'un adversaire indigène, une controverse très vive s'élève pour déterminer la nature de cette incompétence : elle a provoqué entre la Cour d'Alger et les tribunaux de Tunisie un conflit de jurisprudence, qui dure encore, et dont la solution serait des plus utiles pour les intérêts économiques de la Régence (3).

En effet, si la juridiction française est certainement incompétente lorsqu'il s'agit d'un immeuble non immatriculé et qu'un Tunisien est en cause, encore faut-il déterminer le caractère de cette incompétence pour savoir si elle est absolue ou seulement relative. Pour bien saisir l'intérêt de la question, il faut examiner les conséquences pratiques qui peuvent résulter de l'une ou de l'autre de ces solutions. L'incompétence de la juridiction française est-elle absolue, ainsi que le prétend la Cour d'Alger, c'est qu'elle est basée, soit sur la nature du litige, soit sur les principes de l'organisation judiciaire : elle est, dès lors, d'ordre public et doit être prononcée d'office par

---

(1) Tunis, 26 novembre 1884 (R. A., 90-2-24) ; Tunis, 2me ch., 22 décembre 1887 (R. A., 90-2-25); Sousse, 27 juin 1889 (R. A., 90-2-31); Sousse, 20 novembre 1889 (R. A., 90-2-34); Alger, 2me ch., 3 mai 1890 (R. A., 90-2-387); Tunis, 2me ch., 8 mai 1895 (R. A., 95-2-356).

(2) Alger, 2me ch., 9 et 16 mai 1895 (R. A., 95-2-446 et 448).

(3) Une controverse assez vive existe, en Egypte, sur le point de savoir quelle est la compétence des tribunaux mixtes en matière immobilière ; mais, à la différence de ce qui se passe en Tunisie, on se demande, en Egypte, si la juridiction mixte ne doit pas connaître des actions immobilières entre indigènes. La question ne se pose pas dans la Régence. (Cf. Lamba, *op. cit.*, p. 124 et 243 ; Simaïka, *op. cit.*, p. 91). Cf. Desmonts (Rev. crit., 1893, p. 663) : *De la compétence des tribunaux mixtes égyptiens en matière réelle immobilière*.

le juge. Les deux parties ont le droit de la faire valoir en tout
état de cause et ne peuvent y renoncer expressément ou tacitement. Au contraire, si l'on admet la théorie des tribunaux de
Tunisie, notre incompétence n'est que relative : elle est établie
en faveur du sujet tunisien uniquement comme une mesure de
protection à son égard. Ce dernier peut donc y renoncer, soit
d'une façon expresse, soit tacitement. Son adversaire européen
ne peut prétendre au bénéfice de l'exception d'incompétence,
et le juge ne saurait la prononcer d'office.

On voit, par ce rapide exposé, tout l'intérêt qui s'attache à la
question ; avant d'en donner une solution théorique, il nous
semble utile de l'exposer rapidement au point de vue historique.

L'application des principes du Coran comme base de la
législation civile interdisait aux Européens la possession du
sol dans la Régence. Vers 1863 seulement, divers traités
passés entre le Gouvernement du Bey, d'une part, et de l'autre
avec l'Angleterre, l'Italie et l'Autriche, décidèrent que les
nationaux de ces puissances pourraient devenir propriétaires
en Tunisie ; le même privilège était accordé aux Français, en
vertu des traités de 1824 et de 1830, qui nous concédaient en
toutes matières le bénéfice de la clause de la nation la plus
favorisée. Ces traités admettaient parfaitement la compétence
de la juridiction beylicale dans les litiges immobiliers, entre
leurs nationaux et les indigènes ; mais cette clause n'a jamais
reçu d'application, et, en droit, le Gouvernement du Bey
n'aurait pu en exiger l'observation. En effet, en acceptant la
compétence du juge indigène, et en renonçant ainsi, en matière
immobilière, au privilège que les capitulations leur assuraient
de juger toutes les causes dans lesquelles leurs nationaux
jouaient le rôle de défendeur, les puissances étrangères avaient
mis comme condition expresse que le Bey organiserait une
juridiction d'appel. Ce tribunal n'a jamais fonctionné et le
Charâ, seule juridiction indigène compétente, est une cour
qui juge en dernier ressort et dont le caractère religieux ne
donne que peu de garanties aux non-musulmans.

En présence du mauvais vouloir du Bey à accorder aux Européens le droit d'appel, les consuls ne tinrent pas compte de la compétence du juge indigène, ou du moins quand on leur demanda l'exécution d'un jugement du Charâ contre un de leurs nationaux, ils constatèrent que ce dernier avait été privé du bénéfice de la juridiction d'appel à laquelle lui donnait droit le traité, et ils révisèrent au fond et dans un sens naturellement rigoureux la décision du Charâ. Il en résulta cette situation particulière que les Tunisiens, n'ayant aucun avantage à porter leur cause devant le tribunal musulman, préférèrent saisir directement la juridiction consulaire.

Les litiges immobiliers, ainsi jugés par les consuls, furent très nombreux (1), et les Cours d'Aix et de Gênes les examinèrent sans difficulté en appel. On peut affirmer qu'il n'y a pas d'exemple qu'un défendeur européen ait été traduit devant le juge indigène en matière immobilière (2). Le Bey lui-même plaida en 1863 contre un sieur Colin devant le consul de France, et son premier ministre, le Khasnadar, agit de même en 1866 contre Pascal Gandolphe. Ces exemples ont une grande importance si l'on songe qu'ils émanent des représentants d'un pouvoir absolu; ils constituent la sanction au moins tacite de l'état de choses existant (3).

Telle était la situation au moment de notre Protectorat; les consuls jugeaient sans contestation les causes immobilières dans lesquelles un de leurs nationaux était défendeur. Il serait peu logique d'admettre que la consolidation de notre influence en Tunisie ait pu modifier cet état de choses dans un sens restrictif des pouvoirs de la juridiction française, héritière des justices consulaires. Sans doute, le D. Beyl. du 31 juillet 1884

(1) Cf. Berge : *op. cit.,* p. 63, note 4.
(2) Conf. cons. séance du 29 janvier 1891, rapport de M. Terras (Conf. cons., 91-1-72).
(3) Les magistrats tunisiens partageaient cette doctrine à tel point qu'en 1886, le Charâ, saisi pour la première fois d'un litige de cette nature, ne se décida à juger que sur l'intervention du président du Tribunal mixte, pour éviter un conflit négatif de juridiction.

consacre bien une réserve à cet égard, mais il nous paraît qu'elle n'a eu d'autre but que de confirmer les droits du sujet tunisien de n'être jugé en matière immobilière que par son magistrat national sans cependant le priver du privilège de recourir à la juridiction française s'il trouve plus de garanties auprès d'elle. Nous avons vu que la pratique avait consacré la compétence des consuls lorsqu'un Européen était défendeur en matière immobilière ; or, l'article premier du D. Beyl. du 31 juillet 1884 dispose que le tribunal français sera compétent, dès qu'un Européen sera en cause, dans toutes les affaires *civiles* et commerciales dans lesquelles il était auparavant compétent lorsque les Européens étaient défendeurs. Dès lors, pour éviter que la compétence immobilière ne passât aussi au tribunal français, il fallait insérer à cet égard une réserve formelle. C'est ainsi que s'explique, à notre avis, l'article 5 du décret de 1884.

Pour nous, il est donc certain qu'historiquement l'incompétence du tribunal français n'est que relative, et l'étude théorique de la question nous conduira à la même conclusion.

Quelle est, en effet, la base de l'incompétence de la juridiction française ? La Cour d'Alger, pour édifier son système, a d'abord admis que cette incompétence tenait à la matière ; puis elle a abandonné cet argument pour dire que l'incompétence du tribunal résultait de l'ordre des juridictions établies en Tunisie en vertu des stipulations formelles de traités diplomatiques. Un jugement, très remarquable, du tribunal de Tunis, en date du 6 avril 1895 (1), a fait bonne justice de cette théorie. Comment soutenir, en effet, que c'est la nature de la contestation qui s'oppose à la compétence de notre juridiction ? Celle-ci n'a-t-elle pas pleine connaissance des matières immobilières lorsque le litige s'agite entre deux parties, qui sont ses justiciables ou bien qu'il porte sur un immeuble immatriculé ? Et même, en présence d'un plaideur tunisien, le tribunal

(1) Tunis, 1re ch., 6 avril 1895 (R. A., 95-2-344) (J. T., 95-304).

français n'est-il pas compétent pour réviser au fond la décision du Charâ, qu'on lui demande de revêtir d'un *exequatur* ou
bien pour statuer sur un litige immobilier, qui s'élève à l'occasion de l'exécution d'une sentence rendue par la justice française (1)? Dans toutes ces hypothèses, la nature de la contestation est identiquement semblable à celle des affaires où nous
reconnaissons l'incompétence de la juridiction française : ce
n'est donc point là qu'il faut chercher la cause de cette incompétence.

Dira-t-on alors que le motif doit se tirer de l'ordre des juridictions instituées dans la Régence par des lois ou par des
traités internationaux ? C'est oublier que, dans les Echelles de
Barbarie, dont la Tunisie fait partie, comme dans les Echelles
du Levant, le principe fondamental de l'organisation judiciaire
à l'égard des Européens est que la juridiction consulaire forme
pour eux le tribunal de droit commun.

Dans la Régence de Tunis, en particulier, nous savons que
la pratique courante, admise même par le Bey, faisait porter
devant le juge-consul, par des demandeurs tunisiens, leurs
actions immobilières contre des défendeurs européens. Les
tribunaux de Tunisie, qui ont recueilli les pouvoirs judiciaires
des consuls, n'ont fait que suivre leurs traditions, sans qu'aucun texte ait restreint leur autorité à ce sujet.

Au surplus, dans cette question, il est impossible de rattacher l'incompétence de nos tribunaux à un motif d'organisation judiciaire : on ne s'occupe pas, en effet, de savoir quel est
l'organe du pouvoir judiciaire qui doit juger l'affaire, mais
bien de déterminer à laquelle des deux juridictions qui exercent concurremment sur le territoire de la Régence, doit revenir l'examen du litige. Or, ces deux juridictions parallèles
sont établies dans l'intérêt de leurs propres justiciables, et
tout individu a parfaitement le droit de renoncer au bénéfice de

_____

(1) Notons cependant qu'un arrêt, resté d'ailleurs isolé, de la Cour
d'Alger, en date du 20 octobre 1894, semble rejeter cette théorie (J. T.,
95-177); Cf. *infrà*, 2ᵐᵉ partie, chap. V, § 2.

son tribunal personnel, quand cela ne lui est point interdit à raison de la matière. Sans doute, les justices consulaires d'abord, les tribunaux français après elles, tirent leur existence de concessions contractuelles ou bénévoles du Gouvernement beylical ; leur compétence doit donc être restreinte aux hypothèses prévues par les traités ou les décrets signés par le Bey. Mais nous pouvons soutenir que le Bey a renoncé à la compétence absolue de ses tribunaux en matière immobilière : en droit, lorsqu'il n'a pas exécuté les dispositions formelles des traités sur l'organisation des juridictions tunisiennes pour les litiges immobiliers ; en fait, quand lui, souverain absolu, dont la volonté seule faisait loi, a porté ses demandes devant les consuls des puissances étrangères.

Pour nous, le seul motif de l'incompétence du tribunal français, c'est la présence d'une partie tunisienne en cause ; c'est un but de protection pour les sujets du Bey, à qui l'on a voulu conserver le bénéfice de comparaître devant leurs juges personnels. Le Gouvernement tunisien en augmentant par le D. Beyl. du 31 juillet 1884 les pouvoirs du tribunal français en matière mobilière, n'a pas cru devoir agir de même en ce qui concerne les causes immobilières ; la réserve qu'il a faite à ce sujet n'a pu avoir d'autre conséquence que de conserver à leur égard la législation antérieurement applicable, c'est-à-dire, de reconnaître au défendeur tunisien cité devant le tribunal français au sujet d'un immeuble non immatriculé, le droit de décliner la compétence de cette juridiction.

Notre solution présente de nombreux avantages : il est inutile d'insister sur la supériorité de la justice française sur la magistrature tunisienne au point de vue du savoir juridique et de l'impartialité. Qui ne comprend le danger que présente pour des non-musulmans l'obligation de comparaître devant un tribunal religieux, qui leur est fatalement hostile ? En outre, la justice française donne l'avantage de l'appel et du pourvoi en cassation, tandis que le Charâ statue en dernier ressort. Au point de vue économique, il est facile de comprendre le déve-

loppement que les transactions immobilières pourraient prendre, si les plaideurs étaient sûrs d'obtenir la juridiction française. Aussi s'explique-t-on le grand nombre de vœux émis
par la Conférence consultative pour demander que nos magistrats soient compétents en matière immobilière toutes les fois
qu'un Européen est en cause (1).

Le système de la Cour d'Alger présente enfin un résultat cho-
quant et inadmissible : grâce à lui, un Européen peut décliner
la compétence du tribunal français, quand son adversaire
tunisien l'accepte. N'est-il pas au moins étrange qu'un plaideur puisse refuser de soumettre sa cause à ses juges de droit
commun ? Ce résultat est encore plus regrettable quand on
songe que des agents peu recommandables peuvent en profiter pour aller devant un tribunal, qui admet des moyens de
preuve conformes à leurs intérêts peut-être, mais dont la justice ne peut que souffrir. N'est-ce pas aussi leur permettre de
recourir à des procédures d'exécution telles que la contrainte
par corps, que nos mœurs réprouvent et que nos lois ont
abandonnées ?

Enfin qu'on songe à la situation qui se produit, si le Charâ
condamne le défendeur européen, quand son adversaire tunisien veut faire exécuter la décision intervenue contre lui. Il
devra obtenir l'*exequatur* du tribunal français, qui ne l'accor-
dera qu'après révision au fond de la sentence. L'action portée
devant le Charâ aura donc, en fait, été inutile.

Notre système paraît le plus conforme à l'idée du protectorat et à ses tendances. Notre situation privilégiée en Tunisie
exige que, dans toutes les hypothèses douteuses, ce soit la
solution la plus favorable aux intérêts français qui triomphe.

(1) Conf. cons. séance du 29 janvier 1891. vœu de M. Terras (Conf. cons.,
91-1-72) ; séance du 20 novembre 1891. vœu de M. Picot (Conf. cons.,
91-2-59) ; séance du 23 avril 1892, vœu de M. Arnold (Conf. cons., 92-1-43) ;
séance du 16 novembre 1896, vœu de M. Pelletier (Dépêche Tunisienne.
19 novembre 1896).

N'a-t-on pas vu la Cour de Cassation (1) donner du décret beylical du 2 septembre 1885 une interprétation extensive, que
nous ne saurions admettre (2), et cela en absolue contradiction
avec les termes de ce décret, sous prétexte qu'elle était « conforme à la tendance générale de la législation tunisienne » ?
Une pareille indication, venant de notre Cour suprême, ne
peut que nous fortifier dans l'opinion que nous émettons ici.

Un instrument diplomatique récent, le traité d'établissement conclu entre la Tunisie et l'Italie le 28 septembre 1896,
semble laisser quelques doutes sur la question. Il stipule
qu' « en matière d'immeubles, à moins que ceux-ci ne soient
immatriculés ou que toutes les parties en cause soient personnellement justiciables des tribunaux français, il sera statué par
les tribunaux tunisiens et en dernier ressort par Son Altesse le
Bey » (3). Ce texte ne fait aucune allusion à la nature de l'incompétence du tribunal français lorsqu'un Tunisien est en
cause : il semble qu'il ait volontairement laissé la question
dans le doute. En tout cas, il serait difficile d'y lire la condamnation de notre système : il est peu probable que l'Italie ait
renoncé ainsi, sans s'en expliquer formellement, aux bénéfi
ces que ses nationaux peuvent retirer de la jurisprudence des
tribunaux de Tunis et de Sousse.

Ainsi que nous l'avons dit, la Cour d'Alger admet le système
que les tribunaux de Tunisie combattent, et que nous avons
rejeté. A l'exception d'un seul arrêt (4), elle a dans une très
nombreuse jurisprudence, décidé que notre juridiction était
absolument incompétente en matière d'immeuble non immatriculé, dès qu'un Tunisien est en cause (5). Pour elle, cette

(1) Cass. crim., 9 novembre 1894 (J. T., 94-540)
(2) Cf. *infrà*, 2ᵐᵉ partie, chap. II, section cinquième, § 2.
(3) Traité italo-tunisien d'établissement du 28 septembre 1896, art. 7
(J. T.. 96-475).
(4) Alger, 2ᵉ ch., 11 avril 1891 (R. A., 91-2-317).
(5) Pour la jurisprudence antérieure au 31 octobre 1894, cf. J. T., 95-13,
note 1. *Adde:* Alger, 1ʳᵉ ch., 21 juillet 1890 (J. T., 90-316) ; Alger, 2ᵉ ch.,

incompétence est absolue et d'ordre public, soit comme tenant
à la nature de l'objet en litige, soit comme provenant des
règles de l'organisation judiciaire établie par les traités. Elle
tire, dès lors, de cette jurisprudence toutes les conséquences,
qu'elle comporte logiquement. Cette incompétence peut être
excipée en tout état de cause, même après avoir fourni des
défenses au fond : elle est admissible pour la première
fois en appel (1). L'Européen peut le faire valoir comme son
adversaire tunisien (2) ; l'indigène qui a porté sa demande
devant la juridiction française peut ensuite en décliner la compétence (3). Enfin, si les deux parties ont consenti à plaider
devant le tribunal français, ce dernier doit d'office se dessaisir
de l'affaire (4). De même, il ne saurait se prononcer, fût-ce
implicitement, sur un litige de cette nature (5). Enfin, dans
une espèce où le déclinatoire n'avait été proposé qu'en appel,
la Cour a estimé qu'il y avait eu faute commune de la part
des plaideurs, qui auraient pu éviter la plus grande partie des
frais en soulevant le déclinatoire en première instance, et elle
a décidé que les dépens seraient supportés par moitié par
chaque partie (6).

Les tribunaux français de Tunisie ont obstinément refusé de
s'incliner devant ces décisions (7). Pour eux, leur incompétence

20 octobre 1894 (R. A., 95-2-59) ; Alger, 2e ch., 15 mai 1895 (J. T., 95-533);
Alger, 1re ch., 13 avril 1896 (J. T., 96-453).

(1) Alger, 2e ch., 3 mai 1890 (R. A., 90-2-390) ; Alger, 1re ch., 19 mai
1891 (R. A., 91-2-466) ; Alger, 1re ch., 15 mars 1892 (R. A., 92-2-182) ;
Alger, 1re ch., 26 juillet 1892 (R. A , 92-2-412) ; Alger, 1re ch., 3 novembre 1892 (R. A., 92-2-517).

(2) Alger, 2e ch., 3 mai 1890 (R. A., 90-2-390).

(3) Alger, 2e ch., 3 mai 1890 (R. A., 90-2-390).

(4) Alger, 1re ch., 17 octobre 1892 (R. A., 93-2-28) ; Alger, 2e ch., 5 janvier 1893 (R. A., 93-2-59).

(5) Alger, 2e ch., 6 juin 1896 (R. A., 96-2-383).

(6) Alger, 2e ch., 9 décembre 1893 (J. T., 95-9).

(7) Pour la jurisprudence antérieure au 31 octobre 1894, cf. J. T., 95 13,
note 1 ; Adde : Tunis, 1re ch., 19 juin 1889 (R. A., 89-2-484, en note) ;
Tunis, 2e ch., 13 juin 1890 (J. T., 90-196) ; Tunis, 2e ch., 16 décembre 1890
(J. T., 94-349) ; Tunis, 2e ch., 19 mai 1893 (R. A., 93-2-492) ; Tunis, 2e ch.,

provient de la qualité de l'un des plaideurs : elle est, par conséquent, relative et ne touche en rien à l'ordre public. Cette incompétence n'a été établie qu'en faveur du Tunisien, qui peut y renoncer, soit expressément, soit tacitement, et qui peut seul la faire valoir (1). L'Européen, au contraire, doit accepter la compétence du tribunal français devant lequel son adversaire l'assigne (2).

La renonciation du Tunisien au bénéfice de sa juridiction nationale peut être expresse (3). Elle sera, le plus souvent, tacite et résultera des circonstances : par exemple, le Tunisien qui a assigné son adversaire européen devant la justice française a renoncé par là même à exciper de l'incompétence de cette juridiction (4), et cette décision liera ses ayants-cause même indigènes (5). Toutefois, il ne faut pas pousser à l'extrême les conséquences de cette action : elle n'oblige le Tunisien à plaider devant la justice française que dans le litige qui s'agite et non dans les autres procès qui pourraient surgir au sujet du même objet ; c'est ainsi qu'un indigène, qui a plaidé au possessoire contre un Européen devant le juge français, ne doit pas être présumé avoir renoncé au bénéfice de la juridi-

---

31 octobre 1894 (J. T., 95-12) ; Tunis, 1re ch., 6 avril 1895 (R. A., 95-2-344); Tunis, 2e ch., 8 mai 1895 (R. A., 95-2-356) ; Tunis, 2e ch., 23 octobre 1895 (J. T., 95-540) ; Tunis, 2e ch., 9 décembre 1896 (J. T., 97-77).

(1) Tunis, 2e ch., 5 mai 1888 (R. A., 90-2-27) ; Tunis, 2e ch., 30 janvier 1890 (R. A., 90-2-382) ; Tunis, 2e ch., 19 mai 1893 (R. A., 93-2-492); Tunis, 2e ch., 10 janvier 1894 (J. T., 94-105) ; Tunis, 1re ch., 29 janvier 1894 (J. T., 94-221).

(2) Tunis, 2e ch., 5 mai 1888 (R. A., 90-2-27) ; Tunis, 1re ch., 13 mars et 19 juin 1889 (R. A., 89-2-484) ; Alger, 2e ch., 11 avril 1891 (R. A., 91-2-317) ; Tunis, 2e ch., 10 janvier 1894 (J. T., 94-105) ; Tunis, 2e ch., 9 mai 1894 (J. T., 94-327) ; Tunis, 1re ch., 6 avril 1895 (R. A., 95-2-344) ; Tunis, 2e ch., 23 octobre 1895 (J. T., 95-540) ; Tunis, 2e ch., 9 décembre 1896 (J. T., 97-77).

(3) Tunis, 2e ch., 17 janvier 1889 (R. A., 89-2-420) ; Tunis, 2e ch., 6 avril 1895 (R. A., 95-2-344).

(4) Tunis, 2me ch., 27 février 1890 (J. T., 90-245).

(5) Tunis, 2e ch., 27 février 1890 (J. T., 90-245) ; Tunis, 1re ch., 29 janvier 1894 (J. T., 94-221).

tion indigène pour la solution du litige au pétitoire (1). De
même, le fait par le Tunisien, assigné devant le tribunal français par un Européen, de n'avoir pas comparu et de s'être
laissé condamner par défaut, n'implique pas qu'il ait renoncé
à faire valoir sur son opposition l'exception d'incompétence (2).
Enfin, le déclinatoire, proposé d'une façon implicite seulement
par le défendeur tunisien, doit être admis si les conclusions
sont cependant claires et précises à ce sujet (3). L'existence
d'une demande en dommages-intérêts, accessoire à la demande
immobilière, n'enlève pas à la partie tunisienne le droit de
soulever l'exception d'incompétence de la juridiction française (4).

Ainsi que nous l'avons dit, les tribunaux de Tunisie ne
reconnaissent aucun caractère d'ordre public à leur incompétence en matière immobilière. Ils ont dû, dès lors, appliquer
au déclinatoire la règle de l'article 169 du Code de procédure
civile et exiger pour sa recevabilité qu'il soit présenté *in limine
litis* et avant toutes défenses au fond (5).

Une difficulté spéciale s'est élevée au sujet des actions en
licitation. On a soutenu que la juridiction française était toujours compétente pour connaître de l'action en licitation portant sur un immeuble tunisien non immatriculé introduite par
un Européen contre ses copropriétaires indigènes. Ce système
s'appuyait sur l'article 22 de la loi foncière, tel que l'ont modifié
les D. Beyl. du 6 novembre 1888 et du 15 mars 1892. Ce texte

(1) Tunis, 1re ch., 3 avril 1889 (R. A., 90-2-30).
(2) Sousse, 20 novembre 1889 (R. A., 90-2-34); Tunis, 1re ch., 22 juin
1891 (J. T., 93-285).
(3) Tunis, 1re ch., 21 mars 1892 (J. T., 94-266).
(4) Tunis, 2e ch., 20 janvier 1897 (J. T., 97-103).
(5) Tunis, 1re ch., 1er décembre 1886 (J. T., 93-240); Tunis, 1re ch.,
24 octobre 1887 (J. T., 94-465); Tunis, 2e ch., 20 décembre 1888 (R.A., 90-2-
28); Sousse, 6 et 20 juin 1889 (R. A., 89-2-462); Tunis, 1re ch., 14 décembre
1891 (J. T., 93-344); Tunis, 1re ch., 27 juin 1892 (J. T, 93-313); Tunis,
2e ch., 3 mars 1893 (2 jugements) (R. A., 93-2-487 et 490); Tunis, 1re ch.,
24 avril 1893 (J. T., 93-204); Tunis, 1re ch., 29 janvier 1894 (J. T., 94-221);
Tunis, 2e ch., 8 mai 1895 (R. A., 95-2-356).

autorise seulement tout copropriétaire à requérir l'immatriculation de la totalité de l'immeuble sans le consentement des
autres copropriétaires et même malgré leur opposition. Il n'est
point là question de compétence et, à ce point de vue, c'est à
bon droit que le tribunal de Tunis a assimilé l'action en licitation aux autres actions immobilières et accepté le déclinatoire d'incompétence lorsqu'il a été proposé *in limine litis* (1).
La solution changerait, si l'on admettait, avec le tribunal de
Sousse (2), qu'il n'y a pas nécessairement un caractère immobilier dans l'action en licitation, qui ne serait, au fond, que
l'exercice du droit de ne pas rester dans l'indivision.

Nous venons d'examiner le conflit de jurisprudence qui
existe entre la Cour d'Alger et les tribunaux de Tunisie. Cette
division semble devoir persister, et il est profondément regrettable que la Cour de Cassation ne se soit pas encore prononcée
sur le fond du débat. Une fois seulement, la question a été
portée devant elle, et le pourvoi soutenait que la Cour d'Alger
aurait dû se déclarer d'office incompétente à raison de la
nature du litige. La Chambre des Requêtes n'a pas admis le
pourvoi (3) : elle a décidé que la Cour d'Alger ne pouvait se
déclarer d'office incompétente pour connaître d'un litige immobilier, soulevé entre un Tunisien et un Européen, si le tribunal
de Tunis avait repoussé la même exception d'incompétence et
renvoyé les parties à plaider au fond par un premier jugement
non frappé d'appel et ayant acquis entre elles l'autorité de la
chose jugée. Comme on le voit, la Cour de Cassation s'est
trouvée en présence d'une espèce spéciale et n'a pas fourni de
décision de principe. Cependant, à bien examiner l'arrêt du
29 juin 1892, il semble plutôt favorable à la jurisprudence des
tribunaux de Tunisie. En effet, d'après la théorie de la Cour
d'Alger, l'indigène n'a pas le droit de renoncer formellement

(1) Tunis, 2e ch., 10 juin 1892 (J. T., 93-292) ; Tunis, 2e ch., 16 juin 1893
(J. T., 93-302) ; Tunis. 2e ch., 8 mai 1895 (J. T., 95-371).
(2) Sousse, 15 novembre 1894 (J. T., 95-26) ; Cf. *supra*, p. 138.
(3) Cass. req., 29 juin 1892 (R. A., 92-2-295).

ou tacitement à son exception d'incompétence ; or, n'est-ce
pas une renonciation tacite que de laisser expirer les délais
d'appel sans protester contre le jugement de première instance
qui a rejeté l'exception d'incompétence? Cette renonciation,
nulle d'après la Cour d'Alger, n'aurait pas dû empêcher cette
juridiction de se déclarer d'office incompétente. Pour nous, la
Cour d'Alger s'est donc déjugée, et la Cour de Cassation, en
confirmant sa manière d'agir, a approuvé le système des tribunaux de Tunisie.

Quoi qu'il en soit, il est à désirer qu'un arrêt de principe
vienne bientôt trancher la question. Nous espérons qu'en
sanctionnant les pratiques de nos magistrats de la Régence, il
adoptera la solution la plus conforme aux traditions, à l'idée
du protectorat, aux intérêts économiques de notre colonisation. S'il devait en être autrement, l'intervention du législateur
serait indispensable. On ne peut que désirer d'ailleurs qu'elle
se produise pour ratifier les vœux de la Conférence consultative, en donnant compétence, en matière d'immeubles non
immatriculés, à la juridiction française toutes les fois qu'un
Européen est en cause. D'une façon générale, le but qu'il faudrait atteindre, c'est qu'un Européen ne soit jamais contraint
de subir la juridiction indigène : ce résultat exige du temps
et de l'esprit de suite ; c'est pourtant, à notre avis, l'unique
solution désirable (1).

On a même demandé, sans succès d'ailleurs, à la Conférence
consultative, que la compétence de nos tribunaux fût absolue
sur tous les immeubles tunisiens sans tenir compte de la
nationalité des parties (2). L'auteur de cette proposition par-
tait de cette idée que la loi du propriétaire est en même temps
celle de l'immeuble qui lui appartient, de telle sorte que la

(1) Dans son rapport au nom de la commission du budget, M. Flandin
approuve cette réforme, mais, pour ne pas léser les Tunisiens, la croit
liée à la création d'une Cour d'appel à Tunis.
(2) Conf. cons., séance du 29 janvier 1891 ; vœu de M. de Carnières.
(Conf. cons. 91-1-72.)

loi, qui régit le fonds, change avec la nationalité du propriétaire. Il proposait donc de déférer toutes les causes immobilières à la juridiction française en les soumettant aux disposition de la *lex fori*. Il y a là une erreur absolue : cette erreur a été reproduite dans un jugement du tribunal de Tunis (1) ; mais cette solution, restée isolée, a été formellement condamnée par la Cour de Cassation après l'avoir été par celle d'Alger (2). Pour déterminer la loi qui régit un domaine tunisien, il faut seulement examiner s'il a été soumis à la formalité de l'immatriculation. En cas d'affirmative, il y a lieu de lui appliquer les dispositions de la loi foncière de 1885 ; sinon, c'est la loi musulmane, loi du territoire, qui seule doit le régir ; et cette loi recevra son application aussi bien devant le tribunal français que devant le Charà de Tunis.

§ III. Incompétence de la juridiction française à l'égard des biens habous (3).

Il existe, dans la législation immobilière tunisienne, comme dans la plupart des lois musulmanes, une catégorie d'immeubles, dits biens *habous*, qui sont des fonds de mainmorte, affectés à des fondations pieuses de la religion islamique. Nous allons encore, au sujet de ces biens, nous trouver en présence d'un conflit de jurisprudence entre la Cour d'appel d'Alger et les tribunaux de première instance de Tunis et de Sousse.

Ces habous sont de deux sortes : les habous publics et les habous privés. Les premiers sont affectés en toute propriété à une fondation pieuse ; ils sont gérés par un conseil spécial, qui porte le nom de *Djemaïa* des habous. Les habous privés sont ceux dont la fondation pieuse ne possède que la nue-propriété,

(1) Tunis, 1re ch., 27 février 1888 (J. T., 90-96).
(2) Alger, 1re ch., 9 janvier 1890 (R. A., 90-2-45) ; Cass. req., 20 avril 1891 (R. A., 91-2-424).
(3) Sur les habous, cf. de Dianous, *op. cit.*, p. 208.

tandis que la jouissance a été réservée par le fondateur à ses
héritiers directs et ne revient aux habous publics que lorsque
la descendance directe du constituant est éteinte. Ces habous
privés, bien que placés sous la surveillance du Gouvernement
tunisien, sont gérés par des *mokaddems*, sortes de représentants
judiciaires de l'immeuble, qui sont élus par les ayants-droit.

C'est encore sur la cause de l'incompétence de la juridiction
française à l'égard des biens habous que les tribunaux français
de Tunisie ont formulé une théorie contraire à la jurisprudence de la Cour d'Alger. Sur ce point encore, la controverse
a été assez vive, car la question se présente fréquemment en
justice. On a estimé que le tiers du sol tunisien était grevé de
habous (1).

Les litiges relatifs aux biens habous rentrent-ils dans le
statut personnel des Tunisiens, ou dans le statut réel de la
Régence? Doit-on, dès lors, leur appliquer les règles de la compétence en matière de questions d'état et de succession, ou bien
faut-il, au contraire, recourir à celles qui régissent les litiges
immobiliers? Les conséquences ne varieront guère si l'on
admet, avec la Cour d'Alger, qu'en matière immobilière, quand
un Tunisien est en cause, la juridiction française est absolument incompétente : quelle que soit la solution admise, il faudra décider que nos magistrats ne peuvent connaître de
l'affaire. Au contraire, si l'on tient compte de la doctrine des
tribunaux de Tunis et de Sousse, et si l'on admet qu'en matière
immobilière, ils ne sont frappés que d'une incompétence relative, il en résultera des conséquences très différentes sur la
nature de leur incompétence selon que l'on décidera que les
questions litigieuses au sujet des habous relèvent du statut
personnel ou du statut réel. Dans ce dernier cas, notre juridiction ne se trouvera pas en présence d'une incompétence
absolue ; au contraire, elle ne pourra jamais connaître de

---

(1) Cf. rapport d'A. Dain au gouverneur général de l'Algérie sur le système Torrens et son application en Tunisie et en Algérie (R. A., 85-1-288).

l'affaire si la question dépend du statut personnel des Tunisiens, car le D. Beyl. du 31 juillet 1884 réserve formellement aux tribunaux religieux indigènes le jugement des contestations de cette nature.

C'est à ce sujet que la Cour d'Alger et les tribunaux de Tunisie ont émis des opinions diamétralement opposées. La Cour d'appel a décidé qu'il y avait là une question de statut personnel et de succession à l'égard de laquelle la juridiction française était radicalement incompétente en présence des termes absolus du D. Beyl. du 31 juillet 1884 (1). Au contraire, dans une série de jugements (2), le tribunal de Tunis, tout en admettant qu'il pouvait y avoir dans le litige une question préjudicielle de statut personnel ou de succession, qui serait de la compétence du tribunal religieux indigène, a décidé que rien n'autorisait à croire que les biens habous dussent être traités autrement que les immeubles tunisiens, qui ne sont pas grevés d'une constitution de cette nature. Il en a conclu, par une application nouvelle de sa doctrine, qu'il n'y avait à leur égard qu'une incompétence *ratione personæ* (3). C'est en vain qu'on a voulu argumenter du D. Beyl. du 11 août 1886 (4), qui attribue compétence exclusive à l'Ouzara en matière de contestations relatives à la location des biens habous: ce texte eût-il la portée qu'on prétend lui donner, la justice française n'a pas à en tenir compte, car il n'a pas été revêtu du visa du Résident général (5). C'est la solution du tribunal de Tunis

(1) Alger, 2e ch., 3 mai 1890 (J. T., 90-175) ; Alger, 2e ch., 29 janvier 1893 (R. A., 93-2-131) ; Alger, 2e ch., 8 juin 1895 (J. T., 95-561). *Adde :* Sousse. 2 novembre 1893 (J. T.. 94-254).

(2) Tunis, 2e ch., 14 avril 1893 (J.-T., 93-294) ; Tunis, 2e ch., 19 mai 1893 (R. A.. 93-2-492) ; Tunis, 2e ch., 23 juin 1893 (J. T. 93-347) ; Tunis. 2e ch., 21 juillet 1893 (J. T.. 93-348) ; Tunis, 2e ch., 31 octobre 1894 (J. T., 95-12) ; Tunis, 1re ch., 20 mars 1895 (J. T.. 95-299) ; Tunis, 1re ch., 17 juin 1895 (J. T. 95-465). *Adde :* Sousse, 27 juin 1889 (R. A., 90-2-31).

(3) Tunis, 1re ch., 16 novembre 1891 (J. T., 93-286) ; Tunis. 2e ch., 30 janvier 1892 (J. T. 93-288).

(4) Bomp., p. 206.

(5) Sousse, 27 juin 1889 (R. A., 90-2-31).

qui a été admise en Égypte à l'égard des biens *wakfs*, fonds absolument analogues aux habous de Tunisie, lors de l'organisation des tribunaux mixtes : il a été reconnu qu'il était impossible de ne pas leur appliquer les mêmes règles qu'aux autres immeubles (1).

Ce système nous paraît le plus logique. La validité de la constitution de habous peut, en effet, soulever des questions de capacité et de succession à l'égard desquelles la juridiction indigène est certainement seule compétente. Mais, ce point de vue écarté, le habous n'est qu'une des formes de la propriété immobilière tunisienne, et les questions qui s'élèvent à son encontre doivent être jugées selon les mêmes règles que tous les autres litiges de nature immobilière. Il se peut que la contestation relative aux habous, au lieu d'être portée directement devant le tribunal français, ne se présente devant lui que sous la forme d'une demande d'*exequatur* du jugement du Chara. En ce cas, le tribunal de Tunis a affirmé sa pleine compétence pour procéder à une révision à fond de la sentence (2) : la Cour d'Alger a admis une solution opposée, et nous aurons à revenir sur cette controverse (3).

Notons aussi, sauf à y appuyer davantage, que le tribunal de Tunis a déclaré qu'il avait pleins pouvoirs pour statuer sur le caractère d'un bien habous et sur son inaliénabilité si l'affaire est portée devant lui par voie d'incident à une poursuite en saisie immobilière dont il connaît (4).

Le contrat de bail à *kirdar* soulève une question de compétence analogue à celle qui s'élève au sujet des habous. Ce contrat spécial au droit tunisien a pour effet de donner au preneur un droit de domaine utile sur la superficie d'un immeuble inaliénable par suite d'une constitution de habous, moyennant

(1) Simaïka, *op. cit.*, p. 97 ; Clavel : *Introd. à l'étude du wakf*, p. 9.
(2) Tunis, 1re ch., 9 décembre 1895 (J. T., 96-71).
(3) Alger, 2e ch., 8 juin 1895 (J. T. 95-561).
(4) Tunis, 28 mai 1886 (J. T., 90-271) ; Tunis, 2e ch., 30 janvier 1892 (J. T., 93-288) ; Tunis, 2e ch., 27 décembre 1893 (J. T., 94-217).

une redevance annuelle qui varie avec la valeur de l'immeuble.
La Cour d'Alger y a vu une question d'ordre religieux musulman et s'est déclarée d'office incompétente (1); le tribunal de
Tunis a estimé qu'il y avait seulement en cause un contrat
immobilier à l'égard duquel il n'est incompétent que de façon
relative (2). La question se rattache intimement à la controverse sur les habous et nous paraît devoir être l'objet d'une
solution identique.

§ IV. Compétence de la justice française en matière d'actions possessoires.

La loi beylicale du 15 mars 1892, modifiant la loi foncière
de 1885, a supprimé les actions possessoires au sujet des
immeubles immatriculés (3). On a soutenu, en outre, que l'action possessoire n'existait pas en droit musulman, et que, par
suite, son exercice était impossible en ce qui concerne les
immeubles qui n'ont pas été l'objet d'une immatriculation.
Nous aurons à revenir sur ce point pour en élucider les
détails (4).

Quoi qu'il en soit de la solution, qui devrait triompher au
point de vue théorique, constatons qu'en pratique l'usage de
l'action possessoire est admis par nos tribunaux. Il nous reste
à déterminer laquelle des deux juridictions française et tunisienne est compétente à cet égard.

Quand il n'y a que des Européens en présence, nul ne saurait
contester à la justice française le droit exclusif de connaître de
l'action (5). On relève, au contraire, quelques hésitations
quand on trouve un Tunisien en cause. Les anciennes juridic-

(1) Alger. 2e ch., 26 janvier 1889 (R. A., 89-2-151).
(2) Tunis, 2e ch., 27 février 1890 (R. A., 90-2-430).
(3) J. de p. Souk-el-Arba, 12 décembre 1892 (J. T., 93-231).
(4) Cf. infrà. 2e partie. chap. V, section Ire, § 4.
(5) Tunis, 14 janvier 1886 (Clunet, 88-660).

tions consulaires en avaient admis l'exercice devant elles (1):
c'était l'usage constant de ces tribunaux (2). Cependant, au
début de son fonctionnement, le tribunal de Tunis décida que
le Tunisien pouvait exciper du bénéfice de l'incompétence et
demander son renvoi devant le juge indigène (3). Peu après,
il a renoncé à cette doctrine et soutenu que toutes les fois
qu'un Européen est en cause, les actions possessoires doivent
être portées devant la juridiction française où elles sont évidemment du ressort du juge de paix (4).

A l'appui de cette théorie, on a fait remarquer que, bien que
portant sur un immeuble, l'action possessoire ne vise point
l'organisation du régime foncier. Elle n'a d'autre but que
d'arrêter les troubles de jouissance dont souffre un propriétaire dans le libre exercice de ses droits de propriété et de
réprimer le délit ou le quasi-délit dont on s'est rendu coupable
à son égard. C'est donc une action personnelle qui rentre dans
le nombre de celles que l'article premier du D. Beyl. du 1er juillet 1884 défère à nos tribunaux, puisqu'ils jugeaient auparavant en ces matières quand les Européens étaient défendeurs (5).

Nous ne pouvons accepter ce système. La nature d'une
action se détermine par l'objet du litige : il est incontestable
que l'action possessoire s'applique à un immeuble, quel que
soit le motif de sa mise en mouvement. En outre, si elle ne
vise pas directement le fond du droit, elle exerce cependant
une réelle influence sur le sort du litige en fixant l'attribution

(1) Trib. consulaire italien de Tunis, 23 novembre 1883 (J. T. 91-246).
(2) Tunis, 1re ch., 15 juin 1891 (J. T., 91-295).
(3) Tunis, 20 novembre 1885 (R. A., 90-2-35).
(4) Tunis, 2e ch., 14 janvier 1887 (R. A., 87-2-202) ; Tunis, 2e ch.,
19 janvier 1887 (R. A., 90-2-20) ; Tunis, 1re ch., 13 juillet 1887 (R. A., 90-2-
22) ; Tunis, 2e ch., 12 janvier 1888 (R. A., 90-2-37) ; Tunis, 1re ch., 3 avril
1889 (R. A., 90-2-30) ; Tunis, 1re ch., 15 juin 1891 (J. T., 91-295) ; Tunis,
1re ch., 14 mars 1892 (J. T., 93-30) ; Tunis, 1re ch., 24 octobre 1892 (J. T.,
94-184, note 1) ; J. de p. Grombalia, 15 septembre 1893 (J. T., 94-455)
Sousse, 15 novembre 1894 (J. T., 94-575).
(5) Cf. Martineau, op. cit., chap. Ier, sect. I, § 4, no 29.

respective des rôles de demandeur et de défendeur. Pour nous, elle doit être classée avec les autres actions immobilières et la justice française est frappée d'une incompétence relative à son égard. Quant à la crainte que le propriétaire européen soit soumis à l'action possessoire des indigènes ses voisins, sans pouvoir user de réciprocité contre eux, elle est chimérique en l'état actuel de la jurisprudence indigène, qui, à l'exemple des tribunaux égyptiens, admet l'exercice de l'action possessoire (1).

§ V. Difficultés d'exécution des jugements de la juridiction française en matière immobilière.

On a beaucoup discuté, et la controverse est loin d'être éteinte, le point de savoir si les jugements rendus par la justice française pouvaient recevoir leur exécution par voie de saisie immobilière sur des immeubles tunisiens non immatriculés. Nous verrons, en étudiant les conflits de lois entre les lois de procédure françaises et celles qui régissent les immeubles en Tunisie, dans quelle mesure ces immeubles sont susceptibles d'une procédure de saisie immobilière, et quelle autorité un jugement d'adjudication rendu par la justice française peut avoir au sujet du transfert régulier de la propriété foncière. Limitons-nous actuellement à l'étude des controverses de compétence que soulève cette question.

A première vue, il semble que la discussion soit fort peu explicable. Comment admettre qu'on ait organisé une juridiction, qu'on lui ait donné un pouvoir de décision pour lui refuser ensuite le moyen de mettre ces mêmes décisions à exécution ? Il est inadmissible que les jugements de la justice française soient dépourvus de sanction. En outre, la loi du 27 mars 1883 est formelle quand elle stipule, dans son article 7, que les

(1) Ouzara, ch. civ., 13 avril 1896 (J. T., 96-328).

règles de procédure suivies en Algérie seront appliquées en Tunisie : or, les dispositions du Code de procédure civile régissent la matière en Algérie.

Le Gouvernement du Bey a lui-même considéré la compétence de la juridiction française comme incontestable : il a désigné des notaires spécialement chargés de transcrire sur les titres de propriété les mutations résultant de jugements d'adjudication, rendus par le tribunal français, et dans son D. Beyl. du 16 mars 1892 (1), relatif aux ventes immobilières poursuivies devant les tribunaux français, il a implicitement considéré toute la procédure de saisie immobilière comme régulière en se contentant d'en réglementer certaines hypothèses.

Aussi nos juridictions n'ont-elles pas hésité à affirmer leur compétence pour toutes les contestations relatives à l'exécution de leurs jugements (2). Elles seules peuvent avoir le droit de connaître des demandes en nullité de saisie immobilière en cours d'exécution quand elles sont suivies devant elles (3).

Cette compétence est absolue dans ses effets et n'est limitée ni par l'objet du litige, ni par la qualité des parties : le tribunal français sera donc compétent pour trancher une contestation de nature immobilière, circonscrite entre deux Tunisiens, si elle s'est produite à l'occasion de l'exécution d'un jugement d'adjudication rendu par lui à la suite d'une saisie immobilière pratiquée également à sa barre (4). Les parties ne peuvent demander leur renvoi devant la juridiction beylicale, alors

(1) R. A., 92-3-147.

(2) Tunis, 2e ch., 30 mars 1889(J. T., 89-50) ; Sousse, 10 octobre 1889 (R. A., 90-2-32) ; Alger, 1re ch., 1er janvier 1891 (R. A., 91-2-365) ; Tunis, 2e ch. 30 janvier 1892 (J. T., 93-288) ; Tunis, 1re ch., 9 décembre 1895 (J. T. 96-71).

(3) Alger, 1re ch., 12 janvier 1891 (R. A., 91-2-265) ; Alger, 1re ch., 25 février 1891 (J. T., 93-251) ; Tunis, 2e ch., 3 mars 1893 (2 jugements) (R. A., 93-2-487 et 490) ; Tunis, 2e ch., 10 mars 1893 (J. T., 93-274, note 1) ; Tunis, 2e ch., 20 novembre 1895 (J. T., 96-25) ; Tunis, 2e ch., 11 décembre 1895 (J. T., 96-56).

(4) Tunis, 2e ch., 24 avril 1890 (J. T., 90-320) ; Tunis, 2e ch., 15 avril 1891 (J. T., 93-270).

même qu'elles seraient toutes de nationalité tunisienne (1).
Le Charà de Tunis est doublement incompétent à cet égard :
d'une part, la justice française peut seule connaître de l'exécution de ses jugements, et, de l'autre, l'indépendance respective des deux juridictions ne donne pas à l'une d'elles le droit
d'annuler les décisions de la deuxième (2).

Toutefois, un arrêt relativement récent de la Cour d'Alger (3) semble venir à l'encontre de cette théorie ; dans cet
arrêt, la Cour, abandonnant la doctrine que nous venons d'exposer, déclare que la juridiction française est incompétente
d'une façon absolue pour connaître de l'action en déguerpisse-
ment d'un immeuble non immatriculé, quand elle est intentée
contre un indigène tunisien, alors même que ce serait en vertu
d'un jugement d'adjudication sur saisie immobilière, prononcé par le tribunal français. Cette incompétence a été déclarée d'ordre public, et la Cour d'Alger a estimé que le Charâ de
Tunis avait seul qualité pour apprécier la validité de l'adjudication, c'est-à-dire en fait pour contrôler une décision de la
justice française.

Cette conséquence est trop grave et doit suffire, à elle seule,
pour nous faire rejeter la théorie de l'arrêt d'Alger ; cette décision est absolument contraire aux bases mêmes de l'organisation judiciaire de la Régence, organisation qui repose tout
entière sur la coexistence de deux juridictions, exerçant paral-
lèlement sur le même territoire, mais dans une indépendance
complète. Il faudrait, pour qu'il en fût autrement, un texte
formel qui n'existe pas. Nous n'admettons pas, au surplus, que
l'incompétence de nos tribunaux en matière immobilière soit
d'ordre public lorsqu'un Tunisien est en cause ; mais alors
même que cette doctrine, dont l'arrêt de la Cour d'Alger est
une des conséquences, serait exacte, nous ne croyons pas
qu'elle comporte de pareilles déductions.

(1) Tunis, 2e ch., 31 octobre 1894 (J. T., 95-12).
(2) Tunis, 2e ch., 23 janvier 1895 (J. T., 95-451).
(3) Alger. 2e ch., 20 octobre 1894 (J. T., 95-177).

Au nombre des incidents qui peuvent se produire au cours d'une procédure de saisie immobilière, un des plus fréquents, c'est la demande en distraction de tout ou de partie des objets saisis. La justice française sera naturellement compétente pour statuer à cet égard (1), comme elle le sera encore pour se prononcer sur les demandes en nullité de l'adjudication pour défaut de propriété en la personne du saisi (2).

Cependant, tout en admettant la compétence de la juridiction française, il ne faut pas pousser la théorie à l'extrême et en arriver à violer les droits de la justice beylicale et les réserves de compétence formulées à son profit par les décrets du Bey. Si, au cours de la procédure, il vient à s'élever une question préjudicielle de statut personnel ou de succession d'un indigène, il est certain que la justice tunisienne est seule compétente pour prononcer à ce sujet, et le tribunal devra lui renvoyer la solution de ce point spécial pour ne statuer au fond qu'après le jugement de la question préjudicielle (3).

Si le principe est certain, l'application soulève encore de nouvelles difficultés entre la Cour d'Alger et les tribunaux de Tunisie. Elles proviennent des doctrines différentes que ces corps judiciaires professent au sujet de la nature de l'incompétence de la juridiction française en matière d'immeubles non immatriculés lorsqu'il y a un Tunisien en cause, et au regard des contestations relatives aux biens grevés d'une constitution de habous.

Conformément à sa doctrine, la Cour d'Alger décide que l'incompétence de notre justice est absolue à l'égard des questions préjudicielles touchant à un immeuble non immatriculé lorsqu'il y a un indigène en cause ; elle renvoie également au tribunal religieux musulman le jugement des litiges préjudi-

(1) Alger, 1re ch., 19 mai 1891 (R. A., 91-2-465) ; Alger, 1re ch , 26 juillet 1892 (R. A., 92-2-412); Cass. req. 19 juin 1893 (R. A., 93-2-407) ; Tunis, 2e ch., 20 juin 1894 (J. T., 94-442).
(2) Alger, 3e ch., 3 novembre 1892 (R. A., 92-2-505).
(3) Tunis, 2e ch., 27 décembre 1893 (J. T., 94-217).

ciels qui concernent un habous. Dans ces deux hypothèses, elle considère que c'est un motif d'ordre public qui lui défend de connaître de l'affaire, et elle surseoit à statuer au fond, à la fois sur la demande de chacune des parties, demande qui peut être formulée en tout état de cause et qu'elle suppléera d'office en cas de silence des plaideurs (1).

Les tribunaux de première instance admettent parfaitement qu'il peut y avoir lieu de surseoir à statuer jusqu'au jugement des questions préjudicielles (2) ; seulement ils combinent ce principe avec leur système sur la nature de leur incompétence en matière immobilière ou dans les questions relatives aux biens habous, que, dans leur doctrine, ils ne distinguent pas des autres immeubles. Pour eux, il ne leur est défendu de connaître de la question préjudicielle que dans l'intérêt de la partie tunisienne ; ils sont donc en présence d'une incompétence relative, qui doit être proposée *in limine litis*, et que la partie indigène a seule le droit de faire valoir (3). Le sursis ne doit pas être ordonné s'il est réclamé par un Européen et, à plus forte raison, si le Tunisien s'oppose à ce qu'il soit prononcé. Le tribunal de Tunis ne se considère pas comme dessaisi par ce fait que le défendeur se contente d'alléguer que le bien était inaliénable par suite de sa qualité de habous ; une pareille assertion ne soulève point par elle-même une question préjudicielle, qui dépasse les bornes de sa compétence ; il faudrait, en outre, que la validité du habous fût contestée (4).

Pour nous, qui avons accepté la doctrine des tribunaux de

---

(1) Alger, 1re ch , 19 mai 1891 (R. A., 91-2-465) ; Alger, 1re ch., 26 juillet 1892 (R. A., 92-2-412) ; Alger, 3e ch., 3 novembre 1892 (R. A., 92-2-505) ; Alger, 2e ch., 31 octobre 1893 (R. A., 93-2-526).

(2) Tunis, 2e ch., 19 mai 1893 (J. T., 93-313) ; Tunis, 2e ch., 23 juin 1893 (J. T., 93-347).

(3) Tunis, 2me ch , 3 mars 1893 (2 jugements) (R. A., 93-2-487 et 490) ; Tunis. 2me ch., 10 mars 1893 (J. T., 93-274. note 1) ; Tunis, 2me ch , 23 octobre 1895 (J. T., 95-540) ; Tunis, 2me ch., 20 novembre 1895 (J. T., 96-25).

(4) Tunis, 2me ch., 21 juillet 1893 (J. T., 93-348) ; Tunis, 2me ch., 27 décembre 1893 (J. T., 94-217) ; Tunis, 2me ch., 20 juin 1894 (J. T., 94-442).

Tunisie sur la nature de l'incompétence de la juridiction française en matière immobilière, nous ne pouvons qu'approuver leur système. Il est à la fois plus conforme à l'esprit général de la législation existante en Tunisie, et plus simple, puisqu'il réduit le nombre des renvois à la justice indigène.

SECTION QUATRIÈME. — *Matières administratives.*

La compétence administrative de nos tribunaux de Tunisie constitue une des particularités les plus originales du fonctionnement de notre justice dans la Régence. Au début de notre organisation judiciaire dans ce pays, on ne pouvait y relever rien d'analogue à nos conseils de préfecture ou aux autres tribunaux administratifs qui existent en France : d'autre part, la loi du 27 mars 1883 limitait aux matières civiles et commerciales la compétence des juridictions qu'elle instituait. Il y avait donc une lacune à combler : on aurait pu, peut-être, organiser des conseils de contentieux administratif tels que ceux que le décret du 5 août 1881 a constitués dans nos colonies. Toutefois le gouvernement français préféra laisser l'autorité beylicale légiférer en cette matière, et c'est à elle que l'on doit l'organisation du contentieux administratif en Tunisie.

§ 1er. — Compétence administrative (1).

C'est par un décret beylical, en date du 27 novembre 1888 (2), que la connaissance du contentieux administratif a été reconnue, d'une manière générale, à nos tribunaux.

Divers actes antérieurs avaient, pour des hypothèses parti-

---

(1) Cf. Porée : *Du régime légal fait en Tunisie aux Français et aux étrangers en matière de contentieux administratif* (Clunet 89-223).

(2) R. A., 89-3-2.

culières, conféré cette compétence à notre juridiction, mais la
théorie d'ensemble n'existait pas, et peut-être même est-il
permis de regretter que l'article premier du D. Beyl. de 1888 ne
soit pas plus catégorique dans l'expression de ses termes.

Nous savons déjà que le protocole franco-italien du 25 janvier 1884 a soumis à nos tribunaux la connaissance du contentieux administratif, intéressant les nationaux et les protégés
italiens, et nous aurons à revenir sur les conditions dans
lesquelles cette compétence devait s'exercer.

Rappelons, en outre, qu'en 1885, le décret qui réglementait
le domaine public a établi des règles spéciales à ce sujet.

Ce n'est donc que par le décret beylical du 27 novembre 1888
que l'on s'est trouvé en présence d'une législation d'ensemble.
Peut-être faut-il se demander si un décret beylical pouvait
créer au profit du tribunal français une compétence que la loi
du 27 mars 1883 lui refusait en la passant sous silence. Nous
aurons à revenir ultérieurement sur cette question quand nous
examinerons dans quelle mesure le Bey peut créer la compétence de nos tribunaux ou modifier l'étendue que lui accorde
la loi de 1883. Bornons-nous à constater, en ce qui concerne
la compétence accordée par le D. Beyl. du 27 novembre 1888,
que, si la question a été soulevée en théorie, elle est restée à
peu près inconnue en pratique. Cependant le Directeur des
travaux publics de la Régence, dans un pourvoi introduit devant
la Cour de Cassation, soutenait que le visa du Résident général
n'avait pu donner force obligatoire au D. Beyl. du 27 novembre 1888, car celui-ci était contraire à la loi du 27 mars 1883.
Sa demande a été rejetée pour vice de forme sans que la
Chambre des Requêtes ait abordé le fond du litige (1).

L'article premier du D. Beyl. du 27 novembre 1888 détermine les limites de la compétence des juridictions françaises
en matière administrative, en stipulant qu'elles connaitront
de toutes les instances tendant à faire déclarer l'administration

_____

(1) Cass. Req., 26 mai 1894 (J. T., 94-458. note 1).

débitrice, soit à raison de l'inexécution des marchés conclus par elle, soit à raison des travaux qu'elle a ordonnés, soit à raison de tout acte de sa part ayant, sans droit, porté préjudice à autrui. Les actions intentées par les autorités administratives contre les particuliers doivent être portées devant les mêmes juridictions.

Par le fait de l'énumération qu'il contient, cet article n'accorde pas à nos tribunaux l'ensemble de la compétence administrative. Il laisse de côté la connaissance des questions d'impôts (1) ou celle des matières administratives qui revêtent un caractère de répression (2). Il semble que le décret de 1888 ait voulu restreindre la compétence de nos tribunaux, au point de vue administratif, aux actes qui, en France, pourraient donner lieu à un recours en Conseil d'Etat pour excès de pouvoir.

Quel sera l'effet de cette intervention de nos juridictions civiles sur les actes de l'administration qui leur seront ainsi déférés? Le principe même de la séparation des pouvoirs administratif et judiciaire a inspiré au législateur les articles 3 et 4 du décret. Seulement, tandis que notre loi du 28 pluviôse an VIII ne se contente pas d'interdire aux tribunaux civils de prononcer la suspension, la destruction ou la modification des travaux publics, mais encore leur défend de statuer sur les dommages-intérêts qui sont la conséquence directe de l'exécution de ces travaux, le décret beylical de 1888, plus libéral que notre législation, ne maintient que la première de ces incompétences, mais il supprime la seconde et permet, par conséquent, à notre juridiction de condamner l'administration au paiement de dommages-intérêts quand elle a, par un de ses

---

(1) Cependant, divers D. Beyl. créant des taxes municipales, que nous assimilerions en France aux contributions directes, ont déféré aux juges de paix les réclamations des contribuables européens.

(2) Remarquons cependant que l'article 24 du D. Beyl., du 26 septembre 1886 (Bomp., p. 484), a déféré au tribunal français la connaissance des contraventions commises en matière de servitudes militaires.

actes, lésé un particulier. Le caractère des travaux publics se détermine par leur but, qui est d'assurer le fonctionnement d'un service public, régulièrement créé par l'autorité compétente : il en a été ainsi décidé, par exemple, pour les machines placées dans l'hôtel des Postes, à Tunis, et dont un voisin demandait la suppression (1).

Il ne fallait cependant pas que cette attribution de compétence vint entraver l'action de l'administration et rendre son rôle par trop difficile ; aussi le décret beylical a-t-il pris à cet égard des précautions spéciales. L'article 3 interdit aux tribunaux de porter obstacle aux actes de l'administration, soit en entravant l'exécution des règlements légalement pris par elle, soit en faisant exécuter, suspendre ou modifier des travaux publics. L'article 4 ajoute que nul ne doit demander directement aux juridictions civiles l'annulation d'un acte de l'administration, et ne laisse à l'intéressé que la faible ressource de recourir à la voie gracieuse pour obtenir la réformation de l'acte qui lui porte préjudice.

Quelque sévères que soient ces restrictions apportées au pouvoir de nos tribunaux, elles laissent encore à leurs décisions une importance notable en matière administrative. D'une part, ils ont le droit de se refuser à tenir compte de tout acte qui n'a pas été pris légalement, et c'est à eux qu'il appartient d'apprécier le caractère de légalité de ces actes. C'est ce qu'ils ont fait plusieurs fois en examinant la régularité d'expropriations pour cause d'utilité publique et en accordant des dommages-intérêts à l'exproprié (2). C'est ainsi qu'ils ont refusé de condamner un particulier au paiement de l'*achour*, ou dîme des céréales, parce que l'administration n'avait pas rempli validement toutes les formalités requises contre le contribuable (3). Dans le même ordre d'idées, ils ont annulé une clause

---

(1) Tunis, 1re ch., 24 avril 1893 (R. A., 93-2-412) ; conf. par Alger, 2me ch., 17 février 1894 (R. A., 94-2-178).

(2) Tunis, 1re ch., 13 juillet 1891 (R. A., 91-2-489).

(3) Tunis, 1re ch., 25 juin 1892 (R. A., 92-2-303).

compromissoire insérée par la direction des Finances dans le cahier des charges imposées aux adjudicataires de l'impôt des *Mashoulats* (1).

Nos tribunaux se sont refusés à outrepasser les termes du décret beylical en substituant leur décision à un acte administratif. Une fois seulement, ils se sont contentés de ne pas résoudre la question quand on leur a demandé d'annuler un décret d'expropriation (2) ; mais, par contre, ils ont refusé de prononcer l'annulation de l'arrêté régulier en vertu duquel le président de la municipalité de Tunis a interdit les inhumations dans l'intérieur de la ville (3), ou encore ils ont confirmé les alignements émanés des autorités locales (4).

Telle qu'elle résulte des diverses décisions que nous venons de rapporter, l'interprétation donnée par nos tribunaux aux articles 3 et 4 du décret de 1888 se fait remarquer par un respect absolu de tout acte administratif régulièrement pris, mais, en même temps, par une très grande indépendance dans l'appréciation de la légalité de ces actes.

On voit, parlà, quelle autorité imposante notre juridiction de Tunisie a retirée du décret de 1888, et ce pouvoir est bien plus important quand on se rappelle que l'article premier de ce décret donne à nos tribunaux le droit d'accorder des dommages-intérêts aux particuliers lésés par des actes administratifs. Si l'on ne connaissait pas la sagesse politique de nos magistrats, on pourrait redouter qu'ils ne fissent usage de cette faculté pour entraver l'action de l'administration en condamnant celle-ci à des dommages-intérêts exorbitants.

L'article deux du décret de 1888 réglemente la procédure à suivre en matière administrative : cette procédure est très sim-

---

(1) Tunis. 1re ch., 5 décembre 1892 (R. A., 93-2-68).

(2) Tunis. 1re ch., 13 juillet 1891 (R. A., 91-2-489).

(3) Tunis. 1re ch., 17 juillet 1893 (R. A., 93-2-463).

(4) Sousse, 29 janvier 1891 (J. T., 92-77). Comp. : Tunis, 1re ch., 12 décembre 1892 (J. T., 97-28).

plifiée. Toutes les affaires sont réputées sommaires et ins-
truites comme telles devant nos juridictions.

Un des points les plus remarquables consiste dans le caractère facultatif des fonctions de défenseur en matière administrative : « Les parties intéressées peuvent présenter elles-
mêmes leurs observations ou les adresser sous forme de mémoires signifiés à la partie adverse et déposés au greffe. Dans
le cas où les parties seraient représentées par un mandataire,
ce mandataire ne pourra être choisi que parmi les défenseurs
ou les avocats. » L'article ajoute que les administrations publiques sont valablement représentées par un de leurs fonctionnaires. La suppression du ministère obligatoire des défenseurs peut avoir de réels avantages au point de vue de la diminution des frais, mais encore est-il permis de se demander
si un décret beylical pouvait modifier aussi profondément les
règles de procédure que la loi française impose à nos tribunaux. Notons à ce sujet que le ministère des défenseurs étant
facultatif, on en a très logiquement déduit que leurs honoraires ne pouvaient entrer en taxe et que les défenseurs n'avaient
pas le droit de demander la distraction des dépens à leur profit (1).

L'article deux du décret de 1888, en réglant la procédure en
matière administrative, laisse quelques points dans l'obscu-
rité. Il n'indique pas clairement le taux de compétence des
divers ordres de juridiction. En combinant toutefois l'article
premier, qui confère la connaissance des causes administratives aux divers tribunaux dans les limites de la compétence
attribuée à chacun d'eux avec l'article cinq, qui décide que
l'appel est toujours recevable en pareil cas, on en conclut que
les juges de paix connaissent des affaires administratives
jusqu'à mille francs (2) et que, au-dessus de ce chiffre, le tri-

(1) Tunis, 1re ch., 16 juillet 1893 (R. A., 93-2-118); Tunis, 1re ch.,
10 décembre 1894 (R. A., 95-2-126) ; Tunis, 1re ch., 6 avril 1895 (R. A.,
95-2-323).

(2) J. de p. Tunis-Nord, 2 janvier 1896 (J. T., 96-142).

bunal civil statue en premier ressort. L'appel des décisions
des juges de paix se porte devant le tribunal de première
instance ; celui des jugements des tribunaux devant la Cour
d'Alger.

Le décret de 1888 garde le silence au sujet de l'application
de la procédure des référés en matière administrative. Il en
est résulté une controverse assez vive entre les tribunaux de
Tunisie et l'administration des travaux publics. Un particulier
ayant assigné en référé le Directeur des travaux publics de
la Régence, celui-ci déclina la compétence du tribunal. Le
juge des référés se déclara compétent par une ordonnance,
qui fut confirmée en appel par la Cour d'Alger (1). Décidée à
fixer la jurisprudence sur ce point, l'administration forma un
pourvoi en cassation et soutint à l'appui de ce pourvoi que le
décret beylical du 27 novembre 1888 n'était pas obligatoire
pour les tribunaux français. Ce pourvoi a été rejeté pour vice
de forme par la Chambre des Requêtes, le 26 mai 1894 (2),
comme n'ayant pas été introduit par une personne ayant
qualité. Le fond du droit n'a pas été examiné, et la question
reste ouverte. Cependant, dans l'intervalle, le tribunal de Tunis
avait eu, le 4 juillet 1891 (3), l'occasion de confirmer sa jurisprudence. Il nous semble que, dans cette controverse, il y a
lieu de se ranger à l'opinion de nos magistrats. En effet, il est
assez illogique de supposer que le silence du décret de 1888
doive entraîner une dérogation au droit commun de nos tribunaux : c'est évidemment le contraire qu'il faut admettre en
appliquant le principe rappelé par la Cour d'Alger dans son
arrêt du 11 mai 1891 : « le juge du fond est en même temps
juge du provisionnel. » Il est vrai que l'administration soutenait que l'adoption des mesures urgentes, que suppose la
procédure des référés, ne pouvait que violer l'article trois du

(1) Tunis, réf. 28 août 1890 (J. T. 91-101) ; conf. par Alger, 1re ch.,
11 mai 1891 (J. T., 91-224).
(2) J. T. 94-458.
(3) Tunis, réf. 4 juillet 1891 (J. T. 92-15).

D. Beyl. de 1888 en entravant la marche de l'administration. Cette argumentation aurait de la valeur, si toute mesure sollicitée en référé devait avoir pour conséquence nécessaire de gêner et de paralyser l'exécution des travaux publics. Mais il est bon nombre de ces mesures qui n'ont qu'un caractère conservatoire : les nominations d'experts pour un constat, par exemple. On ne voit pas le motif qui interdit de leur appliquer la procédure des référés.

L'article 5 du décret de 1888 dispose que toutes les décisions rendues en matière administrative sont susceptibles d'appel et que la juridiction saisie statue en dernier ressort. Là encore il est permis de se demander si le décret beylical peut se concilier avec les dispositions de la loi du 27 mars 1883 (articles 3 et 4), qui donnent compétence en dernier ressort au juge de paix jusqu'à cinq cents francs, et au tribunal civil jusqu'à trois mille francs. Nos tribunaux ne se sont pas préoccupés de cette question. Aux termes du D. Beyl. de 1888, l'appel est toujours suspensif (1).

Les règles de procédure prescrites en première instance s'appliquent aussi en appel. Le texte est muet au sujet du délai d'appel ; il nous semble que le délai de droit commun fixé par l'article 8 de la loi du 27 mars 1883, doit trouver ici son application.

Le D. Beyl. de 1888 établit, en matière administrative, une théorie spéciale au sujet du pourvoi en cassation ; il en fait une voie de recours exceptionnelle, destinée à protéger l'administration contre les empiétements que les tribunaux pourraient être tentés de commettre à son préjudice. En effet, ce n'est qu'en cas de violation des articles 3 et 4 du décret de 1888 qu'un recours en cassation peut être formé, c'est-à-dire contre les mesures qui ordonneraient, modifieraient ou interdiraient l'exécution de travaux publics ou contre les décisions

(1) Tunis, 1re ch., 9 avril 1894 (R. A. 94-2-338) ; Tunis. 1re ch.. 6 avril 1895 (R. A.. 95-2-223).

judiciaires dans lesquelles l'annulation d'un acte administratif serait prononcée. Dans deux arrêts rendus le 14 janvier 1896 1), la Cour de Cassation a refusé d'admettre deux pourvois, dont l'un avait rapport à l'inexécution prétendue de marchés conclus avec le Gouvernement tunisien, et dont l'autre avait pour objet une demande contre ce Gouvernement pour paiement d'une créance, contractée par lui, en qualité de puissance publique.

Le domaine du pourvoi en cassation devient encore plus restreint quand on considère les personnes qui peuvent l'exercer. Aux termes de l'article 5 du D. Beyl., le recours est formé *soit d'office par le ministère public, soit à la requête du Résident général par le ministre de la justice*. C'est en s'appuyant sur ce texte que la Chambre des Requêtes a déclaré irrecevable un pourvoi introduit par le Directeur général des travaux publics de Tunisie (2).

Notons, pour terminer, que le pourvoi peut être formé directement, même contre un jugement en premier ressort, et qu'il est suspensif. Au cas où le jugement attaqué serait annulé, cette décision profiterait à toutes les parties en cause.

Telle elle est l'économie du décret beylical du 27 novembre 1888 ; il comble une lacune de la législation antérieure, mais on peut regretter qu'il soit incomplet sur divers points et que, dans son article premier, il ait donné une énumération des actes qui constitueraient le contentieux administratif des tribunaux français au lieu d'attribuer à ces derniers une compétence générale. C'est ainsi qu'il ne parle pas des difficultés relatives aux contributions directes : quelques textes spéciaux ont accordé à notre juridiction la connaissance des difficultés soulevées par des contribuables européens au sujet de taxes municipales, mais une décision d'ensemble fait défaut. En France, nos tribunaux d'ordre judiciaire sont incompétents en

(1) Cass. req., 14 janvier 1896 (deux arrêts) (J. T. 96-92).
(2) Cass. req., 26 mai 1894 (J. T. 94-458).

matière de contributions directes ; la loi du 27 mars 1883 ne leur
donne certainement pas ce pouvoir en Tunisie. Tout au plus,
peuvent-ils prétendre qu'ils le tirent du droit commun en con-
sidérant le contribuable comme un débiteur contre lequel
l'Etat fait valoir sa créance ; ce serait peut-être une assimilation
un peu risquée et en contradiction avec notre droit public. De
même, le décret de 1888 ne dit pas à qui revient l'interprétation des actes administratifs : appartient-elle à l'autorité de
laquelle ils émanent ou au tribunal, juge du contentieux administratif ?

Le D. Beyl. du 27 novembre 1888 s'applique aux étrangers
aussi bien qu'aux Français ; une exception a existé toutefois à
l'égard des Italiens jusqu'à ces derniers temps. Dès la suppression de la juridiction consulaire d'Italie en Tunisie, l'article 6
du protocole du 25 janvier 1884 avait conféré à nos tribunaux
la connaissance du contentieux administratif concernant les
Italiens dans la Régence, et cela dans les termes de la loi italienne du 20 novembre 1865.

Le D. Beyl. de 1888 n'a rien pu modifier à cette situation
résultant d'un accord international ; il n'a donc pas régi au
début le contentieux administratif concernant les Italiens. Nos
tribunaux devaient appliquer la loi italienne de 1865 ; ils
tiraient, en outre, du protocole franco-italien de 1884 le droit
de se prononcer sur les controverses d'interprétation ou
d'exécution au sujet des arrangements financiers garantis par
la France, l'Italie et l'Angleterre, ou des actes antérieurs du
Gouvernement beylical, mais sans aller cependant jusqu'à
remettre en cause ces actes ou ces arrangements. Aux termes
de la loi italienne de 1865, telle que la jurisprudence des Cours
d'Italie l'interprète (1), nos tribunaux se sont refusés à prononcer l'annulation d'actes administratifs (2) ; mais ils ont
décidé qu'ils avaient le pouvoir de suspendre ou d'arrêter

(1) Cour de Naples, 19 octobre 1870 ; Cassat. Naples, 29 février 1868.
(2) Tunis, 2e ch., 5 mai 1888 (R. A.. 88-2-506).

l'exécution de ces actes lorsqu'ils lèsent les droits qu'un tiers
tient de la loi commune ou de ses conventions particulières (1).
L'article 7 de la convention italo-tunisienne d'établissement du
28 septembre 1896 a fait disparaître cette situation spéciale en
soumettant les Italiens aux règles du droit commun de la juridiction française.

§ II. Compétence au sujet du domaine public et du domaine militaire.

Jusqu'au D. Beyl. du 24 septembre 1885, qui est venu réglementer définitivement la matière, on peut dire que la notion
même du domaine public n'existait pas clairement en Tunisie
et, par suite, on ne pouvait parler de compétence à cet égard.
Pour remédier à une situation d'autant plus grave que le tribunal français avait déclaré inapplicables en Tunisie les lois
françaises sur le domaine public (2), le Bey a rendu, le 24 septembre 1885, un décret (3) qui a constitué et organisé le domaine
public dans la Régence.

Nous n'avons à nous préoccuper ici que des questions de
compétence qui peuvent être soulevées à l'occasion de ce
décret. Son article 7 résout le problème en se basant sur la
nationalité du contestant ; si ce dernier est Tunisien, l'affaire
est portée devant le juge indigène ; s'il est Européen ou assimilé, la contestation rentre dans le ressort des tribunaux français. Toutefois notre juridiction est toujours compétente si la
contestation est élevée entre les droits du domaine public
et ceux d'un immeuble immatriculé conformément aux dispositions de la loi foncière. En se basant sur les termes du décret
beylical de 1885, la juridiction française a plusieurs fois affirmé

(1) Tunis, 6 mai 1885 (R. A., 85-2-282).
(2) Tunis, 6 mai 1885 (J. T., 94-524).
(3) Bomp., p. 96.

sa compétence (1), en particulier dans une hypothèse où le contestant européen déclinait l'intervention du tribunal français, parce que l'immeuble n'était pas immatriculé et qu'un Tunisien était en cause (2).

Dans les limites où la compétence du tribunal français est déterminée par la nationalité du contestant, elle est absolue au regard de l'objet du litige, soit pour apprécier les droits de propriété, d'usage ou d'usufruit que des particuliers avaient pu légalement acquérir avant le D. Beyl. du 24 septembre 1885 (3), soit en accordant des dommages-intérêts, sans toutefois pouvoir prononcer l'annulation des actes lésionnaires, pour la destruction des constructions établies sur les rivages de la mer ou pour des dépossessions résultant des arrêtés de délimitation du domaine public, pris régulièrement par des décrets beylicaux, précédés des formalités légales (4). Le tribunal peut, d'ailleurs, examiner si les formes ont été observées en toute régularité (5).

A la suite du D. Beyl. du 24 septembre 1885, qui a organisé le domaine public dans la Régence, est intervenu un deuxième D. Beyl. en date du 2 septembre 1886, qui a constitué le domaine militaire et réglementé le régime des servitudes militaires (6). Ce décret attribue, en cette dernière matière, diverses compétences au tribunal français. D'une part, l'article 22 lui confère les attributions dévolues, en France, aux tribunaux administratifs par l'article 20 du décret du 10 août 1853, relatif au bornage des zones de servitude et des polygones exception-

---

(1) Tunis, 1re ch., 23 mai 1892 (J. T., 94-238) ; Tunis, 1re ch., 19 février 1894 (J. T., 94-240) ; Tunis, 1re ch., 11 juin 1894 (J. T.. 94-384) ; Tunis, 1re ch., 1er avril 1895 (J. T., 95-278) ; Tunis, 1re ch., 18 mai 1896 (J. T., 96-347).

(2) Tunis, 1re ch., 23 mai 1892 (J. T. 94-238).

(3) Tunis, 2e ch., 13 juin 1889 (J. T., 90-274) ; Tunis, 1re ch., 19 février 1894 (R. A., 94-2-252).

(4) Tunis, 2e ch., 18 février 1888 (J. T., 95-535) ; Tunis, 1re ch., 15 juin 1891 (R. A., 91-2-564).

(5) Tunis, 1re ch., 12 décembre 1892 (R. A., 93-2-134).

(6) Sousse, 29 mai 1889 (J. T., 89-200).

nels ; d'autre part, la justice française, d'après l'article 24,
statue sur les contraventions à la police des zones militaires (1).
C'est le tribunal correctionnel qui prononce dans ce dernier
cas (2).

§ III. — Compétence en matière d'impôts.

Le D. Beyl. du 27 novembre 1888 passait sous silence la
compétence administrative que nos tribunaux pouvaient posséder en matière d'impôts. A côté de la compétence qu'ils
obtenaient naturellement à l'égard de leurs justiciables pour
les poursuites en recouvrement de l'impôt, il y a lieu, en effet,
de tenir compte du contentieux relatif aux demandes en
décharge et en réduction au sujet de l'établissement des rôles
d'impôts, demandes qui, en France, sont de la compétence de
nos juridictions administratives.

En l'absence d'une législation spéciale sur la matière, c'est
à chaque texte en particulier qu'il faut avoir recours, et leur
nombre, surtout en ce qui concerne les taxes municipales, est
considérable. La règle générale que l'on peut en déduire renvoie les demandes en décharge et en réduction devant notre
juridiction, quand elles émanent d'un de ses justiciables. C'est
à chaque texte qu'il faut se reporter pour déterminer si c'est
le tribunal civil ou le juge de paix qui doit connaître de l'affaire. Diverses dérogations aux règles de compétence, fixées
par la loi de 1883, se relèvent dans certains décrets beylicaux :
nous aurons à étudier ultérieurement dans quelle mesure les
règles de l'organisation de notre justice ont pu être modifiées
par l'autorité du Bey.

---

(1) Alger, ch. corr., 12 mars 1896 (R. A., 96-2-374) ; Alger, ch. corr.
6 novembre 1896 (J. T., 96-587).
(2) Sousse, 30 octobre 1895 (J. T., 96-138).

APPENDICE : *Contentieux de l'Etat français en Tunisie.*

Le décret du 27 novembre 1888 ne pouvait évidemment viser que le contentieux administratif, propre à l'Etat tunisien ; quelles règles, dès lors, fallait-il appliquer au contentieux que l'Etat français pourrait soulever en Tunisie ?

On a été jusqu'à se demander si un contentieux administratif français pouvait exister en pays de protectorat. On a soutenu que tous les actes du Résident général étaient non des actes administratifs, mais des actes de souveraineté qui n'étaient pas susceptibles d'un contentieux quelconque. Agent diplomatique à l'égard des tierces puissances, le Résident général exerce en Tunisie, à titre de dépositaire des pouvoirs de la République française, une autorité souveraine basée sur un traité formel. Cependant, cette théorie, vraie lorsqu'elle considère le Résident général dans la partie politique ou diplomatique de ses attributions, doit être rejetée lorsque ce haut fonctionnaire agit comme chef de certains services que le traité de protectorat a remis à l'administration française ; dans ces hypothèses, il y a fatalement lieu à l'existence d'un contentieux (1).

Ce contentieux ne saurait ressortir devant nos tribunaux de Tunisie, car il est refusé en France aux juridictions de même nature et aucun texte spécial ne le leur accorde dans la Régence (2). Il faut recourir au droit commun et, en l'absence de conseils de préfecture ou de conseils de contentieux administratif, analogues à ceux que les décrets du 5 août et du 7 septembre 1881 ont organisés dans nos colonies, il y a lieu de porter la question devant le Ministre qui a conclu le mar-

(1) Wilhelm : *Théorie juridique des protectorats* (Clunet 90-217).
(2) Tunis, 2e ch., 31 juillet 1891 (J. T. 95-214) ; Tunis, 1re ch., 17 décembre 1894 (R. A., 95-2-186).

ché, sauf à déférer, en cas de besoin, sa décision au Conseil d'Etat (1).

Le Conseil d'Etat s'est déclaré incompétent à l'égard d'une demande rejetée par le Ministre de la guerre, demande d'indemnité pour les dommages éprouvés en cours d'opérations militaires contre les tribus insoumises de Tunisie. Ce n'était pas là un acte de contentieux administratif, mais bien une intervention de l'armée française, au nom du Bey, en vertu du traité de protectorat, instrument diplomatique dont la juridiction administrative n'avait pas à connaître (2).

SECTION CINQUIÈME. — *Matières pénales.*

§ Ier. **Théorie générale.**

En matière répressive, comme dans les questions civiles et commerciales, les tribunaux français de Tunisie tirent leur compétence, d'une part de l'abrogation des anciennes juridictions consulaires, de l'autre d'abandons de pouvoirs bénévolement consentis par le Bey.

L'article 2 de la loi du 27 mars 1883 conférait à notre justice la connaissance des poursuites intentées contre les Français et protégés français pour crimes, délits et contraventions ; cette compétence pouvait être étendue à toutes autres personnes par des décisions du Gouvernement beylical, rendues avec l'assentiment de la France.

De la combinaison du D. Beyl. du 5 mai 1883 avec les divers actes qui ont abrogé les tribunaux consulaires en Tunisie, il est résulté que les Européens ou protégés des puissances européennes ont été soumis, en matière pénale, à la juridiction

---

(1) Cons. d'Etat, content., 21 décembre 1888 (R. A., 91-2-483) ; Tunis, 1re ch., 17 décembre 1894, (R. A., 95-2-186).
(2) Cons. d'Etat, content., 26 février 1886 (J. T. 95-189).

française dans les mêmes conditions que les Français eux-mêmes.

Toutefois, pour faciliter la conclusion du protocole franco-italien de 1884, il a fallu promettre de ne pas laisser appliquer aux Italiens la peine capitale que les tribunaux criminels de Tunisie auraient pu prononcer contre eux. Une clause formelle en ce sens eût été inconstitutionnelle, car elle eût violé l'article 3 de la loi du 25 février 1875, qui accorde au Président de la République le droit de grâce, mais ne permet pas de réglementer l'exercice qu'il peut en faire. On s'est contenté d'insérer dans le protocole un article 9, ainsi conçu : « Si la peine capitale était prononcée par le nouveau tribunal, en Tunisie, contre un sujet italien, l'attention du Président de la République sera appelée d'une manière toute spéciale, en vue de l'instance en grâce pour la commutation de cette peine, sur l'état actuel de la législation en Italie à l'égard de la peine de mort. » (1)

Dans le préambule du décret beylical du 31 juillet 1884, le Bey s'était formellement réservé la juridiction pénale sur ses sujets tunisiens comme étant l'un des attributs essentiels de sa souveraineté ; un an plus tard, cependant, un nouveau décret beylical du 2 septembre 1885 conférait aux tribunaux français la connaissance de divers crimes, délits ou contraventions, soit en raison de la nature même de l'infraction, soit en considération de la qualité ou de la nationalité de certains coupables. Nous aurons à revenir sur l'interprétation de ce décret, qui a soulevé d'assez vives controverses.

Divers autres décrets sont venus dans la suite soumettre à nos tribunaux certaines infractions d'un genre plus spécial, qui rompent avec l'ancien ordre de choses et n'auraient peut-être pas trouvé de la part de la justice indigène une interprétation exacte ou une application rigoureuse. C'est ainsi que le D. Beyl. du 2 septembre 1886, nous le savons, a renvoyé devant

(1) Cette clause est rappelée dans le protocole annexe au traité d'extradition de 1896 (R. A., 97-3-83).

le tribunal correctionnel français le jugement des contraventions commises en matière de servitudes militaires (1). Toutes les contraventions au privilège de l'office postal tunisien en matière de poste ou de télégraphe sont du ressort de la juridiction française (2) ; il en est de même des infractions au D. Beyl. du 6 juillet 1889 relatif aux lignes télégraphiques de la Régence (3).

Les falsifications des certificats d'origine pour les produits tunisiens ont également été renvoyées à notre justice, quelle que fût la nationalité des inculpés (4).

De ces quelques indications, il résulte que la compétence pénale des diverses juridictions françaises est absolue à l'égard des Français, des Européens et des protégés diplomatiques ; elle est également entière en ce qui concerne certaines infractions. Elle est, au contraire, exceptionnelle à l'encontre des Tunisiens, auxquels elle s'applique dans les conditions prévues par le D. Beyl. de 1885.

§ II. Réserves de compétence pénale stipulées par le Bey. – Décret du 2 septembre 1885 (5).

« En matière pénale, disait le Bey, dans le préambule de son décret du 31 juillet 1884, les Tunisiens resteront, bien entendu, nos justiciables, car c'est un des attributs de notre souveraineté. » Ce texte affirme donc expressément que la juridiction répressive est retenue par le Bey et que, selon le droit commun, un Tunisien ne peut être jugé que par le tribunal tunisien.

(1) Sousse, 30 octobre 1895 (J. T. 96-138).
(2) D. Beyl. du 11 juin 1888 (R. A., 88-3-138).
(3) D. Beyl. du 6 juillet 1889 (R. A., 89 3-119).
(4) D. Beyl. du 26 novembre 1894, art. 7 (R. A., 94-3-64).
(5) Cf. Sarrut : *De la compétence de la juridiction française pour connaitre, en Tunisie, des délits commis par des Tunisiens au préjudice de ses justiciables* (D. P. 95-1-49) (J. T. 95-238).

Cependant l'influence prépondérante de la France amena le Bey à consentir, dans son décret du 2 septembre 1885 (1), une série de dérogations à ce principe, motivées les unes par le désir de faciliter le fonctionnement de la justice française, les autres dans le but de déférer à nos tribunaux toutes les affaires dans lesquelles des Européens sont en cause ou même y ont un intérêt quelconque.

L'article 1er de ce décret a soulevé une très grosse controverse. Il défère aux tribunaux français dans un premier alinéa le jugement de « tous *crimes*, commis en Tunisie par des sujets tunisiens au préjudice des Français ou protégés français et des Européens ou protégés des puissances européennes », tandis qu'un deuxième paragraphe leur accorde la connaissance « de tous *crimes ou délits*, commis en Tunisie, par des sujets tunisiens, lorsque des Français ou protégés français et des Européens ou protégés des diverses Puissances européennes seront auteurs principaux, coauteurs ou complices. »

En présence de ce texte, qui paraît formel, le tribunal de Sousse (2) et sur appel la Cour d'Alger (3) avaient admis que les délits commis au préjudice de leurs justiciables par des sujets tunisiens ne rentraient pas dans les bornes de leur compétence : cette décision ayant été l'objet d'un pourvoi, la Cour de cassation a consacré la solution contraire et arrêté que le mot « crimes» devait être pris dans un sens générique et comprenait par conséquent les délits (4). Sur le renvoi qui lui avait été fait de la cause, la Cour d'appel d'Aix a accepté la solution donnée par la Cour de cassation (5).

En présence de cette jurisprudence, les tribunaux de Tunisie ont dû s'incliner ; mais, quelle que soit l'autorité qui s'attache aux arrêts de la Cour de cassation, il nous semble qu'en bonne

---

(1) Bomp., p. 273.
(2) Sousse, 2 mai 1894 (J. T., 94-332).
(3) Alger, ch. corr., 28 juillet 1894 (J. T., 94-484).
(4) Cass. crim., 9 novembre 1894 (J. T., 94-540).
(5) Aix, ch. corr., 22 février 1895 (J. T. 95-176).

doctrine, sa solution est inadmissible. L'arrêt de la Cour s'appuie sur ce motif « que cette interprétation, conforme à la tendance générale de la législation tunisienne et à l'esprit qui a présidé à la rédaction du décret (1), sauvegarde tous les intérêts et assure la bonne administration de la justice. »

Ce sont là des considérations d'ordre extrinsèque absolument justes, mais en contradiction formelle avec les termes du décret. On conçoit que le Bey eût pu adopter cette solution ; on pourrait même désirer qu'il l'eût fait ; mais il nous semble que la Cour suprême, en consacrant l'interprétation que nous combattons, s'est substituée au législateur et a dépassé le rôle que la loi lui assigne.

Il ne faut pas oublier que nous nous trouvons en matière pénale où l'interprétation restrictive est de rigueur, et cette considération devient encore plus puissante quand on songe qu'il s'agit de faire exception au droit commun en enlevant des Tunisiens à leur juridiction naturelle. En outre, il est certain pour nous que, dans tout le corps du décret du 2 septembre 1885, le mot « crimes » doit être pris dans le sens admis par l'article premier du Code pénal lorsqu'il établit la division tripartite des infractions en crimes, délits et contraventions : cette classification est répétée dans l'article deux du décret et la distinction entre les crimes et les délits s'y trouve dans le §2 de l'article premier et dans l'article trois. Enfin, comme nous l'avons déjà fait remarquer, le § 1er de l'article premier ne parle que des crimes, tandis que le deuxième § de çe même article vise à la fois les crimes et les délits : on est donc parfaitement fondé à soutenir que les délits ne sont pas atteints par le premier paragraphe de l'article un. Tout au plus est-il permis de supposer que le rédacteur du décret a commis une omission ; mais ce n'est pas au juge à la suppléer. Lui reconnaître un pareil pouvoir, ce serait ouvrir la porte à l'arbitraire.

C'est d'ailleurs dans notre sens que le décret de 1885 fut

(1) Le décret beylical du 2 septembre 1885.

interprété dès sa promulgation par le Parquet de Tunis, et, comme le fait judicieusement remarquer le tribunal de Sousse dans son jugement du 2 mai 1894, il serait incompréhensible « que le magistrat qui dirigeait le Parquet de Tunis à la fin de l'année 1885 eût pris une pareille détermination, alors que cependant il savait dans quelles conditions a été pris le décret du 2 septembre 1885 et qu'il y a peut-être collaboré. »

C'est également, à ce qu'il semble, l'avis du Résident général, puisque, à une date postérieure à la jurisprudence nouvelle, il annonçait, le 6 mai 1895, à la Conférence consultative qu'il comptait demander l'extension de la compétence de la juridiction française aux indigènes en cas de délits commis par eux au préjudice d'Européens (1).

Au surplus, il nous semble que c'est très intentionnellement que le rédacteur du décret de 1885 a omis les délits commis par les Tunisiens à l'encontre de nos justiciables. Il faut se rappeler qu'on se trouvait alors au début du fonctionnement de notre juridiction en Tunisie et que son organisation était encore rudimentaire. Un seul tribunal correctionnel étendait son ressort sur toute la Régence ; au dessous de lui, il n'existait qu'un petit nombre de justices de paix concentrées dans le nord de la Tunisie ou dans les villes de la côte : d'immenses régions au centre ou dans le sud se trouvaient dépourvues d'officiers de police judiciaire, et c'était à peine si notre personnel pouvait mener à bien la répression des crimes. Accorder la connaissance des délits à notre juridiction eût été, en fait, assurer l'impunité aux coupables et priver de toute protection les Européens que cependant une pareille mesure aurait eu pour but de favoriser. Il était encore préférable de laisser au juge indigène la répression des délits commis contre nos justiciables, en exerçant sur lui un contrôle actif.

Nous n'hésiterons pas à reconnaître qu'il résultait de cet état de choses certaines conséquences fâcheuses. C'est ainsi

(1) Conf. cons. 95-1-12.

que, compétents à l'égard des banqueroutes frauduleuses, nos tribunaux ne pouvaient connaître des banqueroutes simples : ce qui, en définitive, assurait l'impunité au coupable. Une réforme était donc nécessaire ; l'augmentation de notre personnel judiciaire la rendait pratique, mais il aurait fallu procéder par voie législative.

Pour combattre ces arguments, M. Sarrut, avocat général à la Cour de Cassation, sur les conclusions conformes duquel a été rendu l'arrêt du 9 novembre 1894, a fait observer que l'argument *a contrario* n'était jamais concluant par lui-même, et qu'il y avait lieu d'étudier, d'après l'esprit et la portée du texte, quel pouvait être le véritable sens des mots. Il ajoute qu'on rencontre dans la loi des dispositions qui ne doivent pas être prises dans un sens littéral et que, parfois, le même mot n'a point une signification identique dans deux textes différents. Ces observations sont fort justes sans doute ; mais ici la rédaction générale du décret ne nous permet guère de croire que le rédacteur n'ait pas connu la différence que le Code pénal, dans son article premier, établit entre le mot « crimes » et le mot « délits », et surtout, il est de toute invraisemblance qu'il ait pu employer dans le corps d'un même article le mot « crimes » dans deux sens différents.

A plus forte raison, ne pouvons-nous pas admettre, avec la Cour d'Aix, dans son arrêt du 22 février 1895, que le décret a été rédigé par un juriste étranger, ignorant de notre terminologie juridique (1). Un juriste étranger aurait pu, à la rigueur, se tromper sur la signification précise d'un terme de droit ; mais comment admettre qu'il ait pu prendre, dans son texte, le même mot en deux sens contraires ? En outre, pour qui connaît le fonctionnement de notre protectorat en Tunisie, il est hors de doute que le décret de 1885 a été pris sur l'initiative de notre Résident, et la précision de ses termes porte à croire qu'il a été rédigé par un jurisconsulte français.

(1) Cf. la note sous cet arrêt, Clunet 95-826.

Nous ne saurions donc admettre la jurisprudence de la Cour de Cassation ; pour nous, le D. Beyl. du 2 septembre 1885 n'a point soumis à la compétence de nos tribunaux les délits commis par des Tunisiens au préjudice de nos justiciables.

Quant aux crimes, ils tombent certainement tous sous notre juridiction, alors même que, par suite de certaines circonstances, le tribunal saisi serait le tribunal correctionnel et non le tribunal criminel. Il en a été ainsi jugé à l'égard d'un Tunisien, mineur de seize ans, poursuivi devant le tribunal correctionnel de Sousse, par application de l'article 68 du Code pénal, pour crime d'attentat à la pudeur, commis avec violences sur un enfant de moins de treize ans, de nationalité française (1). En effet, la justice française est certainement compétente à l'égard de tous les crimes commis à l'encontre de ses justiciables sans qu'il y ait lieu d'examiner quelle est la juridiction saisie, ni quelles sont les peines qu'elle doit appliquer.

Le deuxième paragraphe de l'article premier amène les Tunisiens devant notre justice quand ils sont prévenus de crimes ou de délits dans lesquels un de nos ressortissants est en cause. Les faits auxquels plusieurs personnes ont participé nécessitent une unité d'appréciation qui exige le renvoi du jugement devant une juridiction unique : il était dans l'ordre naturel des choses que la justice française fût préférée. Si l'on eût donné l'avantage aux tribunaux du Bey, il eût fallu leur déférer les coauteurs ou les complices européens et tomber, avec le protectorat, dans une situation pire que celle qui existait à l'époque des capitulations. Nous ne sachions pas qu'il se soit élevé de controverse au sujet de cette disposition.

L'article deux du D. Beyl. de 1885 défère les infractions de toute nature, crimes, délits et contraventions aux tribunaux français, quand elles ont été commises à leurs audiences ou

(1) Alger, ch. corr., 16 juillet 1891, conf. par adopt. de motifs. Sousse, 10 juin 1891 (J. T., 92-76).

aux lieux dans lesquels un magistrat accomplissait un acte de ses fonctions. Il en est de même quand les victimes sont des magistrats français dans l'exercice de leurs fonctions ou à l'occasion de cet exercice ou que les infractions ont eu pour but de s'opposer à l'exécution des décisions de notre justice.

À ce sujet, plusieurs controverses d'application se sont élevées : elles se rapportent toutes au dernier paragraphe de l'article, celui qui défère à la justice française les crimes, délits ou contraventions commis en Tunisie par des sujets tunisiens, ou avec leur complicité, « contre l'exécution des arrêts, jugements, sentences, ordonnances ou mandats de la justice française. » On s'est principalement demandé au sujet de ce texte s'il était susceptible d'une interprétation extensive et pouvait frapper toute entrave, même indirecte, apportée au bon fonctionnement de notre juridiction : fallait-il, au contraire, en observer rigoureusement les termes et en restreindre le champ d'application ? Pour qui connaît la tendance de notre protectorat, son but d'assimilation lente de la Régence à notre pays, il est évident qu'en présence du doute qui pouvait résulter des termes du décret, l'interprétation large devait être admise et qu'il fallait réprimer toute atteinte, même indirecte, aux ordres de notre justice.

La jurisprudence s'est fixée en ce sens. Elle a cependant hésité dans une hypothèse : un Tunisien, détenu dans la prison française comme inculpé de vol qualifié au préjudice d'Européens, s'était rendu coupable de coups et blessures sur un de ses codétenus indigènes ; le tribunal de Sousse (1) et, sur appel, la Cour d'Alger (2) estimèrent qu'il n'y avait point là une rébellion susceptible de légitimer la compétence du tribunal français. Il est, en effet, très probable que semblable hypothèse n'était pas rentrée dans les prévisions du législateur de 1883 ; mais, d'autre part, il pouvait en résulter de graves

(1) Sousse, 8 mai 1889 (R. A., 89-2-392).
(2) Alger, ch. corr., 1er juin 1889 (R. A., 89-2-392).

abus pour le maintien du bon ordre dans les prisons, et c'est
dans un but d'utilité pratique que l'on a abandonné cette jurisprudence. Les délits commis, dans l'intérieur des prisons
françaises, par les détenus, ont été considérés comme des en-
traves au mandat d'arrêt qui les avait atteints (1).

En général, nos tribunaux se sont montrés sévères quand
on a cherché à entraver leur fonctionnement. C'est ainsi qu'ils
ont prononcé des condamnations rigoureuses contre des notaires tunisiens, qui, soutenus par les cadis, se refusaient à
transcrire sur les titres de propriété la mention des jugements
d'adjudication rendus par les tribunaux français. Le tribunal
de Sousse les y a obligés, malgré les défenses des cadis, sous
peine de contrainte pécuniaire (2). De même nos tribunaux se
sont déclarés compétents à l'égard d'indigènes qui avaient
menacé de mort l'adjudicataire d'un immeuble vendu à leur
barre, s'il ne renonçait pas à la possession de cet immeuble (3);
ils ont agi de la sorte à l'égard de Tunisiens qui, se prétendant
propriétaires d'un terrain vendu à la barre du tribunal à une
tierce personne, en avaient frauduleusement soustrait la récolte
alors surtout qu'ayant demandé une saisie conservatoire de
cette récolte, ils avaient vu leur prétention repoussée par le juge
des référés (4).

Les derniers articles du D. Beyl. du 2 septembre 1885 n'ont
pas soulevé de controverses notables. L'article 3 rend les
assesseurs tunisiens au tribunal criminel justiciables de
notre juridiction, pour crimes ou délits commis dans l'exercice
de leurs fonctions ou par suite d'un abus de ces mêmes fonctions. L'article 4 et l'article 5 étendent aux Tunisiens cités en
témoignage devant nos tribunaux l'application des moyens
de contrainte autorisés par la loi française, et décident que les
crimes ou délits de faux témoignage, faux serment ou subor-

(1) Sousse, 23 octobre 1889 (J. T., 89-275).
(2) Sousse, 6 juin 1889 (Clunet 90-907)
(3) Sousse, 15 mai 1889 (J. T., 89-152).
(4) Sousse, 18 mai 1889 (J. T., 90-213).

nation de témoins, commis devant notre juridiction, seront jugés par elle.

Jusqu'ici nous ne nous sommes occupés que des crimes et des délits ; en ce qui concerne les contraventions, le D. Beyl. ne les vise que dans son article 2, lorsqu'elles sont commises aux audiences de la justice française, contre nos magistrats dans l'exercice de leurs fonctions ou contre l'exécution des décisions de notre juridiction. La Cour de Cassation (1) a strictement appliqué les termes du D. Beyl. de 1883, en s'appuyant sur ce fait que l'article 2 de la loi du 27 juin 1866 refusait, en règle générale, aux juges français le droit de connaître des contraventions commises à l'étranger. Une interprétation stricte du décret suffisait d'ailleurs à légitimer cette solution. Cependant le D. Beyl. du 15 décembre 1896 sur la police rurale comporte une exception à cette règle ; les contraventions qu'il réprime sont renvoyées à la justice française quand elles sont commises au préjudice d'Européens ou d'assimilés (2).

§ III. Juridiction des conseils de guerre.

Dans les premiers mois qui suivirent l'entrée de nos troupes en Tunisie, de nombreux attentats furent commis contre notre armée d'occupation. Quand il s'agissait de nationaux des puissances européennes, par respect pour les capitulations, on les traduisait devant leurs tribunaux consulaires ; mais les magistrats qui composaient ces juridictions, guidés le plus souvent par certaines considérations politiques, ne prononçaient en général que des condamnations dérisoires quand ils n'allaient pas jusqu'à acquitter des individus notoirement coupables. Cet état de choses nécessitait une modification, et pour mettre fin,

(1) Cass. crim, 4 août 1894 (J. T., 94-427).
(2) D. Beyl. du 15 décembre 1896, sur la police rurale, art. 48 (J. T, 97-12).

par une mesure énergique, à des crimes qui compromettaient la sûreté de notre armée, le général Billot, alors ministre de la guerre, ordonna que la répression des crimes et délits commis en Tunisie contre les membres du corps d'occupation serait confiée à nos conseils de guerre. Cette décision s'appuyait sur l'article 63 du Code de justice militaire, qui est ainsi conçu : « Sont justiciables des conseils de guerre, si l'armée est sur le territoire ennemi, tous individus prévenus, soit comme auteurs, soit comme complices, d'un des crimes ou délits prévus par le titre II du livre IV du présent Code. »

Cette manière de procéder était absolument conforme au droit des gens ; on comprend très bien qu'une armée, opérant sur un territoire dont les magistrats ne lui donnent pas les garanties indispensables d'impartialité, assure elle-même sa sécurité par les moyens dont elle dispose. On pouvait donc justifier cette façon d'agir en Tunisie dans les débuts de notre protectorat, mais cette situation devait logiquement prendre fin lorsque, par suite de l'abolition des juridictions consulaires et la promulgation du D. Beyl. du 2 septembre 1885, la compétence répressive de nos tribunaux fut établie d'une façon efficace.

Le maintien d'une juridiction d'exception était inutile, puisque le juge de droit commun était notre propre magistrat. D'ailleurs, l'article 7 du protocole franco-italien de 1884 prenait soin de stipuler qu'en aucun cas les nationaux ou protégés italiens ne pourraient être renvoyés devant les conseils de guerre. La même pratique dut naturellement être appliquée aux nationaux et aux protégés diplomatiques des autres puissances.

En ce qui concerne les Tunisiens, l'ancienne jurisprudence a été suivie jusqu'à ces derniers temps. Cette pratique présentait un avantage incontestable ; nous savons que, d'après l'interprétation primitivement adoptée par les parquets de Tunisie à l'égard de l'article 1er du D. Beyl. du 2 septembre 1883, ce texte ne déférait pas aux tribunaux français la connaissance des délits commis par des Tunisiens au préjudice d'Européens. Le renvoi du Tunisien devant la juridiction locale eût assuré, en général, l'impunité au coupable, tandis qu'en le déférant aux conseils de guerre, on obtenait la répression des délits commis au préjudice de nos troupes.

Bien que nous ayons admis que l'article 1ᵉʳ du D. Beyl. de 1883 ne visait pas les délits, nous croyons que c'est à tort que les conseils de guerre se déclarèrent compétents. Cependant, l'opinion contraire triompha, à l'origine. Le 27 avril 1887, le conseil de guerre de Tunis (1) affirmait sa qualité pour juger un indigène tunisien prévenu de vol dans un édifice consacré à un culte reconnu par l'Etat. Le conseil de guerre estimait que par les mots « territoire ennemi » employés dans l'article 63 du Code pénal militaire, il fallait entendre le territoire occupé par les troupes françaises à l'étranger, même à la suite de la guerre, lorsque l'occupation se continue pour la protection des intérêts qui l'avaient nécessitée. A l'appui de cette opinion, on faisait remarquer que la Cour de cassation (2) l'avait appliquée pendant l'occupation française des Etats pontificaux (3).

Un nouveau jugement du conseil de guerre de Tunis fut rendu le 13 novembre 1888 dans le même sens et confirmé par le conseil de révision d'Alger, le 22 novembre 1888(4). La question fut alors portée devant la Cour de cassation ; la chambre criminelle, adoptant la théorie du conseil de guerre de Tunis, déclara le pourvoi irrecevable (5).

Une pareille situation était évidemment anormale. Autant la jurisprudence de nos conseils de guerre se justifiait dans les

---

(1) Cons. de guerre de Tunis, 27 avril 1887 (R. A., 88-2-321). Cf. la note en sens contraire.

(2) Cass. crim., 14 et 25 décembre 1865 (S. 65-1-470 et 66-1-84).

(3) Cf. sur ces points : Souchon, *Questions de compétence pénale soulevées par l'établissement du protectorat de la France en Tunisie.* (Clunet. 94-760).

(4) Cf. une note au J. T., 94-542 et 543.

(5) Cass. crim., 25 janvier 1889 (Clunet. 89-687).

débuts de l'occupation, quand les populations indigènes pouvaient facilement se mettre en insurrection, et que, d'autre part, notre influence était battue en brèche par certaines puissances étrangères ; autant elle devenait illogique quand, la Tunisie se trouvant pacifiée et notre tribunal fonctionnant régulièrement, les actes d'hostilité eurent disparu, et que l'on ne se trouva plus qu'en présence d'infractions comme il s'en produit fatalement, même dans les pays les plus civilisés. N'y avait-il pas une anomalie étrange à assimiler la Tunisie à un « territoire ennemi » quand la France se trouve en être la puissance protectrice et qu'elle a conclu avec la Régence le traité du Bardo, dont l'article 3 stipule que la France doit garantir la sécurité des États du Bey ? Devait-on oublier de la sorte que nos troupes n'occupent le territoire de la Tunisie qu'en vertu des clauses de ce traité de protectorat, qui est aussi un traité d'amitié ? Et l'on peut ajouter, si l'on accepte l'interprétation donnée par la Cour de cassation à l'article 1er du D. Beyl. de 1885, qu'il est inutile de recourir à une juridiction d'exception, puisque nos tribunaux sont compétents pour juger les crimes et les délits commis contre nos nationaux. Quant à l'assimilation qu'on a voulu établir entre la situation de nos troupes en Tunisie et celle de notre corps d'occupation dans les États du Pape, elle pouvait être exacte en 1881 ou en 1882, mais elle ne saurait être vraie maintenant : les Provinces romaines se trouvaient en insurrection permanente, au moins à l'état latent, et la présence de nos troupes y était supportée avec contrainte ; la plus grande tranquillité règne, au contraire, dans la Régence, et l'on ne saurait y relever la moindre hostilité contre nos soldats (1).

Toutes ces raisons ont fini par triompher, et la Cour de cassation est revenue sur sa jurisprudence primitive. Le conseil de guerre de Tunis s'étant déclaré compétent (2), le 13 avril 1892, pour juger un indigène tunisien non militaire, prévenu

(1) *Sic :* Despagnet, *op. cit.*, p. 341.
(2) Cons. de guerre, Tunis, 13 avril 1892 (R. A., 92-2-204), et les observations de M. Surville sur ce jugement (Rev. crit. 1894, p. 277).

de vol au préjudice d'un officier français, la Cour de cassation, par un arrêt en date du 2 juin suivant (1), estimant que la Tunisie ne pouvait, à aucun titre, être assimilée à un territoire ennemi, décida que le conseil de guerre n'était pas compétent. Elle a, depuis lors, renouvelé ses jugements dans le même sens (2), et les tribunaux militaires se sont inclinés devant cette jurisprudence (3).

Aujourd'hui la question paraît ne présenter qu'un intérêt purement historique : mais la controverse était assez récente pour mériter un rapide exposé.

APPENDICE. — *De l'extradition en Tunisie* (4).

L'extradition des malfaiteurs est d'un usage courant dans les relations entre Etats, soit qu'elle ait lieu en vertu de conventions diplomatiques, soit qu'elle provienne de la bonne volonté de la puissance qui livre le coupable. Toutefois, avant 1881, cette institution était inconnue en Tunisie, car, dans ce pays, qui était compris dans les Echelles de Barbarie, les consuls tiraient des capitulations des pouvoirs de police suffi- sants pour s'emparer de la personne de leurs nationaux qui, se trouvant sous le coup de poursuites criminelles dans leur pays d'origine, s'étaient réfugiés dans la Régence. Depuis la suppres- sion des droits de juridiction accordés aux consuls, la situa- tion s'est entièrement modifiée ; et tandis que les autorités

(1) Cass. crim., 2 juin 1892 (R. A., 93-2-51).
(2) Cass. crim., 13 janvier 1894 (R. A., 94-2-155) : Cass. crim., 4 août 1894 (J. T., 94-428).
(3) Cons. de guerre, Tunis, 21 mars 1894 (R. A., 94-2-318).
(4) Cf. sur ce sujet : Locard. *Des malfaiteurs étrangers, réfugiés en Tunisie* (Clunet, 89-396 et 773) ; Herbault : *Etude sur les déclarations de réciprocité en matière d'extradition, échangées entre la France et les puis- sances étrangères*, nos 57 à 60, (Clunet, 93-1083) ; Souchon : *Questions de compétence pénale soulevées par l'établissement du protectorat de la France en Tunisie* (Clunet, 94-762).

consulaires ont perdu une partie de leurs pouvoirs, l'établissement du protectorat est venu apporter des restrictions à la
souveraineté beylicale. L'extradition a donc pris naissance,
mais avec des particularités qui résultent de la situation réciproque de la France et de la Tunisie.

Nous étudierons donc les rapports que le protectorat a
établis entre le Gouvernement français et la Régence au point
de vue de l'extradition, et, en second lieu, la situation dans
laquelle se trouve l'autorité beylicale à l'égard des puissances
étrangères.

§ 1er. — Rapports de la France et de la Tunisie.

Comme le fait remarquer M. Wilhelm, « dans les rapports
entre l'État protecteur et l'État protégé, la capture et la livrai-
son d'un criminel deviennent non pas des actes de souveraineté, effectués de gouvernement à gouvernement, mais bien
des mesures de police judiciaire, exécutées par l'État protecteur
sur le territoire protégé en vertu de la délégation qu'il tient du
traité de protectorat » (1).

Il nous semble que ces lignes s'appliquent parfaitement à la
Tunisie, et qu'entre la France et la Régence, il ne saurait être
question d'extradition. M. Despagnet pose toutefois en principe, que la plénitude de souveraineté internationale de l'État
protégé, en tant qu'État, ne doit subir que les restrictions
établies par le traité de protectorat, et qu'à défaut de convention spéciale sur ce point, c'est la théorie ordinaire de l'extradition qui est applicable dans les rapports du protecteur
et du protégé (2). Quoi qu'il en soit de cette divergence d'opinion, elle nous paraît devoir rester, dans l'espèce, à l'état théorique, car, d'après les termes des traités du Bardo et de la

---

(1) Wilhelm : *Théorie juridique des protectorats* (Clunet, 90-217).
(2) Despagnet, *loc. cit.*, p. 329 et suiv.

Marsa, la souveraineté beylicale est absorbée au point de vue
externe par la France, comme sa souveraineté interne reçoit
une grave restriction par suite du fonctionnement de la justice
française, qui possède sur le sol de la Régence des moyens
d'exécution qui lui sont propres ; cette situation nous paraît
rendre inutile, sinon impossible, une procédure d'extradition.

    Examinons, de prime abord, l'hypothèse dans laquelle un
malfaiteur tunisien, qui aurait commis un crime en Tunisie,
serait arrêté en France. A notre avis, le malfaiteur doit être
livré à la juridiction indigène compétente sans qu'il y ait lieu
à aucune formalité spéciale. En effet, aux termes de l'article 6
du traité du Bardo, la France exerce la représentation de la
Régence à l'étranger ; elle jouerait donc à la fois le rôle d'Etat
requérant et d'Etat requis ; il s'établit, en pareil cas, une con-
fusion qui ne semble guère laisser place à une procédure d'extradition, ou qui la transformerait en une formalité puérile.

    Du reste, ce sont ces règles qu'a appliquées une convention
en date du 17 mai 1884 (1), conclue entre la France et la Tunisie et relative à l'extradition réciproque des Algériens et des
Tunisiens. L'article 1er stipule « que les Tunisiens poursuivis
pour crimes ou délits commis dans leur pays et réfugiés en
Algérie, seront extradés sur le vu d'un mandat émanant du tribunal compétent et établissant qu'ils sont régulièrement poursuivis. » Il suffit que le mandat soit visé par le Procureur de la
République à Tunis et transmis par les soins de la Résidence
de France au Gouverneur général de l'Algérie.

    Bien qu'aucune convention spéciale n'ait réglé la question
au point de vue de la France continentale, ainsi que nous
venons de le dire, nous estimons qu'en présence d'un mandat
délivré par l'autorité tunisienne compétente et revêtu des
caractères indispensables d'authenticité, le malfaiteur tunisien doit être livré à la justice de son pays.

    Que décider à l'égard du Français poursuivi en France

(1) Bomp., p. 475.

pour un crime ou pour un délit et qui s'est réfugié en Tunisie ? L'accord diplomatique du 17 mai 1884 règle la situation à l'égard des Algériens ; ceux-ci sont extradés sur le vu d'un mandat du juge d'instruction compétent en Algérie, et après visa de cette pièce par le parquet en Tunisie.

La solution nous semble devoir être identique à l'égard de tous les Français. En effet, avant l'établissement de notre protectorat, le consul de France n'aurait pas pu régulièrement connaître d'une infraction commise sur le territoire français ; mais il tenait des capitulations le droit de faire arrêter sur le sol de la Régence n'importe quel individu de sa nationalité sans qu'il semble qu'aucune restriction ait été apportée à ses pouvoirs.

Cependant, il s'est produit quelques divergences d'opinion sur ce point ; M. Pasquale Fiore soutient que les consuls ne pouvaient arrêter leurs nationaux que pour des délits de droit commun. On peut argumenter encore en ce sens de la pratique de notre autorité militaire qui, avant le protectorat, ne faisait pas procéder par le consul de France à l'arrestation des déserteurs réfugiés en Tunisie, ou d'un jugement du conseil de guerre de Marseille qui, en 1882, a déclaré illégale l'arrestation, à Sousse, d'un déserteur traduit plus tard devant lui.

En admettant même ces diverses restrictions, il n'en resterait pas moins établi que nos consuls pouvaient arrêter les Français qui se seraient réfugiés dans la Régence après avoir commis en France un délit de droit commun. La juridiction nouvelle qui a succédé aux consuls doit logiquement posséder les mêmes pouvoirs qu'eux.

La loi du 27 mars 1883, en organisant la justice française sur le territoire tunisien, a apporté à cette situation des modifications importantes. Il nous paraît, et c'est l'avis des auteurs qui ont écrit sur la matière, qu'à ce point de vue, le territoire de la Régence doit être assimilé au sol français.

Rien ne s'oppose, d'ailleurs, à ce qu'on applique au Français

coupable en France d'une infraction intentionnelle et arrêté en
Tunisie l'article 23 du Code d'Instruction criminelle, qui permet d'entamer la poursuite dans le ressort du lieu où le prévenu a été trouvé. Cet article, applicable à l'Algérie, a été naturellement introduit en Tunisie par l'article 7 de la loi du
27 mars 1883, qui étend à la Régence les règles de procédure
et d'instruction criminelle en vigueur en Algérie. Si l'on com-
bine ce texte avec l'article 2 § 2 de la même loi qui donne
pleine compétence aux tribunaux français à l'encontre des
Français sans avoir égard au lieu où l'infraction a été commise, et avec l'article 18, qui abroge les dispositions relatives
à l'ancienne juridiction consulaire de France et, par suite,
celles qui donnaient à sa compétence un caractère territorial,
il nous semble que la poursuite est possible en Tunisie même,
dans les termes de l'article 23 du Code d'instruction criminelle
et des articles 63 et 69 du même Code.

Par suite, nous admettrons que le malfaiteur arrêté en
Tunisie pourra être traduit devant le tribunal de France qui
sera compétent pour le juger, sans qu'il y ait lieu à la moindre intervention du Gouvernement beylical ; l'existence du
protectorat, l'organisation autonome de la justice française en
Tunisie et les moyens d'exécution qu'elle possède rendent
inutile tout recours au pouvoir local.

Quelles règles appliquerait-on au sujet indigène qui serait
trouvé dans la Régence après avoir commis une infraction en
France ? Nous croyons que l'arrestation du coupable et son
transfert en France sont juridiquement impossibles. La souveraineté judiciaire de la France se restreint sur le territoire de
la Régence aux Européens et n'atteint pas les indigènes.
Quant à recourir à une fiction d'extradition dans laquelle le
Gouvernement français jouerait à la fois le rôle d'État requérant et d'État requis, comme il ne remplirait, dans le dernier
cas, que la fonction de représentant de la Tunisie, il se heurte-
rait au principe en vertu duquel *un État n'extrade pas ses*

nationaux. Bien qu'un peu hésitante, la doctrine des Parquets de Tunisie semble établie dans notre sens (1).

Nous appliquerions, au contraire, à l'étranger qui s'est rendu coupable d'un crime ou d'un délit en France et qui serait réfugié en Tunisie, les mêmes solutions qu'à l'égard du Français. A notre avis, l'abolition des juridictions consulaires a mis les étrangers dans une situation absolument identique à celle des Français. Ils sont soumis à la souveraineté judiciaire française telle qu'elle s'exerce dans la Régence selon les règles qui lui permettent de traduire l'inculpé, soit devant le tribunal de Tunisie dans le ressort duquel l'arrestation a eu lieu, soit en France devant la juridiction dans la circonscription de laquelle le crime ou le délit a été commis. Telle a été la pratique suivie par le Gouvernement français : un Anglais en 1884 et un Italien en 1888 ont été arrêtés par la gendarmerie française et transférés sans aucune formalité en France, pour y être jugés par le tribunal compétent.

Diverses objections se sont cependant élevées contre cette façon de procéder. On a fait remarquer tout d'abord que la compétence des anciens tribunaux consulaires était exclusivement territoriale, et que celle de notre justice devait être calquée sur la leur et, par suite, ne pas être plus étendue qu'elle. Cette solution nous paraît absolument contraire à l'esprit qui a présidé à l'abolition des juridictions consulaires et qui a assimilé en tous points l'étranger au Français en ce qui concerne la souveraineté juridictionnelle.

En général, les puissances étrangères n'ont pas soulevé de difficultés à ce sujet. L'Italie, toutefois, a protesté contre la pratique suivie par le Gouvernement français. S'appuyant sur une interprétation littérale du protocole du 25 janvier 1884, elle a soutenu que l'article premier ne faisait que consentir à

---

(1) Pour remédier aux inconvénients incontestables que peut présenter l'application de cette théorie, il faudrait obtenir du Bey une législation répressive des infractions commises par des Tunisiens en dehors de la Régence.

la seule suppression des tribunaux consulaires italiens, mais que l'article 2 réservait expressément tous les autres droits ou privilèges que les Italiens tenaient des capitulations, usages et traités, et ne soumettait les immunités et garanties accordées aux particuliers « qu'aux restrictions absolument nécessaires *pour l'exécution en Tunisie* des sentences que les nouveaux tribunaux rendront d'après la loi. »

La France n'a jamais voulu admettre cette théorie, qui ne nous aurait pas permis d'arrêter en Tunisie un Italien coupable d'un crime ou d'un délit commis sur le territoire français. On a bien fait observer que cette difficulté pouvait être facilement tournée en adressant à la Tunisie une demande régulière d'extradition, demande dont le succès serait d'autant plus certain que la France exerce l'action diplomatique de la Régence ; toutefois, il y a lieu de remarquer qu'on s'exposerait alors à des réclamations de la tierce puissance dont l'accusé est sujet, si l'infraction avait un caractère politique (1).

A l'égard des étrangers coupables d'un crime ou d'un délit en Tunisie et trouvés en France, la formalité de l'extradition devient superflue, car la France devrait se demander à elle-même, au nom du Bey, que le coupable soit livré à la Tunisie. Nous estimons que la justice continentale n'a qu'à le remettre à la juridiction qui, en Tunisie, est compétente pour le juger. Mais s'il s'agissait d'un Français, nous croyons que malgré l'existence de tribunaux français en Tunisie il ne devrait pas être traduit devant eux. Le principe que la France n'extrade pas ses nationaux doit être respecté dans ce cas, sauf l'application possible de l'article 5 du Code d'instruction criminelle. On ne concevrait pas que l'établissement du protectorat ait pu avoir pour nos nationaux des conséquences défavorables.

---

(1) Le silence de l'Italie, lors des négociations de 1896, prouverait qu'elle a renoncé à soutenir ses prétentions.

§ II. Extradition entre la Tunisie et les puissances étrangères.

Bien que la France exerce l'action diplomatique au nom du Gouvernement du Bey, il serait inexact de dire que la souveraineté externe de la Régence est absorbée dans celle de la France de telle sorte que l'ensemble des traités conclus par cette dernière doive s'appliquer de plein droit à la Tunisie. Ce n'est là, d'ailleurs, que la conséquence formelle de l'article 4 du traité du Bardo, dont nous avons à faire application à la matière de l'extradition.

Nous nous trouverons donc, en Tunisie, en présence d'une théorie spéciale qui devra tenir compte du traité constitutif du protectorat et des engagements contractés par la Régence envers les diverses puissances européennes.

Eliminons, au préalable, l'hypothèse dans laquelle l'extradition d'un sujet français, réfugié en Tunisie, serait réclamée par une tierce puissance. Ici, il nous parait impossible que le coupable puisse être livré à la justice étrangère ; la demande d'extradition a, en effet, dû être adressée au Gouvernement français comme représentant la Régence dans ses relations extérieures. S'il accordait l'extradition, il violerait cette règle de notre droit public que *la France n'extrade pas ses nationaux*, règle tellement formelle qu'elle ne saurait être tournée indirectement (1).

Pour éviter cependant que l'impunité ne soit de la sorte assurée au coupable, il y aura lieu de lui faire application des articles 5 et 6 du Code d'instruction criminelle. Si l'accusé ne prouve pas qu'il a été définitivement jugé à l'étranger, il sera

_____
1) Les Français réfugiés en Tunisie ne peuvent être extradés en faveur de l'Italie. (Convention d'extradition du 28 septembre 1896, art. 7, J. T. 96-514).

poursuivi en cas de crime. Dans l'hypothèse d'un délit, il faudra, en outre, que le fait soit puni par la législation du pays où il a été commis et qu'une plainte soit déposée par la victime ou une dénonciation adressée par la puissance sur le territoire de laquelle l'infraction s'est produite.

Le prévenu devra être traduit, suivant les cas, devant le tribunal criminel ou devant le tribunal correctionnel dans le ressort duquel il aura été arrêté ; mais la Cour de Cassation, aux termes de l'article 6 du Code d'instruction criminelle, pourrait renvoyer l'inculpé devant une juridiction plus voisine du lieu où a été commis le crime ou le délit.

Que décider au cas où un étranger, qui s'est réfugié en Tunisie, est réclamé par son pays d'origine ? Avant la suppression des juridictions consulaires, le consul de chaque puissance avait le droit, en vertu des capitulations, de faire arrêter ses nationaux sans avoir à recourir à aucune formalité d'extradition et sans la moindre intervention du Gouvernement beylical. Ce procédé pouvait seulement soulever les quelques controverses que nous avons exposées au sujet des pouvoirs que possédait alors le consul de France, si l'infraction avait un caractère politique ou militaire.

Quand les tribunaux consulaires ont été supprimés, il s'en est logiquement suivi qu'ils entraînaient dans leur disparition tous les droits inhérents à cette juridiction, tous les privilèges qui en étaient la conséquence nécessaire, et sans lesquels elle n'aurait pas pu fonctionner. Dans ce nombre, il faut évidemment comprendre le pouvoir que le consul possédait de mettre ses nationaux en état d'arrestation : pour qu'il le conservât, il eût fallu une réserve formelle qu'on ne relève pas dans les actes de renonciation des diverses puissances. Il en résulte qu'une demande d'extradition est désormais nécessaire pour qu'un malfaiteur étranger soit livré à son pays d'origine.

Naturellement la Tunisie n'avait jamais conclu de conventions sur ce point et elle conservait sous le régime du protectorat une autonomie trop marquée pour qu'on pût lui étendre de plein droit les engagements de cette nature contractés par la France.

Le procédé le plus simple était d'accorder, par voie de convention, à la Tunisie le bénéfice des traités qui liaient la France aux autres nations. C'est ce qui a été fait avec la Belgique (1), l'Angleterre (2) et la Suisse (3). On s'est contenté d'étendre à deux mois le délai accordé à la puissance requérante pour la production des pièces. Enfin un D. Beyl. du 1er février 1897 (4) a ratifié les diverses conventions qui ont rendu applicable à la Tunisie l'ensemble des traités qui lient la France avec l'Allemagne, l'Autriche-Hongrie, le Danemark, l'Espagne et la Russie : les traités d'extradition sont naturellement visés par ces conventions.

Il en résulte qu'à l'égard de ces diverses nations, la procédure est la même que si le malfaiteur avait été arrêté en France. La demande sera adressée au Ministre des affaires étrangères ; elle sera transmise au Garde des sceaux, qui l'étudiera. S'il y a lieu, un décret d'extradition sera signé par le Président de la République et l'inculpé sera livré à la nation requérante par les soins du Résident général.

Un accord spécial était intervenu, en 1885, pour régler la question à l'égard de l'Italie. Cette nation avait soutenu que, par le protocole de 1884, elle n'avait abandonné que ses droits de juridiction contentieuse sur ses nationaux, mais que ses consuls avaient conservé leurs attributions de police judiciaire à leur encontre. Nous avons déjà admis que la suppression du tribunal consulaire impliquait celle de tous les droits, qui, comme ceux d'arrestation ou de police judiciaire, en étaient la conséquence directe et nécessaire : pour nous, la prétention de l'Italie était donc insoutenable en théorie. Cependant les

1) Convention du 26 juin 1888 (J. T.. 90-169).
(2) Convention du 31 décembre 1889 (Clunet, 90-779).
3) Convention du 12 avril 1893 (R. A., 93-3-27); D. Beyl. du 1er février 1897, art 2 (J. T., 97-82).
(4) J. T., 97-82.

concessions du Gouvernement français ont semblé lui donner raison : en vertu de l'accord de 1885, le consul d'Italie transmettait au Résident général le mandat délivré par les autorités italiennes. Sans aucune intervention de la justice française, le Résident faisait procéder à l'arrestation de l'inculpé et le remettait entre les mains du consul. Il nous paraît cependant hors de doute que le Résident général aurait pu refuser une extradition basée sur un motif politique. Cette façon de procéder avait l'inconvénient de priver l'inculpé du bénéfice de l'intervention judiciaire et des garanties qu'elle présente.

La convention italo-tunisienne d'extradition conclue le 28 septembre 1896 (1) et mise en vigueur le 1ᵉʳ février 1897 (2) a rendu inutile l'accord de 1885. Cette convention, semblable à celles qui unissent les diverses puissances européennes, exclut les délits politiques : l'extradition doit être demandée au Ministre des affaires étrangères et elle est accordée dans les formes usitées en France.

A l'égard des nations qui n'ont conclu aucune convention d'extradition avec la Tunisie, il n'y a qu'à s'en rapporter aux principes du droit commun, qui permet toujours au gouvernement d'accorder, si bon lui semble, l'extradition d'un malfaiteur, en dehors même des stipulations de tout traité. Ce sera donc pour lui une question d'appréciation dans chaque affaire. Toutefois il est bon de remarquer, en pareil cas, que la pratique de notre Chancellerie exige de la part de la puissance requérante une promesse de réciprocité. Si cette promesse est impossible à obtenir, par exemple, de la part des Etats tels que les Pays-Bas ou les Etats-Unis, dont les lois ne permettent l'extradition qu'au cas de convention, il faut considérer comme peu probables les extraditions que ces puissances demanderaient à l'encontre d'un malfaiteur réfugié en Tunisie.

En général, ces diverses règles devront recevoir leur appli-

(1) J. T., 96-509.
(2) J. T., 97-83.

cation au cas où l'extradé ne serait pas un national de la puissance requérante. Il faudra donc distinguer, selon qu'il existe ou non un traité spécial d'extradition se rapportant à la Tunisie : dans le premier cas, il y a lieu de s'en référer aux dispositions de ce traité ; dans le second cas, la décision dépendra du bon vouloir du Gouvernement français.

Il s'était élevé toutefois une difficulté sous le régime de l'accord franco-italien de 1885. Il semblait qu'une extradition ne pouvait s'effectuer que dans les formes indiquées par cet instrument diplomatique. Dès lors, l'extradition d'un Italien au profit d'une tierce puissance devenait impossible, car l'Italie n'aurait pas livré son national. Il ne restait plus qu'à demander au Gouvernement italien de faire appliquer à ce malfaiteur les dispositions de sa loi nationale à l'égard des crimes ou délits commis à l'étranger : il faut, d'ailleurs, reconnaître que la loi italienne est très large à ce sujet (1). La question n'a plus qu'un intérêt historique depuis la mise en vigueur du traité italo-tunisien d'extradition du 28 septembre 1896.

Il n'y a qu'à renverser ces diverses solutions pour résoudre le problème, lorsque l'extradition est réclamée par la Tunisie. L'action diplomatique sera suivie par la France au nom du Bey. Elle s'appuiera sur les traités à l'égard de l'Allemagne, l'Autriche-Hongrie, la Belgique, le Danemark, l'Espagne, la Grande-Bretagne, l'Italie, la Russie et la Suisse ; sinon, il faudra faire appel aux bonnes dispositions du Gouvernement étranger (2).

Telles sont les diverses hypothèses qui peuvent être soulevées entre la Tunisie et les différentes puissances. Remarquons que si un Etat demandait l'extradition d'un Tunisien réfugié en France, notre Gouvernement, nous semble-t-il,

____

(1) Notons que la France avait accordé à l'Italie, sous le régime de l'accord de 1885, plusieurs extraditions de nationaux des tierces puissances.

(2) Sous le régime de l'accord de 1885, en 1893, l'Italie nous a accordé dans ces conditions, l'extradition d'un malfaiteur réclamé par la Tunisie.

devrait la refuser. Cette solution est admise par le traité italo-tunisien de 1896 ; un Tunisien réfugié en France ne peut être livré à l'Italie que s'il a acquis la nationalité tunisienne depuis l'infraction (1). Cette solution est logique : si le protectorat ne permet pas d'assimiler le Tunisien au Français, il est bon de remarquer que ce régime établit une situation privilégiée en faveur du national du pays protégé, et que le livrer constituerait une atteinte à la bonne foi due à l'exécution du traité de protectorat.

(1) Convention italo-tunisienne d'extradition, art. 7 (J. T., 96-514).

CHAPITRE III

DE L'EFFET DES TRAITÉS SUR LA COMPÉTENCE
DE LA JURIDICTION FRANÇAISE (1)

Contrairement à l'annexion, qui détruit un État et le fond dans la personnalité de l'État annexant, le régime du protectorat laisse subsister l'État protégé, en tant que personne, du droit international et lui conserve sa souveraineté dans la mesure où elle n'est pas limitée ou supprimée par l'acte qui a constitué le protectorat. C'est donc la convention qui a organisé le nouveau régime, qui peut seule déterminer l'effet que les traités internationaux obtiendront sur le territoire de l'État protégé, selon qu'ils auront été conclus par ce dernier ou bien par la puissance protectrice, selon qu'ils seront ou non antérieurs au régime du protectorat.

Le traité du Bardo nous fixe sur la situation de la Tunisie à cet égard. L'article 4 déclare que le Gouvernement français se porte garant des traités passés entre la Tunisie et les puissances européennes. L'article 6 charge les agents français de la représentation diplomatique de la Régence auprès des chancelleries étrangères : par le même article, le Bey s'engage à ne conclure aucune convention d'un caractère inter-

(1) Cf. Pic : *Influence de l'établissement d'un protectorat sur les traités antérieurement conclus avec des puissances tierces par l'État protégé* (Rev. gén. de dr. int. publ. 1896, p. 615) ; Wilhelm : *Théorie juridique des protectorats* (Clunet. 90-205) ; Despagnet, *op. cit.*, p. 384 et suiv., 394, 490 et *passim*. — Gairal, *op. cit.*, p. 146 et 250.

national sans l'assentiment du Gouvernement français. Malgré
le manque de précision des termes, on peut en déduire que la
souveraineté externe du Gouvernement beylical est absorbée
au profit de la France.

La situation étant précisée de la sorte, il reste à examiner,
au point de vue plus spécial de la compétence des tribunaux
français, l'effet que peuvent avoir, en Tunisie, les traités conclus
entre la France et les diverses puissances et celui que produisent les conventions consenties par le Bey.

§ I. **Traités conclus entre la France et les
puissances européennes.**

Quel pouvait être l'effet qu'un traité conclu entre la France
et une tierce puissance produirait en Tunisie ? D'aucuns n'hési-
taient pas à soutenir qu'il devait recevoir application de
plein droit dans la Régence aux mêmes conditions que sur
le sol français. En effet, argumentait-on, dès qu'un traité a
reçu, en France, les approbations prescrites par les lois cons-
titutionnelles, il y obtient pleine force législative et son observation s'impose aux tribunaux. En Tunisie, il doit en être de
même, puisque la souveraineté française s'exerce dans ce
pays par divers organes et, en particulier, par l'intermédiaire de
la juridiction française. Celle-ci doit donc appliquer les traités
conclus par la France. On faisait, en outre, remarquer qu'il
est de principe que les conventions diplomatiques arrêtées par
notre pays reçoivent de plein droit force obligatoire dans les
Echelles du Levant et de Barbarie.

C'est à propos du traité franco-grec de 1876, que la question a été soumise à notre jurisprudence. Notre justice ayant
nommé un séquestre chargé de la liquidation de la succession
d'un sujet hellénique, un des intéressés soutint qu'en vertu du
traité conclu entre la France et la Grèce en 1876, le consul
de cette dernière puissance devait, de plein droit, être consi-

déré comme séquestre des successions litigieuses de ses
nationaux. Le tribunal de Tunis rejeta cette manière de voir (1)
et décida qu'il fallait un accord spécial entre la France,
le Bey et les puissances pour que les traités passés entre notre
pays et les différentes nations européennes pussent s'appliquer à la Tunisie (2). Cet accord faisait défaut pour le traité
franco-grec de 1876, et c'est à juste titre que le tribunal de
Tunis a refusé d'en étendre l'effet au territoire de la Régence.

Ainsi que nous l'avons déjà dit, le protectorat ne saurait
s'assimiler en rien à l'annexion au point de vue des conséquences juridiques ; l'État protégé ne voit point sa personnalité
absorbée par celle du protecteur. Il la conserve dans les
termes qui sont compatibles avec la formule de protectorat
adoptée par les traités ; or, rien dans le traité du Bardo, qui a
institué notre protectorat sur la Tunisie, n'est venu parler
d'une application au territoire de la Régence des traités que la
France a pu conclure avec les tierces puissances. Au contraire,
l'article 4 de ce même traité a garanti de la part du Gouvernement français l'exécution des engagements internationaux de
la Tunisie ; dès lors, ne serait-ce pas violer cette partie du traité
du Bardo que d'appliquer à ce pays l'ensemble de nos traités
avec les diverses puissances, quand, fatalement, il est évident
que certaines de leurs dispositions se trouveraient en contradiction avec les conventions conclues par le Bey?

Nous n'admettons donc pas que les traités passés par la
France soient de plein droit applicables à la Tunisie. Toutefois,
il y a lieu d'apporter une exception notable à ce principe.
Il est, en effet, de règle étroite que nos tribunaux ne peuvent
juger que selon la procédure de la loi française; il en est ainsi
pour la Tunisie; mais cette procédure peut subir des modifications à l'égard des nationaux de certains pays, qui ont obtenu

(1) Tunis, 2e ch., 31 décembre 1891 (J. T., 96-232).
(2) C'est ainsi que l'on a agi pour étendre à la Tunisie les effets des traités d'extradition conclus par l'Angleterre et la Belgique avec la France.

contractuellement des faveurs à ce sujet. Ces privilèges pourront être réclamés devant tout tribunal français et, par conséquent, devant nos juridictions de Tunisie. La question s'est posée devant le tribunal de Tunis à l'occasion du traité franco-suisse de 1869 (1); le tribunal s'est déclaré incompétent pour connaître de l'action intentée par un Tunisien contre un sujet suisse, domicilié en Suisse (2). Comme l'a très justement fait remarquer M. Despagnet (3), cette décision n'a rien de contradictoire avec celle qui a refusé d'appliquer le traité franco-grec de 1876; les conventions de procédure sont, en effet, conclues « non en vue du territoire où elles pourront recevoir application, mais eu égard aux autorités qui devront les appliquer ou aux tribunaux de chacun des Etats contractants qui auront à s'y conformer, quel que soit le lieu où siègent ces tribunaux. »

Dans le même ordre d'idées, certaines décisions ont accordé à des étrangers le bénéfice de la dispense de la caution *judicatum solvi* contenue dans les traités passés entre la France et leur nation. Nous avons déjà vu (4) que les étrangers sont dispensés de plein droit de cette exigence, car le tribunal français forme, à leur égard, le tribunal de droit commun ; ils n'ont donc pas besoin des dispositions d'un traité pour bénéficier de cette immunité (5).

Diverses conventions, ratifiées par le D. Beyl. du 1er février 1897, ont étendu à la Tunisie tous les traités que la France a pu conclure avec l'Allemagne, l'Autriche-Hongrie, le Dane-

---

(1) Par l'arrangement conclu le 16 octobre 1896 et ratifié par le D. Beyl. du 1er février 1897 (J. T., 97-82), tous les traités passés entre la France et la Suisse s'appliquent à la Tunisie.

(2) Tunis, 2e ch., 14 avril 1893 (J. T., 96-317).

(3) Despagnet : *Essais sur les protectorats*, p. 394.

(4) Cf. *suprà*, p. 98.

(5) Malgré cette situation, l'Italie a tenu à ce qu'une clause formelle assurât à ses nationaux la dispense de la caution *judicatum solvi* (Conv. italo-tunisienne d'établissement du 28 septembre 1896, art. 5. J. T., 96-475).

mark, l'Espagne, la Russie et la Suisse. Il a fallu un accord
spécial pour arriver à ce résultat, qui vient à l'appui de notre
théorie.

§ II. Traités passés par le Bey avec les puissances étrangères (1).

Si les traités conclus par la France avec les tierces puissances ne peuvent avoir qu'une très restreinte influence sur la
compétence des tribunaux français de Tunisie, les conventions
passées par le Gouvernement beylical lui-même ou conclues
régulièrement en son nom doivent s'imposer à notre juridiction.

Il y a lieu, à cet égard, de classer ces instruments diplomatiques en deux périodes distinctes et de constater s'ils ont été
conclus avant l'établissement de notre protectorat en Tunisie,
ou bien s'ils lui sont postérieurs.

Dans la première hypothèse, on se trouve en présence de
contrats consentis par le Bey à une époque où, souverain
absolu dans le sens le plus entier du terme, il avait le droit et
la capacité juridique de s'engager avec les États étrangers.
Le traité de protectorat signé au Bardo en 1881 n'a pas pu, en
principe, porter atteinte à la valeur de ces conventions ; les
tierces puissances qui avaient consenti des accords diplomatiques avec la Tunisie sont restées étrangères au traité du
Bardo. Il est donc *res inter alios acta* à leur égard.

On aurait bien pu, toutefois, examiner si, parmi les clauses
de ces conventions, il ne s'en trouvait pas d'incompatibles
avec le nouvel ordre de choses créé par notre établissement
dans la Régence (2). Ce système pouvait se soutenir en théorie,

---

(1) Cf. Despagnet, *op. cit.*, p. 384 et suiv. ; Wilhelm : *Théorie juridique
des protectorats, passim* (Clunet, 1890, 205).

(2) Tout en posant, en principe, que le protectorat ne modifie pas les
droits des tierces puissances, nous admettrions que certains traités d'ordre

et nous savons que l'Angleterre en a fait usage lorsqu'elle a
supprimé les justices consulaires à Chypre, et l'Autriche lorsqu'elle a agi de même en Bosnie et en Herzégovine. La question
ne présentait pas d'intérêt en Tunisie, en présence de l'article 4
du traité du Bardo, qui a garanti l'ensemble des conventions
passées par le Bey.

Nous avons donc dû respecter en Tunisie les capitulations
consenties aux États étrangers et les traités passés avec eux.
Ce n'est qu'à la suite de négociations, dont l'heureuse issue a
surtout dépendu de la bonne volonté des puissances étrangères, que nous avons pu obtenir la suppression des différentes
juridictions consulaires et qu'il nous a été possible d'organiser
notre justice sur les bases où elle existe actuellement.

La Cour d'Alger a jugé, le 21 mai 1885 (1). que les capitulations étaient abolies en Tunisie. Cette interprétation ne se
soutient pas (2). Les diverses puissances n'ont consenti qu'à
l'abrogation de leurs droits de juridiction sur leurs nationaux
et leurs protégés; il ne faut pas aller plus loin, car ce serait
contraire à leur intention et, en particulier, aux réserves expresses formulées par l'Italie dans le protocole de 1884. Celui-
ci stipule, au contraire, que, sauf la suspension de l'exercice
des tribunaux consulaires italiens, « tous les autres immunités, avantages et garanties assurés par les capitulations, les
usages et les traités restent en vigueur. Le maintien de ces
immunités et garanties est intégral envers les personnes et

exceptionnel, comme les capitulations, peuvent disparaître en présence
d'une situation nouvelle qui enlève au régime qu'ils instituent toute raison d'être (sic : Despagnet. op. cit., p. 386 ; Gairal, op. cit.. p. 259: de
Martens. Droit international. t. 1er, p. 367). Mais il nous semble empreint
de quelque exagération de vouloir généraliser cette doctrine, comme le
fait M. Pic, dans son article déjà cité (Rev. gén. de dr. int. publ., 1896,
p. 627 et suiv.) Sur les questions de cette nature spéciales à la Tunisie.
cf. supra, introd. p. XXIII. note 1.

(1) Alger, ch.. corr.. 21 mai 1885 (R. A., 85-2-235).

(2) Depuis le 1er février 1897, les capitulations sont abolies à l'égard de
l'Allemagne, l'Autriche-Hongrie, le Danemark, l'Espagne, l'Italie et la
Russie.

les résidences consulaires ; il doit, envers les particuliers, n'être assujetti qu'aux restrictions absolument nécessaires pour l'exécution, en Tunisie, des sentences que les nouveaux tribunaux rendront d'après la loi (1). »

Nous avons vu que c'est en s'appuyant sur ces réserves que l'Italie a obtenu de posséder une procédure sommaire d'extradition, très analogue au régime des capitulations, procédure à laquelle la récente convention du 28 septembre 1896, conclue pour régler l'extradition réciproque des malfaiteurs entre la Tunisie et l'Italie, vient à peine de mettre fin (2).

C'est aussi en se basant sur les capitulations, par lesquelles le Bey avait renoncé au droit d'opérer des perquisitions chez les étrangers, que les Italiens ont voulu s'opposer aux recherches auxquelles la justice française prétendait procéder. Le vice-consul d'Italie à Sousse a émis l'opinion que le Gouvernement beylical, même par l'intermédiaire de la justice française, n'avait le droit d'opérer aucune perquisition chez les saleurs de sardines siciliens, qui achètent leur sel à la régie et qui sont soumis à l'*exercice* dans l'emploi qu'ils en font (3). Cette prétention qu'on appuyait, à la fois, sur les capitulations et sur l'article 15 de la convention italo-tunisienne du 8 septembre 1868 (4), a été rejetée, et, en pratique, les commissaires de police tunisiens, ayant reçu des commissions de la justice française, opèrent des perquisitions chez les étrangers. L'article 89 du D. Beyl. du 3 octobre 1884 (5) a rendu applicable, en la matière, la procédure déterminée par la loi française du 21 mars 1831.

La convention diplomatique passée entre la Tunisie et l'Italie, le 28 septembre 1896, à l'effet de régler l'établissement des nationaux de l'un des pays dans l'autre et les pouvoirs, droits

(1) Protocole franco-italien de 1884, art. 2 (Bomp., p. 474).
(2) Cette convention est entrée en vigueur le 1er février 1897.
(3) Cf. Faucon, *op. cit.*, t. I, p. 377, note 2.
(4) Bomp., p. 464.
(5) Bomp., p. 110.

et attributions des agents consulaires respectifs (1), tout en
accordant des privilèges considérables aux nationaux et aux
protégés italiens, règle entièrement la question en ce qui concerne leur situation en Tunisie. Le régime des capitulations a
donc disparu à l'égard de la puissance qui a semblé tenir le
plus énergiquement à son maintien. Si l'on pouvait arriver au
même résultat avec l'Angleterre, on aurait ainsi une situation
beaucoup plus nette. Satisfaction serait alors accordée au vœu
émis par la Conférence consultative dans sa séance du 13 juin
1896 (2). Malheureusement les négociations entamées avec l'Angleterre ne semblent pas près d'aboutir.

Ce ne sont pas seulement les capitulations que nous avons
dû respecter par suite de l'article 4 du traité du Bardo, mais,
d'une façon générale, toutes les conventions passées par le
Gouvernement du Bey avant 1881. A la suite de l'incident du
consulat de France à Florence en 1888 (3), on s'est posé la
question de savoir à quel texte on devait recourir pour régler
les successions des Tunisiens décédés en Italie. Devait-on les
assimiler à celles des Français et leur appliquer les dispositions de la convention franco-italienne de 1862, ou fallait-il
s'en référer au traité italo-tunisien de 1868 ? C'est cette dernière interprétation qui a triomphé à la suite d'un échange de
notes en date du 7 février 1889 (4).

Actuellement, il n'y a guère, dans cette catégorie, que le
traité conclu entre l'Angleterre et la Tunisie, en date du
19 juillet 1875 (5), traité perpétuel de sa nature, qui ait une
réelle importance. En outre, il y a lieu de s'attacher à certaines
dispositions du traité anglo-tunisien du 10 octobre 1863 (6)

(1) J. T.. 96-473.
(2) Vœu de M. Chabert (Conf. cons., 96-1-87).
(3) Sur l'incident de Florence, cf. Clunet, 1888, p. 53 ; Gabba : *L'incident
consulaire franco-italien à Florence* (Rev. de dr. int., 1888, p. 229).
(4) La question est aujourd'hui réglée par les articles 24 à 26 de la
convention d'établissement du 28 septembre 1896 (J. T., 96-482).
(5) Bomp., p. 466.
(6) Bomp., p. 459.

pour déterminer les règles applicables aux sujets britanniques
en matière d'expropriation pour cause d'utilité publique.

Ces règles, qui ont été étendues à tous les·justiciables des
tribunaux français, n'ont rien qui doive nous retenir longuement (1). Notons, cependant, qu'elles ont amené la substitution de la juridiction française à celle du cadi tunisien, bien
que certaines parties, malgré leur qualité de ressortissants de
cette juridiction, aient demandé leur renvoi devant ce juge
indigène (2). En se substituant au cadi, le tribunal français
devait-il accepter ses règles de compétence et statuer comme
lui en dernier ressort? Il ne l'a pas pensé, et comme, d'autre
part, on ne pouvait songer à appliquer à la Tunisie les règles
fixées par la loi française de 1841 (3), le tribunal a eu recours
au droit commun, tel qu'il résulte des dispositions de la loi du
27 mars 1883 (4).

La compétence de la magistrature française s'est manifestée,
en matière d'expropriation pour cause d'utilité publique, quand
elle a apprécié, conformément au D. Beyl. du 27 novembre 1888,
la légalité du décret d'expropriation au point de vue des dommages-intérêts, que son irrégularité peut justifier (5). Elle a
statué en référé pour nommer des experts aux lieu et place du
propriétaire qui s'était abstenu de le faire dans le délai prescrit (6). Enfin, elle a fixé le taux de l'indemnité en cas de par-

---

(1) Cf. Berge : *Revue de la jurisprudence en matière d'expropriation pour
cause d'utilité publique* (J. T., 93-211).

(2) Tunis. 2e ch., 21 mai 1891 (J. T., 93-180) ; Tunis, 1re ch., 18 janvier
1892 (J. T., 93-224).

(3) Tunis, réf., 14 février 1891 (J. T., 93-157) ; Tunis, 2e ch., 21 mai
1891 (J. T., 93-180) ; Tunis, 1re ch., 19 octobre 1891 (J. T., 93-158) ; Tunis,
1re ch., 15 janvier 1894 (R. A., 94-2-212).

(4) Tunis, 1re ch., 14 et 21 décembre 1891 (J. T., 93-195 et 199) ; Tunis,
1re ch., 18 janvier 1892 (J. T., 93-224) ; Tunis, 1re ch., 7 mars 1892 (J. T.,
93-141).

(5) Tunis. 1re ch.. 13 juillet 1891 (R. A., 91-2-489) ; Tunis, 1re ch.,
21 décembre 1891 (J. T., 93-199).

(6) Tunis, réf., 14 février 1891 (J. T., 93-157) ; Tunis, réf., 17 juin 1891
(R. A., 91-2-485).

tage des experts, et elle l'a fait avec un pouvoir discrétionnaire (1).

Les traités passés avec le Bey avant le protectorat ont donc force de loi à l'égard de la justice française, qui doit en assurer l'exécution. Que décider pour les instruments diplomatiques qui seraient d'une date postérieure au 12 mai 1881 ? L'article 6 du traité du Bardo répond à cette question en stipulant que « Son Altesse le Bey s'engage à ne conclure aucun acte ayant un caractère international sans en avoir donné connaissance au Gouvernement de la République française et sans s'être entendu préalablement avec lui. »

Les termes du traité semblent réserver au Bey le droit de suivre lui-même les négociations; mais, en fait, les quelques conventions qui intéressent la Tunisie ont été conclues en son nom par la France. Leur observation s'impose donc à la justice française ; celle-ci n'aurait pas à tenir compte d'une convention signée par le Bey, mais à laquelle la France n'aurait pas donné son assentiment.

Les conventions postérieures à 1881, qui aient quelque influence sur la compétence de nos tribunaux, sont rares. On ne peut guère citer que le protocole franco-italien de 1884 (2), aujourd'hui abrogé, qui donnait à notre juridiction compétence en matière administrative à l'égard des Italiens, et la disposition de la convention italo-tunisienne d'établissement du 28 septembre 1896, qui décide que la justice française ne soumettra les jugements italiens en Tunisie qu'à une révision de pure forme (3).

Enfin un décret beylical en date du 1ᵉʳ février 1897 (4) a

(1) Tunis, 2ᵉ ch., 21 mai 1891 (Clunet, 91-1197) ; Tunis, 1ʳᵉ ch.. 14 décembre 1891 (J. T., 93-195) ; Tunis, 1ʳᵉ ch., 18 janvier 1892 (J. T., 93-224) ; Tunis, 1ʳᵉ ch., 14 janvier 1895 (J. T., 95-125).

(2) Encore peut-on dire que c'était une convention à laquelle la Tunisie était étrangère.

(3) Article 11 (J. T., 96-477).

(4) J. T., 97-82. — Le texte des déclarations échangées avec l'Autriche-Hongrie, la Russie, la Suisse et l'Allemagne, se trouve dans la Revue

ratifié et promulgué les conventions conclues par la France avec l'Allemagne le 18 novembre 1896, l'Autriche-Hongrie le 20 juillet 1896, le Danemark le 21 janvier 1897, l'Espagne le 12 janvier 1897, la Russie le 14 octobre 1896 et la Suisse à cette dernière date également. Aux termes de ces arrangements, les traités conclus entre la France et ces dernières puissances sont étendus à la Tunisie : il peut en résulter diverses conséquences pour l'autorité des jugements étrangers, l'étendue des pouvoirs consulaires ou la procédure d'extradition.

Algérienne (97-3-63). Une déclaration de même nature, signée entre la France et la Belgique, le 2 janvier 1897 (R. A., 97-3-65), n'a pu être promulguée par suite de la nécessité d'obtenir la ratification du Parlement belge.

CHAPITRE IV

EFFETS DE L'AUTONOMIE LAISSÉE AU GOUVERNEMENT BEYLI-
CAL SUR LA COMPÉTENCE DE LA JURIDICTION FRANÇAISE

Ainsi que nous avons eu fréquemment l'occasion de le faire
observer, le protectorat diffère essentiellement de l'annexion
en ce sens qu'il respecte en principe la personnalité de l'État
protégé et ne la limite que dans les bornes définies par les
instruments diplomatiques qui ont constitué ce régime. La
forme de protectorat accepté par la Tunisie a pu être heureusement comparée à une mise en curatelle (1) : théoriquement
tout au moins, le Gouvernement du Bey a conservé une grande
somme d'autonomie, et l'indécision qui a marqué les débuts
de notre établissement dans la Régence a beaucoup contribué
à ce résultat.

De cette situation ont pu naître diverses difficultés dans le
fonctionnement régulier de notre justice, et nous allons rapidement examiner les conséquences que l'ingérence du Gouvernement beylical ou de ses agents a pu produire, tant dans l'ordre administratif qu'au point de vue législatif à l'égard de
notre organisation judiciaire de Tunisie.

§ Ier. Intervention administrative.

On conçoit parfaitement que le régime du protectorat ait pu
rencontrer à ses débuts quelque hostilité dans la population et

(1) Wilhelm : *Théorie juridique des protectorats* (Clunet, 90-206).

certaines difficultés de la part des fonctionnaires. Toutefois, la
forte organisation du contrôle de nos agents et l'existence
d'une force publique mise à la disposition de nos juridictions et
qui pût exécuter les décisions de notre justice, ont eu facilement raison de la plupart des résistances.

Une fois seulement notre magistrature a eu quelque peine
à contraindre les fonctionnaires tunisiens à mettre ses jugements à exécution (1) : c'est en matière de transmission de la
propriété foncière.

D'après le droit immobilier tunisien, un titre créé à l'origine
de la propriété établit le droit du propriétaire : sur ce titre,
mention est faite des modifications et des transmissions successives qui atteignent cette propriété. Ces mentions ne peuvent être valablement rédigées que par les notaires tunisiens,
qui agissent, en cette matière, sous la surveillance du cadi. Ce
magistrat peut leur interdire d'enregistrer certaines déclarations, de même que les notaires ont le pouvoir de se refuser
à inscrire sur le titre celles qui leur paraissent irrégulières.

C'est de là que naquit le conflit, qui s'aggrava lorsque la
justice française procéda à des adjudications de biens non
immatriculés. On sait avec quelle répugnance les Musulmans
ont vu les Européens entrer en possession du droit d'acquérir
la propriété du sol. Cette concession était récente en Tunisie,
et, avant le protectorat, la mauvaise volonté des cadis la rendait illusoire. Les ordres du Bey plusieurs fois renouvelés
étaient restés sans résultat.

Notre protectorat modifia peut-être favorablement cette
situation sans cependant mettre un terme définitif aux résistances de l'autorité locale. Celles-ci se manifestèrent surtout à
l'occasion des jugements d'adjudication rendus par la justice
française et que les notaires tunisiens refusèrent de transcrire
sur les titres de propriété. Pour vaincre cette résistance, le
Gouvernement du Bey dut désigner, à Tunis et à Sousse, des

(1) Cf. Berge, op. cit., p. 44.

notaires spécialement chargés de recevoir les déclarations de mutation de propriété, faites en vertu de jugements d'adjudication rendus par les tribunaux français.

Cependant ces mesures ne mirent pas fin aux difficultés que soulevaient aux Européens les autorités indigènes. Obligées de s'incliner sur la question de principe, elles élevèrent en pratique de nombreuses objections. Tantôt le notaire tunisien se refusait à délivrer expédition de l'acte de vente immobilière et retenait les pièces et titres de propriété sous prétexte que le magistrat local aurait enjoint de remettre le tout au cadi ; tantôt, également, il ne voulait point dresser acte de la vente d'un immeuble litigieux (1). Pour mettre fin à cette situation, les tribunaux français ont dû prendre des mesures énergiques à l'encontre des autorités locales : ils ont rendu les magistrats indigènes pécuniairement responsables de leur refus, en prononçant contre eux de sévères condamnations en dommages-intérêts (2). Actuellement toute résistance a pris fin.

Quelque disposés que nos tribunaux puissent être à contribuer au développement de l'influence française, ils n'en ont pas moins respecté l'autonomie administrative que les traités constitutifs du protectorat ont laissée au Bey et à ses fonctionnaires. Nous aurons lieu de constater, en matière de loi applicable au statut personnel, que pleine autorité a été reconnue aux *amras* beylicales, qui portent interdiction d'un sujet tunisien (3). Il y a là une consécration solennelle du pouvoir judiciaire du Bey, et les Européens qui seraient lésés par une semblable décision sont cependant contraints de s'incliner devant elle.

Les pouvoirs administratifs du Bey ont également été scru-

---

(1) La vente de l'immeuble litigieux est nulle, en droit musulman ; mais le notaire, qui n'a aucune qualité pour constater cette nullité, ne saurait se refuser à dresser mutation dudit immeuble.

(2) J. de p. Gafsa, 31 mai 1889 (J. T., 89-119) ; Sousse, 6 juin 1889 (Clunet, 90-907).

(3) Cf. *infrà*, 3° partie, chapitre II, § 1er.

puleusement respectés. Ses décrets, portant déclaration d'utilité publique de divers travaux et expropriation d'Européens, ont reçu une entière exécution de la part de notre justice. Celle-ci a également confirmé les droits de l'autorité beylicale en matière de police sanitaire et d'établissement de quarantaines (1). De même, la justice française a refusé d'appliquer aux rapports de l'État tunisien et de ses fonctionnaires les règles du contrat de louage : il a été reconnu que la nomination et la révocation des agents du Gouvernement beylical constituaient des actes de souveraineté de la puissance publique sur lesquels nos juridictions n'avaient aucun droit de contrôle (2).

Dans les rapports administratifs de l'État tunisien avec les particuliers, l'autorité absolue du Bey a été confirmée au regard de ses sujets indigènes. Au contraire, l'État a été rendu responsable des dommages causés par ses agents à des Européens, si l'agent avait agi dans la limite de ses fonctions. Il en serait autrement si l'acte d'arbitraire avait été commis en dehors des pouvoirs qui lui sont conférés : dans ce cas, le fonctionnaire serait seul responsable (3).

Dans les premiers temps de notre protectorat, notre juridiction avait poussé le respect de l'autorité des agents du pouvoir beylical jusqu'à refuser de se prononcer sur une demande en dommages-intérêts émanant d'un Européen et basée sur la délivrance par le cadi contre cet Européen d'un ordre d'emprisonnement illégal (4). Depuis lors, par une interprétation que le D. Beyl. du 31 juillet 1884 légitime entièrement, elle a décidé que le cadi tunisien qui fait arrêter et emprisonner un protégé français, en dépit des protestations de ce dernier et sans chercher à se renseigner auprès de l'autorité compétente, commet un abus de pouvoir, qui le rend passible d'une action

(1) Tunis, 1re ch., 19 janvier 1887 (J. T., 94-564).
(2) Tunis, 1re ch., 9 avril 1894 (R. A., 94-2-373).
(3) Tunis, 1re ch, 9 avril 1894 (R. A., 94-2-338).
(4) Tunis, 14 novembre 1885 (J. T., 95-312, note 1).

civile en dommages-intérêts (1). La compétence de la justice française a été consacrée à cet égard.

§ II. Action législative du Gouvernement beylical.

A côté des empiètements ou des résistances qui peuvent être le fait des autorités administratives tunisiennes, il y a lieu de tenir compte du pouvoir législatif que le Bey conserve et d'examiner si, dans une certaine mesure, il ne peut pas préjudicier au bon fonctionnement de notre juridiction.

Remarquons, en premier lieu, que le décret du Président de la République, en date du 10 novembre 1884 (2), donne au Résident général pleins pouvoirs pour procéder à la promulgation des décrets beylicaux, promulgation à défaut de laquelle ces actes restent sans valeur au regard de la justice française. On ne saurait donc redouter de graves inconvénients de l'autonomie législative du Gouvernement beylical.

Cette autorité est encore restreinte par ce fait que notre juridiction tire son existence d'accords internationaux auxquels la volonté unilatérale du Gouvernement tunisien ne saurait déroger, même avec l'assentiment de la France. Les diverses puissances n'ont, en effet, renoncé à leurs juridictions consulaires qu'en faveur des tribunaux français organisés par la loi du 27 mars 1883.

Cependant les D. Beyl. du 31 juillet 1884 et du 2 septembre 1885, l'attribution de la compétence administrative par le D. Beyl. du 27 novembre 1888 à notre juridiction, constituent autant de concessions bénévoles obtenues du Gouvernement beylical. Ce dernier ne pourrait-il pas les supprimer de sa propre autorité ? On ne voit pas clairement sur quels motifs juridiques on se baserait pour refuser au Bey le droit de révo-

(1) Sousse, 31 janvier 1895 (J. T., 95-311).
(2) Bomp., p. 431.

quer ces concessions: mais si l'on se rappelle que le visa
résidentiel est nécessaire pour la validité d'un décret beylical, on a peu à redouter une semblable éventualité.

Toutefois peut-on admettre qu'un décret du Bey, même approuvé par le Résident général, vienne modifier la compétence de nos tribunaux, et quelquefois supprimer celle de
certaines juridictions. C'est ainsi que le D. Beyl. du 8 novembre 1887 (1) décide que le juge de paix prononcera, *en dernier
ressort,* sur toutes les demandes en décharge ou en réduction
et les actions en paiement de taxes échues, au sujet de la
carroube des loyers. Par contre, le D. Beyl. du 27 novembre
1888 porte que toutes les décisions rendues en matière administrative sont susceptibles d'appel sans tenir compte de la
loi de 1883, qui permet au tribunal de statuer en dernier ressort jusqu'à 3,000 francs et au juge de paix jusqu'à 500 francs.
Citons les D. Beyl. en vertu desquels les oppositions aux contraintes délivrées par le Conservateur de la propriété foncière
(2) et les contestations en matière de timbre et d'enregistrement (3) sont jugées sur simples mémoires, sans plaidoiries
et *sans appel.* Mentionnons enfin le D. Beyl. du 7 mars 1886
(4), qui donne pouvoir à l'inspecteur des antiquités de statuer
en premier ressort, sauf appel aux tribunaux administratifs.

La jurisprudence hésite sur la question. Au début, elle se
prononce pour la négative et déclare que malgré le D. Beyl. du
8 novembre 1887, le juge de paix ne statue qu'en premier ressort au-dessus de 500 francs (5). Puis elle admet que les D. Beyl.
lui ont régulièrement conféré compétence dans les hypothèses
qu'ils visent (6); un jugement de date plus récente laisse la ques-

(1) Bomp., p. 43.
(2) Bomp., p. 260. D. Beyl. du 14 juin 1886, art. 35.
(3) D. Beyl. du 20 juillet 1896, art. 13 (J. T., 96-391): D. Beyl. du 21 juillet 1896, art. 6 (J. T., 96-401).
(4) Bomp., p. 16.
(5) Tunis, 1re ch., 21 mars 1888 (J. T., 94-318).
(6) Tunis, 1re ch., 27 février 1893 (J. T., 93-90) ; Tunis, 1re ch., 18 décembre 1893 (J. T., 95-219) ; Tunis, 1re ch., 6 avril 1895 (J. T., 95-341).

tion dans le doute (1). La Cour de cassation, saisie du problème
au sujet du D. Beyl. du 27 novembre 1888, a rejeté le pourvoi
pour vice de forme, sans se prononcer sur le fond du débat (2).

Pour nous, nous repousserons l'opinion (3) en vertu de laquelle
les règles posées en ces matières par les D. Beyl. doivent
recevoir leur application devant la justice française. Le motif
donné à l'appui de ce système est principalement fondé sur ce
fait qu'il s'agit, en définitive, d'objets à l'égard desquels notre
juridiction était auparavant incompétente. Or, dit-on, le Bey,
en nous faisant des concessions purement bénévoles a été
libre d'y apporter telles clauses qui lui ont semblé utiles, et,
par suite, il a eu le droit de modifier les règles de la compétence de nos tribunaux à ce sujet.

Quelque spécieux que soit un pareil raisonnement, nous ne
saurions l'admettre. Les actes législatifs, par lesquels sont
fixés les taux respectifs de compétence de nos juridictions,
sont des règles d'ordre public prises par le législateur en vertu
de son pouvoir souverain dans la mesure où il a jugé que chaque tribunal pouvait prononcer pour le bon fonctionnement
de la justice. Ces règles sont absolues et ne supportent pas
d'autres dérogations que celles que le législateur a lui-même
formellement prévues. Nul ne soutiendrait que la volonté des
parties puisse modifier ces principes d'organisation judiciaire ;
on ne voit pas en quoi l'immixtion d'un pouvoir étranger pourrait avoir un autre résultat. Le visa accordé par le Résident
général à ces actes législatifs du Bey, ne nous paraît pas devoir
modifier ces conclusions : le Résident tire ses pouvoirs d'un
décret, ils ne peuvent lui permettre d'amender une loi, comme
celle de 1883. Nous admettons donc que la justice française
est compétente dans les matières que le Bey lui concède, mais
qu'elle ne l'est que d'après les règles prescrites par la loi du
27 mars 1883.

(1) Tunis, 1re ch., 1er avril 1895 (J. T., 95-259).
(2) Cass. req., 26 mai 1894 (J. T., 94-458).
(3) Cf., J. T., 94-458, note 1.

CHAPITRE V

Tandis qu'en règle générale une juridiction existe seule sur un même territoire, comme émanation de la souveraineté locale, en Tunisie, la présence de deux souverainetés, la puissance française et l'autorité beylicale, entraîne la coexistence de deux juridictions, qui sont, cependant, indépendantes l'une de l'autre. De là, des conflits possibles, ou tout au moins un certain nombre de solutions originales, qui méritent une étude séparée ; de là, en particulier, une jurisprudence spéciale au sujet de l'exécution que les décisions des tribunaux beylicaux peuvent recevoir de la justice française.

§ 1er. Coexistence des deux juridictions.

En une pareille matière, il est indispensable de connaître quel est le domaine respectif de la juridiction française et de la justice tunisienne, et quelle est l'étendue de la sphère d'action propre à chacune d'elles. Il importe de déterminer si l'une d'elles constitue, à l'égard de l'autre, la juridiction de droit commun, ou bien si l'une ou l'autre ont également et concurremment ce caractère ; dans ce cas, à l'encontre de quelles personnes remplissent-elles ce rôle de juridiction normale ?

19

Nous savons déjà (1) que la justice française a compétence
absolue à l'égard des Français, des Européens et des protégés
diplomatiques ; elle forme, à leur encontre, le tribunal de
droit commun. Doit-on lui reconnaître la même qualité et les
mêmes pouvoirs en ce qui concerne les indigènes tunisiens ?
Certainement, non ; aucun des textes de lois ou des traités, qui
ont accordé compétence aux tribunaux français, ne la lui ont
conférée à l'égard des Tunisiens, si ce n'est dans des circonstances déterminées. Dès lors, il faut repousser pareille solution,
car une exception aussi grave aux principes du droit public doit
s'appuyer sur un texte formel. En l'absence de toute disposition expresse, c'est à la justice beylicale que nous devons
reconnaître l'autorité de droit commun sur les Tunisiens (2).
Nos tribunaux respecteront donc les pouvoirs des magistrats
indigènes et admettront parfaitement que, suivant les principes
du droit musulman, le Bey puisse rendre directement la justice à ses sujets (3).

Ce partage de compétence attribué aux deux juridictions française et tunisienne, est-il absolu ou bien constitue-t-il simplement une règle facultative à laquelle il soit loisible aux parties
d'apporter des dérogations ?

A l'égard des Français, il semble bien que les capitulations
s'y opposent. En remettant aux consuls de France le jugement
de tous les différends entre Français, elles prenaient soin
d'ajouter : « sans qu'aucun cadi, ni officier indigène ne puisse
les en empêcher, ni juger aucun différend entre lesdits Français, *alors même qu'ils en seraient requis par lesdits Français*,
et si d'aventure les cadis jugeaient, leurs sentences seraient
de nul effet. » En présence d'un texte aussi formel, il nous
semble que la justice tunisienne est radicalement incompétente
à l'égard des Français, et, par suite, à l'égard des Européens,

(1) Cf. *suprà*, 2ᵉ partie, chapitre Iᵉʳ, §§ I, II et IV.
(2) Tunis, 1ʳᵉ ch., 18 janvier 1892 (J. T., 93-286) ; Tunis, 1ʳᵉ ch., 21 juillet 1893 (J. T., 93-334) ; Tunis, 2ᵉ ch., 6 décembre 1893 (J. T., 95-335).
(3) Tunis, 19 mars 1886 (R. A., 90-2-153).

que la suppression des tribunaux consulaires a rendus justiciables de la juridiction française dans les mêmes conditions que les Français eux-mêmes. Il serait, d'ailleurs, illogique de donner aux tribunaux tunisiens, à l'égard de nos justiciables, une autorité plus étendue que celle qu'ils possédaient avant notre protectorat. L'hypothèse prévue s'est rarement présentée en justice, mais notre jurisprudence n'a pas été aussi catégorique qu'on eût pu le désirer. Elle a laissé une fois la question sans solution (1) ; dans une deuxième espèce, elle semble admettre que si les parties sont majeures et maîtresses de leurs droits, elles peuvent conférer au tribunal tunisien les pouvoirs d'une juridiction arbitrale (2).

Par contre, nos tribunaux peuvent-ils connaître d'un litige qui s'agite uniquement entre Tunisiens? Il est évident que ce ne sera jamais pour eux qu'une faculté et qu'ils pourront s'y refuser pour réserver à leurs justiciables le temps dont ils disposent (3). Mais leur incompétence en pareille matière n'est-elle pas absolue et d'ordre public? Les textes sont muets sur la question ; cependant il nous semble que rien ne s'oppose à ce que nos tribunaux prononcent en telle hypothèse. Ils ne sont pas radicalement incompétents à l'égard des Tunisiens : certains litiges, même uniquement agités entre deux indigènes, peuvent par leur nature leur appartenir en propre, comme les contestations relatives aux immeubles immatriculés ou celles qui ont trait aux marques de fabrique ou aux brevets d'invention. Dès lors, en l'absence de tout texte contraire, pourquoi leur refuser cette extension de compétence quand elle est conforme à l'idée du protectorat ? Les tribunaux de Tunisie semblent divisés sur la question. Celui de Sousse se déclare incompétent même d'office (4). Au contraire, celui de Tunis

(1) Tunis, 1re ch., 23 mai 1893 (J. T., 93-317).
(2) Tunis, 2e ch., 30 janvier 1890 (J. T., 90-74).
(3) Tunis, 1re ch., 14 mars et 23 mai 1892 (J. T., 93-289 et 331).
(4) Sousse, 7 décembre 1893 (J. T., 94-389) ; Sousse, 5 avril 1894 (J. T., 94-310).

admet que son incompétence n'est que relative (1) et valide les clauses des contrats passés entre indigènes tunisiens, qui lui défèrent le jugement des contestations qui viendront à s'élever (2).

Une troisième hypothèse peut se présenter. Dans les litiges mobiliers, qui se débattent entre un justiciable des tribunaux français et un indigène, notre juridiction est compétente en vertu du D. Beyl. du 31 juillet 1884. L'Européen peut-il renoncer au bénéfice de la juridiction française en portant lui-même l'affaire devant le tribunal tunisien; ou bien, au contraire, la règle qui établit la compétence de nos magistrats est-elle d'ordre public et ne saurait-elle dépendre de la volonté des parties? A notre avis, l'extension de la compétence des tribunaux français a eu surtout pour but de donner aux Européens l'avantage d'une juridiction qui présentât de plus importantes garanties de science juridique et d'impartialité. Si l'Européen demandeur veut renoncer à ces avantages, ce n'est pas son adversaire tunisien qui peut s'en plaindre, puisque, d'une part, il n'a pas droit personnellement à être jugé par la juridiction française et qu'en outre, l'option du demandeur le ramène devant des juges tunisiens, ses coreligionnaires, qui constituent pour lui le tribunal de droit commun. La jurisprudence de Tunisie permet de relever dans cette espèce une décision du juge de paix de Sousse (3), décision qui est contraire à notre théorie. Ce magistrat a estimé qu'en contractant en matière mobilière avec un Européen, le sujet tunisien a dû s'attendre à voir juger par le tribunal français les litiges qui pourraient s'élever à l'occasion de la convention : en portant l'affaire devant le magistrat indigène, on lui cause un préjudice, dont il lui est dû réparation. Ces motifs ne nous paraîtraient convaincants que si une clause for-

---

(1) Tunis, 1re ch., 12 novembre 1894 (J. T., 95-13 et la note 1, p. 14).
(2) Tunis, 1re ch., 31 octobre 1892 (J. T., 94-414) ; Tunis, 1re ch., 27 mai 1895 (J. T., 95-437).
(3) J. de p. Sousse. 9 juin 1891 (J. T., 91-167).

melle du contrat avait consacré la compétence du tribunal français. En dehors de ce cas, il nous semble impossible d'admettre qu'un Tunisien puisse se plaindre d'être assigné devant son juge de droit commun : la compétence du tribunal français a été établie en faveur de l'Européen, qui peut y renoncer si bon lui semble. En droit, nul ne peut réclamer le bénéfice de la juridiction compétente au jour où le contrat a été conclu. Ce n'est qu'une espérance, qu'une loi postérieure pourrait faire disparaître ; rien ne s'oppose, dès lors, à ce qu'elle soit supprimée par suite d'autres circonstances.

Quoi qu'il en soit de cette théorie, il paraît certain que l'option du demandeur ne peut plus être modifiée une fois qu'elle a été formulée. Le défendeur a, dès lors, un droit acquis à la juridiction choisie par son adversaire, qui ne saurait le tenir ainsi dans l'incertitude. Tout au plus pourrait-on accepter que le demandeur, pour aller devant un nouveau tribunal, signifiât son désistement de la première poursuite au défendeur, en soldant tous les frais qui auraient été exposés (1).

Que décider au sujet des rapports respectifs des deux justices française et tunisienne ? La règle la plus sûre nous paraît être celle qui consacre leur indépendance réciproque d'une façon absolue. Malgré le traité de protectorat, la souveraineté intérieure du Bey est presque intacte et c'est d'elle seule que la justice tunisienne tient ses pouvoirs, tandis que notre juridiction les tire de la souveraineté française (2).

Dès lors une indépendance réciproque présidera aux rapports de ces deux justices, qui doivent être considérées comme étrangères l'une à l'autre. Il s'ensuit qu'aucune d'elles n'a le droit de contrôler les actes de l'autre, et, à plus forte raison, celui de les réformer (3). C'est ainsi qu'il a été plusieurs fois reconnu que le Charà de Tunis n'avait pas le pouvoir de pro-

(1) Tunis, 1re ch., 13 janvier 1896 (J. T., 96-156).
(2) Alger, 2e ch., 21 novembre 1891 (J. T., 92-175) ; J. de p. Tunis-Nord, 16 janvier 1896 (J. T., 96-212).
(3) Tunis, 2e ch., 23 octobre 1895 (J. T., 95-573).

noncer l'annulation des jugements d'adjudication d'immeubles non immatriculés rendus par la justice française (1).

Les conflits entre les deux juridictions seront faciles à éviter, puisque le partage respectif de leur compétence est rigoureusement délimité (2). Il s'est produit cependant une hypothèse, où la sagesse du juge a seule pu écarter un conflit.

Le cas s'est présenté où un débiteur tunisien s'est vu saisir à la fois par les agents de la justice indigène en vertu de jugements émanant de cette dernière, et par ministère d'huissier en exécution de condamnations prononcées par les tribunaux français. En pareille hypothèse et en présence de deux poursuites parfaitement légales, la jurisprudence n'a pas formulé de principe bien certain. Elle a décidé d'abord que la règle en vertu de laquelle la justice française est compétente dès qu'un de ses justiciables est en cause, a pour effet de dessaisir la juridiction tunisienne en cas de conflit : elle a donc estimé qu'il y avait lieu de suivre sur la procédure de l'huissier et de régler par voie de contribution la distribution des deniers entre les créanciers (3). Une décision plus récente admet la régularité de la saisie antérieure en date : dans cette hypothèse, le tribunal de Tunis a refusé d'examiner si la poursuite intentée devant la justice tunisienne n'était pas

(1) Tunis, 2e ch., 23 janvier 1895 (J. T., 95-451) ; Tunis, 2e ch., 18 décembre 1895 (J. T., 96-75).

(2) Les conflits positifs seront rares, car la justice française refuserait certainement son *exequatur* à la condamnation prononcée par le tribunal indigène contre un Européen, si cette décision était contraire à celle qu'elle a elle-même rendue. Au contraire, l'Européen qui aurait obtenu un jugement de notre Tribunal contre un indigène et qui serait débouté dans le même litige par le magistrat tunisien, ferait exécuter le jugement du Tribunal français par notre force publique. Toutefois, les conflits négatifs paraissent insolubles (Cf. *suprà*, p. 154, note 3). On pourrait créer un tribunal des conflits, composé d'un nombre égal de juges français et de juges indigènes, qu'un président français départagerait en cas de besoin : les chambres mixtes du Tribunal mixte fournissent un exemple assez pratique de cette combinaison. Sur les projets d'organisation d'un tribunal des conflits en Egypte, cf. Simaïka, *op. cit.*, p. 164.

(3) Tunis, 1re ch., 21 avril 1891 (J. T., 96-253).

entachée de collusion, une semblable demande ayant pour effet de l'amener à contrôler les actes de la juridiction beylicale (1).

Aucune litispendance ne saurait exister entre la juridiction française et la juridiction tunisienne (2). La litispendance se conçoit entre tribunaux, agissant au nom d'une même puissance et non entre tribunaux, qui tirent leurs pouvoirs de deux souverainetés différentes. La litispendance exige, en outre, une identité absolue de compétence entre les deux tribunaux saisis : ce qui ne saurait être en Tunisie. Nos magistrats n'auront donc pas à tenir compte d'une action intentée devant le juge tunisien, s'ils sont eux-mêmes compétents pour statuer sur le litige (3).

Une exception doit toutefois être apportée à cette règle en ce qui concerne le tribunal mixte. Bien qu'il s'agisse là d'une juridiction tunisienne, il serait faux de.dire, ainsi que l'a fait le tribunal de Sousse par un jugement du 28 novembre 1895 (4), qu'aucune litispendance ne peut exister entre le tribunal mixte et les tribunaux français. La matière a fait l'objet d'une réglementation législative spéciale, contenue dans les articles 35 et 36 de la loi foncière (5).

D'une part, l'article 35 autorise toute personne citée à dessaisir le tribunal compétent, avant toute défense au fond, à la condition d'entamer et de suivre une procédure d'immatriculation, tandis que l'article 36 de la même loi permet à tout opposant justiciable des tribunaux français, dans une instance en immatriculation, de dessaisir le tribunal mixte en portant, avant toute défense au fond, la question devant la juridiction française. On doit donc reconnaître qu'on se trouve en présence

(1) Tunis, 2e ch., 23 octobre 1895 (J. T., 95-573).

(2) Cf. Sacerdoti : De la litispendance dans les rapports entre juridictions d'Etats différents (Clunet, 1894, p. 558).

(3) Sousse, 21 février 1889 (J. T., 93-304) ; Tunis, 2e ch., 27 novembre 1890 (J. T., 93-330).

(4) J. T., 96-31.

(5) Bomp., p. 210.

d'une hypothèse spéciale, qui fait échec à la théorie générale (1).

De même qu'il n'existe pas de litispendance entre les deux juridictions, de même les décisions de l'une n'ont pas à l'égard de l'autre l'autorité de la chose jugée (2). Une exception doit cependant être faite en faveur du tribunal mixte : les jugements d'immatriculation, rendus par lui, s'imposent formellement à la juridiction française (3).

§ II. Exécution par la justice française des décisions des tribunaux tunisiens (4).

Toutes les règles que nous venons d'étudier partent du principe de l'indépendance réciproque de la juridiction tunisienne et de la juridiction française ; ces divers tribunaux sont étrangers les uns aux autres, comme étant l'émanation de deux souverainetés différentes. Dès lors les jugements rendus par les tribunaux tunisiens se trouvent placés dans une situation toute spéciale : en vertu des capitulations, en effet, aucune mesure d'exécution ne peut être prise contre les Européens, si ce n'est par l'intermédiaire de leur juge-consul, dont la juridiction française a recueilli les pouvoirs (5), tandis que les décisions de la justice tunisienne sont, au regard de nos tribunaux, entièrement assimilables aux jugements émanant des juridictions étrangères.

Que, selon le droit commun de notre jurisprudence, les

---

(1) Tunis, 2e ch., 11 novembre 1892 (J. T., 94-566).

(2) Tunis, 2 juin 1886 (J. T., 91-47) ; Alger, 2e ch., 14 janvier 1892 (R. A., 92-2-232).

(3) D. Fr., 17 juillet 1888 (R. A., 88-3-180).

(4) Cf. Berge : De l'exécution en Tunisie des jugements français et de l'exécution en France des jugements rendus en Tunisie (Clunet, 95-782).

(5) L'article 7 du nouveau traité d'établissement italo-tunisien stipule que l'exécution des sentences rendues par les tribunaux tunisiens contre un Italien, sera remise à la justice française (J. T., 96-476).

décisions des tribunaux indigènes de la Régence ne puissent être mises à exécution en France et en Algérie sans avoir été revisées au fond (1), il n'y a rien là que de très logique ; mais, que sur le sol même de la Tunisie, sur ce territoire où s'exerce la souveraineté beylicale au nom de laquelle ils rendent la justice, on les soumette à la formalité de l'*exequatur*, la solution paraît pour le moins originale et mérite quelque attention. Sur quels principes fondera-t on semblable théorie? Dira-t-on avec le tribunal de Tunis, dans un jugement du 2 février 1887 (2), que le territoire de la Régence doit, en vertu d'une fiction d'exterritorialité, être considéré comme portion intégrante du territoire français au regard de la justice française et de ses justiciables? Il nous semble que c'est aller un peu loin.

Nous ne voyons pas ce qui peut autoriser le juge à supposer l'existence d'une fiction, qui ne se base sur aucun texte : et en admettant même son existence, n'est-ce pas donner une singulière extension à une fiction, qui n'a été créée que pour assurer l'indépendance des agents diplomatiques? Il nous semble plus sûr d'adopter l'opinion de M. Dain (3) et de dire avec lui, qu'en acceptant le protectorat français, le gouvernement du Bey a reconnu à la France de véritables droits de souveraineté sur son territoire. Ces droits doivent s'exercer selon les règles de notre législation, et, par suite, les prescriptions de procédure qui ordonnent la revision au fond comportent une entière application (4).

Dans la pratique, une nombreuse jurisprudence (5) impose

(1) Paris, 1re ch., 29 janvier 1885 et 26 janvier 1888 ; Trib. Seine, réf., 22 décembre 1880.

(2) Tunis, 2 février 1887 (R. A., 87-2-169).

(3) Note sous jugement précité (R. A., 87-2-170).

(4) On ne peut exercer la compensation devant la justice française en vertu d'une décision du Charâ, non revêtue de l'*exequatur* (Tunis, 2e ch., 23 janvier 1895, J. T., 95-451).

(5) Tunis, 11 février 1885 (R. A., 85-2-126); Tunis, 1re ch., 27 février 1890 (R. A., 90-2-436); Tunis, 2e ch., 6 juin 1890 (J. T., 95-231) ; Tunis.

la revision de la sentence rendue par le tribunal indigène en faisant porter son contrôle sur le fond du droit. Elle examine si ce jugement n'a rien de contraire à l'ordre public français et s'il émane d'une juridiction compétente. C'est ainsi que l'*exequatur* a été refusé à une décision du Charâ, qui avait statué sur une instance mobilière intentée contre un Européen (1).

Le droit de revision de la juridiction française est absolu ; il ne saurait y être porté atteinte par l'insertion, d'ailleurs de style, dans un jugement du Charâ, que « les plaideurs reconnaissent que ladite sentence a été rendue à leur encontre et qu'ils s'y soumettent entièrement (2). » La juridiction française conserve tous ses pouvoirs de revision alors même que le Bey aurait statué directement (3).

On a toutefois soutenu que dans les litiges immobiliers le Charâ ayant prononcé dans une matière à l'égard de laquelle la justice française est incompétente, celle-ci ne saurait reviser au fond la sentence intervenue sans commettre un véritable abus de pouvoir. Les tribunaux français ont avec raison rejeté cette théorie (4); la nécessité de la procédure d'*exequatur* provient de la qualité de la personne contre qui l'exécution de la sentence est poursuivie et ne résulte pas de la nature du litige.

Le tribunal de Sousse avait cependant admis que les juridictions françaises devaient se contenter de vérifier la régula-

2ᵉ ch., 16 décembre 1890 (J. T., 94-349) ; Tunis, 1ʳᵉ ch., 4 mars 1891 (J. T., 96-197); Alger, 2ᵉ ch., 21 novembre 1891 (J. T., 92-175) ; Alger, 2ᵉ ch., 26 novembre 1891 (J. T., 95-498) ; Tunis, 1ʳᵉ ch., 19 novembre 1894 (Clunet, 95-830); Tunis, 1ʳᵉ ch., 25 novembre 1895 (R. A., 96-2-30) ; Tunis, 1ʳᵉ ch., 18 mars 1895 (J. T., 95-204) ; Tunis, 1ʳᵉ ch., 9 décembre 1895 (J. T., 96-71); Alger, 1ʳᵉ ch., 23 mars 1896 (R. A., 96-2-296).
(1) Tunis, 1ʳᵉ ch., 20 mars 1895 (J. T., 95-299).
(2) Tunis, 2ᵉ ch., 27 février 1890 (R. A., 90-2-436).
(3) Tunis, 19 mars 1886 (J. T., 90-44).
(4) Tunis, 2 février 1887 (R. A., 87-2-169) ; Tunis, 2ᵉ ch., 16 décembre 1890 (J. T., 94-349); Tunis, 1ʳᵉ ch., 18 mars 1895 (J. T., 95-204) ; Alger, 1ʳᵉ ch., 23 mars 1896 (J. T., 96-563).

rité de la forme et ne pas examiner le fond à l'égard des
décisions rendues par le Charà en matière immobilière (1). Peu
après, la Cour d'Alger, poussant à l'extrême sa théorie sur la
nature des biens habous, a décidé qu'un jugement du Charà,
statuant sur une question de validité de habous, ne saurait être
soumis aux formalités de l'*exequatur*, car le tribunal français
arriverait ainsi à tourner le texte de la loi qui le rend incompétent (2). Malgré cette décision, le tribunal de Tunis a persisté
dans sa jurisprudence et exigé l'*exequatur*, même quand il
s'agissait de biens habous (3).

Nous croyons que sa solution est exacte autant parce que la
Cour d'Alger nous paraît se tromper sur la nature de l'incompétence de la juridiction française à l'égard des biens habous,
que parce que la nécessité de l'*exequatur* est une mesure de
protection pour nos justiciables, et que le motif d'utilité
qui l'a fait établir existe indépendamment de la nature du
litige.

Si nous nous refusons à restreindre les droits de revision de
la juridiction française, nous ne pouvons toutefois les étendre
à tous les jugements sans exception. L'*exequatur* ne saurait
être requis qu'à l'encontre des décisions qui portent, soit obligation, soit condamnation, des jugements qui sont seuls susceptibles d'exécution au sens étroit de l'expression. Ceux qui
se contentent de constater un fait, ceux qui ont trait à l'état ou
à la capacité des parties ne sont point soumis à la formalité
de l'*exequatur*. Nous admettrions même qu'il en est ainsi à
l'égard des jugements déclaratifs de faillite, bien que la question puisse prêter à la controverse et que le tribunal de Tunis
semble, en pareil cas, imposer la procédure de revision du
jugement (4). Conformément à cette théorie, l'interdiction d'un
sujet tunisien lie le tribunal français, soit qu'elle résulte de la

(1) Sousse, 17 décembre 1894 (R. A., 95-2-228 et la note).
(2) Alger, 2e ch., 8 juin 1895 (R. A., 96-2-1).
(3) Tunis, 1re ch., 9 décembre 1895 (J. T., 96-71).
(4) Tunis, 2e ch., 26 avril 1894 (J. T., 94-323).

juridiction indigène compétente (1), soit qu'elle provienne d'une *amra* décrétée souverainement par le Bey 2). De même, une décision qui inscrit un créancier au passif d'une faillite étrangère n'a pas besoin d'*exequatur*, si elle est produite devant la justice française, non comme un titre de condamnation, mais seulement comme preuve pour établir la qualité de créancier (3).

C'est en vertu de la même théorie que les jugements du tribunal mixte de Tunisie, bien qu'émanant d'une juridiction qui est certainement tunisienne, n'ont pas pu être soumis à la formalité de l'*exequatur*. On ne saurait dire que les décisions du tribunal mixte comportent par elles-mêmes une exécution quelconque ; elles établissent des titres opposables à tous, et dont la justice doit sanctionner l'application, mais qui n'entraînent pas condamnation contre des tiers. S'il en résulte parfois des obligations pour ces derniers, ce n'est point par leur vertu propre, mais comme conséquence de titres antérieurs dont elles ont constaté l'existence (4). En outre, le décret du 17 juillet 1888 donne à ces décisions l'autorité de la chose jugée à l'égard de la justice française ; il y aurait donc contradiction à les soumettre à la formalité de l'*exequatur*, formalité qui suppose la revision du jugement.   .

La procédure d'*exequatur* ne concerne que les sentences rendues par les juridictions constituées ; le tribunal français ne saurait l'appliquer, par exemple, à une décision arbitrale prononcée sur compromis régulier, les arbitres seraient-ils tous Tunisiens. Le compromis s'impose aux parties ; c'est la loi qui découle de leurs conventions. La justice française n'a qu'à constater l'existence du jugement arbitral pour en exécuter les dispositions (5).

(1) Sousse, 15 mars 1894 (J. T., 94-278) ; Alger, 3ᵉ ch., 29 octobre 1894 (Clunet, 95-830).
(2) Trib. mixte, 27 février 1896 (J. T., 96-140).
(3) Tunis, 2ᵉ ch., 26 avril 1894 (J. T., 94-323).
(4) Alger, 1ʳᵉ ch., 26 mars 1895 (J. T., 95-446).
(5) Tunis, 2ᵉ ch., 30 janvier 1892 (J. T., 96-316).

Tandis que les mesures d'exécution à l'égard des justiciables des tribunaux français doivent être prises par l'autorité française, à l'encontre des Tunisiens, elles peuvent provenir également du pouvoir indigène ou de la force publique française. Toutefois, l'autonomie des deux juridictions ne
permet pas que l'une empiète sur le domaine de l'autre, de
telle sorte qu'il est inadmissible d'autoriser les agents français
à faire exécuter contre un Tunisien une condamnation prononcée par un tribunal indigène.

En pareil cas, il est inutile de demander l'*exequatur* à la justice française, et c'est à l'autorité tunisienne qu'il faut s'adresser pour mettre à profit le jugement qu'on a obtenu d'elle (1).
C'est à cet ordre d'idées qu'il faut rattacher une décision prise
par le tribunal de Tunis (2), qui déclare inutile de reviser au
fond une sentence rendue par le juge indigène, et qui sert de
base à une demande en collocation en concours avec d'autres
créanciers européens pour la distribution par contribution des
deniers d'un débiteur tunisien. Cette solution nous paraît
exacte, si l'on admet qu'un jugement du tribunal indigène
forme un titre suffisant pour être colloqué dans une distribution ouverte par la justice française ; en pareil cas, l'exécution
de ce jugement est poursuivie contre le débiteur tunisien et
non contre les cocréanciers européens.

En terminant, contentons-nous de faire remarquer que tous
les jugements, émanant des tribunaux français de la métropole
ou des colonies, sont exécutoires de plein droit en Tunisie par
les moyens dont dispose l'autorité française (3) ; c'est la consé-

---

(1) Tunis, 1re ch., 11 et 25 mars 1895 (J. T., 95-203 et 274) ; Tunis,
1re ch., 23 mars 1896 (J. T., 96-241).

(2) Tunis, 1re ch., 15 février 1892 (J. T., 96-566).

(3) Cf. Berge : *De l'exécution en Tunisie des jugements français et de
l'exécution en France des jugements rendus en Tunisie* (Clunet, 95-782). —
Cf. par analogie, sur l'exécution des jugements étrangers en Egypte et
sur l'exécution en France des jugements des tribunaux mixtes ; Laget :
op. cit, p. 230 et 235 ; Fauchille : *De l'exécution en France des jugements*

quence de notre souveraineté judiciaire sur le sol de la
Régence.

rendus par les tribunaux mixtes d'Egypte (Clunet, 80-457) ; Vidal Pacha :
Exécution en Egypte des jugements rendus à l'étranger (Clunet, 87-280).
Adde : Salem : *Exécution des jugements étrangers en Turquie* (Clunet,
88-645).

TROISIÈME PARTIE

DES LOIS APPLICABLES PAR LA JUSTICE FRANÇAISE EN TUNISIE

CHAPITRE PREMIER

Théorie générale. — Délais d'application des lois en Tunisie

Si l'on veut synthétiser la détermination de la loi applicable par la justice française en Tunisie, on peut dire que dans les litiges de statut personnel et de successions, chaque individu subira l'application de sa loi nationale : telle est la règle dans les pays hors chrétienté, et cette solution peut se déduire, en outre, de l'article 2 du D. Beyl. du 31 juillet 1884 (1). La loi territoriale régira les immeubles (2) ; quant aux contrats et aux obligations, le juge aura à dégager, à défaut de stipulations formelles émanant des parties, quelle est la législation à laquelle les contractants se sont référés au moins implicitement. La procédure enfin sera régie par la loi française du

(1) Le tribunal de Tunis applique la loi française, à titre de loi du domicile, aux *heimathlosen* européens domiciliés en Tunisie. (Tunis, 1re ch., 21 mars 1892, Clunet 92-932), (Tunis, ref. 27 février 1897. J. T., 97-238).

(2) Cass. civ. 26 juillet 1894 (R. A. 94-2-493) ; Cass. civ. 18 mars 1895 (Clunet, 95-621).

27 mars 1883, qui, à l'exception de deux ou trois prescriptions peu importantes, impose l'observation des règles en vigueur en Algérie.

On pourrait, peut-être, s'en tenir à ces quelques indications si les contestations se présentaient toujours avec un caractère d'absolue simplicité. Il est rare qu'il en soit ainsi : par leur nature, elles sont en général complexes. Tel contrat soulève une question d'état ou de capacité, qui rentre dans le statut personnel du contractant ; telle mesure, ordonnée à son égard par sa loi nationale, devra se combiner avec les règles de procédure qui s'imposent au tribunal. On a vu une espèce entraîner l'application de trois lois différentes (1).

On conçoit, dès lors, qu'il soit difficile de traiter la question par les grandes lignes : ce n'est qu'en entrant dans le vif du sujet, par une étude successive de chaque hypothèse, qu'il nous sera possible de dégager un certain nombre de règles capables de guider dans la solution des difficultés.

Avant d'étudier la matière en elle-même, il nous faut déterminer à partir de quelle date une loi devient obligatoire en Tunisie.

A l'égard des actes qui émanent du pouvoir beylical, on se trouve en présence d'un texte spécial, le D. Beyl. du 27 janvier 1883 (2). Ce décret stipule que les actes du Bey ou des différents chefs de service de son gouvernement sont insérés au *Journal Officiel* tunisien : cette insertion fait courir un délai franc de trois jours pour Tunis, délai qui varie de cinq à quinze jours selon les contrôles civils et à l'expiration duquel l'acte législatif ou gouvernemental devient obligatoire.

La situation est loin d'être aussi nette lorsqu'il s'agit de l'application d'une loi française, et elle a été controversée au sujet des tribunaux consulaires français dans les Echelles du Levant (3). Il est certain que notre législation présente une

(1) Sousse, 13 mars 1890 (R. A., 90-2-457 et la note).
(2) Bomp., p. 431.
(3) Chaussee, *Examen doctrinal* (Rev. crit. 1889, p. 256) ; Manassé : *juris-*

lacune à ce sujet : l'article premier du Code civil et l'article premier du décret du 3 novembre 1870 ne sont édictés qu'en vue du territoire français. C'est donc au magistrat à dégager une solution du silence de la loi. Par un jugement, que la Cour d'appel d'Aix a confirmé (1), notre tribunal consulaire de Constantinople a admis qu'il y avait lieu de s'en tenir au décret de 1870, ce texte étant le plus récent et le plus conforme à l'état actuel des communications : on devrait donc se baser sur l'arrivée du *Journal Officiel* dans le lieu où a été passé l'acte litigieux. Ces décisions, par une extension exagérée de la fiction d'exterritorialité, en arrivaient à assimiler l'arrondissement consulaire à un arrondissement français. La Cour de cassation (2) a rejeté ce système et admis que l'on se trouvait en présence d'une question de fait que le juge devait résoudre en s'inspirant des circonstances de la cause. C'est cette dernière solution que nous admettrions pour la Tunisie en l'absence de tout texte impératif : nous ne croyons pas que la question ait été soulevée dans la Régence.

C'est également en se rapportant aux éléments de fait que le tribunal devra apprécier s'il y a lieu pour lui d'appliquer les dispositions d'une loi étrangère nouvelle. Toutefois, la loi hollandaise du 25 juillet 1871 et la loi allemande du 10 juillet 1877 ont réglementé cette hypothèse en fixant des délais spéciaux pour l'application de leurs lois en dehors de leur territoire ; ces dispositions, certainement impératives à l'égard des tribunaux consulaires néerlandais ou allemands, nous paraissent devoir faire également autorité au regard de la juridiction française de Tunisie.

prudence des *tribunaux, spécialement des tribunaux consulaires de France sur le droit applicable dans les Echelles du Levant* (Rev. de dr. int. 1896, p. 193).

(1) Trib. cons. de France à Constantinople, 25 juin 1886 ; Aix, 2 avril 1887 (Clunet 88-788).

(2) Cass. civ. 22 juin 1891 (Clunet 92-1009).

20

CHAPITRE II

Toutes les questions litigieuses qui se rapportent aux droits de la personne doivent être régies conformément aux prescriptions de son statut personnel (1). Le principe est constant en droit international, et il trouve sa confirmation dans l'article 2 de la loi foncière de 1885, modifié par le D. Beyl. du 16 mai 1886, qui réserve expressément, en matière de droits réels immobiliers, l'application du statut personnel des parties.

En théorie, le problème qui consiste à déterminer si le statut personnel est fixé par la loi nationale de l'individu ou par celle de son domicile, est l'objet de vives discussions. Dans la situation spéciale où se trouve la Tunisie, la controverse n'existe pas. L'unique texte, qui vise directement ce point particulier, est le protocole franco-italien de 1884, dont l'article 4 stipule formellement l'application de la loi italienne aux Italiens et se rattache au système qui fait de la législation nationale la règle du statut personnel des parties. En outre, il ne faut pas oublier que la juridiction française a recueilli l'héritage des justices consulaires, et doit, par suite, se conformer dans la mesure du possible à leurs traditions ; or, les consuls ne jugeaient pas leurs nationaux au point de vue du statut per-

_____

(1) Alger, 1re ch., 2 mai 1888 (R. A., 90-2-229) ; Alger, 1re ch., 18 février 1891 (R. A., 91-2-332) ; Tunis, 1re ch., 23 novembre 1891 (R. A., 92-2-45) ; Alger, 2e ch., 8 juin 1892(R. A., 92-2-335); Tunis, 1re ch., 10 décembre 1894 (R. A., 95-2-129).

sonnel en leur appliquant la loi de leur domicile, qui eût été la législation musulmane ; ils leur imposaient l'observation de leur loi nationale. La justice française doit continuer cette jurisprudence avec d'autant plus de raison qu'elle est conforme à la doctrine de l'article 3 de notre Code civil.

La femme qui épouse un individu d'une nationalité autre que la sienne, change par là même de statut personnel ; on doit lui appliquer en principe la loi nationale de son mari, à moins cependant que le mariage ne lui ait pas conféré la nationalité de ce dernier (1).

Lorsqu'il peut exister quelque doute sur la nationalité d'une des parties, c'est à celui qui prétend en tirer avantage à fournir la preuve du droit qu'il a d'exciper de cette nationalité (2). Nous savons qu'une simple patente de protection serait insuffisante ; la protection ne dénationalise pas celui qui en bénéficie ; elle ne touche pas au statut personnel et n'a d'effet que sur la question de compétence (3).

Toutefois, avant d'examiner les controverses de détail qui peuvent s'élever au sujet du statut personnel des parties, il nous paraît indispensable de déterminer les caractères distinctifs que présente, dans la Régence, la notion d'ordre public.

S'il est une théorie vague et peu définie, c'est bien celle de l'ordre public, et il semble que Pascal la pressentait quand il écrivait sa fameuse remarque : « Vérité en deçà des Pyrénées, erreur au-delà » (4). Il faut entendre, par cette expression, les

(1) Alger, 1re ch., 18 février 1891 (R. A., 91-2-332) ; Tunis, 1re ch., 7 janvier 1895 (J. T., 95-93).

(2) Tunis, 1re ch., 12 juin 1893 (J. T., 94-300).

(3) Cf. *supra*, p. 107. — Il nous paraît toutefois utile de noter que, lorsqu'on se trouve en présence d'une interprétation de volonté, on peut très bien admettre que le protégé diplomatique s'est référé à la loi de la puissance protectrice et non à celle qui régit son statut personnel.

(4) Sur la notion d'ordre public, cf. Weiss, *Tr. élém. de dr. int. privé* p. 245 et suiv. — Despagnet, *L'ordre public en dr. int. privé* (Clunet, 1889, p. 5 et 207). — Boissarie, *La notion de l'ordre public en dr. int. privé.* — Pillet, *L'ordre public en dr. international* — Surville et Arthuys, *Cours élém. de dr. int. pr.*, 2e édit. p. 36.

différentes dispositions légales qui, par suite des conceptions
morales d'un pays, sont considérées comme affectant les intérêts essentiels de ce pays.

Il s'ensuit que la notion de l'ordre public est nécessairement
contingente et qu'elle varie non seulement entre nations, mais
encore que, chez le même peuple, on la voit se modifier et
souvent changer complètement sous l'influence d'une révolu-
tion dans les conceptions sociales ou religieuses de cette
nation.

D'autre part, on peut constater une tendance à étendre cette
notion chez les peuples d'une civilisation supérieure, chez
ceux dont les mœurs sont plus affinées et ont, par suite, de
plus grandes exigences, et chez qui, l'idée de l'État et de son
indépendance étant plus forte, les influences extérieures sont
repoussées avec un soin jaloux. Tel est le cas des nations européennes, où les prescriptions d'ordre public sont nombreuses
et affectent un caractère rigoureux.

Il en est tout autrement dans les États comme la Tunisie,
où les races autochtones ne sont pas encore arrivées à une
civilisation très développée, et où les colons européens forment un ensemble cosmopolite, dont les mœurs, les habitudes
sociales, les idées politiques ou économiques varient énormé-
ment. Il en résulte que, dans la Régence, la notion de l'ordre
public se restreint de telle sorte qu'elle en arrive à comprendre seulement les règles qui répriment des faits tellement
graves qu'ils tombent, dans tous les pays quelque peu organisés, sous les dispositions prohibitives de la loi.

· C'est ainsi que nous autoriserons devant les tribunaux français de Tunisie l'exercice de l'action en recherche de la paternité ; une pareille demande serait inadmissible en France,
alors même que cette recherche serait permise par la législation qui régit le statut personnel de l'enfant (1). De même
nous permettrons à notre juridiction de prononcer le divorce

(1) Trib. Seine, 1re ch., 26 novembre 1896 (Clunet, 97-137).

par consentement mutuel de deux Belges, tandis qu'en France
l'ordre public s'opposerait à l'admission d'une demande de
cette nature.

Ce sera à notre magistrat à s'inspirer de la situation toute
spéciale de la Tunisie pour déterminer avec prudence le caractère d'ordre public d'une loi ; nous croyons qu'il doit adopter
de préférence la solution qui restreint le domaine de cette
notion d'ordre public.

§ Ier. Etat et capacité. — Filiation.

Les questions d'état et de capacité rentrent intimement
dans le statut personnel et doivent être régies par la loi nationale de l'intéressé. Nul mieux que le législateur de son pays
d'origine n'a été en mesure de régler sa situation en tenant
compte des mœurs nationales, des conditions historiques ou
religieuses, du climat, des influences économiques.

Cette solution n'a pas été contestée en Tunisie, où la loi
nationale de chaque individu fixe son état et détermine sa capacité juridique.

La question d'état, vraiment primordiale en cette matière,
est celle qui établit la nationalité de chaque partie ; question
qui présente une sorte de cercle vicieux. Nous savons qu'au
point de vue de la compétence, la solution admise a été celle
qui exige de chacun la preuve de la nationalité à laquelle il
prétend. Il est, en général, facile de contrôler l'assertion de la
partie intéressée en la rapprochant de la loi en cause s'il s'agit
d'un Européen ; nous savons qu'en ce qui concerne les indigènes, il a fallu admettre une présomption de nationalité tunisienne (1).

_____

(1) Cf. _suprà_, p. 123. — Quelle nationalité reconnaitra-t-on en Tunisie à
l'enfant né de parents inconnus ou dont la nationalité est inconnue ? La
question ne parait pas avoir été soulevée devant notre juridiction de la
Régence. Elle semble presque insoluble. Faudra-t-il, par voie d'analogie

S'agit-il, au contraire, de la perte d'une nationalité, il y a lieu
de recourir à la loi de la nationalité perdue ou prétendue telle
pour déterminer la situation de la partie en cause. C'est ainsi
qu'il a été jugé, aux termes de l'article 11 du Code civil italien,
que la femme de celui qui perd la nationalité italienne devient
elle-même étrangère, à moins qu'elle ne continue à résider en
Italie (1). La preuve de la perte de la nationalité incombera à
la partie qui en excipe devant le tribunal, en conformité de la
règle : *Actori incumbit probatio.*

La filiation présente également une grande importance au
point de vue de l'état juridique d'une personne. Légitime, elle
se rattache intimement à la matière du mariage et doit être
étudiée avec lui. Naturelle, elle soulève la question de la recherche de la paternité et celle de la capacité nécessaire pour faire
une reconnaissance d'enfant naturel. Cette dernière hypothèse,
aussi bien que l'aptitude pour l'enfant d'être reconnu volontairement, sera résolue par la loi nationale ; nous n'avons pas
relevé de décision à ce sujet.

L'action en recherche de la paternité sera possible, si elle est
autorisée par la loi nationale du père et de l'enfant. Elle devra
être interdite dans le cas contraire ; cette dernière solution a
triomphé devant les tribunaux de Tunisie en vertu de l'article
189 du Code civil italien (2), ou encore par application de la loi
rabbinique (3).

A côté de l'état d'une personne qui détermine l'ensemble de ses
qualités juridiques, il y a lieu de tenir compte de sa capacité qui
établit son aptitude à procéder aux divers actes de la vie civile.

avec la règle formulée dans l'article 8 de notre Code civil, faire application à cet enfant des principes du *jus soli* et le rattacher à la nationalité
tunisienne? Cette solution est, peut-être, la seule qui soit juridique, et
cependant elle ne satisfait pas l'esprit, car on peut se trouver en présence
d'un enfant dont l'origine européenne s'accuse par des caractères physio-
logiques indiscutables.

(1) Tunis, 1re ch., 21 mars 1892 (R. A., 92-2-245).
(2) Tunis, 1re ch., 10 décembre 1894 (R. A., 95-2-129).
(3) Tunis, 2e ch., 12 avril 1888 (J. T., 95-402).

Il importe évidemment de fixer l'âge à partir duquel un individu est majeur pour déterminer dans quelle mesure il peut contracter des engagements valables. C'est la loi nationale de l'intéressé qui fournira cette indication ; l'Espagnol, par exemple, n'atteindra sa majorité qu'à vingt-cinq ans (1), tandis que l'Anglo-Maltais sera pleinement capable à dix-huit ans seulement (2). En ce qui concerne les indigènes musulmans et israélites, ce sera la puberté qui déterminera l'époque de la majorité (3). L'israélite sera présumé pubère à treize ans révolus (4); au contraire, cet âge sera reculé jusqu'à dix-huit ans pour l'arabe du sexe masculin (5). Cette dernière règle s'appliquera aux Algériens de race musulmane, qui, bien que sujets français, restent régis par la loi islamique (6). Ce serait encore la loi nationale de l'individu qui règlerait les situations intermédiaires entre la majorité et la minorité, telles que notre émancipation.

La capacité d'une personne physique peut se trouver gravement affectée par suite de l'état mental du sujet. Ce sera encore la loi nationale qui indiquera les mesures à prendre pour remédier à cette situation, les incapacités qui en résulteront, les causes qui doivent donner naissance à la protection légale. Nos tribunaux ont eu fréquemment à tenir compte des interdictions prononcées par la justice beylicale contre des Tunisiens (7).

---

(1) Tunis, 2ᵉ ch., 12 juin 1896. (J. T., 96-377). — Cette solution n'est toutefois exacte que s'il s'agit d'actes antérieurs au Code civil espagnol de 1889, qui fixe la majorité à 23 ans.

(2) Tunis, 2ᵉ ch., 19 juin 1895 (J. T., 95-485). Alger, 1ʳᵉ ch., 5 mai 1896 (J. T., 96-330).

(3) Tunis, 2ᵉ ch., 17 février 1893 (R. A., 93-2-378).

(4) Tunis, 19 mai 1884 (J. T., 95-266) ; Tunis, 1ʳᵉ ch , 22 février 1892 (J. T., 96-154) ; Tunis, 1ʳᵉ ch., 11 juillet 1892 (R. A., 92-2-330) ; Alger, ch. corr., 5 février 1897 (J. T., 97-149).

(5) Tunis, 2ᵉ ch., 20 mars 1895 (J. T., 95-303) ; Alger, 2ᵉ ch., 15 octobre 1896 (R. A., 96-2-443).

(6) Tunis, 1ʳᵉ ch., 30 mai 1892 (J. T., 94-397) ; Tunis, 1ʳᵉ ch., 16 juillet 1894 (R. A., 94-2-473).

(7) Tunis, 2ᵉ ch., 5 mars 1891 (J. T., 96-312) ; Alger, 2ᵉ ch., 8 juin 1892 (R. A., 92-2-335) ; Alger, 1ʳᵉ ch., 20 décembre 1892 (J. T., 96-312, note 1);

Nous ferons également appel à la loi nationale pour déterminer la capacité délictuelle du mineur et de l'interdit ; ces
derniers, s'ils sont indigènes, seront donc civilement responsables de leurs délits ou de leurs quasi-délits, conformément
à la loi musulmane (1).

§ II. Le mariage et ses effets. — Sa dissolution.

Le mariage est assurément le plus important des actes
affectant le droit des personnes ; c'est lui qui est la base de
l'organisation même de la famille, et il exerce une influence
réelle et dominante sur toutes les branches du droit civil. La
détermination de la loi qui doit en régir la formation, en régler
les effets et indiquer les causes de dissolution qui peuvent
l'atteindre, est donc de la plus haute importance.

Ici, encore, nous devons faire appel à la loi nationale pour
déterminer les conditions de forme et de validité du mariage (2), ainsi que ses effets. Ce sera également à la loi nationale des époux qu'il faudra recourir pour connaître les modes
de dissolution de leur union (3).

Cependant il serait peut être imprudent de donner ici une
solution trop absolue. Dans la situation où se trouve la Régence,
pays où l'usage concomitant de diverses législations est fréquent, il y a lieu de tenir compte de certaines circonstances
qui ont pu entourer le mariage pour décider s'il ne faut point
déroger à cette règle. Ces circonstances ont surtout leur importance quand il s'agit de régir les intérêts pécuniaires des
époux, mais elles peuvent aussi produire certains effets relativement à l'union des personnes. Ainsi le fait pour un indigène

Tunis, 1re ch., 28 janvier 1895 (R. A., 95-2-319) ; Trib. mixte, 27 février
1896 (J. T., 96-140).
(1) Tunis, 2e ch., 19 décembre 1894 (J. T., 96-200).
(2) Tunis, 1re ch., 18 mai 1896 (J. T., 96-297).
(3) Cass. req., 12 février 1895 (Clunet, 95-834).

algérien et une Européenne d'avoir contracté mariage en
Algérie ou en Tunisie devant l'officier de l'état-civil français,
prouve que les époux ont entendu se soumettre à la loi française ; le mari ne pourra donc invoquer contre sa femme les
règles du droit musulman qui ont trait à la répudiation ou au
divorce par consentement mutuel (1). Dans le même ordre
d'idées, on a présumé que les israélites domiciliés en Tunisie,
qui seraient cependant sujets français, ont soumis leur mariage
aux dispositions de la loi rabbinique, s'ils l'ont contracté
devant les rabbins et suivant les usages israélites, et s'ils n'ont
pas fait transcrire leur acte de mariage à la chancellerie d'un
consulat (2). Cette dernière solution nous paraît devoir être
critiquée ; dans les deux jugements du tribunal de Tunis, où
cette doctrine se trouve énoncée, il s'agissait de savoir si la
femme pouvait demander la séparation de biens. Cette faculté
lui a été refusée par application de la loi mosaïque, tandis que
notre Code civil lui accordait incontestablement ce droit : on
se trouvait cependant en présence d'une question de capacité
dans laquelle le respect du statut personnel s'imposait absolument (3).

Tout mariage, célébré en Tunisie, y sera valablement passé
dans les formes admises dans ce pays par la loi locale en application de la règle : *Locus regit actum* (4). Celles-ci ont fait l'objet
d'une réglementation détaillée dans le D. Beyl. du 29 juin
1886 (5), qui a institué l'Etat-civil dans la Régence.

Ces formes sont identiques à celles qu'édicte notre Code
civil. Toutefois, dans le cas où, en raison de la législation du
pays d'origine des futurs, l'accomplissement de certaines formalités prescrites par le D. Beyl. du 29 juin 1886, serait impos-

(1) Tunis, 1re ch., 23 novembre 1891 (R. A., 92-2-29).
(2) Tunis, 1re ch., 14 novembre 1889 (J. T., 90-29) ; Tunis, 1re ch., 28
décembre 1891 (J. T , 96-524).
(3) Cf. Chausse, *Du rôle international du domicile* (Clunet, 97-15).
(4) Tunis, 1re ch., 20 février 1893 (J. T. 93-188).
(5) Bomp., p. 152.

sible, on y supplée par un certificat délivré par le consul de la
nation desdits futurs, qui constate qu'ils ont satisfait aux prescriptions de leur propre loi.

L'officier de l'État-civil (1) ne lit le chapitre VI, titre du Mariage, du Code civil français, qu'aux époux de nationalité
française, et n'exige un acte de naissance que de la part des
époux de nationalité européenne.

En outre, deux Français peuvent contracter mariage devant
le Contrôleur civil faisant fonctions de vice-consul de France,
alors même qu'il ne serait pas officier de l'Etat-civil au titre
tunisien. Les étrangers peuvent également se marier devant
leur consul, si ce dernier tire compétence, en cette matière,
des dispositions de sa loi particulière.

Les conditions de validité relatives au fond du droit, telles
que les consentements des parents ou les empêchements, sont
régies par la loi nationale de chaque époux (2). C'est ainsi qu'on
a annulé le mariage contracté devant les rabbins de Tunis par
un israélite algérien, soumis par conséquent à la loi française,
et qui était encore engagé dans les liens d'une précédente
union (3).

C'est également le statut personnel des parties qui déterminera la valeur d'une promesse de mariage. C'est ainsi que
la loi rabbinique valide le pacte, consenti par un père, de
donner sa fille en mariage à une personne déterminée (4) ;
le dédit stipulé en pareil cas est légalement dû, mais il ne
serait pas licite s'il s'agissait d'un israélite, sujet français,

---

(1) Dans les villes érigées en communes, les fonctions d'officier de l'Etat-
civil sont remplies par le président de la municipalité, s'il est Français,
sinon par le vice-président de cette nationalité. Dans les autres localités,
elles sont exercées par le Contrôleur civil ou, en cas d'empêchement, par
son suppléant, et, à défaut de Contrôleur civil, par l'autorité militaire
française, dans les conditions de l'article 89 de notre Code civil. (Bomp.,
p. 152).

(2) Cf. D. Beyl. du 29 juin 1886, art. 34. (Bomp., p. 154).

(3) Tunis, 1re ch., 15 juin 1887 (J. T., 95-501).

(4) Tunis, 1re ch., 13 mars 1893 (R. A., 93-2-278).

dont le statut personnel prohibe une pareille convention (1).

La loi rabbinique, applicable en Tunisie, décide que lorsqu'un israélite meurt sans enfants, son frère est tenu d'épouser sa veuve ou de lui restituer sa dot. Il peut, toutefois, ajourner cette option jusqu'à l'époque de sa majorité. Ces règles, si contraires à nos mœurs, ont été appliquées par le tribunal de Tunis (2).

Il faut assimiler au pacte de dédit qui existe chez les israélites, le droit pour la femme musulmane qui a été répudiée sans juste cause avant la consommation du mariage, de retenir la moitié de la dot versée à son père (3).

C'est également en vertu des règles de son statut personnel, que la fille musulmane pubère, à laquelle on a imposé un mariage désavantageux, peut en demander l'annulation par l'intermédiaire d'un *mokaddem* que lui désigne le magistrat (4).

Les effets du mariage seront également régis par la loi nationale en ce qui concerne l'état des personnes ; les règles du statut personnel sont impératives pour chacun, et il ne saurait dépendre de notre volonté d'en écarter l'application. C'est à cette loi qu'il faudra avoir recours pour déterminer les droits et les devoirs respectifs des deux époux. On validera donc, en conformité avec le droit musulman, le pacte par lequel le mari autorise sa femme à s'établir dans une ville déterminée, de telle sorte que la femme ne soit tenue de résider au domicile conjugal que si elle se trouve dans la ville habitée par son mari (5). C'est ainsi que, d'après la loi rabbinique, le mari doit des aliments à sa femme s'il ne mange pas avec elle : cette obligation sera sanctionnée par nos tribunaux (6), ainsi que le

(1) Tunis, 1re ch., 1er juin 1887 (J. T., 94-236) ; Tunis, 1re ch., 13 mars 1893 (J. T., 93-191) ; J. de p. Tunis-Nord, 28 mai 1896 (J. T., 96-301).
(2) Tunis, 19 mai 1884 (J. T., 95-266).
(3) Tunis, 1re ch., 22 juillet 1895 (R. A., 95-2-389). Cf. Zeys, *Tr. élém. de dr. mus. alg.*, I, § 14.
(4) Tunis, ch. du cons., 21 mai 1894 (J. T., 94-349).
(5) Alger, 1re ch., 25 mars 1891 (Clunet, 91-912).
(6) Tunis, 1re ch., 1er mars 1887 (J. T., 95-474) ; Tunis, 2e ch., 8 janvier 1896 (J. T., 96-107).

devoir pour lui de pourvoir à l'enterrement de son épouse suivant l'usage du pays (1).

L'incapacité de la femme mariée, ses limites, sa sanction seront recherchées dans les dispositions de la loi nationale des époux. La question s'est posée au sujet de l'incapacité d'ester en justice sans l'autorisation du mari. Aux termes de l'article 215 du Code civil, cette faculté sera refusée à la femme mariée, soumise à la loi française ; au contraire, l'article 134 du Code civil italien fournit une énumération qui ne vise pas les actions en justice et qui a cependant un caractère limitatif ; par suite, il consacre dans l'espèce la capacité de la femme italienne (2). La femme musulmane est pleinement capable d'ester en justice en vertu de son statut personnel (3); il y a quelque doute sur le point de savoir si le mari doit être appelé dans l'instance à cause de son droit de poursuivre l'annulation des engagements contractés par sa femme sans son autorisation (4). Il semble que son intervention soit recevable, mais qu'on ne puisse pas la lui imposer puisqu'elle ne peut avoir d'autre but que de sauvegarder son autorité et de protéger ses propres intérêts (5).

On peut rattacher à la matière du mariage l'étude des dettes alimentaires entre parents. Ce contrat en est à peu près constamment la cause au moins indirecte (6); il semble donc qu'on doive appliquer la loi nationale. La solution est fort simple si les deux personnes entre lesquelles la question s'élève sont de la même nationalité ; elle est, au contraire, assez délicate si l'on se trouve en présence d'un conflit de deux lois person-

---

(1) Tunis, 1re ch., 14 décembre 1887 (J. T., 95-430).
(2) Tunis, 1re ch., 2 avril 1894 (J. T., 94-247).
(3) Tunis, 2e ch., 3 mai 1890 (J. T., 94-153 note 1) ; Tunis, 1re ch., 30 octobre 1893 (J. T., 94-98) ; Alger, 1re ch., 29 janvier 1894 (J. T., 94-153) ; Sousse, 8 février 1894 (J. T., 94-249) ; Tunis, 2e ch., 8 mai 1895 (J. T., 95-433).
(4) Tunis, 1re ch., 30 octobre 1893 (J. T., 94-98).
(5) Tunis, 2e ch., 8 mai 1895 (J. T., 95-433).
(6) Cf. L. Renault, *Examen critique* (Rev. crit. 1883, p. 723).

nelles. Il nous paraît plus sûr de n'accorder la pension alimentaire que si la loi du créancier et celle du débiteur concordent sur ce point. On ne saurait imposer au débiteur des obligations que sa loi ignore, ni accorder au créancier des droits que son statut lui refuse. Nous ne croyons pas que la question ait été soulevée en Tunisie.

Citons seulement un jugement selon lequel, aux termes de la loi rabbinique, l'israélite doit des aliments à sa fille veuve et à son enfant s'ils sont sans ressources. Le taux de cette pension se détermine en tenant compte de la fortune du père et des besoins de la fille (1).

La loi nationale qui règle la formation du mariage, fixera aussi les conditions dans lesquelles il peut se dissoudre ou voir ses liens se relâcher. C'est elle qui indiquera si le divorce est admissible, si la séparation de corps peut être prononcée, quels sont les motifs qu'on pourra faire valoir dans l'un ou l'autre cas.

Si le statut personnel des époux rejette le divorce, celui-ci ne pourra être prononcé par la justice française. Il en sera ainsi à l'égard des Italiens (2) ou des Russes qui auraient célébré leur mariage dans une église catholique (3). Ces derniers mariages ne pourront donner lieu qu'à séparation de corps, tandis que les unions entre sujets russes célébrées dans une église orthodoxe pourront se dissoudre par le divorce. La jurisprudence admet qu'il faut se reporter à la loi actuelle des parties et non à celle qui régissait leur statut personnel au moment de leur mariage, pour savoir si le divorce est admissible : c'est ainsi qu'un Italien, naturalisé Français, pourra divorcer en se conformant à la loi française, alors même qu'il n'aurait changé de nationalité que dans le seul but de pouvoir demander le divorce : il faut, toutefois, que sa naturalisation soit sérieuse (4).

(1) Tunis, 1re ch., 10 juin 1895 (J. T., 95-439).
(2) Alger, 1re ch., 18 février 1891 (J. T., 91-93).
(3) Tunis, 1re ch., 27 juillet 1896 (J. T., 96-439).
(4) Tunis, 1re ch., 21 mars 1892 (R. A., 92-2-245). *Sic :* Trib., Seine,

Au demeurant, il ne faut pas s'en tenir aux termes employés
par la loi étrangère pour savoir si le divorce est admissible ;
il faut encore en étudier les effets. Par exemple, l'article 82
du décret brésilien du 24 janvier 1890 autorise le divorce dans
un certain nombre de cas ; mais l'article 88 ajoute que le
divorce ne dénoue pas le lien du mariage et ne fait qu'autoriser
la séparation des personnes. La loi brésilienne n'organise donc
en réalité qu'une simple séparation de corps ; le tribunal de
Tunis, saisi par une Brésilienne d'une demande en divorce,
n'a pu l'accorder et a dû se contenter de prononcer la séparation de corps (1).

Les causes de divorce seront fixées par la loi qui régit le
statut personnel ; la femme musulmane pourra le demander si
son mari ne subvient pas à son entretien et ne lui procure pas
une habitation convenable et suffisamment meublée (2). De
même, si la loi nationale le permet, les époux peuvent conve-
nir de certaines causes de divorce qui resteront spéciales à
leur union ; la femme musulmane pourra demander le droit
de se répudier elle-même si son mari, qui a pris l'engagement
formel de passer toutes ses nuits chez elle et de ne pas en
épouser une autre, vient à manquer à ses devoirs (3).

Les déchéances résultant du divorce seront aussi fixées
par la loi nationale. Par exemple, lorsqu'il sera prononcé aux
torts du mari musulman, ce dernier ne pourra exiger la restitution de la dot (4).

18 juin 1896 (Clunet, 96-842). Cf. *tamen*, en sens contraire, Nice, 1re ch..
9 décembre 1896 (Clunet, 97-333).
(1) Tunis, 1re ch., 7 janvier 1895 (J. T., 95-93).
(2) Tunis, 1re ch., 30 mai 1892 (J. T., 94-397).
(3) Tunis, 1re ch., 16 juillet 1894 (R. A. 94-2-473).
(4) Tunis, 1re ch., 29 octobre 1894 (R. A., 94-2-554).

§ III. Puissance paternelle. — Protection des incapables.

La loi a dû intervenir pour protéger ceux que l'âge ou la faiblesse de leurs facultés mettent dans l'impossibilité de pourvoir aux soins de leur patrimoine et souvent à la direction de leur propre personne. Bien que partant d'un même point de vue, les différentes législations sont loin de coïncider entre elles : chacune a édicté les dispositions qui concordaient le mieux avec les mœurs de ses nationaux et l'organisation particulière que revêt chez eux la famille. On doit présumer que chaque législateur a prescrit les règles qui cadrent avec les coutumes de ses sujets, et cette considération doit suffire pour légitimer en cette matière l'application de la loi nationale de l'incapable.

L'état de minorité nécessite l'organisation d'une tutelle ou de toute autre institution, qui pourvoie aux soins réclamés par la personne et les biens du mineur : c'est naturellement le statut personnel, qui déterminera la loi de la tutelle (1) et qui règlera les pouvoirs conférés au tuteur (2).

Dans notre droit, la tutelle ne s'ouvre que par la mort de l'un des deux parents ; jusqu'à cet évènement, le mineur reste soumis à la puissance paternelle (3). Dans l'état actuel de nos mœurs, la tendance législative est de ne voir dans cette institution qu'une mesure de protection pour l'enfant : ce sera donc la loi nationale de ce dernier qui déterminera l'exercice de la puissance paternelle, à laquelle il sera soumis. C'est cette loi

(1) Trib. civ., Anvers, 6 février 1895 (Clunet, 96-204).

(2) Trib. civ. Arlon, 1er mars 1894 (Clunet, 95-171).

(3) Remarquons que, dans beaucoup de législations, la puissance paternelle ne peut pas coexister avec la tutelle ; cette dernière ne s'ouvre qu'à la mort du survivant des père et mère. Tel est le cas de la loi italienne, d'après les prescriptions de laquelle la mort d'un seul des parents ne donne lieu qu'à l'administration légale. Cf. Tunis, 2e ch., 20 juin 1894 (J. T., 97-262).

qui décidera si le père peut être déclaré déchu de ses droits de puissance et quels seront les effets de cette mesure. La loi du 24 juillet 1889 règlera la question pour les Français ; on appliquera à l'égard des Anglo-Maltais l'article 181 de l'ordonnance maltaise de 1873, qui permet, en certains cas, aux tribunaux d'enlever au père la totalité ou une partie de ses droits de puissance : l'article 182 de la même ordonnance prive dans ce cas le père de son droit d'usufruit légal (1).

C'est la loi nationale du mineur qui fixera les mesures de correction qu'on pourra employer à son égard. C'est ainsi que le président du tribunal aura le droit, aux termes des articles 220 à 224 du Code civil italien, d'ordonner l'emprisonnement d'un mineur de cette nationalité (2). Toutefois, s'il s'agissait de corrections manuelles, que peuvent autoriser certaines législations, il ne nous paraîtrait pas suffisant que le statut personnel de l'enfant en permît l'emploi ; il faudrait encore qu'elles ne fussent pas interdites à celui qui prétend en user par les dispositions de sa loi propre. En Tunisie, par exemple, où il est admis par un usage formel que les musulmans peuvent user de corrections manuelles à l'égard des enfants qu'ils introduisent, dès le premier âge, dans leur demeure et qu'ils élèvent pour leur service, nous refuserons le droit d'en user aux musulmans sujets français tels que les Algériens (3).

Il nous paraît encore que c'est la loi nationale des enfants qui règlera les mesures provisoires à prendre à leur égard pendant une instance en divorce qui se débattrait entre leurs parents (4) ; toutefois, au cas de silence de leur statut personnel, nous serions assez portés à admettre que le tribunal appliquât sa propre loi ; l'ordre public est en cause lorsqu'il s'agit de protéger des enfants. C'est sous la même impression que nous accepterions l'intervention des parents des incapa-

(1) Tunis, 1re ch., 20 mars 1895 (J. T., 95-365).
(2) Tunis, 28 mai 1885 (J. T., 95-139).
(3) Tunis, corr., 28 janvier 1891 (Clunet, 91-914).
(4) Alger, 1re ch., 30 mai 1888 (R. A., 88-2-394).

bles dans les instances judiciaires où ceux-ci peuvent être intéressés, alors cependant qu'ils n'en seraient pas les représentants légaux (1).

Si le mineur vient à perdre un de ses parents et qu'il soit nécessaire de lui organiser une tutelle, la délation en sera faite conformément aux dispositions de sa loi nationale. C'est elle qui déterminera s'il y a lieu à l'ouverture d'une tutelle de droit : c'est ainsi que la mère musulmane se verra refuser la tutelle de ses enfants (2), tandis que cette tutelle sera accordée à la veuve de nationalité maltaise (3), sauf à lui adjoindre un curateur spécial si elle se trouvait en opposition d'intérêts avec ses enfants. Si un enfant naturel italien a été reconnu par ses deux parents, c'est le père qui exercera à son égard la tutelle et le droit de garde (art. 184 et 221 C. civ. italien) (4).

A défaut de tutelle légitime, il y aura lieu de rechercher si une tutelle testamentaire peut être organisée. Le père musulman pourra, par testament, désigner un tuteur à ses enfants (5).

Enfin, à défaut de tutelle légitime ou testamentaire, ce sera la loi nationale de l'incapable qui indiquera de quelle façon et sous quelles conditions un tuteur lui sera nommé, et ces formes devront être suivies dans la mesure où elles seront compatibles avec l'organisation judiciaire de la Régence. C'est ainsi qu'il appartiendra au magistrat de nommer un tuteur au mineur musulman de nationalité française (6); c'est également lui qui désignera le tuteur d'un Maltais, mais si la mère est en vie et ne s'est pas remariée, le choix du juge devra s'arrêter sur elle de préférence (art. 195 de l'ord. maltaise de 1873 sur les personnes) (7). Il faut, en outre, tenir compte du droit

(1) Cass. crim., 21 mars 1889 (J. T , 89-75).
(2) Tunis, 1re ch., 3 décembre 1894 (R. A., 95-2-70).
(3) Tunis, 1re ch.. 29 décembre 1886 (J. T., 95-212).
(4) Tunis, 1re ch., 30 novembre 1896 (J. T., 97-36).
(5) Tunis, 28 avril 1884 (R. A., 85-2-246).
(6) Tunis, ch. du cons., 27 février 1885 (R. A., 85-2-169).
(7) Tunis, 2e ch., 26 décembre 1894 (J. T., 96-345).

qu'ont les consuls d'organiser la tutelle de leurs nationaux (1).

C'est également la loi nationale du mineur qui nous paraît devoir régir les causes d'exclusion ou d'incapacité de la tutelle. Ces mesures, bien qu'elles atteignent le tuteur, ont surtout en vue la protection du mineur en cherchant à lui éviter un tuteur indigne ou hors d'état de gérer son patrimoine. Il a été fait application de ce principe à l'égard du tuteur d'un musulman algérien, qui ne remplissait pas les conditions de rigoureuse moralité et d'aptitude physique et mentale imposées en pareil cas par la loi coranique (2).

Le principe de la protection du mineur fera déterminer par sa loi nationale quels sont les pouvoirs du tuteur et quelles obligations lui incombent à l'ouverture de la tutelle (3). C'est en se basant sur la loi maltaise, qu'on a exigé du tuteur d'un Maltais l'autorisation de justice pour accepter une succession au nom de son pupille (4) ; c'est en vertu de la même loi qu'on lui a interdit de contracter un emprunt pour le compte de ce dernier (5). Si, cependant, il avait dépassé les limites de ses pouvoirs et réalisé un prêt au nom du mineur, le pupille serait tenu dans la mesure du profit qu'il en aurait retiré (6). Cette dernière règle s'appliquera également aux mineurs italiens, en vertu de l'article 1307 de leur Code civil (7).

La question est plus délicate quand on se trouve en présence d'un tuteur de fait et que l'individu qui s'est ingéré dans l'administration des biens du mineur est sous l'empire d'un statut personnel, différent du sien. Le fait s'est présenté à l'encontre d'un Français, qui avait géré les biens de mineurs anglo-mal-

---

(1) Les consuls italiens organisent la tutelle et la curatelle de leurs nationaux suivant leur loi. (Conv. italo-tunisienne d'établissement de 1896, art. 23, n° 7. J. T., 96-485).

(2) Tunis, 1re ch., 8 juin 1896 (J. T., 96-373).

(3) Tunis, 2e ch., 19 juin 1895 (J. T., 95-485).

(4) Tunis, 1re ch., 21 décembre 1891 (J. T., 95-212 note 2).

(5) Tunis, 1re ch., 25 juillet 1887 (R. A., 88-2-232) ; Tunis, 2e ch., 13 novembre 1895 (J. T., 95-598).

(6) Tunis, 2e ch., 13 novembre 1895 (J. T., 95-598).

(7) Alger, 1re ch., 16 mai 1892 (R. A., 92-2-285).

tais sans avoir été légalement investi de la tutelle. Fallait-il appliquer aux comptes de tutelle la loi du mineur ? Devait-on, au contraire, recourir aux dispositions de la loi française, statut personnel du tuteur de fait ? Le tribunal de Tunis (1), sans cependant s'en expliquer formellement, avait paru admettre la première solution ; la Cour d'Alger l'a, au contraire, rejetée (2). Elle n'a vu dans le tuteur de fait qu'un simple gérant d'affaires qui n'a pu contracter d'obligations envers les mineurs que dans les conditions de la loi française. Cette solution ne cadre guère avec la tendance générale de notre jurisprudence sur la tutelle de fait ; en outre, elle sacrifie les intérêts du mineur, qui sont cependant bien plus dignes de protection que ceux de l'intrus : ce dernier n'a pas à se plaindre des conséquences fâcheuses pour lui, qui peuvent résulter de cette doctrine, quand elles proviennent d'une situation irrégulière dans laquelle il s'est volontairement placé.

A côté de l'incapacité juridique résultant de la minorité, doit se placer celle qui est la conséquence de l'interdiction. Ce sera, comme dans toute cette matière, le statut personnel de l'incapable, statut formulé par sa loi nationale, qui règlera l'étendue de son incapacité, les causes pour lesquelles elle pourra être prononcée, la façon dont il sera pourvu à la protection de ses intérêts.

C'est ainsi que l'interdiction pour cause de folie d'un sujet musulman sera régie par la loi musulmane (3) ; l'état de maladie mortelle emportera aussi interdiction, conformément à la même loi (4). Quant à l'interdiction pour cause de prodigalité, elle n'existera qu'à l'encontre du musulman de rite malékite (5).

(1) Tunis, 2e ch., 19 juin 1895 (J. T., 95-485).
(2) Alger, 1re ch., 5 mai 1896 (J. T., 96-330).
(3) Tunis, 2e ch , 5 mars 1891 (J. T., 96-312) ; Alger, 2e ch., 8 juin 1892 (R. A., 92-2-335) ; Alger, 1re ch., 20 décembre 1892 (J. T., 96-312, note 1). Tunis, 1re ch., 28 janvier 1895 (R. A., 95-2-319) ; Trib. mixte, 27 février 1896 (J. T., 96-140).
(4) Tunis, 1re ch., 21 mars 1892 (R. A., 92-2-239).
(5) Alger, 1re ch., 27 juillet 1891 (J. T., 92-142) ; Alger, 2e ch., 8 juin

C'est sur la loi nationale de l'interdit qu'il faudra se baser
pour déterminer l'étendue de l'incapacité qui le frappe : par
exemple, d'après la loi musulmane, les actes antérieurs à
l'interdiction sont nuls, lorsque la cause de cette interdiction
existait à l'époque de leur conclusion: un Européen devra donc
subir les conséquences de cette nullité (1). Le tribunal de
Tunis a rendu un jugement (2), aux termes duquel les actes
du prodigue ne devaient être annulés que s'ils étaient postérieurs à l'interdiction : cette opinion peut se soutenir en législation, car le prodigue est en état de donner un consentement
plein et entier qu'on ne peut attendre du fou : mais les termes
de la loi musulmane sont absolus, et rien n'autorise à faire
cette distinction.

La protection des intérêts de l'interdit sera organisée selon
les dispositions de sa loi nationale ; c'est le magistrat qui
sera le tuteur légitime du fou ou du prodigue musulmans
et le tuteur en titre ne pourra être considéré que comme
son délégué (3). C'est ainsi qu'un curateur sera donné à
l'interdit anglo-maltais (4). Enfin l'interdiction ne pourra être
levée que dans les conditions prévues par le statut personnel
de l'intéressé (5).

Certaines législations ont admis des incapacités mitigées à
l'égard de personnes dont l'état ne justifie pas une protection
absolue, mais demande cependant quelques mesures de
sauvegarde : telle, en France, la dation de conseil judiciaire.
C'est à la loi nationale de l'individu qu'il faudra demander si
des incapacités de cette nature peuvent le frapper : on ne

1892 (R. A., 92-2-335) ; Tunis. 1re ch., 18 novembre 1895 (J. T., 95-598).
  (1) Alger, 1re ch., 27 juillet 1891 (J. T., 92-142) ; Alger, 2e ch., 8 juin
1892 (R. A., 92-2-335) ; Alger, 2e ch., 2 mars 1893 (R. A., 93-2-167) ; Alger,
3e ch., 10 mai 1893 (J. T., 96-452).
  (2) Tunis, 12 novembre 1885 (J. T., 95-359).
  (3) Tunis, 1re ch., 28 janvier 1895 (R. A., 95-2-319).
  (4) Tunis, 1re ch., 23 novembre 1891 (R. A., 92-2-45).
  (5) Tunis, 1re ch., 28 janvier 1895 (R. A., 95-2-319) ; Trib. mixte, 27
février 1896 (J T., 96-140).

pourra pas, par exemple, imposer à un Anglais l'assistance
d'un conseil judiciaire (1).

§ IV. Combinaison de la procédure française avec le statut personnel des parties.

Nous venons d'étudier rapidement les règles qui dominent,
dans la Régence, la législation sur l'état des personnes. Nous
avons constaté qu'il y avait lieu d'appliquer, en pareil cas,
aux parties les dispositions de leur loi nationale, prise comme
statut personnel. Toutefois, la mise en pratique de ce système
peut soulever quelques difficultés : les différences d'organisation judiciaire rendent parfois impossible le recours à certaines
juridictions, et, d'autre part, la loi du 27 mars 1883 a imposé
aux tribunaux français de Tunisie les règles de procédure
suivies en Algérie, règles qui peuvent être fort différentes de
celles qu'édicte la loi nationale des parties en cause.

En pareil cas, c'est à la sagacité juridique du magistrat à
discerner les conditions de forme des règles de fond pour
appliquer aux premières les dispositions de la procédure algérienne en réservant aux secondes la mise en vigueur du statut
personnel. Il y aura donc lieu, pour le tribunal, d'analyser avec
soin la nature de chaque prescription pour combiner utilement
sa loi de procédure avec la législation nationale des parties. Le
principe est certain et a été affirmé dans plusieurs décisions
judiciaires (2).

La justice française a eu, en premier lieu, à le mettre en
pratique à l'égard des musulmans d'Algérie qui, bien que
sujets français, ont conservé la loi islamique comme statut
personnel et restent soumis, en Algérie, à la juridiction du

---

(1) Cf. Tournade : De la dation d'un conseil judiciaire à un étranger en
France (Clunet, 95-485).

(2) Alger, 2e ch., 15 novembre 1889 (J. T., 90-250) ; Tunis, ch. du cons.
22 juin 1891 (J. T., 91-262) ; Tunis, 1re ch., 23 nov. 1891 (Clunet, 91-966).

cadi pour toutes les questions d'état ou de capacité. Les juges
tunisiens musulmans étaient incompétents à leur égard ;
d'autre part, il n'existait pas dans la Régence de cadis institués
comme magistrats français. Force a été de recourir à la justice
française, qui a rempli les fonctions déférées en Algérie au
cadi. C'est le tribunal français qui prononcera l'interdiction
d'un musulman algérien (1) : c'est lui qui nommera le tuteur
du mineur algérien (2) et qui en prononcera la destitution s'il
y a lieu (3). C'est encore lui qui désignera le *mokaddem* chargé
de poursuivre, au nom de la fille musulmane algérienne qui a
atteint l'âge de puberté et à qui l'on aura imposé un mariage
désavantageux, l'annulation de cette union (4).

Le tribunal français a également recueilli le droit que peuvent avoir les justices étrangères d'organiser la protection des
incapables. Alors même qu'il existerait des différences d'organisation entre la juridiction française de la Régence et celle du
pays dont dépend la partie en cause, le tribunal français sera
compétent et comme il s'agit de mesures gracieuses, il prononcera le plus souvent en Chambre du conseil. C'est lui qui remplacera à l'égard des Anglo-Maltais la Cour de juridiction volontaire de Malte et qui, en son lieu et place, nommera le curateur de l'interdit (5) ; c'est également le tribunal français qui,
au cas de prédécès d'un Maltais, verra s'il y a lieu de conférer
à la veuve la tutelle des orphelins et, aux termes des articles
163 et 198 de l'ordonnance maltaise de 1873 sur les personnes, donnera aux mineurs un ou plusieurs curateurs au cas où
leurs intérêts se trouveraient en contradiction avec ceux de
leur mère (6). C'est encore le tribunal français qui remplacera

(1) Tunis, 1re ch., 18 novembre 1895 (J. T., 95-598). — Cf. Trib. cons.
de France, Le Caire, 18 juin 1895 (Clunet, 97-405).
(2) Tunis, 28 avril 1884 (R. A , 85-2-246) ; Tunis. ch , du cons., 25 février 1885 (R. A. 85-2-169).
(3) Tunis, 1re ch., 8 juin 1896 (J. T., 96-373).
(4) Tunis, ch. du cons., 21 mai 1894 (J. T., 94-349).
(5) Tunis, 1re ch., 23 novembre 1891 (R. A., 92-2-45).
(6) Tunis, 2e ch., 26 décembre 1894 (J. T., 96-345).

la Cour de juridiction volontaire, pour permettre à deux époux de conclure un contrat de mariage après la célébration de leur union (1), ou pour autoriser le tuteur à accepter une succession au nom du mineur (2).

On relève également de fréquentes interventions de la justice française pour remplacer à l'égard des nationaux italiens la juridiction de leur pays. C'est ainsi que le tribunal français donnera en Chambre du conseil l'homologation requise par l'article 301 du Code civil italien, à l'égard de la délibération du conseil de famille, qui porte aliénation des biens d'un mineur ou qui autorise le tuteur à contracter un emprunt (3) ; c'est encore dans les mêmes formes, que sera autorisée la vente, pendant le mariage, des biens dotaux de la femme italienne et après examen du bien fondé de sa requête (4). C'est également au tribunal français qu'il faudra recourir pour adjoindre au mineur italien un curateur spécial lorsqu'il se trouvera en opposition d'intérêts avec sa mère, tutrice de droit (5). Le président du tribunal de Tunis a également usé des pouvoirs conférés aux présidents des tribunaux italiens par les articles 220 à 224 du Code civil italien, pour prononcer l'emprisonnement d'un mineur à titre de correction (6).

Ces nombreuses solutions d'espèce permettent de dégager, dans la pratique, cette règle que dans toutes les hypothèses où la loi étrangère ordonne l'intervention de l'autorité judiciaire, c'est à la justice française qu'il faudra recourir en Tunisie, et parmi les diverses juridictions qui composent notre organisation judiciaire de la Régence, dans le doute, c'est au tribunal de première instance qu'il faudra s'adresser, car il tient de la loi du 27 mars 1883, combinée avec le D. Beyl. du

(1) Tunis, 9 février 1885 (J. T., 94-544).
(2) Tunis, 1re ch., 21 décembre 1891 (J. T., 95-212, note 2).
(3) Tunis, 11 septembre 1885 (J. T., 95-139).
(4) Tunis, ch. du cons., 18 mars 1895 (J. T., 95-205).
(5) Tunis, 1re ch., 29 décembre 1886 (J. T., 95-212).
(6) Tunis, 28 mai 1885 (J. T., 95-139).

5 mai 1883, plénitude de juridiction à l'égard des nationaux des puissances européennes.

Mais, dans toutes les hypothèses où elle remplira le rôle d'une juridiction étrangère, la justice française ne pourra user que des formes prescrites par la procédure en vigueur en Algérie. L'article 7 de la loi de 1883 est exprès à cet égard et sa disposition est impérative pour le tribunal.

Il faudra, en pareil cas, combiner le statut personnel des parties avec la loi de procédure française. Voudra-t-on obtenir l'interdiction d'un Italien, on recherchera dans la loi italienne les causes pour lesquelles elle peut être prononcée, mais la procédure suivie sera celle de la loi française : on ne pourra donc interdire un Italien sur simple requête (1). De même, bien que l'interdiction pour cause de prodigalité n'existe pas dans notre droit, si cette mesure est demandée contre un Algérien, le tribunal la prononcera suivant les formes énoncées dans le Code civil et appliquera l'article 892 du Code de procédure, qui exige la comparution en Chambre du conseil de celui dont l'interdiction est poursuivie (2). Ajoutons encore que c'est la loi de l'enfant qui décidera si la déchéance de la puissance paternelle est admissible ; mais, en cas d'affirmative, cette mesure ne pourra être poursuivie que conformément aux articles 3 et 4 de la loi française du 24 juillet 1889 (3). De même une reddition de comptes de tutelle contentieuse doit être faite dans la forme des articles 527 et suivants du Code de procédure civile, quelle que soit la loi de cette tutelle (4).

Cependant, il est telles hypothèses qui sont plus douteuses ; doit-on, par exemple, exiger que les formalités de publicité, énoncées par l'article 501 du Code civil, soient remplies à l'égard des interdits musulmans pour porter juridiquement cette mesure à la connaissance des tiers? Sans doute, on peut

(1) Tunis, ch. du cons., 26 juin 1891 (J. T., 91-262).
(2) Tunis, vacat., 29 août 1895 (J. T., 95-494).
(3) Tunis, 1re ch., 17 juin 1895 (J. T., 95-470).
(4) Alger, 1re ch., 5 mai 1896 (J. T., 96-330).

dire qu'il y a là une règle de pure forme, mais ne doit-on pas
considérer qu'elle touche au fond du droit à cause des effets
qu'elle peut produire sur la validité des conventions? Quelle
que soit la valeur de cette dernière considération, nous admettrions la négative. Bien que la règle de l'article 501 du Code de
procédure soit édictée dans un but de protection à l'égard des
tiers, c'est une prescription de forme, dont l'exécution ne saurait être exigée que pour les procédures suivies devant la
justice française, pour les demandes en interdiction de musulmans algériens, sujets français. Dans les autres cas, nous
répondrons, avec la jurisprudence la plus récente (1), qu'aucune
formalité de publicité n'est exigible ; la sécurité des tiers contractants en sera moins grande, mais c'est à eux, ici comme
dans toutes les autres hypothèses d'incapacité, qu'incombe
l'obligation de vérifier la situation juridique de la partie
adverse.

Au contraire, l'interdiction d'un Maltais sera publiée (2),
car la procédure a été suivie devant le tribunal français et
conformément à la loi française. Cependant, à défaut de notaires européens dans la Régence, on a jugé suffisante la signification de la décision au Contrôleur civil, qui remplit les fonctions de consul de France, et au consul de Grande-Bretagne
à Tunis.

(1) Alger, 2ᵉ ch., 8 mai 1892 (R. A., 92-2-335) ; Trib. mixte, 27 février
1896 (J. T., 96-140).
(2) Tunis, 1ʳᵉ ch., 23 décembre 1891 (Clunet, 92-966).

CHAPITRE III

La caractéristique des dispositions que les différentes législations ont pu prendre à l'égard du droit des obligations, c'est
qu'il n'a aucun caractère impératif et ne poursuit d'autre but,
en lui-même, que de fournir une interprétation de la volonté
des parties. Il n'y a d'exception que pour un petit nombre de
règles d'ordre public, dont l'observation s'impose aux contractants.

Sous cette réserve, le juge doit, à défaut d'une stipulation
expresse, rechercher quelle est la législation que les parties
ont eue en vue lors de la conclusion du contrat, et ce sera, en
général, avec le secours de circonstances de fait qu'il arrivera
à déterminer quelle a été leur intention (1).

SECTION PREMIÈRE. — *Des contrats en général.*

D'après le principe général que la volonté des parties fait loi
en matière de contrats et d'obligations contractuelles, il faut
s'attacher à déterminer la législation à laquelle les contractants
ont entendu se référer.

La situation serait très simple si l'on trouvait dans le contrat

(1) Trib. fédéral suisse, 17 mars 1893 (Clunet, 93-638).

une stipulation formelle à cet égard, mais pareille clause est rare en pratique. Il faudra donc s'attacher aux circonstances de fait qui auront entouré la rédaction de l'acte pour arriver à déterminer quelle a été la volonté des parties contractantes : on conçoit, dès lors, l'impossibilité où se trouve le commentateur de formuler une règle théorique ; il n'a plus qu'à relever les décisions de la jurisprudence pour chercher à en dégager les principes d'interprétation par lesquels le juge se laisse guider.

§ Ier. Formation des obligations. — Capacité des contractants.

En vertu de la théorie que nous venons de rappeler, ce sera par une analyse des circonstances qui ont entouré la conclusion du contrat que nous déterminerons la loi qui le régit.

Avant de procéder à cette recherche, il est bon de remarquer que la formation de l'obligation renferme un élément qui échappe à l'autonomie comme tout ce qui est relatif à l'état des personnes ; il s'agit de la capacité des parties ou des pouvoirs de leurs représentants si elles sont incapables.

On conçoit que ces questions soient trop importantes pour laisser toute indépendance à la volonté des parties ; elles seront réglées souverainement par la loi, et ce sera le législateur national de chaque personne qui fixera les principes de sa capacité et déterminera, si elle est incapable, quels sont les pouvoirs de ses représentants légaux (1). Ce sera donc la loi nationale des parties qui, en fixant l'âge de leur majorité, déterminera l'époque à laquelle elles pourront s'obliger par contrat. C'est à elle qu'il faudra recourir pour savoir si un mineur aura pu valablement s'engager dans un lien obligatoire ; par exemple, grâce aux dispositions de l'article 923 de l'ordonnance maltaise.

(1) Cf. suprà, p. 257 et 268.

numéro 7, de 1868, sur les contrats, la simple déclaration de
majorité faite par un mineur anglo-maltais ne le privera pas du
droit d'exercer l'action en rescision ; celle-ci lui sera accordée
en conformité de l'article 930 de la même ordonnance pendant
un délai de deux ans à partir de sa majorité (1). Une jurisprudence semblable (2) a été suivie à l'égard des mineurs espagnols.

Il semble que notre jurisprudence ait une tendance à admettre que le contrat passé entre parties de même nationalité doit,
à titre de présomption, être régi par leur loi nationale. En
France, la Cour de Paris en a ainsi jugé pour un contrat de
louage de services passé entre Français, alors même qu'il
devrait être exécuté à l'étranger. En Tunisie, la solution a été
généralisée tout au moins lorsque aucune circonstance de fait
ne pouvait autoriser une déduction contraire (3). La loi tunisienne s'appliquera donc au contrat passé en Tunisie entre
Tunisiens (4). C'est ainsi qu'on refusera de tenir compte des
articles 1743 et 1749 du Code civil, au sujet du bail portant sur
un immeuble tunisien non immatriculé et conclu entre Tunisiens (5); c'est la loi tunisienne qui donnera l'interprétation
de contrats de cette nature (6). C'est à l'époque de la conclusion de la convention qu'il faudra se reporter pour déterminer
la loi qui la régit ; il est certain qu'une cession de créance,
qui introduirait postérieurement une partie européenne dans
l'affaire, n'aurait aucune influence sur la législation à appliquer (7). D'autre part, la présomption qui fait préférer la loi
tunisienne devra céder devant une clause qui serait incompatible avec elle : la loi musulmane défend le prêt à intérêts; si,
dans un contrat conclu entre Tunisiens, on relève une stipula-

(1) Tunis, 1re ch., 25 juillet 1887 (R. A., 88-2-232).
(2) Tunis, 2e ch., 12 juin 1896 (J. T., 96-377).
(3) et (4) Tunis, 1re ch., 6 février 1888 (J. T., 94-437) ; Sousse, 28 mars
1889 (J. T., 90-63); Tunis, 1re ch., 15 juin 1891 (J. T., 91-261) ; Tunis,
2e ch., 30 novembre 1893 (J. T., 94-267).
(5) Tunis, 2e ch., 21 novembre 1894 (J. T., 94-573).
(6) Tunis, 2e ch., 20 mars 1895 (J. T., 95-226).
(7) Tunis, 2e ch., 30 novembre 1893 (J. T., 94-267).

tion de cette nature, on pourra y voir la preuve que les parties n'ont pas voulu faire appel à leur loi nationale (1).

Sous l'influence de la même présomption, on appliquera la loi française aux conventions conclues entre Français (2). Par exemple, on soumettra aux règles de notre législation les contrats d'assurance passés entre une compagnie française et un Français (3). On appliquera aussi la loi française en matière de ventes d'animaux (4). C'est également l'article 1780 du Code civil, modifié par la loi du 27 décembre 1890, qui régira le louage de services conclu entre deux Français en Tunisie (5). Cette présomption se justifie fort bien. Il est naturel que les nationaux d'un pays soient considérés comme s'étant référés à la loi qu'ils sont censés le mieux connaître, c'est-à-dire à leur loi nationale. Ce n'est là, toutefois, qu'une simple induction qui ne saurait prévaloir contre l'indication formelle fournie par la convention (6). Elle n'aura également plus de base logique s'il s'agit de sujets français qui ne sont pas régis par la loi de la métropole; c'est ainsi qu'on ne saurait appliquer les règles du Code civil à la convention passée entre deux musulmans d'Algérie; ce sera, pour faire un juste emploi de la présomption, la loi du Coran à laquelle on devra recourir (7).

Pour les mêmes motifs, nous appliquerons aux conventions conclues entre deux Européens de nationalité identique, les règles de leur droit national. C'est la pratique suivie en pays de capitulations (8), et il n'y a nulle raison d'y déroger dans la Régence.

(1) Sousse, 11 avril 1889 (J. T., 89-63).

(2) Tunis, 1re ch., 4 décembre 1893 (R. A., 94-2-80) ; Tunis, 1re ch., 16 juillet 1894 (J. T., 94-548).

(3) Tunis, 1re ch., 23 décembre 1895 (J. T., 96-101).

(4) Tunis, 1re ch., 19 novembre 1894 (R. A., 95-2-17).

(5) Tunis, 2e ch., 23 et 30 juillet 1894 (J. T., 94-499 et note 1).

(6) Tunis, 1re ch., 19 novembre 1894 (R. A., 95-2-17) ; Tunis, 1re ch., 15 octobre 1894 (J. T., 94-550).

(7) Tunis, 1re ch., 3 décembre 1894 (J. T., 95-58).

(8) Commission judiciaire russe, Constantinople, 18-30 octobre 1891 (Clunet, 93-619).

Appliquera-t-on cependant la loi islamique aux sujets tunisiens non musulmans de la Régence, aux israélites indigènes,
par exemple? La raison de douter vient de ce qu'à l'exception
des questions de statut personnel, ils sont justiciables des
tribunaux musulmans. Cependant, il nous paraît plus sûr de
faire appel à la loi rabbinique à défaut de stipulations contraires. Nous sommes en présence d'une recherche d'intention,
n'est-il pas normal de supposer que deux israélites stipulant
ensemble se sont reportés à la loi rabbinique (1)? c'est elle qui
est la plus conforme à leurs mœurs et à leur condition économique.

Quand on se trouve en présence de deux parties de nationalités différentes, il paraît beaucoup plus sage de ne pas poser
de principe général. L'examen des circonstances qui ont
entouré la conclusion du contrat est le meilleur guide dans la
recherche de la loi applicable. Le tribunal de Tunis a jugé que,
dans un contrat passé entre un Français et un indigène, on
pouvait appliquer la loi française ou la loi musulmane suivant
les circonstances de la cause (2).

Sur ce point, toutefois, il y a lieu de tenir grand compte de
l'époque à laquelle le contrat a été passé. Est-il antérieur à
l'abrogation des juridictions consulaires? c'est la loi du débiteur qu'il faudra appliquer. En effet, sous le régime des capitulations, le défendeur était justiciable de sa juridiction consulaire, qui ne prononçait elle-même que d'après sa loi
nationale. Il est tout naturel que ce soit à cette dernière loi
que l'on se réfère. Telle est encore la règle devant nos tribunaux consulaires des Echelles du Levant (3). Par conséquent,
pour toutes les obligations formées entre parties de nationalités différentes avant l'abolition des juridictions consulaires
dans la Régence, c'est la loi du débiteur, qui est en même

(1) J. de p. Tunis-Nord, 1er juin 1895 (J. T., 95-519).
(2) Tunis, 5 février 1885 (J. T., 95-268).
(3) Trib. cons. de France, Constantinople, 28 août 1891.

temps celle du contrat (1). Ce sera donc la loi tunisienne, si les poursuites eussent dû être intentées devant la justice bey-licale (2) ; ce sera la loi de l'Européen, si c'est lui qui est débi-teur et qu'on eût dû plaider devant son propre consul (3).

On remarque aussi une certaine tendance à adopter, dans le doute, la loi du pays où le contrat a été passé (4). Il nous sem-ble difficile d'en faire une règle absolue, ainsi que paraît l'in-diquer un jugement du tribunal consulaire de France à Cons-tantinople, lorsque les contractants sont de nationalités différentes (5). A notre avis, il n'y a là qu'une induction dont le juge, souverain appréciateur des faits de la cause, est libre de ne pas tenir compte ; il peut l'appliquer selon les circons-tances pour une convention passée entre un musulman et un israélite (6), et on peut très bien admettre, après un examen des faits, que des effets de commerce souscrits entre deux israélites et rédigés en langue hébraïque soient cependant soumis à la *lex loci* (7).

Parfois aussi ce sera la nature du contrat qui indiquera la législation applicable. Si l'on suppose que les parties ont emprunté à une législation un contrat qui lui soit spécial, une

(1) Tunis, 1re ch., 28 janvier 1888 (J. T., 89-8) ; Tunis, 1re ch., 22 janvier 1890 (J. T., 90-69) ; Tunis, 1re ch., 28 décembre 1891 (J. T., 92-143).

(2) Tunis, 1re ch., 25 janvier et 29 février 1892 (R. A., 92-2-153 et 155) ; Tunis, 1re ch., 15 juin 1891 (J. T., 91-261).

(3) Tunis, 2e ch., 6 décembre 1888 (J. T., 95-335) ; Sousse, 11 avril 1889 (R. A., 89-2-276) ; Tunis, 2e ch., 26 décembre 1889 (J. T., 90-342).

(4) Tunis, 2e ch, 14 novembre 1889 (J. T., 96-151) ; J. de p. Tunis-Nord, 9 mars 1895 (J. T., 95-423). — En Algérie, le décret du 17 avril 1889 est venu abroger expressément l'article 37 de l'ordonnance du 26 septem-bre 1842, qui, dans les contestations entre Français et indigènes, laissait au Tribunal le choix entre la loi française et la loi locale, selon la nature de l'objet en litige, la teneur de la convention, ou, à défaut de convention, selon les circonstances ou l'intention présumée des parties. Désormais, la loi française s'impose comme règle de solution. (Cf. Besson : *Législa-tion civile de l'Algérie*, p. 153).

(5) Trib. cons. de France, Constantinople, 15 mars 1893 (Clunet. 93-615).

(6) Tunis, 1re ch., 31 décembre 1887 (J. T., 95-594).

(7) Tunis, 2e ch. 20 juillet 1893 (J. T., 96-589).

forme de contracter qui lui soit propre, c'est évidemment à cette législation qu'il faudra recourir pour déterminer les effets de la convention. C'est ainsi que la lettre de change est entièrement inconnue du droit musulman ; on ne pourra donc appliquer que les prescriptions de notre Code de commerce à la lettre de change souscrite par un Tunisien en faveur d'un Français (1); il importerait peu qu'elle ait été rédigée en langue arabe (2).

On pourra aussi trouver l'indication de la volonté des parties dans le mode qu'elles ont employé pour la rédaction du contrat. C'est ainsi que le fait de s'être adressé aux notaires beylicaux dénotera, en général, l'intention de soumettre le contrat à la loi tunisienne, car, dans leur rédaction, ces notaires seront naturellement portés à observer les règles de leur droit particulier (3). Au contraire, le fait que des Tunisiens ont rejeté les formes de la loi locale peut s'interpréter comme une marque de leur intention de ne pas appliquer cette loi au contrat (4).

A défaut de toute autre présomption, on a quelquefois eu recours à la loi du tribunal, la *lex fori* (5). On conçoit que le juge y soit naturellement porté, et cette induction peut se soutenir, si l'on admet que les parties ont prévu la possibilité du litige et accepté, dès lors, la loi du tribunal qui devra le trancher. On peut rattacher à cette interprétation un jugement qui décide que le louage de services entre un Français et un Belge est, en Tunisie, à défaut de clause contraire, régi par la loi française (6).

---

(1) Tunis, 1re ch., 29 juin 1891 (J. T., 93-109).
(2) J. de p. Tunis-Nord, 7 novembre 1895 (J. T., 96-83).
(3) Tunis, 2e ch., 13 décembre 1890 (J. T., 95-450) ; Sousse, 28 novembre 1895 (J. T., 96-161).
(4) Sousse, 28 mars 1889 (R. A., 89-2-337).
(5) Tunis, 1re ch., 24 février 1896 (J. T., 96-235).
(6) Tunis, 1re ch., 27 mai 1895 (J. T., 95-464).

§ **II. Effets des obligations. Leur exécution. Taux de l'intérêt.**

En étudiant la question de la loi applicable à la formation
des obligations, nous avons par là-même résolu le point de
savoir quelle était la législation qui régissait leurs effets.
Encore plus qu'au regard de la formation du lien contractuel,
c'est à la volonté expresse ou tacite des contractants qu'il faut
avoir recours, car c'est surtout en vue des effets qu'elles doivent produire que les conventions sont conclues. Ce sera donc
pour nous une question de pur fait que le juge résoudra en
tenant compte des circonstances de la cause et des présomptions que nous avons déjà indiquées.

Pour donner la solution du problème, il ne faut pas s'attacher
à l'apparence extérieure de la convention, mais on doit analyser
l'acte juridique pour en déterminer la nature. C'est ainsi que
la loi rabbinique interdit aux israélites de réaliser des prêts à
intérêt. Pour éluder cette prohibition, les israélites tunisiens
dissimulent l'opération sous l'apparence d'un bail fictif de
l'immeuble hypothéqué en garantie du prêt ; l'immeuble est
censé leur avoir été remis à antichrèse (1). Pour juger de l'effet
de cette convention, il faudra faire abstraction de l'opération
simulée pour ne tenir compte que du prêt à intérêt, effectué en
réalité.

Toutefois le tribunal français pourra-t-il sanctionner les
effets d'une convention qui viole l'ordre public tel qu'il est
conçu par la loi française ? A cet égard, il nous semble indispensable de formuler une distinction : s'agit-il d'une convention immorale en elle-même et qui sera considérée comme

(1) Tunis, 1re ch., 28 octobre 1890 (J. T., 91-54) ; Tunis, 1re ch., 6 mars
1893 (J. T., 93-161) ; Tunis, 1re ch., 17 avril 1893 (J. T., 97-76) ; Tunis,
2e ch., 8 mai 1895 (J. T., 95-477) ; Tunis, 1re ch., 14 décembre 1896 (J. T.,
97-38).

telle chez tous les peuples civilisés, par exemple, le fait par
un individu de s'engager à commettre un délit, le tribunal
devra se refuser à tenir compte d'une semblable stipulation.
S'agit-il, au contraire, d'une règle de police territoriale, spéciale à un pays, telle que l'interdiction du pacte sur succession future (1) ou la défense d'organiser des loteries, le tribunal
n'a pas à s'y arrêter, car ces prescriptions sont limitées au territoire français : dans la Régence, des règles de cette nature
ne seront obligatoires, que si elles émanent de l'autorité beylicale et qu'elles soient revêtues du visa du Résident général
de France. En décidant que les ventes de marchandises neuves
ne sont pas, en Tunisie, soumises aux restrictions formulées
par la loi française du 25 juin 1841, le tribunal de Sousse a
fait une juste application de la théorie que nous venons d'exposer (2).

Quant à ce qui se rattache à l'exécution de l'obligation, on
admet généralement que c'est la *lex loci executionis* qui doit s'appliquer. C'est, en effet, la loi de la situation des biens du débiteur qui indique les mesures d'exécution dont ils sont susceptibles, qu'ils soient meubles ou immeubles. Toutefois, il faut
tenir compte de la situation spéciale que fait à la Tunisie l'existence d'une juridiction autre que celle émanant de la puissance territoriale.

Quand l'exécution sera poursuivie devant la justice française, aux termes de l'article 7 de la loi de 1883, cette juridiction ne pourra employer que les procédures d'exécution
admises en Algérie et écartera celles du droit tunisien, comme
la contrainte par corps. Par contre, il faudra combiner ces
règles de procédure avec les dispositions de la loi territoriale
pour déterminer les effets que ces mesures d'exécution pourront produire sur les biens du débiteur.

Dans les contestations juridiques qui s'élèvent à l'occa-

---

(1) Les pactes sur succession future peuvent être interdits à certaines
personnes, comme une incapacité provenant de leur statut personnel.
(2) **Sousse, 13 juillet 1888 (J. T., 89-14).**

sion d'une obligation, il y a souvent lieu d'établir l'existence ou la portée de cette obligation. A quelle loi seront soumis les moyens de preuve? Ici encore, une distinction nous semble indispensable ; nous aurons recours à la loi du contrat pour déterminer si tel mode de preuve est admissible, mais, en cas d'affirmative, quand il s'agira de l'administrer, nous appliquerons les règles de procédure usitées devant les tribunaux français de Tunisie.

Une difficulté peut se présenter à ce sujet. L'article 37 de l'ordonnance algérienne du 26 septembre 1842, rendu exécutoire en Tunisie par la loi du 27 mars 1883, porte: « Les indigènes sont présumés avoir contracté entre eux selon la loi du pays, à moins qu'il n'y ait convention contraire. Dans les contestations entre Français et indigènes, la loi française ou celle du pays est appliquée selon la nature de l'objet en litige, la teneur de la convention, selon les circonstances ou l'intention présumée des parties. »

En présence de ce texte, comme la loi musulmane admet la preuve testimoniale en toute matière (1), la justice française avait autorisé ce mode de preuve, quelle que fût la nature de la contestation ou le taux du litige (2). Nos tribunaux avaient d'ailleurs proclamé leur droit d'apprécier, selon les circonstances de la cause, si la loi indigène devait recevoir application (3) et l'avaient, par exemple, écartée dans une espèce où un Européen et un Tunisien, contractant ensemble, n'avaient pas eu recours au ministère des notaires beylicaux (4).

Cependant le texte sur lequel se basait cette jurisprudence a été abrogé par l'article 74 du D. Fr. du 10 septembre 1886, et cette abrogation a été renouvelée dans l'article 77 du D. Fr.

---

(1) Tunis, 11 février 1884 (J. T., 94-523) ; Alger, 2e ch., 5 mai 1892 (J. T., 93-234) ; Sousse, 28 novembre 1895 (J. T., 96-161).
(2) Tunis, 11 février 1884 (J. T., 94-523).
(3) Tunis, 5 février 1885 (J. T., 95-268).
(4) Sousse, 28 mars 1889 (R. A., 89-2-337).

du 17 août 1889. On ne saurait donc plus l'appliquer en Algérie (1). Que décider à ce sujet pour la Tunisie ? La solution du problème dépend du sens que l'on attache aux termes de l'article 7 de la loi de 1883. Cette disposition rend exécutoires en Tunisie les règles de procédure en vigueur en Algérie ; que faut-il entendre par là ? Le législateur a-t-il voulu lier le sort de la procédure des tribunaux français de Tunisie à celui de la procédure algérienne d'une façon si intime que toute régle édictée pour l'Algérie doive recevoir de plein droit application en Tunisie et que réciproquement toute prescription abrogée en Algérie soit également sans force dans la Régence ? S'il en est ainsi, la preuve testimoniale ne pourra pas être reçue par le tribunal français dans les conditions de la loi musulmane. Notre jurisprudence a rejeté cette opinion (2) et c'est avec raison, croyons-nous. Pour nous, l'article 7 de la loi du 27 mars 1883 n'a eu d'autre effet que de rendre applicable devant les nouveaux tribunaux de Tunisie, la législation de procédure en vigueur en Algérie au moment de la promulgation de la loi ; rien n'indique qu'il ait visé les dispositions de procédure qui seraient prises pour l'Algérie à une date postérieure. Le législateur, obligé d'organiser rapidement notre juridiction de Tunisie, lui a donné comme règle de procédure la législation existante en Algérie, parce qu'il a jugé que ces deux pays, voisins l'un de l'autre, présentaient de grandes analogies ; mais il n'a disposé que pour le présent et rien, ni dans les termes de la loi de 1883, ni dans son esprit, n'autorise

(1) Alger, 2e ch., 23 mai 1890 (R. A., 90-2-497) ; Alger, 1re ch., 3 novembre 1891 (R. A., 92-2-27) ; Alger, 2e ch., 17 décembre 1891 (J. T., 94-293); Alger, 2e ch., 9 mai 1895 (J. T., 96-190).

(2) Tunis, 1re ch., 4 avril 1892 (J. T., 93-110). — Notons que la jurisprudence admet parfaitement, en France, que la preuve testimoniale est recevable au delà de 150 francs, s'il s'agit d'un contrat gouverné par une loi qui autorise l'emploi de ce moyen de preuve au delà de cette somme. Cf. Cass., 24 août 1880 (Clunet, 80-480). Cf. Despagnet, *Précis de dr. int. pr.*, 2e édit., p. 290 ; Surville et Arthuys, *Cours élément. de dr. int. privé*, 2e édit., p. 474.

à penser qu'il ait voulu dire que toute règle de procédure promulguée en Algérie deviendrait *ipso facto* applicable en Tunisie. Au surplus, les deux décrets de 1886 et de 1889, qui ont
réorganisé la justice musulmane en Algérie, contiennent des
dispositions manifestement incompatibles avec le régime juridictionnel de la Régence.

Si la preuve testimoniale doit être admise en Tunisie en toute
matière, et quel que soit le taux du litige, elle ne peut cependant être administrée que suivant les règles de la procédure
française (1). C'est donc en vain qu'on a voulu utiliser en
Tunisie, devant nos tribunaux, des *outikas*, sortes d'actes de
notoriété rédigés en forme solennelle par des notaires indigènes avec l'autorisation du cadi. Ce ne sont, au fond, que des
procès-verbaux de dépositions de témoins qui, souvent, n'ont
aucune valeur morale ; il n'est pas rare, dans la pratique, de
se trouver en présence d'*outikas* inconciliables (2). Il faudra
donc, pour la preuve testimoniale, avoir recours aux procédés
de la loi française et ne pas tenir compte des *outikas*.

La façon dont le serment décisoire doit être prêté a soulevé
quelques controverses. Il est de pratique judiciaire, en Algérie,
de le faire prêter aux musulmans, en la forme musulmane,
dans une mosquée ou sur le tombeau d'un marabout (3). Cette
façon de procéder a été rejetée en Tunisie, et l'on y a décidé
que le serment devait être prêté à l'audience, en conformité de
l'article 121 du Code de procédure civile (4). La loi de 1883,
a-t on fait remarquer, ne déroge en rien à cette règle, et, en

(1) Sousse, 13 juin 1889 (J. T., 89-135) ; Tunis, 2e ch., 22 juillet 1892
(J. T., 96-48).

(2) Cf. sur la valeur des outikas, Berge, *op. cit.*, p. 69 ; Coulon : *Notes
sur la jurisprudence en matière de propriété immobilière tunisienne*, § 9
(J. T., 96-186).

(3) Alger, 3e ch., 21 décembre 1892 (J. T., 93-73) ; J. de p. Alger-nord,
12 février 1896 (J. T., 96-302).

(4) Tunis, 22 novembre 1886 (J. T., 89-31) ; Tunis, 1re ch., 4 décembre
1893 (R. A., 94-2-80) ; Tunis, 1re ch. 16 avril 1894 (J. T., 94-276) ; Sousse,
31 janvier 1895 (J. T., 95-207).

outre, faire prêter le serment à chaque partie suivant sa formule religieuse, ce serait établir des catégories de justiciables
et violer ainsi les D. Beyl. du 5 mai 1883 et du 31 juillet 1884,
qui soumettent tous les justiciables des tribunaux français aux
mêmes règles de procédure. Le serment à la mosquée serait
dépourvu de sanction, car le tribunal, en déléguant ses pouvoirs au cadi tunisien qui serait chargé de le recevoir, ne pourrait appuyer d'aucune contrainte cette même délégation. En
outre, la loi locale interdit aux non-musulmans l'accès de la mosquée ; il en résulte donc que le serment serait prêté en dehors
de la présence des défenseurs et de celle de l'adversaire non-
musulman. La solution des tribunaux de Tunisie nous parait
plus juridique, mais elle est regrettable en fait. Le serment
présente de réelles garanties pour arriver à la découverte de la
vérité, quand il s'adresse à des populations aussi religieuses
que les musulmans; mais encore faut-il qu'il soit prêté en
forme islamique. Sinon, ce ne sera plus qu'une vaine formalité.

Une dernière question nous reste à résoudre : à quelle loi
aura-t-on recours pour fixer le taux de l'intérêt ? La loi musulmane proscrit le prêt à intérêt ; mais cette opération s'est
introduite dans la pratique des affaires, et l'usage a fixé à 12 %
le taux normal de l'intérêt dans la Régence. Doit-on considérer
cette coutume comme ayant force de loi, et l'appliquer comme
lex loci executionis ? Faut-il dire que la loi française de 1807,
limitative du taux de l'intérêt, est pour nos tribunaux une règle
d'ordre public qu'ils doivent toujours appliquer ? Nous ne le
croyons pas, et nous estimons qu'en toute hypothèse, c'est
la loi acceptée par les parties qui doit régir la fixation du taux
de l'intérêt (1).

Que décider, en premier lieu, à l'égard de la stipulation
d'intérêts conventionnels ? Ici, il nous parait de toute impos-

_____

(1) Cf. Jacquey : *De la loi applicable au taux de l'intérêt légal en Tunisie
pour les créanciers français* (R. A., 87-1-171) ; Chausse : *Examen doctrinal*
(Rev. crit., 1886, p. 693) ; Laurent : *Dr. civ. international*, t. VIII, n° 246.

sibilité qu'on impose l'application de la loi de 1807. La Cour de cassation a reconnu qu'elle ne visait que le territoire de la métropole (1), et la solution ne fait aucun doute, si l'on considère qu'en Algérie le taux de l'intérêt est libre en vertu de la loi du 27 août 1881, qu'il en est de même dans les colonies, et que, chez nous, la Banque de France était autorisée à élever son escompte au-dessus du taux légal avant que la loi du 12 janvier 1886 eût rendu libre la fixation des intérêts en matière commerciale. Dès lors, il est bien évident que la loi de 1807 n'est que d'ordre public territorial, et qu'elle ne s'applique pas aux contrats passés à l'étranger (2). On ne peut donc songer à la prescrire impérativement en Tunisie. En admettant donc que, par sa nature, la réglementation du taux de l'intérêt soit soumise à la volonté expresse de la loi, ce serait dans la loi locale qu'il faudrait rechercher cette fixation. Or, le fait que le taux de l'intérêt est libre dans un grand nombre de législations (Angleterre, Autriche, Suisse, Belgique, Hollande, Espagne, Italie) prouve bien qu'on ne se trouve pas en présence d'une matière d'ordre public général. Doit-on dire que la loi tunisienne s'appliquera parce qu'elle comporte une mesure d'ordre public territorial? Cela nous paraît inadmissible : la loi tunisienne ignore le prêt à intérêt, et le taux de 12 % n'est que le résultat de l'usage. Cet usage est assez généralisé pour faire la loi des parties à défaut de stipulation de leur part, car on peut considérer qu'elles s'y sont implicitement référées quand elles ont contracté conformément à la loi musulmane, mais on ne saurait, sans un étrange abus, vouloir le transformer en une règle d'ordre public. Pour nous, le taux conventionnel de l'intérêt est libre en Tunisie, et c'est dans la loi qui régit le contrat, qu'il faut chercher la seule règle qui puisse en déterminer le *quantum*.

Cette première solution est généralement admise, mais la

---

(1) Cass. civ., 21 décembre 1874 (S., 75-2-78).
(2) Cass. Civ., 9 juin 1880 (Clunet, 80-394) ; Trib. Seine, 1re ch., 14 novembre 1890 (Clunet, 92-987).

question présente quelques difficultés lorsqu'il s'agit d'intérêts
non conventionnels, c'est-à-dire d'intérêts moratoires ou
d'intérêts légaux. Pour nous, il y a lieu d'allouer à titre d'intérêts moratoires le chiffre de l'intérêt légal prévu par la loi qui
gouverne le contrat. Si la convention avait indiqué quel serait
le *quantum* des dommages-intérêts à titre moratoire, on l'appliquerait sans contestation : pourquoi, dans le silence des
parties, ne pas tenir compte de la loi du contrat, loi à laquelle
elles ont entendu se référer pour toutes les clauses non expri-
mées dans la convention ? Qu'on ne vienne pas dire que la *lex
contractus* n'a plus d'effet à l'égard des intérêts moratoires,
car ceux-ci naissent de la demande en justice : c'est faux,
l'obligation existe indépendamment de toute action judiciaire ;
celle-ci n'est qu'un moyen de parvenir à son exécution et ne
constitue pas une novation (1). Une clause pénale formelle
recevrait application conformément à la loi du contrat ; il doit
en être de même à l'égard des intérêts moratoires, qui ne sont
en réalité qu'une clause pénale tacite. Nous estimons donc que
leur *quantum* doit être réglé d'après les dispositions de la loi,
qui régit le contrat. Si cette loi ne pouvait pas être clairement
déterminée, ce ne serait pas la loi française de 1807 qu'on
devrait appliquer, car ses dispositions sont limitées au territoire de la France continentale. C'est la loi territoriale seule
qui pourrait régler la question selon la jurisprudence de nos
tribunaux consulaires des Echelles du Levant (2) ; ce sera donc,
dans la Régence, la loi consacrée par l'usage et fixant à 12 °⁄₀
le taux de l'intérêt. Au demeurant, la solution est rationnelle :
l'intérêt moratoire n'est que la réparation du préjudice causé
au créancier par le retard de son débiteur : c'est la loi territoriale, qui, mieux que toute autre, est à même d'apprécier l'étendue de ce préjudice.

Ce ne sont pas cependant les solutions admises par nos

(1) Cass. Req., 19 juin 1857 (S., 59-1-751).
(2) Trib. cons. de France, Alexandrie, 20 juin 1876 (Clunet, 76-399).

tribunaux de Tunisie. Ils ont bien accepté le taux de 12 °/₀ lorsqu'il résultait d'une décision antérieure passée en force de chose
jugée (1) ; mais, dès le début, ils ont appliqué la loi de 1807 et
fixé à 5 °/₀ le taux de l'intérêt moratoire en matière civile et à
6 °/₀ en matière commerciale (2) ; sous leur influence, cette
pratique est passée dans l'usage et n'est plus contestée aujour-
d'hui. Quoi qu'il en soit, elle ne nous paraît pas exacte : elle a,
de plus, l'inconvénient de fixer l'intérêt moratoire à un taux
inférieur au loyer normal de l'argent et, par suite, elle prive le
créancier d'une partie de la réparation qui lui est légitimement
due pour le retard qu'il subit du fait de son débiteur.

Quant à l'intérêt légal, celui que la loi fait courir en certaines
circonstances déterminées, il faut, pour savoir s'il est exigible
et à quel taux on doit le fixer, consulter la législation qui gouverne le fait auquel il doit naissance. C'est ainsi que la loi du
mineur fixera les intérêts dus par le tuteur pour le reliquat du
compte de tutelle.

§ III. De l'extinction des obligations. – Prescription libératoire.

On peut établir, en règle générale, que l'extinction d'une obligation est corrélative de sa formation et qu'il existe une con-
cordance logique dans ces deux étapes du lien contractuel,
puisque l'obligation n'a été créée que dans le but d'être éteinte
par son exécution. On doit donc, nous semble-t-il, poser en
principe que c'est la loi qui a dirigé la formation de l'obligation
qui doit présider à son extinction. Cette règle a été plusieurs
fois formulée par la jurisprudence des tribunaux de Tunisie (3).

(1) Tunis, 24 juillet 1883 (R. A., 87-2-339).
(2) Tunis, 24 juillet 1883 (R. A., 87-2-340) ; Sousse, 13 juillet 1888 (R.
A., 89-2-239) ; Tunis, 1ʳᵉ ch., 1ᵉʳ avril 1895 (R. A., 95-2-289) ; Tunis,
1ʳᵉ ch., 21 décembre 1896 (J. T., 97-233).
(3) Tunis, 2ᵉ ch., 2 novembre 1888 (R. A., 89-2-138) ; Tunis, 2ᵉ ch.,

Le paiement, la *solutio* des Romains, pris non dans son sens étroit de remise d'une somme d'argent au créancier, mais bien dans l'acception large d'exécution de la convention, doit, en général, être réglé par la loi du contrat, qui pourra en déterminer les conditions et les modalités.

Toutefois lorsque ce paiement soulèvera des incidents de forme, il sera nécessaire de recourir à la loi de procédure, la seule que le tribunal puisse admettre à sa barre. Ce sera donc la loi française qui règlera, en Tunisie, les offres réelles et la formalité de la consignation. Enfin, il y a lieu de rappeler, s'il s'agit du paiement d'une somme d'argent, que le régime monétaire d'un pays est d'ordre public. Le paiement devra donc être effectué conformément à la loi tunisienne, c'est-à-dire au D. Beyl. du 1er juillet 1891 (1). Il ne pourrra, par exemple, être fait en billets de la Banque d'Algérie, car ceux-ci n'ont pas force libératoire en Tunisie (2).

A côté du paiement, il existe certains modes exceptionnels d'extinction de l'obligation. Le plus important est la prescription libératoire : il est bon toutefois de citer aussi la novation et la compensation.

La novation est constituée par la création d'une obligation nouvelle, qui prend la place de celle qui disparaît. Dès lors, il n'y a novation qu'autant que la nouvelle obligation est régulièrement formée. C'est donc la loi de cette dernière convention qui doit régir la novation.

La compensation est un mode d'extinction que les parties n'ont pas normalement prévu quand elles ont conclu le contrat. Elle naît d'un fait qui lui est étranger : aussi ne voit-on pas pourquoi l'on appliquerait la loi choisie par les parties. Nous admettrions volontiers une distinction. Nous régirions

6 décembre 1888 (J. T., 95-335) ; Tunis, 1re ch., 28 décembre 1891 (J. T., 92-143) ; J. de p., Tunis-Nord, 9 mars 1895 (J. T., 95-375) ; J. de p., Tunis-nord, 1er juin 1895 (J. T., 95-519).

(1) R. A., 91-3-36.

(2) Tunis. vacat., 14 août 1890 (R. A., 90-2-547).

par la *lex fori* la compensation judiciaire qui ne nous apparaît
guère que comme un incident de procédure. A l'égard de la
compensation légale, il nous semble plus sûr d'appliquer la loi
du lieu où s'est accompli le fait auquel elle doit naissance. Par
suite, si le débiteur devient, en Tunisie, le créancier de celui
envers qui il a contracté une dette, quel que soit le pays où ait
été formé ce premier lien obligatoire, nous aurions recours à
la loi tunisienne, comme étant la *lex loci* seule applicable en
l'espèce (1).

La prescription extinctive soulève, en doctrine, de grosses
controverses, dans le détail desquelles nous n'avons pas à
entrer (2). On a proposé d'appliquer tantôt la loi du domicile
du créancier ou celle du domicile du débiteur, tantôt la loi du
tribunal, la *lex fori*, tantôt celle du pays où l'obligation doit
être exécutée, tantôt enfin la loi qui régit la formation du contrat, celle que les parties ont eu en vue dans la conclusion de
la convention. Il n'entre pas dans le cadre de cette étude de
discuter ces divers systèmes ; disons seulement que nous préférons de beaucoup le dernier, et nous appliquerions la loi que
les parties ont choisie lorsqu'elles ont conclu le contrat. Il
nous semble illogique qu'un changement de domicile puisse
permettre au créancier de prolonger la durée de l'action ou au
débiteur de la restreindre ; ce serait soumettre une des parties
au bon plaisir de l'autre. Appliquer la loi du lieu d'exécution
semble contraire à la nature de la prescription, car celle-ci
s'attaque à l'existence même de l'obligation et non à son exécution. Ce n'est pas non plus un simple incident de procédure,
mais bien une règle de fond du droit, et la *lex fori* n'a, dès

(1) Cf. Sacerdoti : *Des conflits de loi en matière de compensation des obligations* (Clunet, 96-57).

(2) Cf. Mérignhac : *Comment doit être déterminé le délai de la prescription
extinctive des obligations en droit international privé* (Rev. crit., 1884,
p. 113) ; Alfred Martin : *La prescription libératoire en droit international
privé* (Rev. de dr. int., 1887, p. 262). Comp. note de M. Labbé dans *Sirey*,
70-1-50.

lois, aucune raison d'intervenir. Admettre la loi du contrat est donc pour nous la vraie solution juridique : le délai de la prescription libératoire sera de la sorte fixé d'une façon invariable, et il est parfaitement permis de soutenir que les parties ont dû, en contractant, avoir en vue le laps de temps pendant lequel l'action pourra être exercée. La prescription libératoire tient à la substance même de l'obligation : or, il est naturel de supposer que ce point essentiel a été réglé par les parties, conformément à la loi qui régit le contrat.

C'est cette opinion qui a été, en général, acceptée par la jurisprudence des tribunaux de Tunisie (1). C'est ainsi qu'une obligation, qui eût été portée devant le tribunal consulaire d'Italie au temps où il existait encore, sera régie, au point de vue de la prescription des intérêts, par l'article 2144 du Code civil italien (2). La prescription de dix ans frappera les obligations contractées sous l'empire de la loi maltaise (3). De même, il a été admis implicitement que les honoraires d'un médecin français ou protégé français étaient atteints par la prescription de l'article 2272 du Code civil, modifié par la loi du 30 novembre 1892 (4) ; il semble que, dans l'espèce, le tribunal ait considéré le contrat comme régi par la loi française.

Ce n'est pas à dire que la jurisprudence ait été unanime dans sa doctrine. On la voit, dans une hypothèse, admettre l'application de la loi du domicile du débiteur, c'est-à-dire de la loi tunisienne (5). On l'a vu faire, dans une autre circonstance, l'application de la *lex fori*, lorsque la prescription édictée par cette loi était plus courte que celle de la législation du contrat (6). Cette dernière décision se rattache à un système

---

(1) Tunis, 2e ch., 2 novembre 1888 (R. A., 89-2-138) ; Tunis, 2e ch., 6 décembre 1888 (J. T., 95-335) ; Tunis, 1re ch., 28 décembre 1891 (J. T., 92-143) ; J. de p. Tunis-nord. 3 mars et 1er juin 1895 (J. T., 95-375 et 519).

(2) Sousse, 11 avril 1889 (R. A., 89-2-276).

(3) Tunis, 2e ch., 26 décembre 1889 (J. T., 90-342).

(4) Tunis, 1re ch., 23 mai 1893 (J. T., 96-261).

(5) Alger, 2e ch., 17 janvier 1889 (R. A., 89-2-142).

(6) Tunis, 1re ch., 24 février 1896 (J. T., 96-235).

en vertu duquel le tribunal ne pourrait appliquer la prescription édictée par une loi étrangère qu'autant qu'elle serait plus
courte que celle de la loi française, *lex fori*. La prescription
libératoire, soutient-on en effet, est basée sur un motif d'ordre
public qui tient au fonctionnement de la justice. Elle aurait
pour but d'éviter les réclamations trop anciennes, dans lesquelles les recherches sont plus délicates, où la vérité est plus
difficile à dégager, et, où, par suite, le juge est plus sujet à
commettre des erreurs. Cette règle, faite dans l'intérêt de la
bonne justice, s'imposerait donc au tribunal. Nous rejetons
ce système, car le motif qui lui sert de base n'est pas le but
principal de la prescription libératoire ; s'il en était ainsi, la
règle serait impérative pour le juge : or, nous savons que l'article 2223 du Code civil interdit au juge de suppléer d'office le
moyen tiré de la prescription. Ce système semble être admis
dans une sentence récente du juge de paix de Sousse (1).

Quelques dissidences se produisent au sujet de la prescription applicable aux lettres de change. Nous avons admis que
ce contrat, étranger à la législation musulmane, ne pouvait
évidemment pas être régi par elle ; par suite, il y aura lieu de
rechercher à quelle loi étrangère il faut avoir recours pour
gouverner le contrat. C'est la prescription réglée par cette
législation qu'il nous paraît logique d'appliquer à la lettre de
change. C'est ce qu'on avait fait en soumettant à la prescription
de cinq ans de l'article 189 du Code de commerce, les lettres
de change régies par la loi française (2). Cette jurisprudence
paraissait établie, quand, par un jugement en date du 20 juillet
1893, le tribunal de Tunis a appliqué la prescription de quinze
ans tirée de la loi tunisienne, alors que celle-ci ignore tota-
lement le contrat de change et se trouve dans l'impossibilité de le régir (3). Une sentence plus récente du juge de

(1) J. de p., Sousse, 23 juin 1896 (J. T., 96-532),
(2) Tunis, 1re ch.. 29 juin 1891 (J. T., 93-109) ; Tunis, 2e ch., 3 décembre
1892 (J. T., 95-519, note 1).
(3) **Tunis**, 2e ch., 20 juillet 1893 (J. T., 96-589).

paix de Tunis-nord revient à la première interprétation (1).

Quand il y aura lieu de faire application de la loi tunisienne, le délai de la prescription sera fixé à quinze ans pour les obligations et les actions personnelles et mobilières. La jurisprudence est unanime en ce sens (2). Le calcul du délai doit se faire en tenant compte de l'année hégirienne et non de l'année grégorienne (3). Le bail à *kirdar* admet la prescription de quinze ans (4). Au contraire, les arrérages de la rente *enzel* qui grève un immeuble immatriculé, se prescrivent par cinq ans (article 85 de la loi foncière) (5).

On a voulu exciper d'une prescription de vingt ans, organisée par l'article 116 du D. Beyl. du 26 avril 1861 (6), qui établissait certaines règles de droit civil et de droit pénal dans la Régence. Cette prescription spéciale a été rejetée parce que, d'une part, le texte dont elle tirait son origine n'avait pas reçu le visa du Résident général et que, de l'autre, ses dispositions sont tombées en désuétude (7). Au contraire, il a été admis qu'une prescription de dix ans était sanctionnée par le droit tunisien lorsque le titre du créancier était vague et contesté : on a toutefois refusé de l'appliquer en matière de commandite, quand le commandité ne niait pas la validité des titres de créance (8).

La prescription du droit tunisien est interrompue par l'effet de certaines procédures, qui ne laissent pas de doute sur l'intention du créancier de poursuivre l'exécution de l'obligation.

---

(1) J. de p., Tunis-nord, 7 novembre 1895 (J. T., 96-83).

(2) Cf. l'indication de la jurisprudence au J. T., 96-590, note 2. — *Adde :* Tunis, 1re ch., 6 février 1888 (J. T., 94-437) ; Tunis, 1re ch., 29 février 1892 (R. A., 92-2-155) ; Tunis, 2e ch., 20 juillet 1893 (J. T., 96-589) ; Tunis, 1re ch., 19 novembre 1894 (R. A., 95-2-17) ; Sousse, 13 février 1896 (J. T., 96-268) ; Tunis, 1re ch., 30 novembre 1896 (J. T., 97-34).

(3) J. de p. Tunis-nord, 9 mars 1895 (J. T., 95-375).

(4) Tunis, 2e ch., 27 février 1890 (R. A., 90-2-436).

(5) Tunis, 1re ch., 28 décembre 1896 (J. T., 97-78).

(6) Cf. Bomp., p. 123.

(7) Tunis, 1re ch., 27 avril 1891 (R. A., 91-2-366).

(8) Alger, 2e ch., 18 octobre 1890 (J. T., 90-340).

La signification d'une saisie-arrêt faite au débiteur interrompra donc la prescription (1). Il en sera de même de certaines garanties, telles que la constitution d'un gage immobilier effectué par la remise du titre de propriété au créancier (2); encore faut-il que ce gage soit effectif (3), et qu'il ait été constitué à une époque antérieure à l'accomplissement de la prescription (4).

La législation administrative de la Régence admet quelques hypothèses spéciales d'interruption de la prescription. C'est ainsi qu'aux termes de l'article 38 du D. Beyl. du 1er avril 1885 sur l'organisation des municipalités, nul ne peut intenter une action contre une commune sans avoir adressé, au préalable, au Premier Ministre un mémoire exposant les motifs de la demande et après l'expiration du délai de deux mois qui suit ce dépôt (5); cet acte-là interrompt toutefois la prescription. De même, il est, en général, imposé par les divers décrets qui instituent des taxes municipales, au receveur municipal de ne recourir à une saisie qu'après avoir adressé au débiteur une sommation par lettre recommandée ; il est admis que cette sommation interrompt la prescription (6).

L'article 2246 de notre Code civil décide que la citation donnée devant un juge incompétent peut arrêter le cours de la prescription ; doit-il en être de même en Tunisie ? Un jugement a répondu négativement dans une espèce où l'affaire avait été portée devant le Charâ au temps des juridictions consulaires alors que cette Cour était incompétente, parce que le défendeur était protégé anglais (7). Nous accepterions cette solution ; sans doute, le motif qui a poussé notre législateur à

(1) Tunis, 1re ch., 27 janvier 1896 (J. T., 96-136).
(2) Tunis, 1re ch., 22 janvier 1890 (R. A., 90-2-327) : Tunis, 1re ch., 30 novembre 1896 (J. T., 97-34).
(3) Sousse, 13 février 1896 (J. T., 96-268).
(4) Tunis, 2e ch., 27 juin 1894 (J. T., 94-446).
(5) Bomp., p. 242.
(6) Tunis, 1re ch., 6 mars 1893 (R. A., 93-2-264).
(7) Tunis, 2e ch., 17 mars 1887 (J. T., 95-563),

adopter la disposition de l'article 2246 existe aussi en Tunisie :
là, comme en France, le créancier peut être excusable d'avoir
méconnu les règles parfois délicates de la compétence : seulement la disposition de l'article 2246 nous paraît d'ordre exceptionnel et elle ne doit, dès lors, s'appliquer qu'aux contrats
régis par la loi française.

Diverses circonstances peuvent suspendre en droit tunisien
le cours de la prescription. Elle ne court pas contre les
absents (1) si la distance et les difficultés de communication
ont mis le créancier dans l'impossibilité d'agir (2). Elle peut
aussi être suspendue si le débiteur est un homme puissant
contre qui le créancier ne peut exercer utilement ses droits (3):
mais le fait que le débiteur est membre de la famille du Bey
n'est pas suffisant par lui-même pour lui interdire d'invoquer
le bénéfice de la prescription (4).

A côté de ces règles, qui touchent au fond du droit, il en est
d'autres qui visent plus spécialement l'exercice de l'exception
de prescription ; dans ce cas, c'est la loi du tribunal qui s'impose. Il en est ainsi de l'admissibilité de l'exception. Dans la
Régence, devant les tribunaux français, la prescription libératoire pourra, aux termes de l'article 2224 du Code civil, être
invoquée en tout état de cause et même pour la première fois
en appel (5).

(1) Alger, 1re ch., 1er mai 1893 (J. T., 93-382).
(2) Tunis, 1re ch., 30 novembre 1896 (J. T., 97-34).
(3) Tunis, 1re ch., 25 janvier 1892 (R. A., 92-2-153) ; Alger. 1re ch., 1er mai
1893 (J. T., 93-382).
(4) Tunis, 1re ch., 25 janvier 1892 (R. A., 93-2-153). — La prescription
n'est pas interrompue par l'exception de prépotence lorsqu'il s'agit d'un
Tunisien ayant qualité de protégé d'une puissance européenne et qui est
justiciable de notre juridiction après avoir été soumis avant 1884 aux
justices consulaires (Alger, 2e ch., 17 décembre 1896 ; J. T., 97-258).
(5) Tunis, 1re ch., 27 février 1888 (J. T., 94-298).

§ IV. Des Obligations non contractuelles.

La convention n'est point la seule cause qui donne naissance à un lien obligatoire. Il existe également des obligations d'ordre non contractuel qui proviennent, soit de la loi, soit d'un quasi-contrat, soit d'un délit ou d'un quasi-délit. Quelle législation leur appliquerons-nous en Tunisie ?

En ce qui concerne les obligations légales, nous croyons qu'il faut s'adresser à la loi qui régit le fait générateur de l'obligation elle-même. Nous avons vu, par exemple, que la loi nationale de l'incapable réglementait ses rapports avec son tuteur ou avec son curateur : les devoirs de ce dernier seront donc réglés par cette législation ; c'est elle qui dominera l'apurement des comptes de tutelle. Si ceux-ci donnent lieu à des contestations, le règlement qui sera poursuivi par voie contentieuse comportera la mise en pratique de la procédure française (1).

Le voisinage de deux immeubles fait naître des rapports légaux d'obligation entre leurs propriétaires : ce sera la loi territoriale qui régit la propriété immobilière qui devra déterminer l'étendue de ces obligations. La question a fait l'objet d'une controverse en Tunisie, mais nous aurons ultérieurement l'occasion de constater que notre théorie a triomphé (2).

On trouve de fréquentes hypothèses d'obligations légales dans la législation maritime ; la jurisprudence des tribunaux français de Tunisie ne comporte aucun document à cet égard. Nous croyons plus simple d'adopter la loi du pavillon comme la règle la plus sûre et la plus immuable. Nous ferions exception pour les obligations d'ordre public imposées aux capitaines

(1) Alger, 1er ch., 5 mai 1896 (J. T., 96-330).
(2) Cf. infrà, 3me partie, chap. V, sect. Ire, § III.

par diverses lois ; ce sont des mesures de police territoriale dans lesquelles la loi tunisienne doit seule recevoir application (1).

Les règlements d'avaries peuvent toutefois présenter quelques difficultés. L'article 31 de la convention italo-tunisienne d'établissement du 28 septembre 1896 (2) donne absolue compétence à l'autorité consulaire italienne pour le règlement d'avaries de navires italiens, à moins que des personnes ne relevant pas de l'autorité du consul ne soient intéressées dans ces avaries. Ce texte comporte donc implicitement l'application de la loi du pavillon : nous croyons que la solution pourrait être généralisée sans inconvénient d'autant plus que la loi tunisienne, loi du lieu, ne s'occupe pas de la question.

Bien que les quasi-contrats résultent de l'effet de la loi, nous ne saurions les assimiler aux obligations légales. On ne peut dire qu'il y ait là une disposition impérative du législateur, mais simplement une interprétation de la volonté des parties. Si la loi impose une obligation quasi-contractuelle à une personne, c'est qu'elle suppose que si l'accord des volontés avait pu se produire, les parties auraient agi comme elle le fait elle-même. Nous croyons donc qu'on doit rejeter la loi du lieu où le quasi-contrat a pris naissance, mais bien, par analogie à la matière des contrats, adopter la loi que les parties eussent vraisemblablement acceptée si elles avaient conclu une convention. Nous appliquerons donc la loi nationale des quasi-contractants s'ils appartiennent tous deux à la même nationalité ; s'ils sont de nationalités différentes, nous ne voyons guère que la loi du lieu qui puisse être applicable : nous aurons donc recours au droit tunisien.

Que décider enfin au cas d'obligations naissant d'un délit ou d'un quasi-délit ? Nous croyons que les deux hypothèses doivent être régies par la loi territoriale, car c'est dans un but

(1) Sousse, aud. corr., 27 mai 1891 (J. T., 92-79).
(2) J. T., 96-488.

d'ordre public, dans l'intérêt de la sécurité des citoyens et de la tranquillité publique, que l'État impose la réparation des préjudices injustes. Nous appliquerons donc la loi territoriale, et nous croyons qu'en théorie, la capacité du débiteur doit, dans ce cas, s'interpréter, non d'après sa loi nationale, mais d'après la législation du lieu où l'acte délictuel a été commis. On se trouve en présence d'une loi de police, *lato sensu*, qui oblige tous ceux qui habitent le territoire. Toutefois, en Tunisie, la souveraineté territoriale du Bey a subi des restrictions du fait des capitulations à l'égard des nationaux des puissances européennes : d'autre part, les règles du Coran relatives aux personnes leur sont manifestement inapplicables. Aussi dérogerions-nous au principe que nous venons de formuler pour décider que la capacité délictuelle ou quasi-délictuelle du débiteur européen sera régie par sa loi nationale. La justice française semble avoir admis ce système quand elle a recherché dans le statut personnel du mineur dans quelle mesure ce dernier pouvait être tenu à l'égard d'un co-contractant pour une fausse déclaration de majorité (1). Quant au mineur et à l'interdit musulmans, il est bien évident que la loi tunisienne doit leur être appliquée (2). Notre jurisprudence admet que le fait d'avoir un logement insalubre emporte réparation au profit des voisins (3) ; elle voit également un délit civil dans l'action de requérir sciemment l'immatriculation d'un immeuble appartenant à autrui (4).

L'abordage est un quasi-délit qui soulève de grosses difficultés en droit international. En ce qui concerne la loi que nous lui appliquerions dans la Régence, une distinction nous paraît utile. S'est-il produit dans les eaux territoriales de la Tunisie, nous aurons recours à la loi tunisienne comme nous le

(1) Tunis, 1ʳᵉ ch., 25 juillet 1887 (R. A., 88-2-232) ; Tunis, 2ᵉ ch., 12 juin 1896 (J. T., 96-377).

(2) Tunis, 2ᵉ ch., 19 décembre 1894 (J. T., 96-200).

(3) Tunis, 2ᵉ ch., 24 janvier 1894 (J. T., 94-441).

(4) Tunis, 1ʳᵉ ch., 28 décembre 1896 (J. T., 97-99).

faisons pour tous les délits commis sur le territoire du pays :
on sait que, par une fiction, les eaux territoriales sont considérées comme partie intégrante du sol voisin (1). Au contraire, si l'abordage se produit en haute mer et que la question
d'indemnité soit portée devant notre juridiction de Tunisie,
nous ferons appel à la loi des navires, s'ils sont de même
nationalité ; sinon peut-être faudra-t-il suivre la loi du navire
qui a produit l'accident.

SECTION DEUXIÈME. — *Du contrat de mariage.*

Il semble, à première vue, qu'il n'y a pas lieu de faire une
place à part au contrat de mariage. N'est-ce point là une convention d'ordre pécuniaire, qui doit être régie par les mêmes
règles que les autres contrats ? Nous ne le croyons pas et nous
estimons qu'on se trouve en présence d'une convention d'ordre spécial autant parce qu'elle a une grande influence sur
l'organisation de la famille que par les conséquences graves
qu'elle peut avoir à l'égard des tiers et qu'elle arrive à produire sur le régime des biens.

Par quelle loi gouvernerons-nous le contrat du mariage ? En
principe, il faut admettre que les parties sont libres de déterminer comme bon leur semble la condition des biens de la
famille, et elles peuvent organiser de toutes pièces un système
spécial pour leur régime matrimonial. L'article 1387 de notre
Code civil consacre ce droit des époux, et la même solution
se retrouve dans presque toutes les législations (2). Si les
parties ont rédigé un contrat de mariage, le juge n'aura qu'à

(1) Cf. Cass. civ., 18 juillet 1895 (J. T., 96-226).
(2) Cf. Surville : *Du rôle de la volonté dans la solution des questions de
droit international privé, que soulève le contrat de mariage* (Rev. crit ,
1888, p. 159).

en appliquer les dispositions en tant qu'elles ne seront contraires, ni aux bonnes mœurs, ni à l'ordre public (1).

Cependant, même en présence d'un contrat de mariage écrit,
on peut avoir besoin de rechercher la loi applicable si l'on
rencontre des clauses obscures ou si certaines hypothèses ont
été passées sous silence. Cette recherche deviendra indispensable si les parties se sont mariées sans contrat. Quelle sera
la loi qui régira l'association domestique dans ses intérêts
pécuniaires ? A cet égard, la solution n'est pas douteuse : puisque les époux ont toute liberté pour rédiger leur contrat de
mariage, les dispositions légales, qui organisent le régime
matrimonial, à défaut de stipulation expresse, sont interprétatives de la volonté des parties : par conséquent, quand on
recherchera la loi applicable, il faudra adopter celle que les
époux ont tacitement choisie.

Ce ne sera que par des présomptions de fait que l'on arrivera à déterminer cette législation (2). Pour nous, nous n'hésiterons pas à consacrer l'application de la loi nationale, si les
parties sont toutes deux de même nationalité ; cette solution
est donnée à l'égard des Italiens par l'article 4 du protocole de
1884 (3) ; il n'y a aucun motif pour ne pas faire aux sujets des
autres puissances l'application de leur loi nationale (4). N'est-
il pas logique de supposer qu'en se mariant, les époux se sont

(1) Une exception se produit toutefois au cas où la loi nationale des
époux leur impose un régime déterminé ; il y a là, dès lors, une règle de
leur statut personnel, qui établit à leur encontre une incapacité. Cette
règle est impérative pour eux : tel est le cas de certaines législations de
l'Amérique du Sud ou de quelques cantons de la Suisse allemande.

(2) Tunis, 1re ch., 23 novembre 1891 (R. A., 92-2-29). Cf. trib. Seine, 5e
ch., 10 juillet 1895 (Clunet, 96-396) ; Cour d'Amsterdam, 16 décembre 1893,
(Clunet, 96-220).

(3) Bomp., p. 474. — Remarquons, au surplus, que l'article 6 du Code
civil italien décide que les *rapports de famille* sont régis par la loi de la
nation à laquelle les personnes appartiennent ; il en résulte que la loi
italienne s'impose impérativement aux nationaux italiens. — Cf. Code
civil espagnol, art. 1325.

(4) Tunis, 1re ch., 18 mai 1896 (J. T., 96-297).

référés à la loi de leur pays commun : c'est probablement cette
loi qu'ils connaissent le mieux ; c'est elle qui concorde avec
leurs mœurs et leur éducation ; à défaut de toute autre indication, pourquoi ne pas croire que c'est elle qu'ils ont tacitement
acceptée ?

Parfois certaines circonstances permettent de discerner la
législation implicitement adoptée par les parties. C'est ainsi
qu'un israélite algérien, citoyen français, qui a épousé, à
Tunis, devant les rabbins, une israélite tunisienne, doit être
présumé avoir accepté la loi rabbinique comme base de ses
conventions matrimoniales, s'il n'a pas fait transcrire l'acte de
mariage à la mairie de son domicile en Algérie, ni au consulat
de France à Tunis (1). La même présomption pourrait être
admise alors même que les deux époux seraient de nationalité
française (2). Les israélites non français sont également soumis à la loi rabbinique, si le mariage a été célébré *more
judaïco* (3).

Si les époux qui se sont mariés sans contrat sont de nationalités différentes et qu'aucune preuve de fait n'indique la loi
choisie par eux, à quelle législation se référera-t-on ? En
pareil cas, dans la matière des contrats ordinaires, on aurait
recours à la *lex loci contractus ;* admettrons-nous la même
solution à l'égard du contrat de mariage ? La négative nous
paraît indiquée ; le lieu de la célébration du mariage est souvent fixé par suite de considérations de convenances qui n'ont
qu'une importance relative ; les époux le quittent souvent
après la célébration du mariage pour fixer ailleurs le domicile

(1) Tunis, 1re ch., 14 novembre 1889 (J. T., 90-29).
(2) Tunis, 1re ch., 28 décembre 1891 (J. T., 96-524). — Dans l'espèce de
ce dernier jugement, il s'agissait de deux israélites de nationalité française, qui s'étaient régulièrement mariés devant les rabbins de Tunis en
1876, et qui n'avaient pas fait transcrire leur acte de mariage au
consulat de France.
(3) Alger, 1re ch., 24 février 1896 (J. T., 96-230). — Le mariage *more
judaïco* était la forme admise par la loi locale, à l'égard des israélites,
avant le D. Beyl. du 29 juin 1886, qui a institué l'État-civil.

matrimonial. Il est difficile de donner à une circonstance passagère des effets définitifs d'un ordre aussi grave. Nous rejetons donc ce système en principe, sauf à reconnaître que le juge peut s'y attacher, s'il résulte de l'ensemble des faits une présomption suffisante de l'intention tacite des parties de se rapporter à la loi de célébration du mariage.

Certains auteurs font appel à la loi du domicile matrimonial, et la jurisprudence des tribunaux de France paraît avoir quelques préférences pour ce système. Sans le discuter en lui-même, disons qu'il est manifestement inapplicable en Tunisie. La loi du domicile ne pourrait être que la loi tunisienne, la loi religieuse des musulmans telle qu'elle est formulée par le Coran. Il serait absurde de vouloir y soumettre des Européens, et surtout de présumer qu'ils ont entendu la choisir comme règle de leur régime matrimonial.

La doctrine qui aurait nos préférences est celle qui, à défaut de toute autre présomption de fait, accepterait l'application de la loi nationale du mari. Par l'effet du mariage, la femme acquiert la nationalité de ce dernier. Notre solution a donc l'avantage de faire régir les rapports pécuniaires des époux par la même loi qui domine leur statut personnel. La simplicité du système facilitera les recherches des tiers qui veulent contracter avec les époux. Cette solution paraît, au surplus, résulter implicitement à l'égard des Italiens du protocole de 1884, quand il stipule que la loi italienne sera appliquée comme règle des rapports de famille entre sujets italiens. Cette doctrine se rapproche de la jurisprudence de nos tribunaux consulaires du Levant, qui admettent l'application de la loi française, si le mari est lui-même Français (1).

La capacité des époux doit évidemment être régie par le statut personnel. Nous appliquerions la même règle aux dispositions qui restreignent le droit de faire un contrat de mariage après la célébration de l'union des personnes. Sans doute,

1) Trib. cons. de France, Constantinople, 26 juin 1891 (Clunet, 92-269).

la mesure intéresse les tiers, mais elle a surtout pour but la protection des époux, dont l'indépendance ne serait plus entière une fois qu'ils sont engagés dans les liens du mariage. Il y a donc là une véritable restriction de la capacité civile des époux, restriction que leur statut personnel doit gouverner. C'est ainsi que deux Anglo-Maltais ne pourront faire un contrat postérieur au mariage sans l'autorisation de la justice : à Tunis, ce sera le tribunal en Chambre du conseil qui statuera à ce sujet (1).

Que décider à l'égard de la forme extérieure du contrat de mariage? Les principes généraux du droit international commanderaient l'application de la règle *Locus regit actum* et, par suite, voudraient qu'on eût recours à la loi tunisienne. Celle-ci toutefois, qui a sa base dans le Coran, ne peut guère s'appliquer aux Européens : en outre, les notaires beylicaux ne sont pas compétents à leur égard. D'autre part, les agents consulaires peuvent recevoir les actes passés par leurs nationaux, mais ils n'ont le droit de le faire qu'en observant les formes prescrites par leur loi particulière. Dans cette situation, nous croyons qu'il faudra examiner si chaque contrat est valablement rédigé dans la forme imposée par la législation qui le régit (2). Par exemple, le contrat gouverné par la loi française ou par la loi italienne devra être rédigé en forme authentique (3) ; une convention sous seing privé suffira, s'il est soumis à la loi autrichienne (4) ; la présence de deux témoins à la rédaction d'une simple *ketouba* validera un contrat régi par la loi rabbinique, sans qu'il soit besoin de l'assistance des rabbins (5).

(1) Tunis, 9 février 1885 (J. T., 94-544).

(2) Nous reconnaissons d'ailleurs que cette dérogation à la règle *Locus regit actum* place les Français qui habitent la Tunisie dans une situation moins favorable que celle de nos nationaux qui résident dans les Echelles du Levant ; il est, en effet, admis que ces derniers peuvent faire valablement un contrat de mariage sous seing privé, d'après les usages reçus chez les chrétiens d'Orient (Cass., 18 avril 1865, S., 65-1-317).

(3) Tunis, 1re ch., 31 décembre 1894 (J. T., 95-256).

(4) Tunis, 1re ch., 4 avril 1891 (R. A., 92-2-272).

(5) Alger, 1re ch., 24 février 1896 (J. T., 96-230).

Les effets du contrat de mariage seront naturellement déterminés par la loi à laquelle ce contrat est soumis. La loi française établira le régime de la communauté, tel que le Code civil l'organise ; les Maltais seront, sauf convention contraire, gouvernés par une communauté d'acquêts (1) ; la séparation de biens régira les époux soumis au droit italien (2) ; la loi autrichienne fera admettre le principe d'une constitution de dot, apportée soit par la femme, soit par un tiers agissant en son nom (3). La dot constituée d'après la loi italienne ne pourra être augmentée durant le mariage et devra être formée à une date antérieure à sa célébration (4).

C'est dans la loi du contrat qu'il faudra rechercher les droits de propriété respectifs des époux et leurs rapports avec les tiers. Par exemple, en conformité de la loi musulmane, le mari sera présumé propriétaire des meubles qui garnissent l'habitation ; il en serait autrement s'ils étaient placés dans la chambre réservée aux femmes ou que, par leur nature, ils leur soient spécialement destinés (5). D'après la même loi, la femme ne pourra être tenue des dettes de son mari, alors même qu'elles auraient été contractées pour les besoins du ménage. Elle garde, en outre, la propriété de son trousseau, qui, selon les usages tunisiens, peut comprendre des meubles meublants (6). Dans le même ordre d'idées, la clause par laquelle le mari israélite s'est engagé, en cas de prédécès de la femme sans enfants, à restituer tout ou partie de ses apports, sera interprétée en vertu de la loi rabbinique en ce sens qu'elle ne comprend pas l'augment de dot qui aurait pu être stipulé (7).

A l'égard des tiers, la loi, qui régit le contrat, produira tous

(1) Tunis, 1re ch., 27 janvier 1896 (J. T., 96-159).
(2) Tunis, 1re ch., 14 novembre 1889 (J. T., 90-31).
(3) Tunis, 1re ch., 4 avril 1891 (R. A., 92-2-272).
(4) Tunis, 1re ch., 14 novembre 1889 (J. T., 90-31).
(5) Tunis, 1re ch., 23 novembre 1891 (J. T., 96-69).
(6) Tunis, 2e ch., 3 avril 1895 (J. T., 95-278).
(7) Alger, 1re ch., 14 décembre 1887 (J. T., 95-430).

ses effets. La constitution de dot, faite par acte sous seing-
privé en vertu de la loi autrichienne, sera opposable aux créanciers du mari, à moins que ceux-ci ne puissent prouver l'existence d'une fraude commise à leur préjudice (1). Les pouvoirs
du mari sont naturellement réglés par la loi du contrat. En
vertu de l'article 1026 de l'ordonnance maltaise du 11 février
1870, il aura le droit d'aliéner les immeubles qui font partie
de la communauté d'acquêts (2). Il est évident, toutefois, que la
femme pourra faire annuler les aliénations fictives qui n'auraient d'autre but que de nuire à ses légitimes intérêts.

Cependant le respect de l'autonomie de volonté des époux
dans le choix de leur régime matrimonial doit être limité par
les droits de la souveraineté territoriale. Cette dernière a seule
le pouvoir de régler la condition des biens sur le sol du pays,
où elle étend sa juridiction. Par suite, il faudra combiner les
dispositions de la loi qui régit le contrat avec les règles de la
législation territoriale au sujet des droits réels dont les immeubles sont susceptibles. Dès lors, en Tunisie, il ne pourra
pas y avoir d'hypothèque légale en faveur de la femme
mariée quelles que puissent être, à cet égard, les règles de son
régime matrimonial. En ce qui concerne les propriétés non
immatriculées, il n'existe qu'un droit de gage immobilier, qui
suppose la remise du titre de propriété entre les mains du
créancier et ne peut, dès lors, avoir une existence tacite (3).
La loi foncière qui régit les immeubles immatriculés, ne
reconnaît pas de droits d'hypothèques légales: ses articles 243
et 244 accordent seulement à la femme un droit d'hypothèque forcée; cette hypothèque doit être inscrite et le montant en
est déterminé par les conventions matrimoniales ou par une
décision de l'autorité judiciaire.

Admettrons-nous, dès lors, que des biens dotaux puissent
être constitués en Tunisie avec le caractère inaliénable que

(1) Tunis, 1re ch., 4 avril 1891 (R. A., 92-2-272).
(2) Tunis, 1re ch., 27 janvier 1896 (J. T., 96-159).
(3) Tunis, 2e ch., 4 avril 1894 (J. T., 94-398).

leur connaissent certaines législations ? N'y a-t-il point là une
condition de l'immeuble dont le règlement exclusif appartient à
la souveraineté locale ? Nous ne le croyons pas. Sans nul doute
le législateur tunisien aurait pu proscrire toute convention de
ce genre sur son territoire ; il s'est contenté de garder le
silence. Pour nous, le régime dotal frappe la femme d'une
incapacité d'aliéner les immeubles dotaux ; c'est donc une
règle de statut personnel qui doit être soumise à sa loi nationale. Cette même loi déterminera les limites de l'incapacité de
la femme dotale et la façon dont elle peut en être relevée.
C'est ainsi qu'aux termes des articles 136 et 1405 du Code civil
italien, la femme italienne pourra être autorisée par le tribunal, si son mari y consent, à aliéner les immeubles dotaux
pour cause de nécessité ou d'avantage évident (1).

En cas de faillite du mari, nous savons que la plupart des
législations frappent la femme de certaines déchéances. L'article 559 de notre Code de commerce présume que les biens
acquis par l'épouse du failli l'ont été des deniers de son mari,
à moins qu'elle ne puisse faire la preuve du contraire. La
femme est soumise à des règles spéciales à l'égard de ses
reprises, et elle perd le droit de réclamer les avantages qui
avaient pu lui être consentis. Que décider à l'égard des faillites
prononcées, en Tunisie, par la justice française ? On a considéré, en général, que la loi française devait recevoir application quelle que fût la nationalité des parties en cause. Ce
système peut se soutenir parce qu'on se trouve en présence
d'une présomption légale de fraude qui est d'ordre public pour
le magistrat. C'est dans ce sens que se prononce la jurisprudence du tribunal de Tunis (2). Il est d'ailleurs à remarquer

(1) Tunis, ch. du cons., 17 mars 1885 (R. A., 85-2-170) ; Tunis, ch. du
cons., 18 mars 1895 (J. T., 95-205).
(2) Tunis, 2e ch.. 28 novembre 1890 (J. T., 91-57) ; Tunis. 2e ch.,
31 décembre 1891 (J. T., 96-198) ; Tunis, 1re ch.. 13 juin 1892 (J. T.,
93-401) ; Tunis, 2e ch., 12 juillet 1894 (J. T., 94-468) ; Tunis, vacat., 22 août
1895 (J. T., 95-494).

que les diverses législations donnent sur ce point des solutions concordantes.

Le régime matrimonial peut prendre fin autrement que par la rupture du lien conjugal ou par son relâchement à la suite d'un jugement de séparation de corps. La séparation de biens judiciaire peut aussi intervenir. La procédure devra être réglée par la loi française, mais l'admissibilité de la demande dépendra du statut personnel de la femme. Cette dernière a-t-elle, en effet, le droit de demander la séparation de biens? C'est là une question de capacité régie par la loi nationale. Nous savons, par exemple, que la séparation de biens est le régime matrimonial de droit commun en Italie : dès lors, la femme italienne ne sera recevable à demander en justice une semblable mesure que si son mariage a été soumis conventionnellement à un autre régime (1). La femme israélite ne sera jamais admise à demander la séparation de biens (2).

SECTION TROISIÈME. — *De la lettre de change.*

La lettre de change est un acte juridique que la loi tunisienne, tirée du Coran, ignore absolument. D'autre part, cet acte est assez compliqué pour exiger une législation spéciale et ne pas permettre de s'en tenir aux principes généraux des conventions. Il en résulte que la loi du contrat sera nécessairement une législation européenne, celle à laquelle on se sera formellement ou implicitement référé.

La matière, en elle-même, donne lieu à de nombreux conflits

(1) Tunis, 1re ch., 14 novembre 1889 (J T., 90-31) ; Tunis, 1re ch., 14 mars 1892 (J. T., 97-28).

(2) Tunis, 1re ch., 14 novembre 1889 (deux jugements) (J. T., 90-28 et 29); Tunis, 1re ch., 28 décembre 1891 (J. T., 96-524) ; Tunis, 1re ch., 20 février 1893 (R. A., 93-2-202).

de lois, bien que, sous la pression des nécessités internationales, on constate une tendance des législations à adopter des
solutions identiques. Il est utile de procéder à un examen
des principales difficultés qui peuvent se produire, bien que la
jurisprudence des tribunaux de Tunisie ne soit pas riche en
documents sur ce point.

Certaines législations posent des règles spéciales au sujet de
la capacité des signataires de lettres de change; c'est ainsi
qu'aux termes de l'article 113 de notre Code de commerce, les
femmes ne peuvent s'engager par lettre de change que si elles
sont commerçantes. Nous appliquerons à ces problèmes de
pure capacité les dispositions de la loi nationale du signataire,
conformément au droit commun. Il en est autrement de l'incapacité qui, dans certaines lois étrangères, frappe les membres
de la maison royale ; il y a là une mesure d'ordre essentiellement politique, dont l'effet doit être limité au territoire. Quant
aux membres de la famille beylicale, ils sont capables de contracter. Une circulaire du Bey aux consuls des puissances
étrangères en date du 21 décembre 1859, qui déclarait les
membres de sa famille incapables de s'obliger civilement, est
tombée en désuétude (1).

La règle *Locus regit actum* nous paraît devoir gouverner les
formes de la lettre de change : mais cet instrument juridique
comporte l'accomplissement de divers actes qui peuvent se
produire en des lieux différents. Chacun de ces actes sera donc
régi par la loi du lieu où il est effectué et, par exemple, l'aval
ou l'endossement pourront être soumis à d'autres règles que
la lettre elle-même (2). Ainsi la date, l'indication de la valeur
fournie, la remise de place à place sont régies par la législation du pays ou la lettre de change est émise, les mentions
de l'endossement sont, au contraire, gouvernées par la loi du
lieu ou chaque endossement est effectué.

(1) Tunis, 2ᵉ ch , 7 novembre 1891 (R. A., 91-2-550).
(2) Alger, 2ᵉ ch.. 15 novembre 1889. conf. Tunis, 2ᵉ ch., 12 avril 1888
(J. T., 90-250).

Sans entrer dans de trop abondants détails, remarquons qu'en ce qui concerne la nature et l'étendue des engagements pris par les parties, on doit avoir recours à leur loi nationale, si elles sont de même nationalité : sinon, il faudra appliquer la loi du lieu où la lettre de change a été créée (1).

La *lex fori* règlera la procédure des poursuites. C'est elle qui nous indiquera si le juge doit prononcer immédiatement la condamnation ou s'il peut accorder un délai de grâce au débiteur.

Quant aux conséquences du non-paiement, en Tunisie, l'absence de toute législation locale relative aux lettres de change ne permet pas d'examiner s'il y a lieu de leur appliquer la *lex loci executionis* (2). Il faudra donc s'en tenir à la loi qui détermine l'étendue d'engagement des parties et qui sera, selon la distinction que nous avons adoptée, tantôt leur loi nationale, tantôt la loi du lieu où s'est formé le contrat.

---

(1) Alger, 2ᵉ ch., 15 novembre 1889 ; conf. Tunis, 2ᵉ ch., 12 avril 1888 (J. T., 90-250).

(2) Rennes, 2ᵉ ch., 1ᵉʳ avril 1895 (Clunet, 96-376).

CHAPITRE IV

Bien que les donations soient de véritables contrats, nous croyons devoir détacher leur étude de celle des conventions pour la joindre à la matière des successions. Ces deux modes de transmission de la propriété se font, en effet, remarquer par un certain nombre de règles communes qui les rapprochent. Les prescriptions sur la capacité de disposer et de recevoir sont les mêmes dans les deux cas ; les dispositions légales sur la réserve héréditaire ou l'obligation du rapport sont également identiques. Ce sont là autant de motifs pour réunir l'étude de la donation à celle des successions.

§ Ier. **Des successions** *ab intestat* (1).

En France, dans l'état actuel de la jurisprudence, on fait, en ce qui concerne la loi applicable au régime des successions, une distinction entre les biens meubles et les biens immeubles laissés par le défunt. Aux biens meubles l'on applique, soit la loi du domicile, soit la loi nationale du *de cujus*, tandis qu'à l'égard des immeubles on s'en tient rigoureusement à la loi

---

(1) Cf. Clavel : *Droit musulman ; Du statut personnel et des successions d'après les différents rites et plus particulièrement d'après le rite hanafite :* — Zeys : *Traité élémentaire de droit musulman algérien.*

territoriale française, comme ayant seule le droit de régir la
fortune foncière du pays.

Il y aurait peut-être de fortes et nombreuses critiques à formuler contre ce système; toutefois, sans nous y arrêter, constatons qu'il ne peut certainement pas triompher dans la Régence.

A l'égard des Italiens, on a un texte précis, l'art. 4 du protocole du 25 janvier 1884, qui stipule formellement qu'en matière
de successions et de donations, les tribunaux français applique-
ront les dispositions de leur loi nationale aux sujets italiens.

La solution doit être la même à l'égard des nationaux des
autres puissances. On peut la déduire de l'article 2 de la loi
foncière, modifié par le décret du 16 mai 1886, qui est ainsi
conçu : « Les dispositions du Code civil français, qui ne sont
contraires ni à la présente loi, ni au statut personnel ou *aux
règles de succession des titulaires de droits réels immobiliers*,
s'appliquent, en Tunisie, aux immeubles immatriculés et aux
droits réels sur ces immeubles. » Ce texte admet donc que les
successions immobilières ne sont pas régies par la loi tunisienne en ce qui concerne les étrangers. On ne voit guère, dès
lors, que la loi nationale du *de cujus* qui soit applicable, et
avec d'autant plus de raison que les dispositions des lois
successorales sont, en règle générale, l'interprétation légale
de la volonté que le défunt n'a pu exprimer. La loi règle la
dévolution de son patrimoine selon ses intentions présumées.
Qui est mieux à même que le législateur national de tenir
compte des mœurs et des usages de son pays et de les mani-
fester par les prescriptions du régime héréditaire?

Au surplus, dans la Régence de Tunis, la question ne se
discute pas, et les usages sont absolus à cet égard : les successions sont régies, même pour les biens immobiliers, par le
statut personnel du défunt (1). Ce statut est déterminé par la
loi nationale : c'est ainsi qu'on appliquera la loi italienne aux

(1) Tunis, 2e ch., 24 février 1889 (Clunet, 89-675) ; Tunis, 2e ch., 25 mars
1890 (R. A., 90-2-477) ; Tunis, 1re ch., 27 juillet 1896 (J. T., 96-468).

israélites sujets italiens et non les dispositions de la loi
mosaïque (1). De même les successions des Algériens, sujets
français, seront conformément aux dispositions édictées par
la loi française à leur égard, régies par la législation et les
coutumes musulmanes (2).

Quelquefois la loi nationale du défunt ne contiendra pas une
réglementation formelle, mais procédera par voie de renvoi à
une autre législation : on devra tenir compte d'une règle de
cette nature. Par exemple, d'après la loi anglaise, la dévolution du patrimoine est régie par la loi du lieu où sont situés
les biens du défunt : il en résulte que les biens sis dans la
Régence d'un israélite sujet anglais seront transmis d'après
les coutumes israélites tunisiennes (3).

Tel est le principe qui doit résoudre les conflits de lois en
matière de succession devant les tribunaux français de Tunisie.
Un rapide examen nous permettra de relever les conséquences qu'il peut produire en pratique.

C'est la loi nationale du défunt qui réglera les diverses
questions relatives à la dévolution successorale. C'est elle qui
fixera l'ordre de préférence entre les héritiers, qui organisera
la représentation, adoptera ou rejettera le privilège du double
lien ou l'attribution de successions anormales. Par suite, la
succession d'un israélite italien se partagera par égale part
entre tous ses enfants sans distinction de sexe (4), tandis
que, dans la succession des israélites tunisiens, les filles n'auront aucune portion de l'hérédité paternelle et pourront seulement réclamer une dot (5). Si le père n'a pas pu la leur consti-

---

(1) Tunis, 2ᵉ ch., 25 mars 1890 (R. A., 90-2-477).
(2) Tunis, 1ʳᵉ ch., 27 avril 1896 (R. A., 96-2-332).
(3) Tunis. 1ʳᵉ ch., 28 mars 1892 (J. T., 96-568). — La jurisprudence
admet, en France, la théorie du renvoi, mais, en doctrine, la question fait
l'objet de vives controverses. Cf. articles de M. Labbé (Clunet, 1885, p. 5
et suiv.), et de M. Lainé (Clunet. 1896, p. 241).
(4) Tunis, 2ᵉ ch., 25 mars 1890 (R. A., 90-2-477).
(5) Tunis, 1ʳᵉ ch., 28 mars 1892 (J. T., 96-568); Sousse, 28 juin 1894
(R. A., 94-2-556).

tuer de son vivant, elles auront cependant le droit d'exiger, à
ce titre, de leur frères un dixième de la succession (1).

En vertu de ces principes, l'israélite tunisien héritera des
biens de son épouse alors même qu'il y aurait des enfants du
mariage (2) ; la veuve musulmane pourra réclamer une portion variable des biens de son mari prédécédé (3) ; la succession d'un Algérien musulman sera attribuée au frère du défunt
en concours avec sa veuve et ses propres filles (4). De même,
d'après les lois maltaises, la veuve ne pourra recueillir plus
du quart de la succession de son mari, s'il existe des enfants
du mariage (5) ; elle aura droit au tiers de la succession, si elle
se trouve en présence de frères et de sœurs du défunt (6).

C'est donc la loi nationale du *de cujus* qui, en régissant la
dévolution successorale, indique quelles sont les personnes qui
doivent recueillir son patrimoine. Mais s'agit-il de déterminer
la capacité de recevoir chez l'héritier ainsi désigné, nous nous
trouvons en présence d'une question de statut personnel propre à cet héritier et qui devra être résolue d'après sa loi nationale. De même, si une question d'état, une difficulté de filiation, par exemple, est soulevée à l'occasion de l'attribution des
biens du défunt à titre héréditaire, ce sera le statut personnel
du prétendu héritier qui fournira la solution. La loi nationale
du *de cujus* nous dira, par exemple, si ses enfants naturels peuvent lui succéder et dans quelle mesure, mais s'il y a contestation sur l'état d'enfant naturel du prétendu héritier,
c'est la loi nationale de ce dernier qui déterminera s'il a été
volontairement reconnu dans les formes régulières ou s'il peut
intenter une action judiciaire en reconnaissance forcée. Par
exemple, la loi française interdit à nos nationaux la posses-

---

(1) Tunis, 2e ch., 29 mai 1895 (J. T., 95-438).
(2) Nice, 1re ch., 5 juin 1893 (R. A., 93-2-516).
(3) Tunis, 1re ch., 3 décembre 1894 (R. A., 95-2-70).
(4) Tunis, 1re ch., 27 avril 1896 (R. A., 96-2-332).
(5) Alger, 2e ch., 26 novembre 1891 (J. T., 96-329).
(6) Tunis, 1re ch., 27 juillet 1896 (J. T., 96-468).

sion d'esclaves : c'est une véritable incapacité personnelle qui doit produire toutes ses conséquences. Un Français sera donc irrecevable à réclamer un droit de succession sur les biens d'un ancien esclave affranchi, alors même que cet affranchissement serait antérieur aux lois qui ont aboli la condition d'esclave (1).

L'indignité nous paraît affecter la capacité de l'héritier ; il nous semble donc qu'il y a lieu d'en déterminer les causes d'après les règles de son propre statut personnel.

Il est certaines hypothèses où la loi nationale du défunt devra se combiner avec les dispositions de la loi territoriale qui régit les immeubles. Par exemple, nous savons qu'une fille israélite dont le père est décédé sans avoir pris de dispositions pour lui constituer une dot, peut réclamer un dixième de la succession. Ce privilège, appelé *issour*, donne à son bénéficiaire droit de suite sur les immeubles de la succession qui auraient été vendus ou engagés par ses frères, pour la couvrir du montant de sa dot. En Tunisie, il faudra combiner cette garantie avec les règles du droit immobilier et admettre qu'elle ne sera opposable aux tiers que si elle a été régulièrement inscrite sur le titre de propriété (2).

L'obligation du rapport sera réglée par la loi nationale du défunt, car elle est basée sur une présomption de volonté de sa part ; elle suppose qu'il n'a pas voulu établir d'inégalité entre ses héritiers, et que les libéralités qu'il a pu faire à l'un d'eux de son vivant ne sont que des avancements d'hoirie. Les conditions du rapport seront régies par cette loi ainsi que ses effets, sauf à protéger les droits que les tiers auraient pu acquérir sur les immeubles dans les conditions de la loi immobilière tunisienne.

La caractère de l'investiture de l'héritier, le point de savoir si elle est libre ou forcée, s'il peut répudier la succession et

(1) Tunis, 2ᵉ ch., 24 février 1889 (Clunet, 89-675).
(2) Tunis, 2ᵉ ch., 29 mai 1895 (J. T., 95-438).

s'il jouit du droit de ne l'accepter que sous bénéfice d'inven-
taire, sont autant de points régis par la loi nationale du défunt.
Mais si le principe de la renonciation est fixé par cette loi, ce
sera le statut personnel de l'héritier qui déterminera dans
quelle mesure il est capable de formuler lui-même cette
renonciation et qui désignera, s'il en est incapable, la personne
qui l'effectuera en son nom en indiquant de quelles autorisa-
tions ce représentant légal devra se pourvoir. C'est ainsi qu'un
musulman algérien, mineur de dix-huit ans, ne pourra valable-
mant renoncer à une succession sans l'assistance de son
tuteur (1). Enfin, les formes de la renonciation rentrent dans le
domaine de la *lex fori*, car ce sont des questions de procédure.
C'est ainsi que la renonciation à la succession des Italiens ne
sera pas valablement faite au consulat d'Italie (2); de même,
un Algérien, soumis pour le fond du droit à la loi musulmane,
ne pourra formuler sa renonciation devant les notaires tunisiens (3). Dans l'un et dans l'autre cas, la déclaration devra
être déposée au greffe de la juridiction française.

La matière du partage n'a fourni que peu de documents à la
jurisprudence des tribunaux de Tunisie ; elle mérite cependant
quelque attention au sujet des conflits de lois qui peuvent se
produire à son occasion. La capacité des parties pour procéder
au partage sera fixée par la loi nationale de chacune d'elles ;
c'est encore cette loi qui déterminera dans quelle mesure est
valable le partage consenti par un incapable ; s'il pourra, par
exemple, être considéré comme provisionnel.

Si les parties acceptent un partage volontaire, nous nous
trouvons en présence d'un véritable contrat aux dispositions
duquel il faudra appliquer la loi choisie par les copartageants.
Si donc ceux-ci n'ont pas exprimé clairement leur volonté à
cet égard, ce sera au juge à la dégager en tenant compte des

---

(1) Alger, 2e ch., 15 octobre 1896 (R. A., 96-2-443). Cf. Tunis, 2e ch.,
20 juin 1894 (J. T., 97-262).
(2) J. de p. Tunis-nord, 17 novembre 1894 (J. T., 95-151).
(3) Tunis, 2e ch., 20 mars 1895 (J. T., 95-303).

circonstances de fait et en s'aidant des présomptions que nous avons indiquées en traitant de la formation des conventions.

Toutefois le partage ne pourra créer des droits réels qu'autant qu'ils seront admis par la loi immobilière tunisienne. Le privilège des copartageants sera donc refusé dans la Régence : il pourra cependant, nous semble-t-il, être transformé à l'égard des immeubles non immatriculés en un droit de gage immobilier qui, pour être opposable aux tiers, devra être inscrit sur le titre de propriété. En cas d'immatriculation, le cohéritier créancier d'un copartageant à l'occasion du partage, n'a d'autre ressource que d'obtenir de ce dernier une constitution d'hypothèque volontaire.

Si l'entente relative au partage ne s'établit pas, il y a lieu, en France, à l'application de l'article 815 du Code civil, qui autorise tout copropriétaire à provoquer cette opération par voie judiciaire : d'autres législations, comme le Code civil italien, formulent des règles identiques. En Tunisie, ces divers textes sont inapplicables, car la question touche à l'organisation de la propriété foncière : c'est à la loi territoriale qu'il faut se référer. D'après la législation musulmane qui régit les immeubles non immatriculés, le partage ne saurait être forcé et il ne reste au copropriétaire, qui ne veut point demeurer dans l'indivision, d'autre ressource que de vendre sa portion indivise. En cas d'immatriculation, la loi foncière ne porte pas de règles spéciales sur ce point : on doit donc, en vertu de son article 2, appliquer les dispositions de l'article 815 du Code civil, quelle que soit la nationalité des copropriétaires (1).

Ceux-ci, si leur immeuble n'est point immatriculé, auront alors, en faisant procéder à son immatriculation, la faculté de provoquer le partage. En effet, depuis le D. Beyl. du 15 mars 1892 (2), un copropriétaire peut, malgré l'opposition des autres communistes, demander que l'immeuble indivis passe

---

(1) Sousse, 20 novembre 1889 (R. A., 90-2-43) ; Tunis, 2e ch., 29 mai 1896 (R. A., 96-2-325).

(2) J. T., 92-177.

sous le régime de la loi foncière par la procédure d'immatriculation : cette formalité remplie, il pourra réclamer l'application de l'article 815 du Code civil.

Si le partage est effectué par voie judiciaire, la procédure sera déterminée par la loi française, *lex fori*, en vertu de l'article 7 de la loi du 27 mars 1883. La nécessité de recourir au partage judiciaire nous paraît devoir être fixée par la législation nationale de l'incapable qu'on entend protéger de la sorte.

Le défunt peut laisser un passif considérable à solder ; par quelle loi ferons-nous régir le paiement des dettes de la succession ? Ici comme dans toute la matière, nous aurons recours à la loi nationale du *de cujus*.

Cette solution a non seulement le mérite d'être l'expression du droit commun, mais encore elle entraine l'application de la législation qui déterminait la capacité du défunt et que les créanciers ont eue en vue en contractant avec lui. L'obligation des héritiers sera réglée par la loi du *de cujus* : c'est ainsi que indépendamment de toute acceptation bénéficiaire, les héritiers d'un musulman tunisien ne seront tenus des dettes héréditaires qu'*intra vires hereditatis* (1). La loi musulmane fournit, à ce sujet, quelques solutions intéressantes : les dettes se divisent de plein droit entre tous les héritiers de telle sorte que l'action du créancier se fractionne *ipso jure*, et que le taux du dernier ressort se détermine sur la part de chaque héritier et non sur la totalité de la dette (2). Dans cette législation, le créancier peut poursuivre l'héritier qui a renoncé, car la répudiation de l'hérédité n'a d'autre signification que celle du refus de s'occuper de sa liquidation : du reste, l'héritier ainsi poursuivi peut, au cas de condamnation, exiger que celle-ci ne

---

(1) Tunis, 1re ch., 2 novembre 1887 (J. T., 95-564) ; Alger, 2e ch., 5 mai 1892 (J. T., 93-234) ; Tunis, 2e ch., 11 avril 1894 (R. A., 94-2-387) ; Tunis, 1re ch., 23 mars 1896 (J. T., 96-210) ; Tunis, 1re ch., 27 avril 1896 (R. A., 96-2-332) ; Tunis, 1re ch., 28 décembre 1896 (J. T., 97-154).

(2) Alger, 3e ch., 21 décembre 1892 (R. A., 93-2-18) ; Alger, 1re ch., 28 décembre 1892 (R. A., 93-2-22) ; Tunis, 1re ch., 27 avril 1896 (R. A., 96-2-332).

s'exécute pas sur sa fortune personnelle (1). Les dettes ne pourront, en outre, donner lieu à des mesures coercitives sur les biens *habous* que le défunt aura transmis à ses héritiers : en théorie, ceux-ci ne recueillent pas ces biens avec le patrimoine successoral, mais ils les tiennent du constituant originaire du *habous* (2).

La séparation des patrimoines se rattache intimement au règlement des dettes héréditaires puisqu'elle n'a d'autre but que de procurer une garantie aux créanciers du défunt. Cette matière a donné lieu à un très intéressant jugement du tribunal de Sousse, en date du 13 mars 1890 (3), dans lequel les solutions qui doivent, à ce sujet, régir le conflit des lois nous paraissent avoir été l'objet d'une savante analyse. Puisqu'il s'agit de protéger les créanciers du défunt, ce sera la loi nationale de ce dernier qui nous apprendra si la séparation des patrimoines est admissible, et dans quelle mesure les créanciers peuvent l'exercer; dans l'espèce de Sousse, le défunt était italien, et la séparation des patrimoines a été admise conformément à son statut personnel. La loi de 1883 intervient pour imposer l'observation du Code de procédure civile dans toutes les questions de pure forme. Enfin, ce sera la loi territoriale qui prescrira dans quelle mesure la séparation des patrimoines pourra affecter la propriété foncière. La loi italienne, dans les articles 2059, 2060 et 2065 de son Code civil, fait de la séparation des patrimoines un vrai droit hypothécaire; la loi tunisienne ignore absolument tout privilège de cette nature. Le tribunal de Sousse a, dans l'espèce, décidé que les titres de propriété du défunt devaient, pour rendre utile la séparation des patrimoines, être remis entre les mains d'un séquestre pour que la valeur des immeubles fût attribuée par lui aux créanciers du défunt de préférence à ceux de l'héri-

(1) Tunis, 1re ch., 11 avril 1894 (R. A. 94-2-387).
(2) Alger, 2e ch., 5 mai 1892 (R. A., 93-2-34); Tunis, 2e ch., 30 mai 1894 (J. T., 94-357).
(3) Sousse, 13 mars 1890 (R. A., 90-2-458). Cf. la note sous ce jugement.

tier. S'il s'agissait d'un immeuble immatriculé, il faudrait se
reporter à la loi foncière, dans laquelle on ne relève aucune
disposition concernant la séparation des patrimoines ; cette
mesure paraît difficile à concilier avec le système de la loi de
1885, dont l'article 13 énumère limitativement les droits réels
immobiliers.

§ II. Des successions testamentaires.

On retrouve dans la matière des successions testamentaires
un certain nombre de questions, telles que le partage, le paiement des dettes ou la séparation des patrimoines, qui lui sont
communes avec celle des successions *ab intestat*. Elles doivent
recevoir les mêmes solutions ; il est donc inutile d'y revenir et
nous nous contenterons d'examiner les conflits de lois relatifs
à la forme ou au fond des testaments.

La forme des testaments ne nous paraît pas devoir déroger
au droit commun ; nous lui appliquerons donc la règle *Locus
regit actum*. Un testament sera donc valablement rédigé s'il est
établi dans les formes prescrites par la loi du lieu où il a été
fait. En particulier, en Tunisie, les testaments des Européens
pourront régulièrement être reçus par leurs consuls. Le tribunal de Tunis a fait application de cette règle au testament rédigé
en Tunisie par un Anglo-Maltais, non d'après les formes de
son statut personnel, mais d'après celles de la loi anglaise : ce
testament a été reconnu régulier en la forme (1).

Spécialement, en ce qui concerne nos nationaux, le contrôleur
civil, faisant fonctions de vice-consul de France, recevra valablement leurs testaments et leur conférera l'authenticité. Les
contrôleurs doivent-ils observer les formes imposées par le
Code civil et par la loi du 25 ventôse an XI sur le notariat, ou
peuvent-ils se contenter des prescriptions beaucoup plus sim-

(1) Tunis. 2e ch., 3 juin 1892 (J. T., 96-336).

ples de l'ordonnance de 1681 ? La question est d'ordre général, et nous n'avons pas à la discuter ; constatons seulement qu'aux termes de la jurisprudence de la Cour de cassation (1), dans les pays de capitulations, en vertu de la fiction d'exterritorialité, les consuls sont réputés se trouver en France et doivent, dès lors, observer les lois sur le notariat. La doctrine se prononce, en général, contre cette interprétation qui donne, nous semble-t-il, une extension abusive à la fiction d'exterritorialité (2).

En ce qui concerne le fond des testaments, nous nous trouvons en présence d'un usage formel suivi depuis longtemps dans la Régence ; il consacre l'application de la loi nationale du défunt et trouve, à l'égard des Italiens, sa confirmation dans les prescriptions du protocole de 1884. Il nous semble, toutefois, qu'il ne faudrait pas donner en pareille matière une solution trop absolue. Sans doute, nous appliquerons le statut personnel d'une façon impérative dans toutes les questions qui touchent à la capacité du *de cujus*. C'est donc dans sa loi nationale que nous rechercherons s'il possède le droit de tester et, en particulier, quelles sont les limites que son statut personnel apporte à ce droit sous forme d'établissement d'une quotité indisponible.

Sous cette réserve, nous considérerons le testament comme un acte juridique essentiellement volontaire et, pour l'interpréter, nous rechercherons quelle a été la loi à laquelle le testateur s'est vraisemblablement référé (3). En fait, il faudra normalement recourir à sa loi nationale, car c'était probablement celle-ci que le défunt connaissait le mieux. Nous ne nous attacherions à une autre législation qu'en présence de graves

(1) Cass. civ., 4 février 1863 (S., 63-1-201) ; Vincent : *Dict. de dr. int. privé*, V° testament, n° 79, p. 874.

(2) Féraud-Giraud : *De la jurid. franç. dans les Echelles*, t. II, p. 121. — Despagnet : *Tr. de dr. int. privé*, 2e édit., p. 362. — M. Colin : *De la forme que doivent revêtir les testaments étrangers rédigés par des Français* (Clunet, 97-96).

(3) Cf. Chausse : *Du rôle international du domicile* (Clunet, 97-26).

présomptions et, dans la Régence, nous n'accorderions aucune attention à un domicile prolongé pour faire appel à la loi locale : le Coran est trop contraire à nos mœurs pour supposer qu'un Européen s'y soit référé.

Nous aurons à étudier, avec la théorie des donations, diverses hypothèses qui leur sont communes avec les successions testamentaires : telle, la question de la quotité disponible ou celle de la capacité de disposer ou de recevoir à titre gratuit. Contentons-nous d'examiner ici les conflits de lois qui sont spéciaux à la matière des testaments.

On appliquera donc la loi nationale du testateur comme règle normale d'interprétation de sa volonté : c'est ainsi que les pouvoirs des exécuteurs testamentaires seront fixés par cette loi dans la mesure où ils ne seraient pas en contradiction avec la loi territoriale qui régit les biens sur lesquels ces pouvoirs auront à s'exercer.

Le statut personnel du défunt déterminera encore les effets des dispositions testamentaires, tant au regard de la personne du légataire qu'en ce qui concerne les biens laissés par le *de cujus*. C'est cette législation qui nous dira si le légataire représente la personne du défunt ou s'il n'est qu'un simple successeur aux biens, tenu seulement dans la limite des forces héréditaires. C'est ainsi que l'usufruit constitué par un testateur français sera régi par les dispositions de notre Code civil, alors même que l'usufruitier serait de nationalité étrangère (1).

Les formes de la révocation expresse d'un testament sont soumises à la règle *Locus regit actum* ; il en est autrement de la révocation tacite. Cette dernière est une interprétation de la volonté du testateur, dont, à défaut d'autre présomption, nous appliquerons dès lors la loi nationale (2). Un motif identique nous fera adopter la même solution pour la caducité des legs, la substitution vulgaire ou le droit d'accroissement.

(1) Tunis. 8 juin 1884 (J. T., 91-36).
(2) Tunis. 1re ch., 8 juin 1896 (J. T., 96-373).

§ III. Des donations.

Ainsi que nous avons eu l'occasion de le remarquer, les donations sont des contrats auxquels les règles de la réserve héréditaire et des prescriptions spéciales sur la capacité de disposer donnent un caractère d'ordre particulier et rendent souvent difficile l'application de la théorie générale sur les conventions.

Cependant, à notre avis, il n'y a pas lieu d'abandonner la règle en vertu de laquelle les contractants ont le droit de choisir la loi qui régira le contrat, mais il faut en restreindre l'effet à l'hypothèse où ce choix est formellement énoncé. A défaut d'une stipulation expresse, nous nous reporterions à la loi nationale du donateur autant à cause de l'analogie qui existe entre la donation et le testament que parce qu'en réalité, ce sera le donateur qui aura, le plus souvent, fait la loi du contrat et imposé le respect de sa volonté : ce sera donc logiquement dans son statut personnel que l'on retrouvera le plus sûrement l'idée de la convention et, par suite, sa règle d'interprétation.

Les formes de la donation seront régies par la loi locale : c'est elle qui décidera si le caractère d'authenticité doit être conféré à l'acte. C'est ainsi qu'une donation conclue en Italie ne sera valable en Tunisie que si elle a été reçue en forme authentique, conformément à l'article 1056 du Code civil italien (1), tandis que la loi locale admet parfaitement l'emploi du sous seing privé (2).

Dans beaucoup de législations, les donations doivent être irrévocables. Il y a là une véritable mesure de protection pour la famille du donateur et pour ses héritiers naturels : on espère, en exigeant de lui un dépouillement immédiat, empê-

---

(1) Tunis, 1re ch., 31 décembre 1894 (J. T., 95-256).
(2) Tunis, 1re ch., 25 mars 1890 (R. A., 90-2-477).

cher de sa part des libéralités exagérées. Cette prescription de
la loi établit donc une véritable incapacité à l'encontre du
donateur, incapacité de faire des donations révocables : c'est
là, nous semble-t-il, une condition de son statut personnel à
laquelle nous ferons application de la loi nationale. Quelques
exceptions sont admises à la règle de l'irrévocabilité des donations ; chacune doit être examinée en particulier. Par exemple, l'inexécution des charges entraîne la résolution du contrat :
en l'analysant, on s'aperçoit qu'elle est basée sur la volonté
tacite des contractants. Ce sera donc la loi qui régit le contrat,
loi que leur libre arbitre a déterminée, qui indiquera si cette
cause de révocation est admissible en l'espèce. L'ingratitude
du donataire envers le donateur peut aussi amener la résolution de la donation : pour nous, cette mesure sera recevable
quand le statut personnel du donateur l'aura consacrée : la loi
ne fait, dans ce cas, qu'interpréter la volonté tacite du donateur,
qui n'aurait pas effectué la donation, s'il avait pu supposer l'ingratitude du bénéficiaire. La révocation des donations pour cause
de survenance d'enfants paraît basée sur un motif de protection de la famille légitime : c'est la loi nationale du donateur
qui doit s'appliquer, car c'est le statut personnel qui préside
à l'organisation de la famille (1). Ce sera cette même loi qui
déterminera si le donateur peut, en contractant, renoncer au
droit de faire valoir cette dernière cause de révocation (2).

Les donations entre époux sont, en général, soumises à des
règles spéciales; l'article 1054 du Code civil italien annule les
donations de cette nature, tandis que l'article 1096 du nôtre se
contente de les déclarer essentiellement révocables. On se
trouve donc en présence d'une véritable incapacité qui frappe
les époux et qui doit être gouvernée par la loi nationale du
donateur.

C'est également à cette dernière législation que nous sou-

(1) Trib. de l'Empire allemand, 6e ch., 14 décembre 1891 (Clunet, 93-601).
(2) Tunis, 1re ch., 25 mars 1890 (R. A., 90-2-477).

mettrons la matière de la réserve héréditaire. Il doit en être ainsi, car l'incapacité dont se trouve atteint le testateur tombe sous le coup du statut personnel : en outre, les biens, rendus de la sorte indisponibles pour le *de cujus*, sont dévolus selon les règles de la succession *ab intestat*, règles déterminées par la loi nationale du défunt. C'est donc cette législation qui nous indiquera quels héritiers sont réservataires, et qui fixera la quotité de leur réserve. Cependant nous combinerions cette règle avec le statut des biens, et, dans la Régence, à l'égard des immeubles non immatriculés, nous n'admettrions l'exercice de l'action en réduction à l'encontre des tiers que si une mention quelconque du titre de propriété a pu les empêcher de les acquérir de bonne foi.

La capacité de disposer sera réglée par la loi du donateur ou du testateur, comme celle de recevoir sera déterminée par le statut personnel du légataire ou du donataire : c'est l'application pure et simple des principes généraux. Cependant il peut surgir quelque doute en présence des incapacités relatives de disposer et de recevoir : à quelle loi s'attachera-t-on ? Sera-ce à celle du testateur ou du donateur ? Sera-ce, au contraire, à celle du bénéficiaire de la libéralité ? L'incapacité du mineur de disposer en faveur de son tuteur ou celle du malade de gratifier d'un legs universel le médecin qui le soigne ou le ministre du culte qui l'assiste sont la suite d'une mesure de protection, prise par la loi en faveur du disposant : ce sera donc la loi nationale de ce dernier qui réglera le conflit des lois. Plus délicate est la restriction des droits successoraux des enfants naturels : on pourrait y voir une incapacité de ces derniers et la faire régir par leur propre loi ; nous préférons admettre qu'on se trouve en présence d'une mesure de protection pour la famille légitime du défunt et faire régler la question par le statut personnel de ce dernier.

Certaines incapacités peuvent aussi frapper l'époux d'une deuxième union, s'il y a des enfants du précédent mariage. Il y a là une prescription protectrice des droits de ces derniers :

elle doit être régie par la loi du testateur, loi de la famille.
Dans ce cas, par exemple, la veuve d'un Maltais ne pourra
jamais recueillir plus du quart du patrimoine de son mari (1).

Dans la matière plus spéciale de la donation, il nous semble
que les effets de celle-ci à l'égard des tiers ne peuvent être
régis que par la loi tunisienne. La transcription de la donation
ne sera donc pas exigible s'il s'agit d'un immeuble non immatriculé, car la loi réelle n'impose aucune obligation de cette
nature (2) ; mais on pourra admettre que le donataire a engagé sa responsabilité si, par sa négligence, il a induit les tiers
en erreur, en laissant croire que le donateur était toujours
propriétaire de l'immeuble (3). On devra appliquer la loi musulmane tunisienne à l'égard des propriétés non immatriculées
et exiger, pour la validité de la donation, la prise de possession
effective du donataire et le dessaisissement absolu du donateur : la détention du titre de propriété ne suffirait pas pour
consolider le droit du donataire alors même qu'une mention
de prise de possession aurait été inscrite sur ce titre (4).

Quant aux immeubles soumis au régime de la loi foncière,
il faudra, pour qu'une donation qui les concerne soit opposable
aux tiers, qu'elle soit inscrite sur le titre de propriété.

(1) Alger, 2e ch., 26 novembre 1891 (J. T., 96-329).
(2) Cf. *infrà*, appendice § 1er.
(3) Alger, 1re ch., 26 février 1895 (R. A., 95-2-515).
(4) Tunis, 2e ch., 14 mai 1892 (J. T., 96-280) ; Tunis, 1re ch., 17 juillet 1893 (R. A., 93-2-454).

CHAPITRE V

Nous avons déjà eu l'occasion, au cours de cette étude, de rappeler fréquemment que la loi qui régit un immeuble doit être la loi territoriale seule. Dans la Régence, où le régime organisé par la loi foncière est venu se juxtaposer à celui du vieux droit tunisien, chaque immeuble aura sa législation particulière : la loi foncière pour ceux qui ont été soumis à la procédure d'immatriculation ; la loi musulmane pour les autres. Nous allons, dans un rapide exposé, examiner les conflits qui pourraient s'élever à l'occasion du régime immobilier de la Tunisie.

SECTION PREMIÈRE. — *De la propriété, des droits réels et de la possession.*

§ 1er. De la propriété (1).

Nous venons de donner la solution du problème en imposant, en pareil cas, le respect absolu de la législation territoriale ; l'organisation de la propriété est, en effet, de trop haute

---

(1) Cf. Chausse : *Examen doctrinal* (Rev. crit., 1893, p. 489). — L. Coulon : *Note sur la jurisprudence en matière de propriété immobilière tunisienne* (J. T., 96-181).

importance pour que le législateur du pays ne s'en réserve
pas la connaissance. La sécurité de la nation en dépend parfois; sa richesse et sa puissance économiques en sont la
conséquence directe : aussi ne conçoit-on pas logiquement
l'application d'une loi étrangère. Nous déciderons donc que la
nationalité du propriétaire est absolument indifférente pour
la détermination de la loi qui régit l'immeuble (1).

Nous aurons à relever une doctrine contraire dans l'étude
du régime des servitudes foncières. On a soutenu qu'en vertu
des capitulations les tribunaux français, héritiers des justices
consulaires, devaient appliquer la loi nationale des plaideurs.
Nous aurons à revenir sur ce système, qui a triomphé pendant
quelque temps devant le tribunal de Tunis, mais que,
depuis lors, la Cour de cassation a formellement condamné (2).
Disons immédiatement que cette théorie donne à la compétence des consuls une portée que rien ne lui accorde dans
l'esprit des capitulations. Au contraire, les divers actes qui,
depuis 1863, ont autorisé les Européens à devenir propriétaires
d'immeubles dans la Régence, ont formellement stipulé qu'ils
devaient se soumettre à la loi territoriale. Le protocole franco-
italien de 1884, qui impose, dans de nombreuses hypothèses,
l'application de la loi nationale, garde le silence lorsqu'il
s'agit des immeubles : c'est donc qu'il se reporte au droit
commun, qui exige l'application de la loi tunisienne.

C'est la législation locale qui régit tous les immeubles de la
Régence, qui détermine les droits du propriétaire et les limites
à y apporter. C'est elle qui réglementera l'expropriation pour
cause d'utilité publique, les servitudes légales ou celles de
droit administratif qui peuvent venir grever l'immeuble ; c'est
elle enfin qui gouvernera la matière des impôts et, en particulier, nous le verrons, le délai de prescription de ces mêmes
impôts.

(1) Tunis. 2e ch., 2 février 1887 (J. T., 94-183); Sousse. 10 octobre 1889
(R. A., 90-2-41).

(2) Cf. infrà, p. 337.

Doit-on cependant appliquer intégralement ce principe au transfert de la propriété et le faire toujours régir par la loi territoriale? Nous croyons, à cet égard, qu'une distinction s'impose et qu'il faut considérer le transfert dans ses effets entre les parties et dans ceux qu'il produit à l'égard des tiers.

Entre les parties, nous croyons qu'il y a lieu d'appliquer les règles générales sur les contrats et sur la loi qui doit en déterminer les effets. Nous nous reporterons donc à la législation que les contractants ont expressément ou tacitement adoptée (1). Il va de soi cependant que les modes d'acquisition qui ne supposent pas une convention préalable, tels que l'accession ou la prescription acquisitive, ne pourront être régis que par la loi du lieu, la loi tunisienne dans l'espèce.

Au contraire, quand il s'agit de régler l'effet du transfert de la propriété à l'égard des tiers, le crédit national et la sécurité des transactions se trouvent en cause. On relève donc un motif d'ordre public qui légitime et impose l'application de la loi territoriale.

Par suite, s'il s'agit d'un immeuble non immatriculé, la propriété s'établira à l'encontre des tiers par la détention légitime et régulière du titre de propriété créé à l'origine de l'immeuble et portant mention des diverses transmissions dont il a été l'objet. En règle générale, un droit réel ne saurait valablement exister sur l'immeuble à l'encontre des tiers, s'il n'a été inscrit sur le titre (2).

Cependant le principe comporte quelques légères restrictions. Nous savons, par exemple, que la transcription d'une donation sur le titre de propriété n'est point exigée de la loi tunisienne ; on a estimé que la nécessité de la mise en posses-

(1) En droit musulman tunisien, la vente est parfaite entre les contractants du seul consentement des parties (Tunis, 2e ch., 1er mai 1890, J. T., 90-227).

(2) Cf. résumé de la jurisprudence, J. T., 95-55, note 2. — *Adde :* Tunis, 2e ch., 23 janvier 1895 (J. T., 95-451) ; Tunis, 1re ch., 22 avril 1895 (J. T., 95-369) ; Tunis, 1re ch., 29 juin 1896 (J. T., 96-553).

sion du donataire suffirait à avertir les tiers du fait de la mutation (1).

Une décision assez récente du tribunal mixte (2) a fait une brèche au système de la nécessité d'une mention sur le titre en décidant que, même si la mutation n'avait pas été transcrite sur le titre, elle doit cependant s'imposer aux tiers si elle a été suivie d'une possession publique, suffisante pour que l'acquéreur n'ait pu l'ignorer. On peut regretter cette décision, car un pareil système laisse la place ouverte à de nombreuses fraudes et à un grand arbitraire d'appréciation.

Si la propriété est immatriculée, l'article 15 de la loi foncière doit s'appliquer. Il décide qu'un droit réel immobilier n'existe à l'égard des tiers que par le fait de son inscription et du jour où celle-ci a été réalisée à la Conservation de la propriété foncière.

Nous appliquerons également la loi territoriale à la distinction des biens en meubles et immeubles. Les conséquences qui en découlent sont, en effet, très importantes et intéressent l'ordre public au point de vue des droits réels dont ils sont susceptibles.

§ II. Des servitudes personnelles.

Les servitudes personnelles sont des droits réels, attachés à la personne du titulaire : il en résulte que, dans les conflits de lois qui s'y rapportent, on relève un certain caractère mixte qui fait rentrer la solution, tantôt dans le statut réel de l'immeuble, tantôt dans le statut personnel du titulaire de la servitude.

Ces servitudes personnelles, usufruit, usage et habitation, peuvent être constituées par contrat et, dans ce cas, il faut s'en

---

(1) Cf. *suprà*, p. 328.
(2) Trib. mixte, 28 mai 1895 (J. T., 95-548), et la note 2, p. 549.

tenir à la volonté expresse ou tacite des parties et régler les conflits d'après les dispositions de la loi choisie par elles.

Si le droit réel a été établi par testament, nous appliquerons le statut personnel du défunt comme règle d'interprétation de sa volonté dans le choix de la loi applicable aux effets de la servitude: c'est ainsi que notre Code civil régira l'usufruit constitué par un Français, même si l'usufruitier est de nationalité étrangère (1).

C'est donc par cette loi, volonté expresse ou tacite des parties ou du constituant, qu'on déterminera les obligations de l'usufruitier, tant au début de l'usufruit que pendant sa durée, et que l'on fixera l'étendue de ses droits.

Au contraire, il nous faudra appliquer la loi territoriale toutes les fois qu'elle disposera de façon impérative dans l'intérêt du pays. C'est ainsi que l'article 128 de la loi foncière, qui fixe une durée de trente ans à l'usufruit accordé aux personnes morales, s'appliquera à tous ceux qui seront constitués sur un immeuble immatriculé, sans tenir compte de la loi acceptée par les parties ou du statut personnel du testateur. C'est qu'on se trouve en présence d'une prescription d'ordre économique, faite pour mettre un terme à des usufruits qui, par eux-mêmes, pourraient avoir une durée indéterminée.

L'usufruit peut être constitué par une disposition de la loi : l'article 91 de la loi foncière prévoit formellement cette hypothèse. Quelle est, dès lors, la loi compétente pour organiser l'usufruit et en réglementer la constitution, l'étendue et la durée ? En principe, les usufruits légaux trouvent leur origine dans les lois successorales : dans ce cas, il faudra appliquer le statut personnel du défunt. Par exemple, l'usufruit légal de l'article 754 du Code civil, qui existe en faveur du père et de la mère venant en concours avec des collatéraux autres que les frères, sœurs et descendants d'eux, s'ouvrira si le *de cujus* avait son statut personnel régi par la loi française.

(1) Tunis, 8 juin 1884 (J. T., 91-36).

Dans la pratique, l'hypothèse la plus fréquente d'usufruit
légal résulte du droit de jouissance que la plupart des législations accordent aux parents sur les biens des enfants mineurs.
Pour nous, qui ne saurions voir dans cet usufruit légal qu'une
conséquence de la puissance paternelle, nous le ferons régir
comme cette dernière par la loi nationale de l'enfant. C'est cette
loi qui en déterminera toutes les conditions de durée et de fonctionnement ; c'est en vertu de cette même loi que le père d'un
Anglo-Maltais se verra privé de son droit d'usufruit, si les tribunaux ont prononcé contre lui une déchéance totale où partielle de la puissance paternelle (1).

§ III. Servitudes réelles (2).

Les servitudes réelles sont des charges imposées à un fonds
dans l'intérêt d'un deuxième immeuble appartenant à un autre
propriétaire. Elles proviennent, soit de la situation naturelle
des lieux, soit de la volonté de la loi, soit du fait de l'homme.

Les servitudes qui dérivent de la situation naturelle des
lieux, ne sont point, ainsi qu'on l'a souvent fait remarquer,
de véritables servitudes, mais font partie des règles d'organisation de la propriété foncière d'un pays. On ne voit guère
que la loi du lieu, la loi tunisienne, qui puisse recevoir application. C'est encore cette même loi, mais pour un motif de
police territoriale, qui domine la matière des servitudes de
droit administratif, telles que le marchepied, l'alignement ou
les servitudes de travaux publics.

A côté de ces servitudes légales il existe d'autres rapports
juridiques d'obligation entre propriétaires voisins : telles les
servitudes de mitoyenneté, de passage en cas d'enclave. Dans

(1) Tunis, 1re ch., 20 mars 1895 (J. T., 95-365).
(2) Cf. Berge : *Examen de la jurisprudence sur les servitudes relatives
aux immeubles tunisiens*, § 2, loi applicable (J. T., 94-285).

toutes ces hypothèses, il faut faire la part des règles qui touchent à l'ordre public et appliquer dans ce cas, nécessairement, la loi territoriale : c'est ainsi que la servitude de passage
au profit du fonds enclavé est basée sur un motif d'intérêt économique : ses conditions d'existence et d'exercice sont réglées
par la législation locale, et il ne saurait y être dérogé.

Au contraire, la loi crée un certain nombre de servitudes
qui ont pour but de faciliter les bons rapports de voisinage,
mais dont le respect n'intéresse en rien l'ordre public. La convention des parties peut très bien intervenir pour en modifier
l'étendue : qui peut trouver mauvais, par exemple, qu'un propriétaire autorise son voisin à planter des arbres à une distance
inférieure à celle que la loi fixe, à partir de la ligne séparative
des héritages? Si l'on rencontre une convention de cette nature,
il n'y aura qu'à en respecter les clauses.

Que décider, au contraire, en l'absence de toute stipulation
expresse? Par quelle loi fera-t-on régir l'existence de servitudes légales entre deux immeubles? Pour nous, il ne saurait y
avoir de doute, et ce n'est que par le statut réel du fonds que
l'on pourra résoudre la question. Nous ferons donc appel à la
loi territoriale, loi qui doit naturellement régler la condition des
biens. S'il en était autrement, il faudrait s'adresser à la loi du
propriétaire, à son statut personnel. Logiquement, un pareil système serait peu soutenable, car les servitudes réelles sont des
rapports d'immeuble à immeuble dans lesquels la personne du
propriétaire est indifférente. Qui ne voit, en outre, les conséquences pratiques de cette théorie : la nationalité du propriétaire peut changer, et le cas se présentera facilement avec la
population cosmopolite de la Tunisie ; faudra-t-il également
que l'étendue de la servitude et son mode d'exercice changent
entièrement? Et que décider, si les deux immeubles ont des
propriétaires de nationalités différentes; à quelle loi donnera-
t-on la préférence ?

Le système qui comporte l'application de la loi territoriale
est aujourd'hui admis dans la Régence, mais ce n'a pas été sans

quelques difficultés. Au temps des juridictions consulaires, les
juges-consuls étaient naturellement portés à étendre dans
les plus larges limites l'application de leur loi nationale ; c'est
ainsi que le tribunal consulaire italien de Tunis avait décidé
que les contestations relatives à des immeubles situés en
Tunisie et appartenant à des Italiens devaient être jugées selon
la loi italienne ; la Cour d'appel de Gênes, par un arrêt du
27 avril 1883, condamna cette théorie (1).

Ce fut cependant celle qu'admit tout d'abord le tribunal de
Tunis. Le 14 janvier 1884 (2), cette juridiction rend un jugement qui soumet à la loi française, en leur appliquant les articles 675 et 676 du Code civil, deux immeubles appartenant à des
Français et situés dans le quartier européen de la ville. Quelque
peu après, le même tribunal décide qu'il suffit que les contestants soient ses justiciables pour appliquer la loi française (3).
Enfin, poussant son système jusqu'aux conséquences extrêmes,
après avoir, le 2 février 1887 (4), refusé de soumettre à la loi
française les immeubles situés dans les quartiers européens
des villes de Tunisie, il y arrive le 27 février 1888, et décide
que, par le fait même de son emplacement, un immeuble
construit dans le quartier européen d'une ville est soumis au
Code civil sans tenir compte de la nationalité des parties (5).

De pareils errements étaient la négation même des principes
les plus élémentaires du droit international privé. Le tribunal
de Sousse s'était refusé à suivre celui de Tunis dans la voie où
ce dernier s'était engagé (6). La Cour d'Alger, en cause d'appel,
réforma ses décisions. Rappelant, d'une part, les principes
généraux de la matière ; de l'autre, les clauses formelles qui
avaient soumis les Européens à la loi locale dans les traités

(1) Cf. R. A., 91-2-425, note 1.
(2) Tunis, 14 janvier 1884 (J. T., 90-100).
(3) Tunis, 1re ch., 17 juillet 1887 (J. T., 94-184).
(4) Tunis, 1re ch., 2 février 1887 (J. T., 94-183).
(5) Tunis, 1re ch., 27 février 1888 (R. A., 90-2-44).
(6) Sousse, 11 octobre 1889 (R. A., 90-2-42).

qui les autorisaient à acquérir des immeubles dans la Régence, la Cour proclamait que la loi tunisienne était seule applicable, quelle que fût la nationalité des contestants, et alors même que l'immeuble serait bâti dans le quartier européen de la ville (1).

Sur un savant rapport de M. le conseiller Babinet, la Cour de cassation a rejeté, le 20 avril 1891, le pourvoi formé contre l'arrêt d'Alger (2). Cette décision de la Cour suprême a fixé la jurisprudence, et désormais le tribunal de Tunis juge que la loi territoriale est seule applicable (3).

Nous avons déjà indiqué que telle était notre solution ; toutefois elle comporte une remarque très importante. Depuis la création du régime de la loi de 1885, les immeubles sis en Tunisie sont gouvernés par une loi réelle différente selon qu'ils ont été ou non soumis à l'immatriculation. Il peut, dès lors, se produire des conflits entre la loi foncière et l'ancien droit tunisien.

Si les deux immeubles sont soumis au régime de la même loi, la solution est fort simple : c'est cette loi, qu'il faudra appliquer. Que décider, au contraire, si l'immatriculation a placé l'un des immeubles sous le système de la loi foncière tandis que l'autre est resté soumis au droit musulman tunisien ? On avait jugé (4) qu'il y avait lieu de s'en tenir à la loi du fonds servant en s'appuyant sur l'article 19 de la loi foncière, qui décide ainsi : « Tous les droits réels, existant sur l'immeuble au moment de l'immatriculation, sont inscrits sur le titre de propriété, qui forme leur point de départ unique à

---

(1) Alger, 1re ch., 8 janvier 1890 (R. A., 90-2-45).

(2) Cass. req., 20 avril 1891, et rapport de M. Babinet (J. T., 91-265).

(3) Tunis, 2e ch., 21 novembre 1889 (J. T., 94-185) ; Tunis, 2e ch., 29 mars 1890 (R. A., 91-2-421) ; Tunis, 1re ch., 14 mars 1892 (J. T., 94-214) ; Tunis, 1re ch., 6 mars 1893 (R. A., 93-2-247) ; Tunis, 2e ch., 28 février 1894 (J. T., 94-194) ; Tunis, 1re ch., 24 décembre 1894 (J. T., 95-90) ; Tunis, 1re ch., 25 février et 29 mars 1895 (J. T., 95-179 et 565).

(4) Tunis, 2e ch., 28 février 1894 (J. T., 94-194 ; Tunis, 1re ch., 29 mars 1895 (J. T., 95-565).

l'exclusion de tous droits antérieurs. » On faisait, dès lors, remarquer que l'expression : « tous droits réels existant sur l'immeuble » ne pouvait comprendre que les servitudes passives et ne visait pas les servitudes actives (1). L'hypothèse, disait-on, n'est donc pas régie par la loi du fonds dominant et ne peut l'être que par celle du fonds servant.

Nous préférerions avoir recours, dans tous les cas, à la loi foncière. Non seulement cette solution est conforme à l'idée du protectorat et à la tendance législative qui est de faire de la loi de 1885 la règle des immeubles dans la Régence, mais encore elle s'appuie sur un argument de texte. L'article 20 de la loi foncière est ainsi conçu : « En cas de contestation sur les limites ou les *servitudes* d'immeubles contigus, lorsque l'un d'eux sera immatriculé et que l'autre ne le sera pas, la juridiction française sera seule compétente, *et il sera fait application de la présente loi.* » On se trouve en présence d'une règle impérative, dont le tribunal de Tunis vient de faire récemment une juste application (2).

§ IV. Possession.

Dans les cas où la possession n'est que la manifestation du droit de propriété, elle se confond avec cette dernière et doit être régie par la loi de situation de l'immeuble. Il se peut aussi que la possession soit un simple état de fait, distinct de la propriété et qui est exercé par un autre que le propriétaire. Même dans cette hypothèse, la loi lui accorde une situation privilégiée, qu'elle protège et d'où peuvent naître certains droits.

Les actions possessoires, mesures protectrices de la posses-

---

(1) Une décision récente exige toutefois que la servitude active soit inscrite sur le titre du fonds dominant (J. de p. Tunis-nord, 16 juillet 1896, J. T., 96-441).

(2) Tunis, 1re ch., 1er mars 1897 (J. T., 97-198).

sion, sont inspirées au législateur par le désir d'éviter les
troubles et les dépossessions violentes. On y relève un caractère d'ordre public, dont la réglementation est du ressort
exclusif de la loi territoriale.

Les droits qui résultent de la possession, comme la prescription acquisitive ou l'obtention des fruits par le possesseur
de bonne foi, sont également consacrés par la loi pour des
motifs de police territoriale, tels que le respect de l'équité ou
la facilitation de la preuve de la propriété : ils sont également
régis par la *lex rei sitæ*.

Ces principes nous conduisent donc à nous adresser à la loi
tunisienne pour y trouver la solution des difficultés qui peuvent
s'élever au sujet de la possession d'un immeuble (1). A l'égard
des immeubles non immatriculés nous nous reporterons au
droit musulman et nous nous réfèrerons à la loi foncière, si
l'immeuble a été soumis à la procédure d'immatriculation.

On a prétendu que l'action possessoire était impossible en
Tunisie à l'encontre d'un fonds non immatriculé, car la
possession est inconnue de la loi islamique.

Dans un jugement du 14 janvier 1887 (2), le tribunal de
Tunis a rejeté cette opinion, contraire à l'ancienne pratique
des tribunaux consulaires (3). Il s'est basé sur un texte de
Si-Khalil (4), qui porte, en substance, qu'après une durée de
dix mois de détention, non précaire, continue et incontestée
de l'immeuble, le détenteur ne peut être expulsé que sur des
preuves formelles, fournies par son adversaire. Il y a vu un
droit, dès lors, distinct de la propriété, droit qui pouvait donner ouverture à une action possessoire.

La jurisprudence admet donc aujourd'hui sans difficulté

(1) Cf. Martineau, *op. cit.*, chap. Ier, sect. Ire, § 4 des actions possessoires.
(2) Tunis, 2e ch., 14 janvier 1887 (R. A., 87-2-402).
(3) Trib. cons. italien de Tunis, 23 novembre 1883 (J. T., 91-246). — La
pratique des tribunaux mixtes d'Egypte admet l'action possessoire, même
à l'égard des biens wakfs.
(4) Si-Khalil, art. 1663 et suiv. (Traduct. Seignette, p. 505).

l'existence de la possession (1). Le tribunal de l'Ouzara, de son côté, a récemment décidé qu'il était compétent pour connaître de toutes les contestations relatives à la possession des immeubles tunisiens non immatriculés (2) : au surplus, le D. Beyl. du 18 mars 1896, qui institue des tribunaux de province indigènes, consacre implicitement, dans son article 14, l'existence des actions possessoires en décidant que ces dernières doivent être portées devant le tribunal du lieu de l'immeuble litigieux (3). La doctrine vient à l'appui de la jurisprudence et admet parfaitement en droit musulman l'exercice de l'action possessoire (4).

S'il s'agit d'immeubles immatriculés, la situation est entièrement différente (5). En effet, l'immatriculation, d'après le régime de la loi foncière, fixe la consistance de l'immeuble en déterminant exactement tous les droits qui peuvent le frapper. Aucune charge occulte ne peut grever la propriété et un droit n'est valable à son encontre que s'il est porté sur le titre rédigé en suite de la décision du tribunal mixte par le Conservateur de la propriété foncière. Dans un pareil système, la prescription acquisitive ne saurait présenter les avantages de facilité de preuve qu'elle fournit à la propriété immobilière dans les autres législations : elle ne pourrait servir qu'à favoriser la mauvaise foi. Aussi doit-on s'étonner qu'elle ait été maintenue dans la loi foncière de 1885 : la pratique amena rapidement l'adoption d'une solution plus conforme au système de la loi. Le D. Beyl. du 15 mars 1892 (6) modifia les articles

---

(1) Tunis, 2e ch., 21 novembre 1889 (J. T., 94-185); Tunis, 1re ch., 15 juin 1891 (J. T., 91-295) ; Sousse, 28 février 1895 (J. T., 95-282) ; Tunis, 1re ch., 14 décembre 1896 (J. T., 97-36). Solution implicite : Cass. req., 18 octobre 1893 (J. T., 93-355); Cass. req., 7 août 1894 (J. T., 94-520).

(2) Ouzara, ch. civ., 13 avril 1896 (J. T., 96-328).

(3) D. Beyl. du 16 mars 1896, art. 13 et 14 (J. T., 96-172).

(4) Zeys : *Tr. élém. de dr. musulman algérien*, t. II, p. 65.

(5) Cf. Martineau : *Les actions possessoires et la nouvelle loi foncière de Tunisie* (J. T., 96-491).

(6) J. T., 92-177.

47 et 65 de la loi de 1885 et abrogea le titre XIII de cette
même loi de façon à en faire disparaître tout ce qui traitait de
la prescription.

Par voie de conséquence, la possession, en tant que séparée de la propriété, a perdu tout effet utile à l'égard des immeubles immatriculés. D'une part, elle ne peut conduire à la consolidation définitive de la situation de fait du possesseur et, de
l'autre, l'existence du titre de propriété donne toutes facilités
de preuve. La possession n'a donc par elle-même aucune existence juridique. Aussi a-t-on pu assimiler la condition d'un
fonds immatriculé à celle d'un immeuble faisant partie du
domaine public : l'un et l'autre sont imprescriptibles. L'action possessoire est donc irrecevable à l'encontre d'un bien
immatriculé (1).

Dans les relations juridiques que le voisinage impose à
deux immeubles, la possession peut amener l'un d'eux à bénéficier sur l'autre d'une servitude réelle par le moyen de la
prescription acquisitive. Dans le système immobilier de la
Tunisie, si les deux immeubles sont immatriculés il n'y a plus
de possession possible : s'ils ne le sont ni l'un, ni l'autre,
le droit commun de l'action possessoire s'appliquera sans
difficulté. La solution est plus délicate si, à côté d'un immeuble régi par la loi foncière, se trouve un fonds non immatriculé.

Si l'on prétend réclamer la servitude à l'encontre de l'immeuble immatriculé, la possession ne sera d'aucune utilité. Le
nouvel article 197 de la loi foncière stipule, en effet, que les
servitudes ne s'établissent que par titre, et nous savons, en
outre, que la possession n'a plus de valeur juridique dans le
système de la loi de 1885.

Il se peut, au contraire, que l'action possessoire concerne le
fonds non immatriculé, soit que son propriétaire veuille mettre fin à des faits de possession par lesquels le propriétaire de

---

(1) J. de p. Souk-el-Arba, 12 décembre 1892 (J. T., 93-231).

l'immeuble immatriculé cherche à prescrire contre son propre immeuble, soit encore que le propriétaire du fonds soumis
à la loi de 1885 réclame une servitude, qu'il prétend contre
l'immeuble non immatriculé et dont il aurait été dépossédé
par le propriétaire de celui-ci. Dans ces deux cas, comme la
servitude doit retomber sur le fonds non immatriculé soumis
à l'ancien droit tunisien, la possession est admissible et par
suite, on doit autoriser l'exercice de l'action possessoire. Toutefois, la loi de 1885 pourra produire quelque effet. De quelle date
fera-t-on partir la possession dont se prévaut le propriétaire
du fonds immatriculé ? Au plus tôt, ce sera du jour où son titre
a été immatriculé. La formalité de l'immatriculation a eu pour
effet de fixer la situation juridique de l'immeuble au jour où
la décision du tribunal mixte a été rendue : c'est cette décision
qui a déterminé les droits de l'immeuble aussi bien que ses
charges au moment de l'immatriculation. Si le propriétaire
prétend avoir un droit nouveau, tel que la possession juridique d'une servitude réelle, il ne peut faire partir efficacement
cette possession que du jour de l'immatriculation de l'immeuble (1).

Nous savons que l'action possessoire a également pour but
de réprimer les troubles injustes apportés au légitime exercice
de la propriété. Or, dans le système de la loi foncière, si la
possession n'a plus de valeur juridique, elle n'en reste pas
moins un fait qu'il faut pouvoir réprimer et limiter. Comment
agira donc le propriétaire du fonds immatriculé contre des
faits abusifs de cette nature ? Il ne peut employer l'action
possessoire, car celle-ci n'existe pas plus en faveur de son
immeuble qu'à son encontre ; il ne lui restera, dès lors, que
la ressource de porter le litige devant la justice sous forme
pétitoire.

Peut-on intenter une action possessoire à l'égard d'un
immeuble qui est en cours d'immatriculation ? La solution

(1) J. de p. Tunis-nord, 16 décembre 1896 (J. T., 97-43).

affirmative nous semble évidente, car la demande d'immatriculation n'a pas d'effet rétroactif ; toutefois, il nous paraît qu'il est plus pratique de procéder par voie d'opposition devant le tribunal mixte, car la décision de cette dernière juridiction pourra intervenir dans l'intervalle et rendre l'exercice de l'action possessoire absolument inutile. Au cas, cependant, où une action possessoire serait intentée, n'y a-t-il pas lieu à l'application de l'article 35 de la loi foncière, qui décide que le juge, saisi d'une action relative à un immeuble dont l'immatriculation est requise, devra se déclarer incompétent si le défendeur le demande *in limine litis?* Dans ce cas, aux termes de l'article 37, modifié par la loi de 1886, le tribunal mixte n'est-il pas compétent à l'égard de toutes les contestations qui peuvent s'élever à ce sujet ? Le juge de paix de Tunis-nord l'avait ainsi pensé en prononçant le renvoi des parties devant le tribunal mixte (1). Cette opinion est aujourd'hui condamnée ; en effet, il y a une corrélation étroite entre les articles 35 et 37 de la loi foncière, en ce sens que le tribunal mixte peut, en vertu de l'article 37, juger les contestations dont le tribunal de droit commun est dessaisi en vertu de l'article 35 et, en sens inverse, que le juge ordinaire ne doit être dessaisi, par application de l'article 35, qu'autant que le tribunal mixte peut prononcer en vertu de l'article 37. Or, les actions possessoires ne rentrent point dans le cadre de la compétence du tribunal mixte ; ce dernier n'a d'autre mission que de prononcer sur l'admission ou le rejet de l'immatriculation, et il ne juge les contestations qu'autant qu'elles peuvent avoir une influence quelconque sur la rédaction définitive du titre de propriété. Il n'examine donc que des questions essentiellement pétitoires, puisque sa décision ne peut avoir d'autre but que la proclamation d'un droit de propriété ; l'action possessoire n'est pas de son ressort et doit rester au juge de droit commun (2).

(1) J. de p. Tunis-nord, 16 septembre 1893 (J. T., 93-391).
(2) Tunis, 1re ch., 28 mai 1894 (R. A., 94-2-396) ; Sousse, 28 février 1895, conf. par adoption de motifs, J. de p. Sousse, 18 décembre 1894

On ne défendrait pas valablement à une action possessoire en
soutenant que l'on s'est opposé à l'immatriculation requise par
le demandeur et qu'on en a obtenu le rejet. La décision du
tribunal mixte, qui repousse l'immatriculation, remet les parties en l'état où elles se trouvaient au moment de la demande ;
elle ne produit, dès lors, aucun effet ni sur la propriété, ni sur
la possession de l'immeuble. L'action possessoire sera donc
recevable (1).

Dans le même ordre d'idées, il a été admis que la plantation
de bornes d'immatriculation ne porte point atteinte aux droits
de possession des occupants (2).

SECTION DEUXIÈME. — *Des sûretés réelles.*

Toutes les législations admettent que le patrimoine du débiteur répond de l'exécution de ses engagements et que les
créanciers peuvent le faire vendre pour se payer au marc
le franc. En général, cependant, elles organisent des procédés
spéciaux par lesquels certains créanciers obtiennent de se faire
payer de préférence, et c'est normalement par la constitution
de droits réels que ce résultat se produit.

Par suite, comme dans toutes les questions de droits réels,
c'est à la loi territoriale qu'il faudra recourir pour déterminer
l'admissibilité d'une sûreté de cette nature et son mode de
fonctionnement. Toutefois, dans certaines hypothèses, l'autonomie des parties pourra librement s'exercer.

Nantissement. — Le nantissement, dans ses deux variétés : le

(J. T., 95-282) ; J. de p. Tunis-Nord, 19 décembre 1895 (J. T., 96-112) ;
Tunis, 1re ch., 14 décembre 1896 (J. T., 97-36).
(1) Tunis, 1re ch., 14 mars 1892 (J. T., 94-487).
(2) Tunis, 1re ch., 18 décembre 1893 (J. T., 94-42) ; Trib. mixte, 1re ch.,
17 décembre 1896 (J. T., 97-46).

gage et l'antichrèse, présente un certain nombre de règles dont
la détermination est laissée à la volonté des parties. A défaut
d'indication formelle, c'est aux présomptions ordinaires que
l'on s'adressera pour fixer la loi du contrat et faire régir par
elle les clauses qui ne touchent en rien à l'ordre public ou au
crédit du pays.

C'est de la sorte que l'on décidera si le créancier peut user
du gage et que l'on fixera l'étendue de sa responsabilité. C'est
ainsi encore que l'on a appliqué la loi musulmane au contrat
de prêt sur gage né sous l'empire de cette loi : le gage a été
considéré comme un témoin de la valeur du prêt, et la vente
préalable de ce gage a dû avoir lieu sauf à n'en attribuer le
prix au créancier que dans la limite de la somme qu'il a réclamée sous serment (1).

Le nantissement peut présenter certaines particularités qui
intéressent l'ordre public. Il en sera de la sorte pour les conditions relatives à l'existence du nantissement à l'égard des tiers.
Dans ce cas, la loi tunisienne sera seule applicable. C'est ainsi
que l'antichrésiste devra être mis en possession effective de
l'immeuble engagé (2). De même, la règle du droit musulman,
qui considère la vente à réméré comme un contrat pignoratif
et qui annule les stipulations de ce genre, devra recevoir son
application dans la Régence, quelle qu'ait pu être la loi choisie
par les parties (3).

Privilèges. — Les privilèges sont des droits réels accessoires, attachés par la loi à certaines créances ; ils priment, en
général, les autres droits réels qui peuvent exister sur les biens
qu'ils frappent.

La caractéristique du privilège réside principalement dans son

---

(1) J. de p. Tunis-Nord, 28 mai 1896 (J. T., 96-299).
(2) Tunis, 1re ch., 9 mars 1896 (J. T., 96-237).
(3) Tunis, 1re ch., 24 décembre 1890 (R. A., 91-2-117) ; Tunis, 2e ch.,
31 octobre 1894 (J. T., 94-558). Cf. loi foncière de 1885, art. 222 (Bomp.,
p. 222).

origine : il provient d'une décision du législateur et ne saurait résulter de l'initiative des parties. L'autonomie de volonté de celles-ci n'a donc plus lieu de s'exercer, et l'on peut dire que l'on se trouve en présence d'une réglementation d'ordre public, soumise par sa nature à la loi locale. Le droit tunisien régira donc la question dans la Régence (1).

En vertu d'anciens usages qui possèdent force de loi, le Trésor tunisien a privilège sur les biens de ses débiteurs pour sûreté de ses créances de toute nature. Des textes spéciaux rappellent ce principe en matière de douanes et de monopoles (2), de timbre (3), d'enregistrement (4) et de droits de mutation par décès (5). Ce privilège est absolu dans ses effets : il atteint les Européens comme les indigènes (6) et frappe les immeubles immatriculés sans être astreint à la formalité de l'inscription (7). Il peut être exercé par les fermiers des *Mahsoulates*, qui sont subrogés aux droits du Trésor (8). Les commissions municipales pour l'éclairage et le balayage, établies dans certaines villes de la Régence qui ne sont pas érigées en communes, ne sont pas des personnes morales distinctes, et leur personnalité se confond avec celle de l'État : elles jouissent, dès lors, de son privilège pour le recouvrement des taxes locales (9). Le privilège du Trésor connaît cependant une limite ; il ne peut s'exercer sur les immeubles frappés d'un droit de gage immobilier que sous réserve des droits du créancier gagiste, si la créance de ce dernier a une date certaine antérieure à celle de l'État (10).

(1) Tunis, 1re ch., 29 juin 1891 (R. A., 91-2-543) ; Tunis, 1re ch., 19 novembre 1894 (R. A., 95-2-17).
(2) D. Beyl., 3 octobre 1884, art. 129 (Bomp., p. 115).
(3) D. Beyl., 20 juillet 1896, art. 14 (J. T., 96-391).
(4) D. Reyl., 20 juillet 1896, art. 5 (J. T., 96-401).
(5) D. Beyl., 8 février 1897, art. 6 (J. T., 97-86).
(6) Tunis, 1re ch., 19 novembre 1894 (R. A., 95-2-17).
(7) L. foncière, art. 228 et 229 (Bomp., p. 222).
(8) Tunis, 1re ch., 19 juin 1893 (J. T., 94-125).
(9) Tunis, 2e ch., 13 février 1890 (J. T., 90-318).
(10) Tunis, 1re ch., 19 juin 1893 (J. T., 94-125).

Les décrets spéciaux, qui portent création de taxes locales dans les communes, accordent en général aux municipalités un privilège sur le mobilier de leurs débiteurs pour le paiement de l'impôt (1). Exceptionnellement le D. Beyl. du 31 janvier 1887 (2) a concédé à certaines municipalités, pour le recouvrement des taxes se rapportant au premier établissement des chaussées et trottoirs, le même privilège qu'au Gouvernement pour le recouvrement de la *carroube* sur les loyers. Il s'exerce dûment sur les revenus des propriétés imposées comme sur le mobilier des débiteurs (3).

Le privilège des frais de justice est admis dans la pratique : il est confirmé à l'égard des immeubles immatriculés par la loi foncière, qui le dispense de l'inscription (4).

Le droit administratif nous présente une autre hypothèse de privilège : c'est celle qui est créée par le D. Beyl. du 16 septembre 1892, dans son article 5 (5), en faveur des ouvriers et après eux des fournisseurs sur les sommes dues par l'État aux entrepreneurs de travaux publics.

La loi tunisienne réglementera également les privilèges, qui relèvent plus particulièrement du droit civil et déterminera dans quelle mesure ils sont admissibles.

À l'égard des fonds immatriculés, nous ne reconnaîtrons qu'un seul privilège spécial, celui qui garantit les arrérages dus au crédit-rentier de l'*enzel*. Ce privilège s'exercera après ceux qui sont accordés pour les frais de justice et la sauvegarde des droits du Trésor. Il est soumis à la nécessité de l'inscription et

(1) Cf. à titre d'exemple, le D. Beyl. du 29 septembre 1889, portant création d'une taxe municipale de balayage et de curage des égouts à Tunis, art. 9 (J. T., 89-236).

(2) D. Beyl., 31 janvier 1887, sur la contribution des riverains aux travaux de premier établissement des chaussées et trottoirs à Tunis, La Goulette, Bizerte, Le Kef, Sousse et Sfax, art. 10 (Bomp., p. 371).

(3) Tunis, 1re ch., 13 juillet 1891 (J. T., 96-361).

(4) Loi foncière de 1885, art. 228 et 229 (Bomp., p. 222). — Le privilège des frais de justice, ainsi que celui du Trésor, ne s'applique aux immeubles qu'après épuisement du mobilier (L. foncière, art. 231).

(5) R. A., 92-3-194.

celle-ci possède la même durée que le privilège (1). La loi de
1885 avait créé divers privilèges comme celui des frais funérai-
res ou celui des gens de service: la loi modificative du 15
mars 1892 les a abrogés. On a posé, sans la résoudre, la question de savoir si le privilège de l'article 2103 de notre Code
civil, établi en faveur de ceux qui ont prêté les deniers nécessaires au paiement des réparations de l'immeuble, est applicable à la distribution du prix d'un immeuble tunisien immatri-
culé(2): les principes nous paraissent commander une solution
négative, car la loi de 1885, modifiée en 1892, indique limitativement les privilèges admissibles.

A l'égard des biens autres que les fonds immatriculés, la
question sera réglée d'après les principes du droit musulman
tunisien. En conséquence, par suite d'anciens usages, nous
accorderons au bailleur un privilège pour le paiement des
loyers de l'année courante sur le prix des meubles qui garnissent les lieux loués (3). Dans le silence de la loi musulmane,
nous refuserons toute cause de préférence au vendeur (4), au
prêteur de fonds destinés à la construction ou à la réparation
d'un immeuble (5) ou à ceux qui auront fourni les deniers
nécessaires à son acquisition (6). Nous dénierons également
tout privilège aux architectes et entrepreneurs pour garantie
de leurs honoraires: le tribunal de Tunis n'a pas résolu cette
dernière question (7).

Il a été également reconnu que le premier saisissant ne
pouvait prétendre un privilège dans la distribution du prix de
l'immeuble saisi (8).

(1) Loi foncière, art. 228 et 229 (Bomp., p. 222).
(2) Tunis, 1re ch., 15 février 1892 (J. T., 96-279).
(3) Sousse, 31 octobre 1889 (J. T., 96-211).
(4) Tunis, 2e ch., 31 octobre 1894 (R. A., 94-2-570).
(5) Tunis, 1re ch., 29 juin 1891 (R. A., 94-2-543).
(6) Tunis, 2e ch., 4 avril 1894 (J. T., 94-274).
(7) Tunis, 2e ch., 4 novembre 1892 (J. T., 96-135).
(8) Tunis, 1re ch., 9 mars 1896 (J. T., 96-237).

Hypothèque. — *Gage immobilier.* — Les lois qui réglementent l'exercice du droit d'hypothèque rentrent naturellement dans le domaine du statut réel, parce qu'elles intéressent le crédit public et règlent la condition des biens en les affectant d'un droit réel d'une nature particulière. C'est donc la loi territoriale qui régira l'admissibilité de l'hypothèque, son caractère de généralité ou de spécialité, ses conditions de publicité, ses effets ; c'est elle qui nous dira quels biens elle peut affecter. Nous nous adresserons donc à la loi foncière de 1885 en ce qui concerne les immeubles immatriculés et au droit musulman spécial à la Tunisie à l'égard des fonds non immatriculés.

D'après l'article 233 de la loi foncière, les biens susceptibles d'hypothèque sont : 1º la propriété immobilière qui est dans le commerce ; 2º l'usufruit des immeubles pendant le temps de sa durée ; 3º l'*enzel ;* 4º l'emphytéose pendant le temps de sa durée ; 5º la superficie. La loi de 1885 permettait d'hypothéquer la rente de l'*enzel ;* mais cette faculté a disparu dans la réforme de 1892. L'hypothèque frappe les accessoires immobiliers du fonds et les améliorations qui peuvent y survenir (Loi foncière, art. 234). Les biens non immatriculés susceptibles d'hypothèque ou tout au moins du gage immobilier qui la remplace en droit musulman tunisien sont les propriétés immobilières, sauf toutefois celles qui sont grevées d'une constitution de habous (1).

L'hypothèque peut être volontairement consentie par le débiteur ; parfois aussi elle existe en vertu d'une disposition de la loi, soit pour la protection de certains intérêts spéciaux, soit pour assurer l'exécution des jugements. Quelle est, en Tunisie, la situation à cet égard ?

En ce qui concerne l'hypothèque conventionnelle, il est un point certain, c'est que le débiteur constituant doit avoir la

_____

(1) D. Beyl., 26 avril 1861, édictant des règles de droit civil et de droit pénal, art. 500 (Bomp., p. 136).

libre disposition de l'immeuble (1). Il y a là une question de
capacité, qui doit être régie par la loi nationale de l'intéressé.

La forme et les effets de l'hypothèque conventionnelle doi
vent être gouvernés par la loi locale. La loi foncière est calquée
sur notre Code civil. La forme de l'hypothèque est, dans ses
dispositions, régie par la loi du lieu où le contrat a été
passé (2); l'écrit fait en pays étranger pourra donc donner
hypothèque valable sur les immeubles immatriculés (3).

L'hypothèque doit être inscrite à la Conservation de la propriété foncière : elle est spéciale à la fois au regard de l'immeuble qu'elle grève et de la dette qu'elle garantit. Les
diverses hypothèques prennent rang dans l'ordre de leur inscription. Le délaissement par le tiers détenteur, la purge et la
surenchère du dixième sont régis par des dispositions analogues à celles de la loi française.

La loi de 1885 crée, à côté de l'hypothèque conventionnelle,
une hypothèque volontaire, appelée *testamentaire* (4), qui est
établie pour un chiffre déterminé par le testateur, sur un ou
plusieurs de ses immeubles spécialement désignés par le testament pour la garantie des legs qu'il a pu faire.

Si le système que la loi foncière organise à l'égard des fonds
immatriculés ressemble à celui de la loi française, celui qui
existe à l'encontre des immeubles non immatriculés rompt absolument avec les pratiques de notre droit. L'hypothèque n'existe
pas à leur égard, mais elle est remplacée par un droit appelé
rahnia, qui établit une sorte de gage immobilier, produisant

(1) Loi foncière, art. 250 (Bomp., p. 224) ; Alger, 1re ch., 16 mai 1892
(R. A., 92-?-285).
(2) En Tunisie, la constitution d'hypothèque peut être valablement faite
par acte sous seing privé.
(3) L'article 251 de la loi foncière donne formellement cette solution
pour éviter l'application de l'article 2123 de notre Code civil, qui déroge,
sans motifs sérieux, à la règle *Locus regit actum*. Dans le silence de la loi
foncière, cet article eût été applicable en Tunisie, car les dispositions de
notre Code civil y ont force obligatoire dans les cas où elles ne sont pas
contraires à la loi de 1885 (Loi foncière, art. 2).
(4) Il y a là un emprunt fait à la loi belge du 16 décembre 1851.

des effets analogues (1). Nous savons qu'à l'origine de l'établissement de droits privatifs sur un immeuble, il a été dressé un titre de propriété qui doit porter mention de toutes les transmissions et des différentes modifications dont ces droits ont pu être l'objet. La pratique en est arrivée à considérer le titre comme l'identification de l'immeuble, de telle sorte qu'en constituant ce titre en gage, l'immeuble est devenu lui aussi le gage du créancier : ce procédé a sur l'antichrèse l'avantage de ne pas priver le débiteur de la possession de l'immeuble.

L'opération s'effectue par la remise du titre de propriété au créancier, remise qui a pour effet d'interrompre le cours de la prescription libératoire (2). Nous savons que cette remise ne peut être valablement faite que par un débiteur capable de disposer de l'immeuble : il y a là, en effet, un procédé qui peut conduire à l'aliénation (3). A l'encontre du débiteur la détention régulière et non frauduleuse du titre de propriété est suffisante : au cas de fraude, c'est au prétendu débiteur à détruire la présomption de gage que la détention du titre établit en faveur du créancier (4). A l'égard des tiers, la remise du titre entre les mains du créancier est indispensable (5); mais il faut, en outre, qu'elle soit constatée par un acte authentique ou sous seing privé (6) ; dans ce dernier cas, l'acte devra avoir date certaine (7). D'autre part, la rédaction d'un acte de constitution de gage immobilier serait insuffisante, si elle n'est pas

---

(1) Tunis, 12 mai 1884 (J. T., 93-329) ; Tunis, 2e ch., 21 février 1889 (J. T., 89-94) ; Tunis, 1re ch., 20 janvier 1890 (R. A., 90-2-327) ; Sousse, 13 mars 1890 (R. A., 90-2-457) ; Tunis, 1re ch., 25 novembre 1890 (R. A., 90-2-565); Alger, 1re ch., 12 janvier 1891 (R. A., 91-2-70); Tunis, 2e ch., 27 juin 1894 (J. T., 94-446).

(2) Tunis, 1re ch., 20 janvier 1890 (R. A., 90-3-327).

(3) Alger, 1re ch., 16 mai 1892 (R. A., 92-2-285).

(4) Sousse, 24 octobre 1889 (R. A., 89-2-608); Sousse, 13 février 1890 (J. T., 94-576).

(5) Tunis, 2e ch., 6 mars 1895 (J. T., 95-222).

(6) Tunis, 1re ch., 18 janvier 1892 (R. A., 92-2-161).

(7) Tunis, 2e ch., 24 avril 1890 (J. T., 90-320).

accompagnée de la remise du titre dont le débiteur doit être effectivement dessaisi.

On voit par là qu'aussi bien entre les parties qu'à l'égard des tiers, la remise du titre au créancier est une condition essentielle de la validité du gage. La production d'une liste énumérative de propriétés appartenant au débiteur ne peut remplacer le titre lui-même (1). Cependant des *outikas* (2) de date ancienne et confirmées par une possession non contraire peuvent équivaloir au titre de propriété (3). Mais le fait que, dans l'acte d'obligation, le débiteur a constitué hypothèque sur ses biens, n'a d'autre valeur que celle d'une promesse de remise des titres de propriété (4).

Le créancier, devenu détenteur régulier du titre, possède dès lors, un véritable droit réel sur l'immeuble et les actes de disposition ne lui sont opposables que s'ils ont été inscrits sur le titre : à défaut de cette mention, toute mutation ne saurait être valable à son égard, à moins qu'il ne soit pas de bonne foi (5). Il en est de même des charges, telles qu'une constitution de habous (6), dont on viendrait à grever l'immeuble.

Les accessoires de la dette sont garantis par le gage immobilier (7) ; c'est ainsi qu'il constitue une sûreté réelle, non seulement à l'égard du principal de la créance, mais encore pour le paiement des intérêts.

Le créancier, en outre du droit particulier sur l'immeuble que lui confère la détention du titre, conserve son droit de gage général sur l'ensemble du patrimoine de son débiteur. Toutefois d'anciennes coutumes tunisiennes, confirmées impli-

---

(1) Alger, 2ᵉ ch., 20 décembre 1890 (R. A., 91-2-126).

(2) Actes de notoriété, dressés par les notaires beylicaux, sous la surveillance du cadi.

(3) Tunis, 2ᵒ ch., 2 mai 1890 (J. T., 95-536).

(4) Sousse, 13 mars 1890 (R. A., 90-2-457).

(5) Tunis, 1ʳᵉ ch., 1ᵉʳ mai 1890 (J. T., 90-227) ; Tunis, 1ʳᵉ ch., 21 novembre 1892 (R. A., 93-2-91).

(6) Tunis, 2ᵉ ch., 21 novembre 1894 (R. A., 95-2-74).

(7) Tunis, 2ᵉ ch., 8 mai 1895 (J. T., 95-477).

citement par les articles 534 et 536 du D. Beyl. du 26 avril
1861 (1), qui a prescrit certaines règles de droit civil et de droit
pénal dans la Régence, admettent pour le créancier la même
obligation que celle de l'article 2209 du Code civil : le créancier
ne peut poursuivre la vente des immeubles qui ne lui sont pas
hypothéqués qu'en cas d'insuffisance de ceux sur lesquels il
possède hypothèque (2).

Le droit du créancier hypothécaire comporte la possibilité de
retenir le titre jusqu'à entière libération du débiteur ; il ne
peut en disposer et le remettre, par exemple, à son propre
créancier pour sûreté de la dette qu'il a contractée envers lui.
Cette remise du titre ne saurait équivaloir à une cession de la
créance sur le propriétaire de l'immeuble donné en gage, et
des sûretés qui y sont attachées (3).

On sait qu'en vertu de l'article 2082, alinéa 2, du Code civil,
s'il existe de la part du même débiteur envers le même créancier une dette contractée postérieurement à la mise en gage
pour sûreté d'une obligation antérieure et devenue exigible
avant le paiement de la première dette, le créancier ne pourra
être tenu de se dessaisir du gage avant d'être entièrement
payé des deux dettes, lors même qu'il n'y aurait eu aucune
stipulation pour affecter le gage au paiement de la seconde. Le
tribunal de Tunis, à qui l'on a demandé d'appliquer cet article
à une hypothèque sur un immeuble non immatriculé, n'a pas
résolu la question (4). Il nous paraît que dans le silence de la
loi locale, les principes commandent d'adopter la négative.

L'étendue du droit du créancier gagiste n'empêche pas
l'immeuble donné en gage de rester dans le patrimoine du
débiteur et, par suite, d'être, sous réserve du droit réel du
créancier hypothécaire, le gage tacite des autres créanciers

(1) Bomp., p. 138.
(2) Tunis, 14 octobre 1885 (J. T., 94-318) ; Tunis, 2e ch., 15 mars 1890
(J. T., 90-85).
(3) Tunis, 2e ch., 13 novembre 1890 (J. T., 93-44).
(4) Tunis, 1re ch., 24 novembre 1892 (R. A., 93-2-91).

du propriétaire. Un créancier chirographaire peut donc faire saisir l'immeuble hypothéqué (1) ; dans ce cas, le créancier gagiste n'a plus qu'à intervenir à la distribution des deniers, devant la juridiction qui procède à l'expropriation forcée du débiteur, pour y faire valoir ses droits de préférence.

Le gage immobilier, le *rahnia*, est une institution essentiellement tunisienne, qui ne se comprend qu'avec le système de propriété foncière existant dans la Régence : on a pu l'assimiler, dans une large mesure, à l'hypothèque, mais il est impossible de lui appliquer les règles du Code civil pour combler les lacunes que peut présenter sa propre législation. C'est ainsi que l'acquéreur à l'amiable ne saurait réclamer le droit de purge (2), pas plus, d'ailleurs, que le créancier gagiste ne pourrait proposer contre lui la surenchère du dixième (3).

Il faut, toutefois, se demander si l'adjudication par autorité de justice ne purge pas l'immeuble de l'hypothèque constituée par la remise du titre. Le tribunal de Tunis a plusieurs fois jugé que la vente aux enchères, avec les formalités voulues par la loi, en suite d'une saisie immobilière, fait sortir régulièrement l'immeuble du patrimoine du débiteur et le libère de l'action hypothécaire du créancier, dont les droits de préférence sont dès lors transportés sur le prix (4). La Cour d'Alger, en infirmant, le 1er juillet 1889 (5), un jugement du tribunal de Tunis, en date du 18 juin 1888, a exigé que la procédure de saisie soit notifiée au créancier pour qu'on puisse lui opposer l'adjudication. Il est certain que la loi tunisienne n'a pas prévu la question. L'intérêt supérieur du crédit public exige qu'on admette le système du tribunal de Tunis : si une vente volontaire peut avoir été faite à vil prix et que, par suite, il soit

(1) Tunis. 2e ch.. 11 décembre 1895 (J. T., 96-56).
(2) Tunis, 2e ch.. 15 mars 1890 (J. T., 90-85).
(3) Alger, 1re ch., 1er juillet 1889 (R. A., 91-2-448) ; Tunis. 2e ch., 24 avril 1890 (J. T., 90-320).
(4) Tunis, 2e ch., 10 mai 1890 (J. T., 96-47) ; Tunis, 2e ch.. 24 mai 1890 (J. T., 90-228).
(5) Alger, 1re ch.. 1er juillet 1889 (R. A., 91-2-448).

impossible de l'opposer au créancier, il n'en est pas de même de la vente opérée par autorité de justice et entourée des formalités protectrices prescrites par la loi. Le prix obtenu aux enchères ne peut être considéré que comme le plus haut prix que l'immeuble soit susceptible d'atteindre : le créancier gagiste a donc tout ce qu'il pouvait attendre de la réalisation de son gage et l'on supprime ainsi une charge réelle sur l'immeuble, qui est rendu à la circulation. Toutefois, il faut admettre que, pour la plus ample protection de ses droits, le créancier gagiste peut exiger la sommation de l'article 692 du Code de procédure civile et, s'il ne l'a pas reçue, il lui est loisible de se refuser à remettre les titres à l'adjudicataire, si celui-ci ne paie pas l'intégralité de la dette garantie (1).

La pratique tunisienne, transformée en loi par l'usage, a permis au débiteur de constituer sur son immeuble des gages de second rang, assimilables à nos deuxièmes hypothèques. Le créancier qui a reçu le titre et qui, en général, possède la première hypothèque, est alors constitué gardien de ce titre pour tous les autres créanciers, dès qu'il a été averti régulièrement de l'existence de nouvelles hypothèques. Il n'est même pas nécessaire qu'il donne son assentiment. Il ne doit pas se dessaisir du titre sans le consentement des autres gagistes, sous peine d'exposer sa responsabilité (2). Au cas où l'immeuble engagé ferait l'objet d'une dation en paiement au premier créancier, on a proposé, pour le dégager des hypothèques de second ordre, de procéder à la purge selon les formes indiquées dans les articles 275 et suivants de la loi foncière, bien que l'immeuble ne soit pas immatriculé (3). Cette solution ne s'appuie sur aucune base juridique ; la loi foncière n'est pas applicable aux immeubles non immatriculés. Il n'y a, dès lors, qu'à recourir aux principes généraux : la dation en paiement

(1) Tunis, 1ʳᵉ ch., 25 novembre 1890 (R. A., 90-2-565).
(2) Tunis, 2ᵉ ch., 4 avril 1894 (J. T., 94-398) ; Tunis, 2ᵉ ch., 18 juillet 1894 (J. T., 94-470) ; Tunis, 1ʳᵉ ch., 15 juillet 1895 (J. T., 95-488).
(3) Tunis, 2ᵉ ch., 8 mai 1895 (J. T., 95-477).

est une convention à laquelle les créanciers de second rang sont restés étrangers ; elle ne leur sera donc pas opposable.

Notre Code civil établit, à côté de l'hypothèque convention-nelle, une hypothèque judiciaire et des hypothèques légales en faveur du Trésor ou pour la protection de certains incapa-bles. En est-il de même dans la Régence ?

L'hypothèque judiciaire n'existe pas en Tunisie ; elle est impossible sur les immeubles non immatriculés et la loi foncière la passe sous silence à l'égard des fonds soumis à ses dispositions.

L'hypothèque légale de l'Etat sur les biens de ses compta-bles est également inconnue en Tunisie : elle est, au surplus, rendue inutile par le privilège que le Trésor possède pour le recouvrement de ses créances de toute nature sur le patri-moine de ses débiteurs.

Quant aux hypothèques légales des incapables, on ne voit pas, dans le silence de la loi locale, la possibilité d'en frap-per les immeubles non immatriculés. Rien n'empêche, sans doute, un mari de constituer à sa femme un droit de gage immobilier pour sûreté de sa dot et de ses reprises, en lui con-férant la détention régulière de ses titres de propriété, mais on se trouve alors en présence d'un cas d'hypothèque conven-tionnelle (1).

La loi foncière protège les droits des mineurs, des interdits et des femmes mariées en leur accordant des hypothèques *forcées* sur les biens de leurs tuteurs, curateurs ou maris (art. 239). Au début de la tutelle, le tuteur désigne, contradic-toirement avec le conseil de famille, ceux de ses immeubles qui seront hypothéqués et la somme à inscrire. En cas de désaccord, le tribunal statue ; il peut autoriser le remplace-ment de l'hypothèque par un gage ou une caution. Dans le cours de la tutelle, les garanties peuvent être augmentées ou diminuées selon les circonstances.

(1) Tunis, 2e ch., 4 avril 1894 (J. T., 94-398).

Pour la femme mariée, l'hypothèque est fixée par le contrat de mariage, qui doit spécifier les immeubles grevés et la somme garantie. Au cours du mariage, en cas d'insuffisance des garanties, la femme peut en demander de nouvelles au tribunal ; de son côté, le mari a le droit de se pourvoir pour faire réduire les garanties devenues excessives.

La loi foncière accorde aussi, à défaut de privilège, une hypothèque forcée au vendeur sur l'immeuble vendu quand il n'a pas été réservé d'hypothèque conventionnelle pour garantir le paiement du prix. Cette hypothèque est inscrite sur une décision de justice.

SECTION TROISIÈME. — *De la prescription acquisitive.*

La prescription acquisitive des immeubles est intimement liée à l'organisation de la propriété foncière, car elle a pour but de consolider la situation du propriétaire en lui fournissant un mode facile de preuve de ses droits, preuve qui est directement plus délicate à produire à mesure que son droit devient plus ancien et, par suite, plus respectable. Il découle de cette notion de la prescription acquisitive cette conséquence qu'elle doit être régie par la loi du pays où l'immeuble est situé ; c'est la solution qui a triomphé devant les tribunaux français de Tunisie.

Les immeubles qui font partie du domaine public sont imprescriptibles (1) ; il en est de même de ceux qui ont été immatriculés. La loi foncière de 1885 avait admis la prescription comme un mode d'acquisition des droits réels et l'avait longuement réglementée. Il y avait là une contradiction du

_____

(1) D. Beyl., 24 septembre 1885, art. 3 (Bomp., p. 96) ; Tunis. 2e ch., 30 janvier 1892 (J. T., 93-202).

législateur, car la prescription acquisitive ne se comprend pas
dans un système qui fixe rigoureusement les droits qui grèvent l'immeuble, et qui, en outre, donne des moyens de
preuve faciles pour établir le droit du propriétaire. Aussi, en
1892, a-t-on abrogé toute la partie de la loi de 1885 qui traitait
de la prescription ; aujourd'hui, les immeubles immatriculés
sont donc imprescriptibles.

Quant aux immeubles non immatriculés et qui ne font pas
partie du domaine public, la prescription est réglée par la loi
locale, née elle-même de l'usage. On peut relever, dans le droit
musulman tunisien, en cette matière, une évolution analogue à
celle qui s'est produite dans le droit romain. En principe, le
droit d'un musulman ne peut disparaître par l'effet du temps ;
créé par le Coran, qui est à la fois loi civile et loi religieuse, il
a reçu la sanction de la Divinité ; aussi doit-il être à l'abri de
toute atteinte et, en particulier, de celles de la prescription.
Telle est la théorie, mais la pratique a eu d'autres nécessités ;
aussi, tout en proclamant le maintien du droit pour respecter
la loi du Prophète, a-t-on décidé que l'action qui sanctionnait
ce droit, ne pouvait plus être exercée au bout d'un laps de
temps déterminé. Par suite, cette paralysation de l'action rend
le droit illusoire et on peut dire qu'il est détruit par une prescription acquisitive opérée à son encontre.

Cette notion de la prescription en droit tunisien comporte un
certain nombre de conséquences, qui ont été déduites avec
une grande finesse d'analyse dans un jugement rendu par le
tribunal de Tunis, le 11 juin 1894 (1). L'action, a-t-on dit, est
paralysée et sans force par ce seul fait qu'un certain délai s'est
écoulé ; dès lors, il faut en conclure que ce délai ne peut com-
mencer que du jour où l'action est née et qu'il ne saurait
courir que contre celui qui est libre d'agir.

La prescription ne courra donc pas en faveur des puissants, car, a dit Sidi-Khalil, « le silence est excusé quand le

(1) Tunis, 2e ch., 11 juin 1894 (R. A., 94-2-439).

propriétaire craint la brutalité du défendeur.» Encore faut-il
que le droit ait été abusivement violé par un fait du prince et
que la victime se soit trouvée dans un état de dépendance telle
que toute protestation utile lui ait été impossible (1). On a fait
application de cette règle en faveur de sujets tunisiens, contre
lesquels la municipalité exclusivement indigène, existant à
Tunis avant le protectorat, prétendait avoir prescrit (2).

La prescription ne court pas contre les absents (3). Par
absence, il ne faut pas entendre la situation spéciale prévue
par notre Code civil ; ce n'est pas non plus le simple fait de
n'être pas présent. Il faut y voir une situation intermédiaire,
qui légitime l'inaction du créancier. Tel est le cas où, ne
se trouvant pas sur les lieux, il est dans l'impossibilité d'agir
en justice, soit à cause de son ignorance des événements, soit
par suite de la difficulté des communications.

Des motifs de convenance, qui rendent l'exercice de l'action
difficile, font écarter la prescription entre parents (4): il est
même douteux qu'elle existe entre communistes (5).

Notons qu'avant le D. Beyl. de 1885, on a pu prescrire des
immeubles dépendant du domaine public ; mais que le fonctionnaire, chargé d'administrer un immeuble au nom de l'Etat,
n'a pu le prescrire à son profit (6).

Dans ces limites l'usage a admis que la prescription acquisitive s'obtenait par une possesion publique, paisible et non précaire, prolongée pendant dix ans, sans qu'il soit besoin de juste
titre, ni de bonne foi (7). Etant donné la base juridique de la
prescription du droit tunisien, l'abstention du propriétaire

(1) Tunis, 2e ch., 17 mai 1890 (J. T., 94-342) ; Tunis, 1re ch., 17 juille
1893 (R. A., 93-2-446).
(2) Tunis. 2e ch., 14 mars 1894 (J. T., 94-226).
(3) Tunis, 2e ch., 11 juin 1894 (R. A., 94-2-439).
(4) Tunis, 2e ch., 11 juin 1894 (R. A., 94-2-439).
(5) Tunis, 2e ch., 24 décembre 1894 (J. T., 95-92).
(6) Tunis, 1re ch. 11 juin 1894 (J. T., 94-384).
(7) Tunis, 1re ch., 20 mars et 15 mai 1893 (R. A., 93-2-280 et 311) Tunis,
2e ch., 24 décembre 1894 (J. T., 95-92).

serait excusable en présence d'une possession précaire ; il
faut un fait violent et abusif qui mette le propriétaire en éveil
et le force à agir. Quant au juste titre et à la bonne foi, ce sont
des faits du possesseur qui prescrit ; ils sont donc indifférents,
car la base juridique de la prescription, en droit musulman,
réside tout entière dans l'abstention du propriétaire, qui n'a
aucun motif légitime pour ne pas user de son droit. Cette abstention, prolongée pendant un certain temps, est suffisante
sans qu'on ait à se préoccuper des faits du possesseur qui
prescrit.

On a admis que la prescription de dix ans peut être opposée
au propriétaire par le débit-enzéliste, si les droits du propriétaire n'ont pris naissance que postérieurement à la création de
l'enzel, pour la consolidation du droit réel du débit-enzéliste (1).

Les biens habous peuvent être prescrits, mais le délai de la
possession est alors porté de dix à trente-trois ans (2).

SECTION QUATRIÈME. — *Saisies immobilières.*

L'article 7 de la loi de 1883, en appliquant aux tribunaux de
Tunisie les règles de la procédure suivie en Algérie, a établi
dans la Régence les procédés d'exécution consacrés par nos
lois. Notre saisie immobilière a été alors transportée dans un
pays dont l'organisation foncière était absolument différente
de la nôtre, et où, par suite, de nombreuses dispositions de notre
Code de procédure ont été inapplicables. La jurisprudence s'est
donc trouvée dans la nécessité d'élaborer un système qui
donnât satisfaction à tous les intérêts en cause et qui respec-

(1) Alger, 1re ch., 27 avril 1896 (J. T., 97-75).
(2) Tunis, 1re ch., 27 mai 1895 (J. T., 95-462) ; Tunis, 1re ch., 25 novembre 1895 (J. T., 96-50).

tât le plus possible la loi française, tout en tenant compte de la
condition de la propriété foncière en Tunisie.

A l'égard des immeubles immatriculés, la situation ne présente aucune difficulté, car la loi foncière a réglementé l'hypothèse. Elle a consacré un titre complet (1) à l'expropriation
forcée, et son article 299 renvoie aux lois sur la procédure, c'est-
à-dire à la loi française, pour les formes du commandement,
celles de la poursuite de l'expropriation, l'ordre et la distribution du prix ainsi que la manière d'y procéder. L'ordre ne sera
donc pas ouvert s'il y a moins de quatre créanciers inscrits,
et il y aura lieu à l'attribution du prix par le tribunal, après
tentative de règlement amiable (2).

La question est beaucoup plus compliquée quand on se
trouve en présence d'un immeuble non immatriculé. On a été
jusqu'à se demander si un tel immeuble pouvait faire valablement l'objet d'une procédure de saisie immobilière ; on a soutenu que pareille institution était inconnue de la législation
tunisienne, et que les nécessités de la pratique ne pouvaient
autoriser le juge à l'introduire dans la Régence (3). Les tribunaux se sont fréquemment posé cette question (4), et celui de
Tunis l'a résolue par l'affirmative dans un jugement du
30 mars 1889, dont les arguments paraissent des plus
solides (5).

Il n'est pas vrai, en effet, que la saisie immobilière soit
inconnue du droit tunisien ; les tribunaux indigènes procèdent
fréquemment à la saisie des biens des débiteurs qui ne paient
pas leurs dettes.

Ce n'est là qu'un argument de fait, mais il est appuyé, d'une
part, sur de sérieux motifs juridiques et, de l'autre, sur des

(1) Loi foncière, titre XII, art. 287 à 299 inclusiv. (Bomp., p. 226).
(2) Tunis, 2e ch., 31 janvier 1894 (J. T., 94-192).
(3) Journal des trib. algériens, 18 juin 1893, note sous Alger, 1re ch.,
12 janvier 1893.
(4) Alger, 1re ch., 25 février 1891 (J. T., 93-251) ; Alger, 2e ch., 12 janvier 1893 (J. T., 93-220) ; Alger, 2e ch., 27 janvier 1894 (J. T., 94-209).
(5) Tunis, 2e ch., 30 mars 1889 (J. T., 89-50).

textes formels. Il serait, en effet, peu logique de refuser le
droit de saisie immobilière à la juridiction française : c'est la
sanction la plus énergique de ses décisions. C'est même la seule
qui soit réellement efficace dans l'état économique de la
Régence, puisque la fortune mobilière est, en général, de peu
de valeur chez les musulmans, et que nos tribunaux ne peuvent
user de la contrainte par corps.

Le traité anglo-tunisien du 10 octobre 1863, dans ses articles
8 et 9 (1), a formellement accordé à la juridiction britannique
le droit de saisir les biens de ses justiciables. Ce privilège a
été reconnu à d'autres nations et la France a pu le réclamer
pour son juge-consul, en vertu des traités de 1824 et de 1830,
qui lui accordaient en toutes matières le traitement de la nation
la plus favorisée. Nos tribunaux, en remplaçant les justices
consulaires, ont hérité de leurs pouvoirs ; ils peuvent donc user
de saisie immobilière dans les affaires portées devant eux.

Le gouvernement beylical a reconnu ce droit de notre juridiction, quand il a désigné des notaires indigènes à Tunis et à
Sousse pour transcrire sur les titres de propriété les jugements
d'adjudication rendus à la suite de procédures de saisie immobilière faites devant la justice française. Il a été plus loin
encore, et, par le D. Beyl. du 16 mars 1892, relatif aux ventes
immobilières poursuivies devant les tribunaux français (2), il a
prévu constamment la poursuite en saisie d'un immeuble et
l'a combinée avec les règles du droit tunisien.

Aujourd'hui, la question ne se pose plus ; mais, si l'on admet
la validité de la procédure, encore faut-il reconnaître qu'on
rencontre de nombreuses difficultés d'application. En l'état
actuel de la propriété tunisienne non immatriculée, il y a un
certain nombre de formalités prescrites par le Code de procédure civile qui sont manifestement inapplicables ; telle est, par
exemple, la transcription de la saisie. Il a donc fallu admettre,

(1) Bomp., p. 460.
(2) J. T., 92-165.

en principe, que l'on appliquerait les prescriptions de la loi française dans la mesure où elles peuvent se concilier avec le droit musulman tunisien (1); les formalités supprimées ont été remplacées par les moyens d'action dont disposent nos tribunaux.

Il est bien évident que l'on s'est trouvé en présence de certaines difficultés dans les détails d'application du principe ainsi formulé. Comment donner, dans le procès-verbal de saisie, l'indication de l'arrondissement et de la commune où les biens sont situés, ainsi que la copie littérale de la matrice du rôle de la contribution foncière pour les articles saisis? Ces prescriptions de l'article 675 du Code de procédure seront donc écartées, et en présence de la difficulté d'obtenir des renseignements précis de la part des indigènes et de l'impossibilité de pénétrer dans les maisons arabes, il faudra faire un départ entre les mentions du procès-verbal et ne s'attacher qu'à celles qui ont pu être l'objet d'une vérification facile de la part de l'huissier saisissant (2). Il est bien évident que le visa du maire, prescrit par l'article 676 du Code de procédure, ne peut être exigé en Tunisie.

Ces omissions sont de peu d'importance ; il en est, au contraire, une autre qui a des conséquences particulièrement graves : c'est l'impossibilité de faire transcrire la saisie (3). Dans notre droit, cette formalité a pour effet de rendre l'immeuble indisponible à l'égard du saisi ; elle permet d'éviter le concours frustratoire de plusieurs saisies et immobilise au profit des créanciers les fruits et revenus de l'immeuble. Il a donc fallu que la jurisprudence comblât la lacune résultant de l'absence de cette formalité.

En ce qui concerne l'immobilisation des fruits de l'immeuble, elle n'est point supprimée, mais on la reporte au premier

(1) Tunis, 2e ch., 24 juillet 1890 (J. T., 93-108) ; Alger, 1re ch., 14 juin 1893 (J. T., 93-325) ; Tunis, 2e ch., 8 mai 1895 (J. T., 95-433).
(2) Tunis, 2e ch., 18 novembre 1892 (J. T., 94-489).
(3) Tunis, 2e ch., 20 juin 1894 (R. A., 94-2-503).

fait de publicité, c'est-à-dire au jugement qui donne acte au
poursuivant de la lecture et de la publication du cahier des
charges (1). Une seconde saisie ne pourra frapper un immeuble, et le deuxième créancier saisissant devra arrêter ses
poursuites particulières et se contenter d'intervenir à la première saisie, dès qu'il en aura connaissance par un acte quelconque (2). L'immeuble sera également indisponible, et le
propriétaire ne pourra ni l'aliéner, ni le grever de droits réels :
il ne pourra même pas le céder à bail (3). Il y a là toutefois,
dans ces dernières solutions, certains dangers pour les tiers.

L'article 692 du Code de procédure civile ordonne de faire
aux créanciers inscrits sur l'immeuble et à la femme du saisi
sommation de prendre connaissance du cahier des charges. En
l'absence de tout système de publicité hypothécaire à l'égard
des fonds non immatriculés, il est impossible d'exiger ces som-
mations (4). Tout au moins faut-il admettre que leur absence
ne vicie pas la procédure, mais elle est certainement regrettable
et de nature à compromettre les droits des créanciers.

On a même été plus loin dans cette voie, et la Cour d'Alger
a décidé (5) que le cahier des charges faisait la loi des parties,
alors même qu'il dérogerait aux règles qui régissent le dépôt
à la Caisse des consignations et la distribution du prix.

Nous savons, d'autre part, qu'en l'absence de toute publicité
des inscriptions hypothécaires, la surenchère du dixième est
irrecevable de la part des créanciers pourvus d'un gage immobilier (6).

---

(1) Tunis, 2ᵉ ch., 24 juillet 1890 (J. T., 93-108) ; Tunis. 1ʳᵉ ch., 19 décembre 1892 (R. A., 93-2-123).

(2) Tunis, 2ᵉ ch., 24 octobre 1894 (J. T., 94-552).

(3) Tunis, 2ᵉ ch., 20 mars 1895 (J. T., 95-226). — Cependant la Cour
d'Alger a admis, dans un de ses arrêts. que le saisi pouvait vendre l'immeuble jusqu'à l'adjudication (Alger, 1ʳᵉ ch., 24 décembre 1895. J. T.. 97-
256).

(4) Tunis, 12 mai 1884 (J. T.. 93-329).

(5) Alger, 1ʳᵉ ch., 14 juin 1893 (J. T. 93-325).

(6) Cf. *suprà*, p. 354.

Les demandes en distraction ne peuvent avoir lieu que dans
les formes prescrites par les articles 726 et suivants du Code de
procédure civile (1). Cependant dans les conditions occultes
où se trouvent les fonds tunisiens non immatriculés, il a fallu
montrer une grande circonspection à l'égard des demandes de
cette nature ; dans l'état de doute qui plane fréquemment sur
la propriété foncière dans la Régence, il eût été facile à tous
les débiteurs de mauvaise foi de provoquer des incidents, fort
longs à vider, et de rendre, en fait, une saisie à peu près impossible. On a donc admis que l'article 727 du Code de procédure
ne liait pas le juge en Tunisie, et l'on a quelquefois autorisé le
créancier poursuivant à passer outre à l'adjudication, à ses risques et périls (2). On lui a, d'ailleurs, imposé l'obligation de
fournir des preuves donnant de justes raisons de croire à la
qualité de propriétaire du saisi. Au demeurant, le D. Beyl. du
16 mars 1892, en permettant au tribunal de subordonner d'office la mise en adjudication de l'immeuble saisi à l'immatriculation, fournit un moyen pratique d'éviter des éventualités
dangereuses.

Le Code de procédure civile admet, en général, l'emploi de
la procédure d'ordre pour la distribution du prix de l'immeuble
saisi entre les divers créanciers. Ce procédé est impossible à
suivre, en Tunisie, en l'absence de créanciers inscrits ; il en est
de même pour l'instance en attribution du prix, prévue par
l'article 773 du Code de procédure (3). Il a donc fallu recourir
à la distribution par contribution pour remplacer la procédure d'ordre ; il a même été jugé que cette mesure s'imposait,
comme étant d'ordre public et fournissant le seul moyen sûr
de connaître s'il n'existe pas de prétendant-droits sur l'immeuble, autres que ceux qui sont intervenus dans la cause (4).

(1) Tunis, 2ᵉ ch., 21 novembre 1894 (J. T., 95-20).
(2) Tunis, 2ᵉ ch., 10 janvier 1894 (R. A., 94-2-216).
(3) Tunis, 2ᵒ ch., 20 juin 1894 (R. A., 94-2-503).
(4) Tunis, 2ᵉ ch., 31 octobre 1894 (J. T., 94-556) ; Tunis, 2ᵉ ch., 15 mai
1895 (J. T., 95-434).

On ne peut évidemment imposer à l'adjudicataire l'obligation de transcrire l'adjudication à peine de folle-enchère (1) :
cette formalité est impossible à remplir. Mais ce n'est pas à
dire que la folle-enchère ne puisse être poursuivie contre
l'adjudicataire s'il n'exécute pas les clauses de l'adjudication.
Toutefois, lorsqu'elle sera demandée après la délivrance de la
grosse de l'adjudication, on ne pourra pas faire procéder à la
signification du bordereau de collocation dont parle l'article
735 du Code de procédure, puisque le procédé de l'ordre n'est
pas praticable en Tunisie. On a admis qu'il fallait combiner
les articles 734 et 844 du même Code en demandant la délivrance d'une deuxième grosse. Sommé d'assister à cette
remise, l'adjudicataire pourra, en état de référé, faire valoir
devant le président du tribunal les moyens qu'il propose contre la procédure de folle-enchère (2).

Tels sont, en résumé, les procédés par lesquels notre juridiction a pu combiner, dans la Régence, la procédure de saisie
immobilière avec les règles du statut réel. Il lui était, peut-
être, difficile d'arriver à un meilleur résultat : mais il n'en est
pas moins certain que de graves inconvénients pouvaient se
produire. En l'état occulte de la situation juridique de chaque
immeuble, il y avait toujours à redouter l'apparition de quelque droit réel inconnu au jour de l'adjudication. Cette hypothèse était, en général, prévue par les cahiers des charges ;
une clause fréquemment employée stipulait que, dans le cas
où l'immeuble mis en vente serait grevé d'un enzel, l'acquéreur serait tenu d'acquitter la rente due au crédit-enzéliste. Il
en résultait que l'adjudication présentait un caractère aléatoire,
qui nuisait au succès des enchères. Certains adjudicataires
demandèrent l'annulation de la clause, mettant à leur charge
l'enzel qui viendrait à se révéler, en soutenant que l'objet ainsi
vendu était incertain et que, en tout cas, le prix était égale-

(1) Tunis, 2e ch., 20 juin 1894 (R. A., 94-2-503).
(2) Tunis, 2e ch., 26 décembre 1894 (J. T., 95-256).

ment incertain et variait selon les circonstances. Leurs prétentions ont été rejetées, car l'enzel est une charge qui grève
l'immeuble, mais non point le prix de celui-ci, et que, en outre,
l'adjudicataire a été averti des risques qu'il encourait (1).

Une pareille situation compromettait donc la sécurité des
acquéreurs ; elle lésait aussi le saisi, qui voyait l'immeuble
vendu à vil prix ; elle atteignait enfin les créanciers, dont le
gage perdait une grande partie de sa valeur. Une réforme s'imposait donc ; elle a été réalisée par le D. Beyl. du 16 mars
1892 sur les ventes immobilières poursuivies devant les tribunaux français (2). Ce texte a très heureusement utilisé la
procédure d'immatriculation créée par la loi foncière de 1885.
Les dispositions de ce décret visent toutes les ventes qui ont
lieu à la barre des tribunaux français ; nous n'avons à nous
occuper que de celles qui suivent une saisie immobilière.

Le créancier poursuivant obtient le droit de requérir l'immatriculation de l'immeuble saisi, préalablement à l'adjudication. Les frais d'immatriculation sont avancés par le requérant
et supportés définitivement par l'adjudicataire. La réquisition
d'immatriculation est faite au nom du saisi par le créancier
poursuivant, qui y joint copie certifiée par son défenseur du
commandement à fin de saisie immobilière et du procès-verbal. Il dépose également les pièces de nature à fixer la consistance juridique de l'immeuble, qui seraient en sa possession (3).

La procédure d'immatriculation suit son cours normal ; celle
de la saisie est reprise à l'expiration du délai imparti pour la
production des oppositions ; le poursuivant rédige le cahier des
charges, et l'on remplit toutes les formalités jusqu'à l'adjudication exclusivement. Celle-ci ne peut avoir lieu qu'après le jugement définitif du tribunal mixte ; si ce jugement apporte des
modifications à la consistance de l'immeuble ou à sa situa-

(1) Tunis, 2e ch., 28 mai 1891 (J. T., 94-437), conf. par Alger, 2e ch.,
12 janvier 1893 (J. T., 93-220).

(2) R. A., 92-3-147.

(3) Les fruits de l'immeuble sont immobilisés par ce dépôt de pièces.

tion juridique, telles qu'elles sont définies par le cahier des charges, le poursuivant doit faire publier un dire rectificatif avant l'adjudication.

Le titre de propriété n'est remis au saisi qu'en cas de mainlevée de la saisie : sinon, il reste entre les mains du Conservateur de la propriété foncière jusqu'à ce que la mutation puisse être effectuée au nom de l'adjudicataire.

On voit que la loi met à la disposition du créancier poursuivant le moyen d'exposer aux enchères un bien dont la situation est nettement déterminée. Aussi doit-on décider que le créancier est en faute, si, n'étant pas certain des droits de propriété de son débiteur, il n'a pas fait procéder à l'immatriculation préalable de l'immeuble saisi (1). Le droit de demander l'immatriculation préalable est refusé au saisi, car il ne faudrait pas lui permettre d'entraver la marche de l'adjudication (2). Mais il fallait éviter les négligences possibles de la part du créancier poursuivant ; le tribunal peut, s'il le juge utile, lui imposer l'obligation de faire procéder à l'immatriculation préalable de l'immeuble saisi (3).

Nous avons vu que le système du droit tunisien laissait souvent l'adjudicataire dans une situation très douteuse : aussi le D. Beyl. de 1892 l'autorise-t-il à subordonner l'exécution des conditions du cahier des charges à l'immatriculation de l'immeuble. L'exercice de ce droit n'empêche pas la propriété d'être transférée à l'adjudicataire par le jugement d'adjudication (4).

L'adjudicataire doit consigner le prix dans la quinzaine de l'adjudication et déposer dans la quinzaine suivante la demande d'immatriculation. La distribution du prix est suspendue jusqu'à la décision du tribunal mixte. Si l'immatricu-

---

(1) Tunis, 2ᵉ ch., 24 novembre et 20 décembre 1893 (J. T., 94-67 et 104) ; Tunis, 2ᵉ ch., 8 mai et 23 octobre 1895 (J. T., 95-433 et 596).

(2) Tunis, 2ᵉ ch., 19 décembre 1894 (J. T., 95-89).

(3) Tunis, 2ᵉ ch., 6 mars 1895 (J. T., 95-201).

(4) J. de p. Tunis-Nord, 26 décembre 1895 (J. T., 96-87).

lation ne confirme pas l'état juridique de l'immeuble, tel qu'il est décrit par le cahier des charges, nonobstant toute clause contraire, l'adjudicataire peut réclamer une diminution de prix (1) ; il peut aussi faire prononcer la nullité de la vente si la différence de valeur excède un vingtième de la valeur vénale.

Bien que le décret de 1892 n'ait pas eu d'effet rétroactif, il a établi une situation bien préférable à celle qui existait auparavant et a donné toute sécurité aux ventes faites devant nos tribunaux.

Notons que la procédure de saisie immobilière s'impose au créancier pourvu d'un gage immobilier (2) et qu'elle peut porter contre une part indivise d'un immeuble, pourvu que celle-ci soit déterminée (3). On applique la *lex fori* à la prescription de la saisie immobilière : celle-ci est donc acquise par un délai de trente ans (4). Cette solution se justifie parfaitement, car il n'y a là qu'une question du ressort de la loi de procédure.

(1) Tunis, 2e ch., 31 décembre 1896 (J. T., 97-101). — On ne saurait toutefois considérer comme une éviction ce seul fait que l'acquéreur d'un immeuble, en ayant demandé l'immatriculation, a vu se produire de nombreuses oppositions ; il faut, en outre, que ces oppositions soient admises par le tribunal mixte (Tunis, 2e ch., 5 mars 1897 J. T., 97-206).

(2) Tunis, 15 et 22 juillet 1885 (J. T., 95-292 et 293, note 1).

(3) Tunis, 2e ch., 18 décembre 1890 (J. T., 96-24).

(4) Tunis, 2e ch., 23 janvier 1895 (J. T., 95-451).

CHAPITRE VI

Il semble que les lois d'ordre administratif soient, par leur nature, des lois de police, de ces lois qui, ainsi que s'exprime le législateur de notre Code civil, obligent tous ceux qui habitent le territoire. En général, il en est ainsi et nous croyons que cette solution doit triompher dans la Régence de Tunis ; cependant la situation privilégiée faite aux Européens par les capitulations, jointe à la faiblesse du Gouvernement beylical, a créé quelques difficultés dont il est bon de faire un rapide exposé. A celles-ci sont venues se joindre diverses questions litigieuses qu'a soulevées la coexistence d'une juridiction étrangère, à côté de la justice issue de la souveraineté locale.

§ Ier. Des impôts ; leur paiement par les Européens. Prescription des impôts et des créances contre le Gouvernement.

Par sa nature même, toute loi qui crée ou modifie un impôt est une mesure d'ordre public territorial dont le respect s'impose à tous ceux qui résident dans le pays. Décider autrement serait porter atteinte à l'autonomie des États. Il en résulte que nous pouvons poser comme principe que c'est la loi beylicale qui régira seule ces matières, et que les lois étrangères n'auront aucune autorité à cet égard.

Par suite, les lois d'impôts régulièrement rendues par le Bey

sont applicables aux nationaux des puissances européennes,
et la justice française doit en tenir compte lorqu'elles ont
été visées par le Ministre Résident. Cependant, avant l'établissement de notre protectorat, les Européens avaient cherché à
se soustraire au paiement des impôts établis dans la Régence,
et quelquefois leurs tentatives, habilement secondées par
l'intervention de leurs consuls, avaient eu du succès à la
faveur de la faiblesse et du désordre administratif du Gouvernement beylical.

Depuis que notre influence, établie par le protectorat, a fait
cesser l'incurie qui régnait auparavant, la situation a bien
changé, et l'administration a procédé à une perception rigoureuse de l'impôt.

D'une part, il a été reconnu que le privilège du Trésor, en
matière d'impôts, s'appliquait aussi bien à l'égard des Européens
qu'à celui des indigènes (1); de l'autre, on a perçu contre les
Européens la plupart des taxes locales existantes, telles que
la patente sur la vente des céréales (2), ou encore l'*achour* ou
dîme des céréales (3). Un Italien s'est vu condamné au paiement de la taxe des *Mahsoulates* sur les peaux (4), et ce ne sont
là que des exemples de l'application générale du système.
Dans le même ordre d'idées, les diverses taxes municipales
frappent les Européens dans des conditions semblables à celles
qui régissent les indigènes (5).

Notons cependant une décision par laquelle la taxe établie
par le D. Beyl. du 13 janvier 1884 sur les mets purement arabes ne saurait s'appliquer à un restaurateur européen (6), et
ajoutons, en outre, qu'une taxe, pour être perçue, doit avoir
été approuvée par le Résident général : c'est pour ce motif que

(1) Tunis, 1re ch., 19 novembre 1894 (R. A., 95-2-17).
(2) Tunis, vac., 5 août 1893 (J. T., 97-97).
(3) Tunis, 1re ch., 25 juin 1892 (R. A., 92-2-303).
(4) J. de p. Grombalia. 20 octobre 1893 (J. T., 94-176). — Cf. Berge :
Notes sur la jurisprudence en matière de mahsoulats (J. T., 94-137).
(5) Tunis, 1re ch., 12 mars 1890 (J. T., 90-129).
(6) J. de p. La Goulette, 2 novembre 1885 (R. A., 86-2-124).

le tribunal de Tunis a refusé de tenir compte des taxes sur les laines, connues sous le nom de *leffa* (1).

Dans cette matière, comme en toute autre, le juge doit observer les conventions conclues par la Tunisie avec les tierces puissances. Il résulte des capitulations et des traités que les nationaux des puissances européennes doivent être soumis à un traitement au moins aussi favorable que les indigènes tunisiens en matière d'impôts : la justice française ne devrait donc pas, le cas échéant, tenir compte des taxes qui frapperaient les étrangers sans atteindre les indigènes.

Quelquefois aussi les traités établissent en faveur des nationaux de diverses puissances des privilèges qu'il faut respecter. C'est ainsi que l'article premier de la convention italo-tunisienne d'établissement du 28 septembre 1896 dispense les Italiens en Tunisie de toute contribution en argent ou en nature, qui viendrait à être imposée pour l'exonération du service militaire. De même, tant que le traité italo-tunisien de 1868 a été en vigueur, les Italiens ont joui du droit de payer la dîme des céréales ou des récoltes d'olives, en argent ou en nature, à leur choix : ce droit a été sanctionné par la justice française, mais celle-ci n'a pas admis qu'il résultât de cette clause l'engagement pour le Gouvernement tunisien de ne pas élever ces impôts à l'égard des Italiens (2).

Une controverse d'une nature particulière s'est produite au sujet de la perception du droit de *carroube* sur les ventes faites à la barre des tribunaux français. Cet impôt, fixé autrefois à 6 1/4 % et aujourd'hui réduit à 4 %, frappe toutes les ventes immobilières.

Certaines personnes, qui avaient fait l'acquisition d'immeubles par voie d'adjudication devant la justice française, pour éviter de payer la taxe de *carroube*, soutenaient que le droit n'était pas dû par le fait de la vente elle-même, mais qu'il

(1) Tunis, 1re ch., 15 janvier 1894 (J. T., 94-126).
(2) Sousse, 19 octobre 1893 (J. T., 94-252).

n'était exigible que lors de la transcription du jugement d'adjudication sur le titre de propriété. Ces acquéreurs n'avaient garde de faire procéder à cette transcription ; ils se contentaient de retirer une grosse exécutoire du jugement d'adjudication et de se faire mettre, grâce à elle, en possession de l'immeuble.

Par un tel procédé, l'impôt était facile à éviter. Cependant, dans deux jugements consécutifs, le tribunal de Tunis avait admis cette théorie et décidé que le droit de *carroube* n'était pas applicable aux ventes immobilières effectuées à sa barre (1). Puis, par une décision en date du 6 décembre 1891 (2), il a abandonné sa première manière de voir et inauguré une nouvelle jurisprudence, d'après laquelle le droit est dû dans tous les cas, car l'intention du législateur a été d'exiger l'impôt dès qu'une mutation s'est produite et quelle que soit la forme que les parties ont employée.

Une autre controverse s'est élevée lorsqu'il a fallu déterminer la loi qui règle le délai de la prescription en matière d'impôts. La question se posa avec un caractère assez aigu lorsque, à la suite de notre établissement en Tunisie et de la suppression de la Commission financière internationale, l'administration, réorganisée sur des bases régulières, voulut faire rentrer les impôts arriérés que le désordre financier qui existait antérieurement n'avait pas permis de percevoir. On se heurta naturellement à de nombreuses résistances, et pour établir leur libération de toute dette envers l'Etat, les contribuables s'appuyèrent sur la prescription (3).

Un premier point fut admis sans trop de difficultés. Il fut décidé que la prescription triennale, établie par la loi française du 3 frimaire an VII, n'était applicable qu'aux impôts perçus en France et n'atteignait ni les impôts, ni les taxes municipales

(1) Tunis, 1re ch., 30 mai 1888 (J. T., 92-94) ; Tunis, 1re ch., 9 mars 1891 (J. T., 92-96).

(2) Tunis, 1re ch., 7 décembre 1891 (R. A., 92-2-135).

(3) Cf. Berge, *op. cit.*, p. 86.

établis en Tunisie (1). Seulement, au lieu d'avoir recours au droit commun de la Régence, qui fixe à quinze ans le délai de la prescription libératoire, les tribunaux de Tunisie constatèrent qu'on se trouvait en présence de prestations périodiques, payables annuellement, et, par application de l'article 2277 du Code civil, déclarèrent les impôts prescrits par cinq ans (2). La même solution triompha à l'égard des taxes municipales (3).

L'administration porta la question en appel devant la Cour d'Alger, qui, par un arrêt du 26 juin 1893, lui donna raison et se prononça en faveur de la prescription de quinze ans, fixée par le droit tunisien (4). Toutefois, par suite des règles de compétence spéciales à la Tunisie, les décisions des tribunaux de ce pays étaient le plus souvent rendues en dernier ressort : aussi, pour venir à bout de leur résistance, l'administration dut-elle déférer les jugements à la Cour de cassation. Elle y a obtenu gain de cause, et dans une série d'arrêts (5), la Cour suprême a déclaré que la loi tunisienne était seule applicable.

Pour décider ainsi, la Cour s'est appuyée sur le principe de droit international, confirmé par l'article 3 du Code civil, en vertu duquel les immeubles sont régis par la loi du pays où ils sont situés ; cette loi doit fixer les charges publiques qui peuvent les grever et les obligations imposées au propriétaire en cette qualité. La solution de la Cour de cassation nous paraît exacte, mais nous ferions peut-être quelques réserves sur le motif qui l'a déterminée. Incontestable dans sa formule, la théorie de la Cour se restreint aux immeubles et ne vise pas

(1) Tunis, 30 juillet 1884 (J. T., 91-212) ; J. de p. La Goulette, 4 janvier 1886 (J. T., 91-133).
(2) J. de p. La Goulette, 4 janvier 1886 (J. T., 91-133) ; Tunis, 1re ch., 3 décembre 1890 (J. T., 91-148) ; Tunis, 1re ch., 29 juin 1891 (J. T., 91-307) ; Tunis, 1re ch., 21 décembre 1891 (J. T., 93-361) ; J. de p. Sfax, 20 décembre 1892 (J. T., 94-10) ; Tunis, 1re ch., 17 juillet 1893 (J. T., 93-362).
(3) Tunis, 1re ch., 5 décembre 1887 (J. T., 93-359) ; Tunis, 1re ch., 30 novembre 1891 (J. T., 93-360),
(4) Alger, 1re ch., 26 juin 1893 (R. A., 93-2-405).
(5) Cass. req., 12 décembre 1893 (J. T., 94-10) ; Cass. civ., 26 juillet 1894 (R. A., 94-2-493) ; Cass., civ., 18 mars 1895 (Clunet, 95-621).

les charges personnelles qui pourraient frapper les habitants de la Régence. Il nous semble plus sûr de dire que les lois d'impôts sont des lois d'ordre public, qui obligent tous ceux qui habitent le territoire, sauf les dérogations formelles établies par les traités (1). Cette solution est aussi juridique et elle a sur la première l'avantage de répondre à toutes les hypothèses.

En vertu de textes formels, la prescription de quinze ans est applicable aux droits de timbre et aux contraventions au décret qui établit cet impôt (2). Le D. Beyl. du 21 juillet 1896 la maintient en cas d'absence d'enregistrement dans les délais prescrits, mais la réduit à deux ans s'il s'agit d'une perception insuffisamment faite (3). Le D. Beyl. du 8 février 1897 fixe à quinze ans la prescription des droits de mutation par décès pour les successions non déclarées ou pour les omissions que contient la déclaration ; les droits dus pour insuffisance d'estimation se prescrivent par une durée de trois ans (4).

La prescription des créances contre le Gouvernement tunisien est réglée par l'article 43 du D. Beyl. du 12 mars 1883 sur l'établissement et le règlement du budget (5). Aux termes de cet article, toutes les créances qui, n'ayant pas été acquittées avant la clôture de l'exercice, n'ont pu, faute de justifications suffisantes, être liquidées, ordonnancées et payées dans un délai de cinq ans à partir de l'ouverture de l'exercice, sont prescrites au profit de l'État. Le délai est porté à six ans pour les créanciers résidant en dehors de la Tunisie. La prescription court dès l'instant où s'est passé le fait qui lui a donné naissance et non du moment où la créance a été reconnue par la justice (6).

(1) Cf. note d'Audinet dans *Sirey*, 1896-1-449.
(2) D. Beyl. du 20 juillet 1896, art. 15 (J. T., 96-391).
(3) D. Beyl. du 21 juillet 1896, art. 4 (J. T., 96-401).
(4) D. Beyl. du 8 février 1897, art. 7 (J. T., 97-86).
(5) Bomp., p. 156.
(6) Tunis, 1re ch., 20 mars 1893 (J. T., 94-489).

Toutefois des prescriptions plus courtes résultent de textes spéciaux. C'est ainsi que les arrérages de la rente tunisienne se prescrivent uniformément par cinq ans (1), et qu'en matière d'enregistrement, les parties n'ont qu'un délai de deux ans pour se pourvoir en restitution des droits indûment perçus (2).

§ II. Choses insaisissables.

La question de savoir si un élément du patrimoine d'un débiteur est saisissable en tout ou en partie nous paraît rentrer dans le cadre des mesures d'ordre public territorial. Il ne saurait y avoir de doute à cet égard quand il s'agit d'une insaisissabilité de la nature de celles qui protègent une liste civile, une dotation princière ou même le traitement des fonctionnaires. Le motif est alors évident : le but de protéger le souverain contre des actions qui nuiraient à son prestige, d'empêcher que les fonctionnaires de l'Etat ne puissent être réduits à une situation de gêne qui compromettrait leur dignité, exigent en pareil cas l'application de la loi territoriale. Il doit en être de même pour les prescriptions protectrices des petits salaires ou des pensions alimentaires : le législateur a eu, par ces mesures, l'intention d'écarter les misères extrêmes, qu'il serait inhumain de ne pas éviter et parfois même dangereux pour la tranquillité publique de laisser se développer. Nous croyons donc que c'est la loi tunisienne qui peut seule régler la question de savoir si l'insaisissabilité doit être admise et dans quelle mesure.

La loi française s'appliquera, au contraire, comme loi de procédure devant le tribunal français. C'est ainsi qu'on a justement fait à la Tunisie l'application de la procédure spéciale,

(1) D. Beyl. du 9 juin 1892, art. 7 (R. A., 92-3-180).
(2) D. Beyl. du 21 juillet 1896, art. 4 (J. T., 96-401).

organisée par la loi du 12 janvier 1895 sur la saisie des salaires et petits traitements (1.

On a toujours admis que la liste civile du Bey était insaisissable par sa nature même. Quelques difficultés s'étaient présentées à l'égard des dotations des membres de la famille régnante. Bien qu'en général, ces dotations aient été considérées comme incessibles et insaisissables par les tribunaux (2), cependant on avait paru admettre que les princes pouvaient faire des délégations de revenu, et que, par suite, leur dotation était saisissable dans la mesure de ces délégations (3). La question ne se pose plus aujourd'hui en présence de l'article 3 du D. Beyl. du 16 septembre 1892, qui déclare les dotations des princes et princesses incessibles et insaisissables.

C'est ce même décret du 16 septembre 1892 (4) qui a réglementé toute la matière de la saisie des traitements dus aux fonctionnaires de l'Etat. D'après ce texte, les soldes de réforme, les pensions civiles et militaires et les sommes allouées à titre de secours, quel qu'en soit le chiffre, ne peuvent être saisies ou cédées, si ce n'est à concurrence du cinquième ou bien pour dettes envers l'Etat ou pour acquittement de pensions alimentaires.

La même règle s'applique aux traitements inférieurs à six mille francs. Au-dessus de ce chiffre, la quotité cessible ou saisissable des traitements est fixée au cinquième sur les six premiers mille francs, au quart sur les cinq mille francs suivants et au tiers sur l'excédent, à quelque somme qu'il puisse s'élever.

Sont également insaisissables les sommes avancées ou

_____

(1) Tunis, réf., 2 avril 1895 (J. T., 95-206) ; J. de p. Tunis-Nord, 20 avril 1895 (J. T., 95-285). Cf. Martineau, *op. cit.*, nos 21 à 24.
(2) Tunis, 26 mai 1886 (R. A., 86-2-434) ; Alger, 1re ch., 29 novembre 1887 (R. A., 88-2-323) ; Tunis, 2e ch., 22 mai 1890 (J. T., 96-132).
(3) Tunis, 1re ch., 17 février 1891 (R. A., 91-2-171).
(4) R. A. (92-3-194).

remboursées à titre de frais de bureau, de tournée, d'équipe-
ment, d'indemnité de déplacement et d'entrée en solde. L'insaisissabilité cesse à la mort du titulaire des ordonnances ou
mandats.

Une règle spéciale est, en outre, établie à l'égard des entrepreneurs de travaux publics. La cession et la saisie des
sommes qui leur sont dues n'ont de valeur que sous réserve
de la réception des travaux et après prélèvement des salaires
des ouvriers et de la valeur des matériaux que les fournisseurs
ont cédés. Les ouvriers sont payés de préférence aux fournisseurs.

§ III. Domaine public.

Le domaine public tunisien a été créé et organisé par un
décret beylical du 24 septembre 1885 (1). Auparavant, la notion
du domaine public était bien connue dans la Régence, mais
on ne trouvait aucun texte sur la matière et il avait été
reconnu que les lois françaises sur le domaine public ne pouvaient s'appliquer à la Tunisie (2).

L'article 1er du D. Beyl. du 24 septembre 1885 énumère
les divers biens qui rentrent dans la composition du domaine
public : ce sont, en principe, toutes les parties du territoire et
tous les ouvrages qui ne sont pas susceptibles de propriété
privée. L'énumération contenue dans cet article, bien que
copiée sur le droit public français, est plus large que celle de
ce dernier. Elle comprend, par exemple, les sources de toute
nature, les cours d'eau de toutes sortes (3), les canaux de navi-

---

(1) Bomp., p. 96.
(2) Tunis, 6 mai 1885 (J. T., 94-524).
(3) Le D. Beyl. de 1885 ne comporte pas de restrictions et englobe donc
dans le domaine public les cours d'eau qui ne sont ni navigables, ni
flottables (Tunis, 2e ch., 12 juin 1896, J. T., 96-436). — La rareté des cours
d'eau a nécessité cette règle, qui existe, en Algérie, pour le même motif.

gation, d'irrigation ou de desséchement, exécutés dans un but
d'utilité publique, et toutes leurs dépendances. Les chemins de
fer, les tramways publics et leurs dépendances font aussi partie
du domaine public. Il en est de même des aqueducs, puits et
abreuvoirs à l'usage du public. Les francs-bords des cours
d'eau et des canaux y sont compris. Le décret sur le domaine
public tunisien étant l'œuvre de jurisconsultes français, l'expression « francs-bords » doit se prendre dans le sens admis
par le droit français et s'entendre d'une bande de terrain
située le long d'un cours d'eau, et qui en permet la surveillance,
le curage et l'entretien (1). Les tribunaux ont qualité pour
vérifier jusqu'où vont les francs-bords des cours d'eau (2). Les
marais et les dunes mobiles, n'étant pas compris dans l'énumération du décret de 1885, restent susceptibles de propriété
privée (3).

Lorsqu'on a reconstitué le domaine public tunisien, on s'est
trouvé en présence d'une situation de fait dont il a bien fallu
tenir compte. Sans doute, le décret de 1885 ne disposait pas
seulement pour l'avenir : il était, en outre, rédigé dans le but
avoué de déterminer pour le passé quelles étaient les portions
du territoire qui, ayant toujours appartenu à ce domaine
reconnu par la loi musulmane, n'avaient pu en être arbitrairement distraites. Celles-là, le décret de 1885 les fait rentrer
dans le domaine public, mais il y place, en outre, divers biens,
qui ont pu être, auparavant, l'objet d'appropriations légitimes.
Il a donc fallu, pour ne point léser de droits, établir des distinc-
tions et régler la question d'indemnité d'une façon différente
suivant les cas.

Les droits privés de propriété, d'usage ou d'usufruit, légalement acquis sur les cours d'eau, les sources, les abreuvoirs
ou les puits, antérieurement à la promulgation du D. Beyl. du
24 septembre 1885, ont été maintenus. Les tribunaux ont

(1) Tunis, 1re ch., 18 mai 1896 (J. T., 96-366).
(2) Tunis, 1re ch., 19 février 1894 (R. A., 94-2-252).
(3) Tunis, 1re ch., 9 avril 1894 (R. A., 94-2-331).

juges des contestations qui peuvent s'élever à cet égard. C'est au prétendu propriétaire à faire la preuve de son droit [1].

Le rivage de la mer rentre, au contraire, nécessairement dans le domaine public. Cependant le principe d'une indemnité est admis si l'attribution d'une portion du rivage au domaine public entraîne la démolition de constructions déjà existantes. Dans tous les autres cas, les concessions de parties du rivage de la mer qui auraient été arbitrairement accordées à des particuliers, retournent au domaine public [2].

Quand une délimitation du domaine public lèse les droits des tiers, ces droits se résolvent en attribution de dommages-intérêts.

Les contestations relatives au domaine public sont l'objet de règles de compétence spéciales, que nous avons déjà eu l'occasion d'étudier (3).

L'article 3 du D. Beyl. de 1885 stipule que le domaine public est inaliénable et imprescriptible. Ce dernier point a été spécialement établi pour les chemins de fer et leurs dépendances (4). Il en résulte logiquement que les immeubles compris dans le domaine public ne peuvent faire l'objet d'une action possessoire (5).

Les parties du domaine public comprises dans un immeuble immatriculé ne sont pas assujetties à l'immatriculation, et les droits qui s'y appliquent subsistent indépendamment de toute inscription (6).

---

(1) Tunis, 2e ch., 13 juin 1889 (J. T., 90-274).

(2) Tunis, 2e ch., 18 février 1888 (J. T., 95-535) ; Tunis, 1re ch., 15 juin 1891 (R. A., 91-2-564).

(3) Cf. *suprà*. p. 186.

(4) Tunis, 2e ch., 30 janvier 1892 (J. T., 93-202). — Cf. loi foncière, art. 307 (Bomp., p. 227).

(5) Trib. mixte, 28 décembre 1887 (R. A., 88-2-109) ; Tunis, 2e ch., 5 mai 1888 (R. A., 88-2-506) ; Tunis, 2e ch., 30 janvier 1892 (J. T., 93-202; Tunis, 1re ch., 12 juin 1893 (R. A., 93-2-485) ; Tunis, 1re ch., 11 juin 1894 (R. A., 94-2-434) ; Tunis, 1re ch., 18 juin 1894 (J. T., 94-417) ; Sousse, 1er mars 1895 (J. T., 95-495).

(6) Loi foncière. art. 42 (Bomp., p. 212).

Aux termes de l'article 6 du décret de 1885, les travaux de défense des places de guerre ou les forteresses classées par décret font partie du domaine public et sont administrés par le ministre de la guerre. Un décret du 2 septembre 1886 (1) a réglementé le domaine militaire, qui comprend, en général, les immeubles utilisés par le corps d'occupation. Mais, en déclarant l'autorité militaire française substituée aux droits du Gouvernement tunisien, le D. Beyl. de 1886 n'a pas voulu dire que toutes les lois dont le génie militaire peut se prévaloir en France seraient applicables en Tunisie : les dispositions du D. Fr. du 10 août 1853 sur les servitudes militaires ne s'appliquent dans la Régence que si elles y ont fait l'objet d'une promulgation spéciale (2).

L'Etat tunisien possède aussi un domaine privé, appelé domaine de l'Etat. Les forêts qui y sont comprises sont soumises à la procédure d'immatriculation, mais d'une façon plus expéditive que les immeubles appartenant à des particuliers (3).

Les mines font également partie du domaine de l'Etat (4). Le directeur général des travaux publics peut, en vertu du D. Beyl. du 10 mai 1893 (5), autoriser des fouilles chez les particuliers. Les carrières appartiennent au propriétaire du sol : en cas de contestation sur la nature d'un gîte, il est statué par décret beylical.

(1) Bomp., p. 484.

(2) Alger, ch. corr., 20 février 1897 (J. T., 97-468).

(3) D. Beyl. du 4 avril 1890 (J. T., 90-94). Cf. de Dianous, *op. cit.*, p. 193 et 200.

(4) Cf. arrêté du Premier Ministre, 1er décembre 1881 (Bomp., p. 96).

(5) J. T., 93-170. Cf. de Dianous, *op. cit.*, p. 183.

CHAPITRE VII

LOIS PÉNALES

En présence du silence gardé par la loi du 27 mars 1883 sur les lois pénales que la justice française appliquerait en Tunisie, on a pu avoir quelques hésitations. Toutefois, la loi française du 28 mai 1836 n'a pas été abrogée dans la Régence en ce qui concerne son titre V, qui impose à nos juridictions consulaires des Echelles du Levant et de Barbarie l'application des lois pénales françaises. En remplaçant le tribunal consulaire de Tunis, notre juridiction criminelle devait appliquer les mêmes lois que lui.

Les divers actes qui ont supprimé les tribunaux consulaires des puissances étrangères, n'ont contenu aucune stipulation à ce sujet. Seul le protocole italien de 1884 y fait allusion, quand il vise la possibilité d'appliquer la peine de mort à un national italien : il admet donc l'application de la loi pénale française, car la peine de mort a disparu de la loi répressive italienne. D'ailleurs on ne conçoit guère, en matière pénale, l'emploi de plusieurs lois différentes. Si l'on rejette l'application du Code pénal français, la loi tunisienne, loi du territoire, devra être écartée comme incompatible avec nos mœurs, et il faudra recourir à la loi répressive de chaque accusé : qui ne voit dans quelles complications l'on tomberait, si l'on se trouvait en présence de plusieurs accusés de nationalités différentes, dont les lois pénales ne concorderaient pas et seraient peut-être même contradictoires ?

Au surplus, le Gouvernement beylical a admis formellement l'application du Code pénal français lorsque, par le décret du 2 septembre 1885, il a fait abandon à nos tribunaux d'une portion de sa juridiction répressive sur les indigènes.

Il est donc certain que c'est le Code pénal français qui doit être la base des décisions de notre juridiction, et c'est par une déduction de ce principe que la Cour de cassation a refusé d'appliquer le Code de police tunisien du 25 février 1862 aux Français et autres justiciables de nos tribunaux (1).

Toutefois, une difficulté se présente lorsqu'on examine le titre V de la loi française du 28 mai 1836 : en effet, ce texte législatif impose bien aux tribunaux consulaires l'obligation d'appliquer la loi pénale française dans les matières d'ordre public international, dans celles qui outragent évidemment les principes de la morale. Il garde le silence au sujet des prescriptions de police territoriale, prescriptions qui sont souvent de pure convention sociale.

On ne pouvait supposer, dans le silence de la loi, que les dispositions répressives de la législation française dussent s'appliquer. D'autre part, les lois en question sont indispensables pour la bonne administration d'un pays, car les faits qu'elles atteignent, s'ils ne violent pas la morale, sont nuisibles à l'intérêt public de ce pays. Pour combler cette lacune, le Bey rendit un certain nombre de décrets, en particulier, en matière de délits de presse et de police de la chasse. Quand on voulut faire l'application de ces textes, une très vive controverse s'éleva : n'y avait-il pas là une violation évidente des capitulations, par lesquelles le Bey avait abdiqué toute autorité répressive à l'encontre des nationaux ou des protégés des puissances européennes ?

La question fut portée en appel devant la Cour d'Alger qui, le 21 mai 1885 (2), rendit un arrêt aux termes duquel les décrets

---

(1) Cass. crim., 12 janvier 1894 (J. T., 94-114).
(2) Alger, ch. corr., 21 mai 1885 (R. A., 85-2-235).

beylicaux établissant des pénalités sont applicables à nos
justiciables lorsqu'ils ont été revêtus du visa du Résident
général de France. Ce fonctionnaire aurait, en effet, tiré du
D. Fr. du 10 novembre 1884 (1) la délégation des pouvoirs du
Gouvernement français, et, par suite, son visa donnerait au
décret beylical qui en serait revêtu toute la force d'un acte
législatif français.

La Cour de cassation a admis cette doctrine en décidant que
le décret qui a donné au Résident général le droit de viser les
actes beylicaux a été régulièrement pris en exécution des lois
du 27 mai 1881 et du 9 avril 1884, lois qui ont ratifié les traités
constitutifs de notre protectorat sur la Tunisie (2).

La solution de l'arrêt de la Cour de cassation a aujourd'hui
triomphé en pratique et l'on ne conteste plus la régularité de
l'application aux Français et assimilés des décrets beylicaux
approuvés par le Résident général. Cette doctrine est parfaitement soutenable. Sans doute, c'est à tort qu'on a voulu faire
dépendre la validité de la délégation accordée au Résident
général de l'article 18 du sénatus-consulte du 3 mai 1854. Ce
texte donne bien au chef de l'Etat le droit de légiférer, mais ce
pouvoir ne vise que les colonies ; il ne saurait donc s'appliquer à un pays de protectorat comme la Tunisie. Il est beaucoup
plus juste de dire que les lois portant approbation des traités
du Bardo et de la Marsa ont donné pouvoir au Président de la
République de prendre par décret les mesures d'exécution nécessaires, et que l'approbation des décrets beylicaux de police
territoriale rentrait dans cet ordre de mesures, leurs dispositions étant indispensables au bon fonctionnement de l'administration locale et au maintien de l'ordre dans la Régence (3).

Telle est donc la théorie : la loi pénale française s'appliquera
pour les matières d'ordre public absolu et international ; les
lois d'ordre public territorial et de police locale seront prises

(1) Bomp., p. 231.
(2) Cass. crim., 8 août 1889 (S., 90-1-239).
(3) Cf., à ce sujet, Despagnet, *op. cit.*, p. 312.

par le Bey, sous réserve du visa résidentiel. C'est à la science du juge à discerner la nature de chaque espèce.

Dans l'application du principe ainsi établi, la jurisprudence s'est montrée souvent hésitante. Elle a imposé sans difficulté aux Français et assimilés le D. Beyl. du 14 octobre 1884 sur la presse (1) ou celui du 12 juin 1884 sur la police de la chasse (2). De même les lois tunisiennes sur la contrebande du tabac ont été appliquées par nos tribunaux (3), ainsi que celles qui ont trait à la police des ports (4) ou au colportage des journaux (5). Dans le même ordre d'idées, il a été reconnu que le D. Beyl. sur l'exercice de la pharmacie et la vente des substances toxiques était obligatoire pour les Européens en Tunisie (6), tandis qu'il n'y avait pas lieu de leur faire application des lois françaises sur l'exercice de la médecine et de la pharmacie (7).

Au contraire, il semble que la Cour d'Alger ait considéré que les D. Beyl. ne pouvaient pas légiférer au regard de nos justiciables pour les matières prévues par le Code pénal. C'est ainsi que, par un arrêt du 23 octobre 1885 (8), elle a décidé que le D. Beyl. du 23 juillet 1884 sur les loteries, même approuvé par le Résident général, ne pouvait avoir pour effet d'empêcher l'application de l'article 410 du Code pénal. De même, il a été fait usage de l'article 475, § 5 du Code pénal au sujet des loteries et jeux de hasard (9) et de l'article 471, §§ 4 et 5 du même

----

(1) Alger, ch. corr., 26 novembre 1887 (J. T., 90-53) ; Cass. crim., 8 août 1889 (S. 90-1-239) ; Alger. ch. corr., 11 avril 1890 (J. T., 90-128) ; Alger, ch. corr., 6 avril 1894 (J. T., 94-317) ; Cass. crim., 26 avril 1894 (J. T., 94-290) ; Tunis, 1re ch., 29 février 1896 (J. T., 96-263).

(2) Alger, ch. corr., 21 mai 1885 (R. A., 85-2-235) ; Sousse, 11 septembre 1891 (J. T., 92-63).

(3) Tunis, 13 mai 1887 (R. A., 87-2-415) ; Sousse, 3 novembre 1892 (J. T., 92-279).

(4) Sousse, 27 mai 1891 (J. T., 92-79).

(5) Cass. crim., 29 décembre 1888 (J. T., 89-62).

(6) Gabès, simple pol., 10 avril 1889 (J. T., 89-104) ; Sousse, 10 juillet 1889 (J. T., 90-183).

(7) Tunis, 2e ch., 18 octobre 1895 (J. T., 95-517).

(8) Alger, ch. corr., 23 octobre 1885 (J. T., 89-228).

(9) Cass. crim., 29 décembre 1888 (J. T., 89-62).

Code à l'égard de certaines contraventions de voirie (1).

Nous pouvons également citer un jugement du tribunal correctionnel de Sousse (2), portant les peines prévues par l'article 346 du Code pénal contre un Français qui avait omis de faire la déclaration de naissance de son enfant nouveau-né aux autorités désignées par le D. Beyl. du 29 juin 1886. Il y aurait bien quelques réserves à formuler à ce sujet ; il est, en effet, difficile de voir dans cette disposition répressive une mesure d'ordre public international. Le délit qui résulte de la violation de l'article 56 du Code civil est évidemment une infraction de convention sociale, dont la répression ne parait constituer qu'une mesure de police territoriale.

La jurisprudence est hésitante à l'égard du Code forestier. Tantôt elle a admis qu'il était applicable dans la Régence sur tous les points où une loi spéciale n'y avait pas dérogé (3); tantôt elle s'est posé, sans la résoudre, la question de savoir si le Code forestier avait autorité légale en Tunisie (4).

Des hésitations de même nature se sont produites au sujet du Code rural (5) ou de la loi française du 23 janvier 1873 sur l'ivresse publique (6). La question a été posée par le tribunal, mais celui-ci a évité de la résoudre. Il nous semble que le caractère de ces lois est plutôt territorial et qu'il y aurait lieu d'en écarter l'application en Tunisie.

---

(1) Cass. crim., 12 janvier 1894 (J. T., 94-114) ; Sfax, s. pol., 7 juin 1889 (J. T., 90-279).
(2) Sousse, 26 juin 1889 (J. T., 89-168).
(3) Tunis, 1re ch., 2 juillet 1890 (J. T., 90-224).
(4) Le Kef, s. pol., 21 avril 1887 (J. T., 89-15).
(5) Tunis, 1re ch., 22 février 1892 (J. T., 94-122).
(6) Cass. crim., 17 mars 1893 (J. T., 93-194).

APPPENDICE

NOTES SUR L'ORGANISATION ET LE FONCTIONNEMENT
DU TRIBUNAL MIXTE.

Le tribunal mixte immobilier a été constitué par la loi foncière du 1er juillet 1885 pour prononcer définitivement sur les
demandes d'immatriculation d'immeubles tunisiens. Organisé
par une loi tunisienne, composé de membres nommés par le
Bey, il juge au nom de la souveraineté locale et constitue, sans
doute possible à notre avis, un tribunal tunisien (1); il ne
rentre pas dans le cadre étroit de cette étude, qui porte sur la
juridiction française et laisse de côté la justice indigène

Cependant, il nous semble que nous ne donnerions pas une
idée exacte de l'influence que l'établissement de notre protectorat a exercée sur l'organisation judiciaire de la Régence, si
nous ne présentions pas une rapide notice sur la composition
et le fonctionnement de ce tribunal. Bien que ce soit une juridiction tunisienne, il doit son origine à l'établissement de
notre influence ; ses membres sont, en majorité, de nationalité
française ; sa procédure est, autant que possible, basée sur
nos lois ; ses décisions ont l'autorité de la chose jugée à l'égard
de notre juridiction avec laquelle il a des règles de litispendance spéciales ; enfin, l'immatriculation a pour effet de faire
passer les litiges immobiliers concernant les fonds immatriculés sous la compétence de la juridiction française et elle inter-

(1) Cf. *tamen :* Alger, 1re ch., 26 mars 1895 (J.T., 95-446), où il est dit que
le tribunal mixte ne peut être considéré comme une juridiction étrangère.

vient dans le cours des ventes faites à la barre de nos tribunaux ; ce sont là de nombreux motifs pour ne pas exclure
d'une étude sur la justice française de la Régence l'examen de
la situation particulière du tribunal mixte.

Toutefois, il nous paraît indispensable, pour la clarté du
sujet, de fournir auparavant quelques rapides renseignements
sur la propriété foncière du vieux droit tunisien et sur celle
que le régime de 1885 a inaugurée dans la Régence.

§ Ier. La propriété et les droits réels d'après l'ancien droit tunisien (1).

D'après M. Coulon (2), les droits réels immobiliers qui grèvent les fonds tunisiens non immatriculés sont : la propriété,
l'*enzel* et la rente de l'*enzel* (3), l'usufruit des immeubles, l'usage
et l'habitation, l'emphytéose, la superficie, les servitudes foncières, l'antichrèse, les privilèges, le *rahnia* ou gage immobilier (4), le *habous* (5), le *khoulou* (6), la *hatzka* (7) et le *kirdar* (8).

(1) Cf. d'Estournelles de Constant, *op. cit.*, p. 381 ; Faucon, *op. cit.*,
t. Ier, p. 394 ; Coulon : *Notes sur la jurisprudence en matière de propriété
immobilière tunisienne* (J. T., 96-181). La plupart des définitions contenues
dans ce paragraphe sont extraites du *Vocabulaire des termes empruntés
par la pratique judiciaire au langage indigène* de M. Berge (J. T., 95-158).

(2) Article déjà cité, J. T., 96-181, note 1.

(3) *L'enzel* est l'aliénation du domaine utile d'un immeuble contre
paiement d'une rente.

(4) Cf. *suprà*, p. 349.

(5) Cf. *suprà*, p. 165 ; de Dianous, *op. cit.*, p. 208.

(6) Droit d'usage perpétuel d'une boutique ou d'un magasin, qui s'acquiert par le paiement d'une somme effectuée une fois pour toutes par le
locataire (Khoulou-el-meftah) ; — ou encore — droit viager acquis par le
locataire d'une boutique, qui a renouvelé plusieurs fois son bail sans augmentation de loyer (Khoulou-el-djelsat).

(7) Droit perpétuel d'habitation acquis par l'israélite premier occupant,
moyennant un supplément de loyers. A son sujet, cf. Tunis. 2e ch.,
4 avril 1894 (J. T., 94-273).

(8) Sorte d'enzel dont la redevance annuelle est variable selon que la
valeur de l'immeuble augmente ou diminue. Cf. *suprà*, p. 168.

Avant l'établissement du système de la loi foncière, les biens se présentaient, en Tunisie, sous trois formes différentes : les biens du beylick, les biens habous et les biens privés ou biens *melk* (1). On trouve, en Tunisie, beaucoup de propriétés indivises, mais on n'y remarque point, comme en Algérie, la terre *arch*, la propriété collective de la tribu ou tout au moins de la famille (2).

Les biens du beylick formaient le domaine de l'Etat; ils comprenaient, en outre, les terres sans maître et les biens en déshérence. Nous connaissons déjà les biens habous, définis par M. Berge (3) : des biens frappés d'inaliénabilité, objets d'une fondation pieuse et dont la jouissance est attribuée, soit à la descendance du fondateur, puis, en cas d'extinction, à un établissement religieux déterminé, soit immédiatement à cet établissement : nous n'avons pas à revenir à leur sujet.

La propriété melk doit nous retenir, au contraire, quelque peu, car elle présente un caractère très original, bien que ses imperfections aient nécessité l'élaboration de la loi foncière

(1) Cf. rapport d'A. Dain au gouverneur général de l'Algérie sur le système Torrens et son application en Tunisie et en Algérie (R. A., 85-1-288).

(2) On peut donc relever entre le régime foncier de la Tunisie et celui de l'Algérie des différences assez sensibles, qui proviennent d'un développement plus rapide de la civilisation chez les habitants de la Régence que chez les Algériens. Rien n'interdit de penser que la Tunisie a connu, comme l'Algérie, la propriété collective, mais que, sous l'influence d'un état économique plus parfait, cette forme défectueuse a disparu alors qu'elle s'est maintenue en Algérie. Aussi le terrain était-il mieux préparé en Tunisie qu'en Algérie pour des réformes immobilières : et tandis que le régime de 1885 n'a demandé que des modifications peu importantes, les lois foncières algériennes sont l'objet de retouches constantes ; c'est ainsi que la loi du 26 juillet 1873, d'abord modifiée par celle du 28 avril 1887, vient de l'être encore par celle du 16 février 1897.

Les différences entre le régime foncier de l'Algérie et celui de la Tunisie, expliquent les nombreux désaccords qui existent, en matière immobilière, entre la Cour d'Alger et les tribunaux de la Régence. C'est pourquoi nous croyons nécessaire la création d'une Cour d'appel, spéciale à la Tunisie.

(3) J. T., 95-164.

de 1885. Cette propriété se transmet entre les parties par le seul effet de leur consentement (1), mais il en est autrement à l'égard des tiers. En ce qui les concerne, la mutation ne leur est opposable que si elle est inscrite sur le titre de propriété ; cette inscription est requise, en principe, à l'égard de tous les droits réels qui grèvent l'immeuble comme une condition indispensable pour que les tiers doivent respecter leur existence (2). La coutume n'admet une exception qu'à l'égard du contrat de *mégharsat* (3) qui se présente par lui-même avec un caractère suffisamment public pour que l'acquéreur n'en puisse raisonnablement ignorer l'existence pour peu qu'il se transporte sur le fonds (4).

Le titre de propriété est celui qui a été rédigé lors de la création de la propriété et qui porte mention des transformations successives et des mutations subies par l'immeuble. Il doit comporter une description du fonds, l'indication de ses limites et la mention des droits réels qui l'affectent. Le titre — et ce n'est point là le caractère le moins original du droit immobilier tunisien — constitue la représentation juridique de l'immeuble ; il se lie intimement avec lui, de telle sorte que la mise en gage du titre engage l'immeuble et que celui-ci ne peut être aliéné que par le titre et avec lui.

Ce sont les notaires tunisiens, les *adouls*, qui doivent rédiger le titre et y apporter les mentions successives. Leur devoir est de s'assurer, lorsqu'ils font une mutation, de la validité des titres de propriété, et leur responsabilité serait engagée en cas de négligence de leur part et à plus forte raison s'ils avaient donné de faux renseignements (5).

(1) Tunis, 4 décembre 1885 (J. T., 89-30) ; Tunis, 2e ch., 1er mai 1890 (J. T., 90-227).
(2) Cf. indication de la jurisprudence, J. T., 95-452, note 2. — *Adde :* Tunis, 2e ch., 23 janvier 1895 (J. T., 95-451) ; Tunis, 1re ch., 29 juin 1896 (J. T., 96-553).
(3) Bail à complant.
(4) Trib. mixte, 28 mai 1895 (J. T., 95-548).
(5) Tunis, 1re ch., 31 décembre 1891 (J. T., 96-186, note 1).

Il se peut que, par suite d'un partage ou d'une vente partielle, il y ait lieu de procéder au fractionnement de l'immeuble. On crée alors, pour servir de titre à la nouvelle fraction,
un *medmoun* qui résume l'ancien titre de propriété et établit la
vente partielle ou le partage. Une mention d'annulation partielle est inscrite sur l'ancien titre de propriété (1). En cas
d'affirmations contradictoires entre le titre et le *medmoun*,
c'est au premier qu'on doit donner la préférence (2).

En théorie, ce système paraît excellent, et il semble qu'il
eût dû donner à la propriété tunisienne une somme suffisante
de certitude et de publicité : en pratique, il en a été tout autrement. Il ne faut pas oublier que, pendant de longues années,
la Régence a été en proie au plus grand désordre administratif ; les insurrections s'y produisaient presque régulièrement ; les abus de pouvoir étaient fréquents ; la confiscation
était un des procédés ordinaires des favoris du Bey pour arriver
à se constituer des fortunes colossales ; il y avait là autant de
causes d'instabilité pour la propriété foncière. Qu'on joigne à
ces inconvénients ceux que pouvait produire le trop grand
nombre de droits réels qui venaient affecter la propriété immobilière sans qu'un mode de constatation et de publicité avertît
l'acquéreur des dangers que présentait son acquisition.

On voit que la situation nécessitait une réforme, et l'intervention du législateur était rendue plus indispensable par
suite des procédés employés pour remplacer le titre de propriété, qui était égaré ou détruit.

Il a été admis qu'à défaut de titre de propriété, le droit du
propriétaire s'établissait par la possession : il en est de même
si les titres produits sont inapplicables ou muets sur les
imites et l'étendue de l'immeuble auquel ils se rapportent (3).
Cette solution a été admise implicitement par la Cour de cas-

(1) Tunis, 2ᵉ ch., 29 avril 1893 (J. T., 96-362).
(2) Tunis, 2ᵉ ch., 6 mai 1892 (J. T., 94-186).
(3) Tunis, 2ᵉ ch., 17 mai 1893 (J. T., 94-342) ; Tunis. 2ᵉ ch., 28 mai 1892
(J. T., 96-199).

sation qui a jugé, en outre, que des baux et des perceptions de loyers pouvaient, en établissant la possession prolongée, faire la preuve de la propriété en l'absence du titre (1). Il n'est pas même nécessaire que la possession ait duré pendant tout le temps requis pour l'obtention de la prescription acquisitive (2).

La pratique a créé un autre moyen de remplacer le titre de propriété perdu ou détruit, et c'est ce procédé qui a, peut-être, jeté le plus grand trouble dans l'organisation foncière de la Régence : la propriété s'est prouvée, à défaut de titre, par l'emploi d'actes de notoriété, connus sous le nom d'*outikas*. Ce ne sont, à proprement parler, que des procès-verbaux de dépositions de témoins, rédigés par les notaires sous la surveillance et avec l'autorisation du cadi. Ces dépositions doivent être concordantes et il importe que leurs auteurs soient capables de témoigner et d'une réputation irréprochable. L'*outika* est revêtue du sceau du cadi et de la formule exécutoire. Si l'*outika* est, en outre de ces conditions, d'une date ancienne, elle peut servir de preuve à la propriété (3). Si l'on se trouve en présence de deux *outikas* de date ancienne, mais portant des affirmations contradictoires, il n'y a pas lieu d'ajouter foi à la plus ancienne des deux, et il convient, en les rejetant l'une et l'autre, de rechercher ailleurs la vérité (4). De date récente, l'*outika* n'a plus qu'une autorité très relative (5) et elle la perd entièrement si elle se heurte à un acte qui soit contradictoire (6).

A ne considérer que l'apparat de sa rédaction, la qualité de ses auteurs, les conditions de moralité exigées des témoins et

(1) Cass. req., 18 octobre 1893 (J. T., 93-355).

(2) Sousse, 28 février 1889 (J. T., 89-53) ; Tunis, 2e ch., 22 mai 1895 (J. T., 95-461).

(3) Tunis, 2e ch., 23 mars 1889 (J. T., 89-133) ; Tunis, 2e ch., 23 janvier 1895 (J. T., 95-451).

(4) Tunis, 2e ch., 28 mai 1892 (J. T., 96-199).

(5) Tunis, 1re ch., 31 décembre 1890 (J. T., 91-114).

(6) Tunis, 2e ch., 13 novembre 1890 (J. T. 94-485).

l'intervention judiciaire du cadi, il semble qu'une *outika* doive donner de réelles garanties d'exactitude : en fait, il en est tout autrement. Les témoignages sont admis sans discernement, le notaire tunisien écrit ce que lui dictent les intéressés et le cadi confirme l'acte sans le contrôler aucunement. Il en résulte que les *outikas* sont un moyen des plus faciles pour couvrir toutes sortes de fraudes. La fréquence avec laquelle se représentent des *outikas* inconciliables par rapport au même fonds est la meilleure preuve des dangers que comporte ce procédé. Le propriétaire, par exemple, bien que détenant le titre, vendra sur une *outika* ; il consentira ensuite une deuxième vente sur le titre et le second acquéreur viendra déposséder le premier, car le titre prévaut contre les *outikas*.

La situation était donc dangereuse pour le crédit public : elle s'aggravait, en outre, pour les Européens, de la nécessité de subir la juridiction du Charâ, tribunal religieux, qui est naturellement favorable aux musulmans et qui, tout en acceptant la preuve testimoniale en toutes matières et même contre les écrits, refuse cependant le témoignage des non-musulmans. De récentes tendances de la jurisprudence des tribunaux ont encore augmenté les dangers courus par les acquéreurs de fonds non immatriculés

Jusqu'à une date encore récente, on avait exigé qu'un droit réel, pour être opposable aux tiers, fût inscrit sur le titre de propriété. Généralisant la théorie que nous avons indiquée au sujet du contrat de *mégharsat*, le tribunal mixte, par un jugement du 28 mai 1895 (1), a admis que le principe de la nécessité de la transcription sur le titre des mutations et des constitutions de droits réels n'est pas absolu : par exemple, en cas de vente non transcrite, si cette vente a été suivie d'une prise de possession publique et sans équivoque, le transfert de la propriété serait opposable à tout acquéreur postérieur en date, parce que celui-ci n'a pu raisonnablement l'ignorer lors de

(1) **J T.**, 95-348.

son acquisition. Cette décision est des plus fâcheuses, car elle
laisse la place ouverte à l'arbitraire du juge et ne donne aucune
garantie aux tiers.

La même jurisprudence paraît s'établir en matière de donation (1). On avait d'abord admis qu'en pareil cas, le titre de
propriété devait porter mention de la mutation (2) ; puis la
question avait été posée sans être résolue (3). Enfin la Cour
d'Alger, dans un arrêt du 26 février 1895 (4), s'est basée sur ce
que la donation, pour être valable en droit tunisien, compor-
tait la prise de possession du donataire et qu'il en résultait un
fait de publicité suffisant pour avertir les tiers et suppléer à la
mention sur le titre. Il est à remarquer qu'il s'agissait, dans
l'espèce, d'une donation entre époux, qui rendait très difficile
la constatation du changement de possession.

A toutes ces incertitudes qui planent sur la propriété foncière, le seul remède pratique est celui que fournit la loi du
1er juillet 1885, qui a organisé le système de l'immatriculation.

§ II. Système de la loi foncière.

La loi du 1er juillet 1885 sur l'organisation de la propriété
foncière (5) est venue modifier considérablement le système
immobilier de la Tunisie.

La situation, nous venons de le voir, nécessitait une réforme,
mais dans quel sens devait-elle se produire ? Fallait-il se contenter d'introduire dans la Régence les dispositions du Code
civil français ou bien devait-on élaborer un système nouveau ?
C'est à ce dernier parti que l'on s'est arrêté, et avec de justes
raisons. Il faut bien reconnaître que notre législation immobi-

(1) Cf. supra, p. 328 et 331.
(2) Tunis, 2e ch., 8 mai 1890 (J. T., 93-309).
(3) Alger, 1re ch., 16 mai 1893 (J. T., 93-322).
(4) Alger, 1re ch., 26 février 1895 (J. T., 95-557).
(5) Bomp., p. 207.

lière présente de graves imperfections et que la publicité des droits réels et l'organisation du régime hypothécaire sont loin d'être des modèles juridiques, car, dans notre pays même, le système du Code civil soulève de délicates complications, bien qu'il soit le produit d'une lente élaboration et qu'il soit entré profondément dans les mœurs. En outre, une civilisation différente exigeait un régime spécial, et l'on a bien fait d'élaborer de toutes pièces la législation foncière à appliquer dans la Régence (1).

On peut relever, dans la loi foncière de 1885, une combinaison des règles de notre Code civil avec celles de l'*act Torrens* (2). Ce dernier a fourni les éléments de la publicité de tous les droits réels qui grèvent les immeubles; notre loi a été mise à contribution pour formuler les règles de la distinction des biens et du mode d'exercice de la propriété et des autres droits réels.

La caractéristique du nouveau système réside dans la constitution d'une sorte d'état-civil de la propriété foncière. A la suite de la procédure d'immatriculation, il est dressé un titre dans lequel l'immeuble est décrit au point de vue matériel, et où mention est faite de toutes les charges réelles qui grèvent le fonds. Un plan de l'immeuble, dressé par les soins du service topographique, est annexé au titre. Ces titres sont établis sur une décision du tribunal mixte par un fonctionnaire spécial, le Conservateur de la propriété foncière; les originaux

(1) Cf. Rapport du Premier Ministre au Bey sur le projet de loi foncière (R. A., 85-1-40). — G. Chastenet : *A propos de la nouvelle loi tunisienne sur l'organisation de la propriété foncière* (Journal des Economistes, janv.-mars 1889, p. 360).

(2) On peut aussi relever dans la loi foncière de fréquents emprunts à la loi hypothécaire belge du 16 décembre 1851, dont s'inspire d'ailleurs le projet déposé au Sénat par le Gouvernement français, le 27 octobre 1896. (Cf. Flour de Saint-Genis : *La réforme hypothécaire et le projet du Gouvernement ;* Rev. polit. et parlem., 1897, tome XI, p. 299).

Issue de ces diverses sources, la loi foncière présente un caractère quelque peu disparate : on retrouve des traces d'une situation analogue dans le régime foncier de l'Alsace-Lorraine, où on a cherché à concilier les règles du droit allemand avec les principes de notre Code civil.

portés. avec des numéros d'ordre, sur un registre particulier.
sont gardés par lui, et il se contente de remettre une copie du
titre au propriétaire ou à l'enzéliste. Les autres titulaires de
droits réels reçoivent des certificats d'inscription.

Nous aurons à revenir sur la procédure à la suite de laquelle
l'immatriculation est ordonnée. Quand celle-ci est effectuée,
la situation juridique de l'immeuble se trouve absolument
fixée: tous les droits dont l'inscription n'a pas été requise
sont périmés, alors même qu'à la suite d'un dol, leur bénéficiaire n'aurait pu les produire en temps utile (1). Pour éviter
toutes difficultés sur ce point, le D. Fr. du 17 juillet 1888 (2) a
stipulé, dans son article 2, que le titre dressé en suite de la
décision du tribunal mixte prononçant l'immatriculation, est
définitif et inattaquable. A ce sujet, on ne peut que regretter
un jugement du tribunal de Sousse, en date du 28 novembre
1895 (3). Dans l'espèce, le tribunal, après s'être reconnu le
droit de vérifier si le titre de propriété était établi en conformité de la loi foncière, a autorisé un individu à revendiquer
des constructions bâties sur un fonds immatriculé au nom de
l'administration des habous, sous prétexte que le titre ne faisait pas mention de la construction en litige. Cette décision est
heureusement isolée ; car, si une pareille jurisprudence venait
à se généraliser, la loi foncière perdrait une grande partie de
son utilité, et l'on verrait renaître les incertitudes auxquelles
le législateur a voulu mettre un terme. On violerait, en outre,
formellement le D. Fr. du 17 juillet 1888, qui n'a été pris que
pour interdire aux juridictions françaises de reviser ou de
modifier les titres rédigés à la suite de décisions du tribunal
mixte, quand ceux-ci seraient produits devant elles (4).

(1) En cas de dol, d'après l'article 38 de la loi foncière, modifié en
1892. la personne qui a perdu ses droits n'a d'autre recours qu'une action
personnelle en dommages-intérêts contre l'auteur du dol.
(2) R. A., 88-3-199.
(3) Sousse, 28 novembre 1895 (J. T., 96-107).
(4) Cf. de Dianous, op. cit., p. 91, note 1.

Une fois le titre rédigé après l'immatriculation, la situation juridique de l'immeuble est absolument fixée, et les mutations de propriété doivent être inscrites sur le registre-matrice ; mention doit en être faite sur le titre et sur la copie remise au propriétaire (1). Les mutations par décès sont soumises à la transcription comme celles qui ont lieu entre-vifs.

Les droits réels constitués sur l'immeuble doivent tous être inscrits sur le titre ; il en est de même des baux de plus d'un an. La clause de vente à réméré doit aussi être inscrite ainsi que le droit concédé à l'emphytéote ou au locataire d'acheter le fonds ou de renouveler le bail à l'expiration de la durée de son contrat. Les anticipations de loyers font également l'objet d'une inscription.

On conçoit les réels avantages que présente l'immatriculation. Elle est, d'ailleurs, en principe facultative, de façon à ne point blesser les coutumes locales et les pratiques indigènes. On peut cependant constater une tendance législative à provoquer l'immatriculation et à l'imposer dans un certain nombre de cas. D'après le texte primitif, le droit de requérir l'immatriculation n'était accordé qu'au propriétaire, d'où l'on avait pu conclure qu'en cas d'indivision, les copropriétaires devaient fournir un consentement unanime pour que l'immatriculation fût possible ; le décret du 15 mars 1892 (2), qui a apporté de profondes modifications à la loi foncière, renverse la solution ; il suffira désormais que le copropriétaire ou le coenzéliste requière l'immatriculation pour que la totalité de l'immeuble y soit soumise, alors même que les autres ayants-droit n'y consentiraient pas. Toutefois, on a reconnu à ces derniers et à leurs créanciers hypothécaires la faculté de demander, par voie d'opposition, qu'il soit sursis à l'immatriculation jusqu'à ce qu'ils aient fait procéder au partage ou à la licitation des immeubles indivis.

(1) Tunis. 2ᵉ ch., 23 juin 1893 (J. T., 97-96).
(2) J. T. 92-177.

Nous savons, en outre, que dans les cas de saisie immobilière ou de licitation, le D. Beyl. du 16 mars 1892 sur les ventes
immobilières poursuivies devant les tribunaux français, a
créé de nouvelles hypothèses d'immatriculation non facultative.

La procédure de la loi foncière a naturellement trop choqué
les habitudes des indigènes pour qu'ils fussent portés à y
recourir fréquemment. L'exagération des frais faillit la faire
échouer à l'égard des Européens ; ces frais étaient parfois énor-
mes, car le Conservateur devait percevoir, en outre des taxes
se rapportant à l'opération elle-même, tous les droits de timbre
et de mutation auxquels l'immeuble avait jusque-là échappé :
on l'avait vu réclamer 20.000 francs pour un immeuble de 700
hectares, dont la valeur était estimée à une centaine de mille
francs (1). Depuis 1892, les frais ont été notablement réduits,
et le nombre des demandes d'immatriculation s'est développé.
C'est au temps à faire son œuvre en convertissant les indigènes
à une pratique qui les étonne, mais dont ils se féliciteront
quand ils en comprendront les avantages (2).

§ III. — Le Tribunal mixte.

La situation comparée de la propriété foncière organisée
selon les dispositions de la loi du 1er juillet 1885 avec la législation immobilière basée sur le Coran et régissant les biens
non immatriculés, devait être présentée comme le préliminaire

(1) Rapport de M. Massicault sur la loi du 15 mars 1892.
(2) Jusqu'à la réforme de 1892, c'est à peine si, dans une période de sept
ans, on a pu recueillir environ 200 demandes d'immatriculation. Au
1er janvier 1893, il n'y avait que 242 admissions prononcées (Econ. fr.,
1893, II, p. 365) ; 834 titres étaient établis au 31 décembre 1894 (Rapport
du Résident général au Prés. de la Rép., J. Off., 9 décembre 1895, p. 6873).
Ce chiffre était porté à 1155 au 12 novembre 1895 (Note du Conserv. de la
prop. fonc. Conf. cons., 95-2-97). Au 31 décembre 1894, la Contenance des
biens immatriculés atteignait 105,110 hectares d'une valeur totale de
14,704,000 fr.

naturel et logique d'une étude sur le tribunal mixte immobilier de Tunisie.

Cette juridiction est, en effet, de nature toute spéciale et
d'un caractère absolument exceptionnel ; elle est instituée
dans le seul but d'examiner les demandes d'immatriculation et
de décider la suite qu'elles peuvent comporter. C'est sur la
définition juridique de l'immeuble telle qu'elle résulte du jugement du tribunal mixte que le Conservateur de la propriété
foncière rédige le titre de propriété. On aurait pu, suivant
l'exemple de l'*act Torrens*, remettre à un haut fonctionnaire,
tel que son *registrar general*, le soin de décider si l'immatriculation doit être accordée ou refusée. Mais le système du
juge unique répugne à nos pratiques juridiques, et l'on a préféré avoir recours à une juridiction de plusieurs membres. On
aurait pu confier cette mission au tribunal français, mais ce
dernier avait déjà ses rôles surchargés, et il était difficile de lui
donner une occupation nouvelle et surtout de lui remettre la
solution de questions immobilières parfois fort délicates. En
outre, la juridiction française admet l'appel des décisions rendues en première instance ; or, il fallait avoir un tribunal prononçant ses arrêts en dernier ressort sous peine de tomber
dans d'inextricables difficultés et de soulever de nouvelles
instances lorsque, au contraire, on voulait mettre fin aux litiges provoqués par la situation immobilière de la Régence.

Le tribunal, tel que l'organisèrent les articles 33 et 34 de la
loi foncière, a compris des juges tunisiens à côté des magistrats français. On avait songé à éliminer l'élément indigène
de la nouvelle juridiction ; on a heureusement renoncé à cette
idée, qui eût pu éloigner les Arabes de l'immatriculation en
leur inspirant des doutes sur l'impartialité de leurs juges. De
plus, si instruits que puissent être nos magistrats dans la
connaissance du droit local, ils ont cependant trouvé dans
l'assistance de juges indigènes un concours précieux pour
l'interprétation d'une législation souvent basée sur l'usage et
inspirée par des principes fort différents de ceux de notre droit.

Le D. Beyl. du 25 février 1897 a confirmé les règles grâce auxquelles l'article 34 de la loi de 1885 a combiné la présence des magistrats français en concours avec les juges indigènes de manière à ce que les justiciables comparaissent devant un tribunal formé de membres de leur juridiction personnelle. Lorsqu'il n'y a en cause que des ressortissants du tribunal français, la Chambre qui statue est composée de trois magistrats français ; ce seront, au contraire, trois juges tunisiens qui siègeront, si les parties sont toutes tunisiennes. Enfin, lorsqu'on rencontrera dans la cause des justiciables de la juridiction française et des indigènes, il sera formé une Chambre mixte, composée de trois juges français et de deux magistrats tunisiens, sous la présidence du juge français le plus élevé en grade (1).

Si des conflits surgissaient relativement à la composition à donner à la Chambre saisie en raison de la nationalité des parties, ces conflits seraient jugés par une décision du tribunal, toutes Chambres réunies.

La composition primitive du tribunal mixte, formulée par l'article 33 de la loi foncière, avait été l'objet de diverses modifications. Un D. Beyl. du 9 mai 1896 (2) était venu organiser une Chambre temporaire et créer un poste de vice-président. Enfin le D. Beyl. du 25 février 1897 (3) a codifié les différentes dispositions qui organisaient le tribunal mixte et créé en même temps un poste de juge-rapporteur et une audience foraine à Sousse.

D'après ce dernier texte, le tribunal mixte se compose de : un président, un vice-président, un juge-rapporteur, six juges, un greffier et un commis-greffier.

Le président, le vice-président et le juge-rapporteur sont des magistrats français nommés par le Bey, sur la proposition du Résident général.

(1) D. Beyl. du 25 février 1897, art. 4 (J. T., 97-108).
(2) J. T., 96-249.
(3) J. T., 97-106.

Les six juges sont les trois juges suppléants du tribunal français de Tunis et trois juges indigènes proposés par le Charâ de cette ville.

Le greffier et le commis-greffier sont nommés par le Bey sur la présentation du président du tribunal mixte.

Le tribunal mixte est divisé en deux Chambres ; le président dirige la première et le vice-président la seconde. En cas d'empêchement, le président et le vice-président se suppléent entre eux ou sont remplacés par le juge-rapporteur ou, à son défaut, par un juge français appelé par rang d'ancienneté.

Avant le D. Beyl. du 25 février 1897, le président du tribunal mixte désignait un rapporteur spécial pour chaque affaire. Aujourd'hui, les fonctions de rapporteur sont devenues permanentes, et le magistrat qui en est chargé prend rang après le vice-président et siège dans les deux Chambres.

Le président répartit les autres membres du tribunal entre les deux Chambres ; le greffier est adjoint à la première Chambre et le commis-greffier à la seconde.

En cas d'empêchement des membres du tribunal mixte, les juges de paix de Tunis et leurs suppléants peuvent remplacer les membres français, tandis que deux magistrats tunisiens, désignés par le Bey, sur la proposition du Premier Ministre, suppléent les juges indigènes.

Dans ces derniers temps, on avait relevé une assez grande extension des immatriculations dans le centre et dans le sud de la Régence : aussi a-t-on jugé utile de donner à ce mouvement une nouvelle impulsion en rapprochant la justice du justiciable. Le D. Beyl. du 25 février 1897 crée donc à Sousse une audience foraine mensuelle dans laquelle le tribunal mixte jugera les affaires relatives aux immeubles situés dans l'arrondissement judiciaire du tribunal de cette ville. L'affaire serait jugée en audience ordinaire à Tunis si la réquisition d'immatriculation concernait plusieurs immeubles situés les uns dans le ressort de Tunis, les autres dans celui de Sousse.

C'est la deuxième Chambre qui assure le service de l'audience foraine de Sousse dans les conditions suivantes : la juridiction se compose du vice-président du tribunal mixte, du juge-rapporteur de ce même tribunal, du juge suppléant du tribunal français de Sousse, du président du tribunal régional tunisien de Sousse et d'un membre du Charâ de cette ville. Le commis-greffier du tribunal mixte complète la juridiction.

Les trois juges français statuent seuls sur les affaires qui ne concernent que des justiciables de nos tribunaux. Dans les causes où il n'y a que des indigènes intéressés, le tribunal doit être formé de trois juges tunisiens : dans ce cas, le président du tribunal mixte désigne un des juges tunisiens du tribunal mixte pour se transporter à Sousse et y présider l'audience.

Si le juge suppléant du tribunal de Sousse ne peut compléter le tribunal, il est remplacé par le juge de paix de cette ville. De même, en cas d'empêchement, le président du tribunal régional tunisien est suppléé par le plus ancien juge de cette compagnie et le membre du Charâ de Sousse est remplacé par un de ses collègues.

Ainsi constitué par des actes émanant de l'autorité beylicale, le tribunal mixte est incontestablement une juridiction tunisienne (1). On a donc pu se demander s'il n'y avait pas une violation des capitulations dans le fait de lui soumettre les oppositions dans lesquelles le demandeur et le défendeur sont tous deux européens ou assimilés. Les capitulations, en pareil cas, excluaient formellement la compétence du tribunal indigène : or, les puissances ont bien consenti à la suppression de leurs juridictions consulaires au profit des tribunaux français, mais non en faveur d'un tribunal tunisien, quelles que soient d'ailleurs les garanties que cette juridiction puisse présenter au point de vue de la science juridique et de l'impartialité. L'argument ne manquerait pas de valeur, si la loi foncière n'avait elle-même fourni la réponse à lui opposer : en effet,

(1) Sousse, 28 novembre 1895 (J. T., 96-31).

son article 36, modifié par le D. Beyl. du 6 novembre 1888, a décidé que lorsqu'une opposition à une immatriculation serait formée par un justiciable des tribunaux français, ce dernier pourrait porter la question devant le tribunal français à la condition de faire valoir son exception avant toute défense au fond. Il est donc permis de soutenir qu'à l'égard des Européens, la juridiction du tribunal mixte est facultative, et qu'en ne demandant pas leur renvoi devant la justice française, ils ont tacitement accepté la compétence du tribunal mixte à leur égard (1).

Préliminaires de l'immatriculation. — L'étude rapide de la procédure d'immatriculation nous permettra d'examiner les diverses controverses que soulève le fonctionnement du tribunal mixte.

Aux termes de la loi modificative du 15 mars 1892 (2), l'immatriculation est facultative et ne peut être requise que : 1° par le propriétaire et le copropriétaire ; 2° par l'enzéliste et le coenzéliste ; 3° par les détenteurs de droits réels d'usufruit, d'usage, d'habitation, d'emphytéose, de superficie et d'antichrèse ; 4° par le créancier hypothécaire non payé à l'échéance, huit jours après une sommation restée infructueuse (3) ; 5° avec le consentement du propriétaire ou de l'enzéliste, par les détenteurs de servitudes foncières et d'hypothèques.

La procédure s'ouvre par le dépôt, fait à la Conservation de la propriété foncière par le requérant, d'une déclaration portant élection de domicile en Tunisie et indiquant son nom et sa qualité, fournissant une description et une évaluation de l'immeuble ainsi que le détail des droits réels immobiliers existant sur le fonds avec le nom des ayants-droit. On joint à cette déclaration le dépôt du titre de propriété et de tous les

---

(1) Alger, 1re ch., 30 mai 1892 (R. A., 92-2-428) ; Tunis, 1re ch., 30 janvier 1893 (R. A., 93-2-257).

(2) J. T., 92-177.

(3) Le crédit-enzéliste doit être assimilé au créancier hypothécaire. (Trib. mixte, 30 janvier 1896, J. T., 96-111.)

actes et documents de nature à éclairer le tribunal sur la situation juridique de l'immeuble. Les tiers détenteurs de titres doivent les livrer, si le requérant l'exige.

Dans un délai qui ne peut dépasser dix jours, le Conservateur fait insérer un extrait de la déclaration dans le *Journal Officiel* tunisien et envoie copie de cet extrait au chef du service topographique, au juge de paix et au caïd du ressort dans lequel l'immeuble est situé. Ces magistrats doivent donner à la demande une publicité suffisante.

Dans les quarante-cinq jours qui suivent l'insertion au *Journal Officiel*, le chef du service topographique délègue un géomètre assermenté pour procéder au bornage de l'immeuble. La date de l'opération est annoncée au public vingt jours à l'avance. Le cheik du territoire en est prévenu. Elle a lieu en présence du requérant ou lui dûment appelé, et se poursuit sans avoir égard aux réclamations qui peuvent se produire et qui sont seulement consignées au procès-verbal. La date de la clôture du bornage est annoncée au *Journal Officiel*.

C'est dans un délai de deux mois après cette date que les oppositions doivent se produire : elles sont reçues par le Conservateur de la propriété foncière, le juge de paix et le caïd. Ces oppositions sont mentionnées sur un registre spécial.

Dans les trois mois de la clôture du bornage, le chef du service topographique remet un plan de l'immeuble au Conservateur.

Ce fonctionnaire a dû adresser au greffe du tribunal mixte l'original de la déclaration ainsi que les pièces déposées à l'appui. C'est à ce moment de la procédure que le président désignait pour chaque affaire un juge-rapporteur, avant que le D. Beyl. du 25 février 1897 n'ait chargé de cette fonction un juge à titre permanent. Le juge-rapporteur a pour mission principale de veiller à la conservation des droits des incapables et des absents : il possède, à cet effet, des pouvoirs discrétionnaires. Sur sa demande, le président du tribunal a le droit de prolonger le délai dans lequel les oppositions peuvent se produire. Le plan de l'immeuble est également transmis au greffe du tribunal. C'est à partir de ce moment que l'opération peut revêtir un caractère contentieux.

Compétence du tribunal mixte. Litispendance et chose jugée (1). — La loi foncière de 1885 n'a pas établi d'une façon très nette la compétence du tribunal mixte ou tout au moins n'a pas défini très exactement les pouvoirs de cette juridiction. On peut y voir à la fois un tribunal administratif et un tribunal d'ordre contentieux : c'est le premier caractère qui domine lorsqu'il ne s'est point produit de contestations ; l'affaire revêt, au contraire, une apparence contentieuse lorsqu'une opposition vient à être formulée contre la demande d'immatriculation.

Quand une opposition se produit devant le tribunal mixte, celui-ci procède à son examen sans dire droit sur le fond même de l'affaire. S'il juge l'opposition irrecevable, le tribunal passe outre à l'immatriculation qui, une fois réalisée, privera l'opposant de tout recours sur l'immeuble et ne lui laissera que la ressource d'une action personnelle en dommages-intérêts contre l'auteur du dol qui aura pu se produire.

Si, au contraire, le tribunal mixte juge une opposition bien fondée, il rejette la demande d'immatriculation sans se prononcer sur le fond même de la contestation. Les parties sont remises en l'état où elles se trouvaient avant l'instance (2), et elles doivent recourir au tribunal de droit commun, si elles veulent obtenir le règlement définitif du litige (3).

Comme l'a fait remarquer M. A. Dain, dans son Rapport au

(1) Cf. Rapport d'A. Dain au gouverneur général de l'Algérie sur l'application de l'act Torrens à l'Algérie et à la Tunisie (R. A., 85-1-198) ; Ch. Gide : *Etude sur l'act Torrens* (Bull. de lég. comp., 1886, p. 317) ; Ch. Martineau : *De la force de chose jugée des jugements du tribunal mixte* (J. T. 97-161).

(2) Tunis, 1re ch., 11 avril 1891 (J. T., 91-207) ; Tunis, 1re ch., 14 mars 1892 (R. A., 92-2-257).

(3) Trib. mixte, 28 décembre 1887 (R. A., 88-2-109).

gouverneur général de l'Algérie, ainsi conçus les pouvoirs du tribunal mixte sont à la fois insuffisants et exorbitants. Ils sont insuffisants au cas de rejet de l'immatriculation, puisque la contestation n'a pas reçu de solution définitive et que le procédé employé multiplie les instances alors qu'une procédure expéditive était le principal motif de la création du tribunal mixte. Ils sont, au contraire, exorbitants quand il peut rejeter par une décision sans appel les oppositions qui se produisent et anéantir ainsi des droits d'une valeur peut-être très considérable. En fait, les décisions du tribunal mixte sont toujours motivées, mais il semble que, d'après l'article 42 de la loi foncière, le tribunal pourrait se dispenser de faire connaître les arguments sur lesquels se base sa décision.

On peut faire remarquer, en outre, qu'il y a un manque de logique à refuser au tribunal mixte le droit de se prononcer sur le fond des oppositions et, en même temps, de lui permettre de passer outre à celles qu'il juge irrecevables. Dans ce dernier cas, c'est lui qui jugera définitivement, et sa décision tranchera, sans recours possible, la question de propriété (1).

Quoi qu'il en soit de ces observations, remarquons que le tribunal mixte n'a d'autre mission que d'établir la situation juridique de l'immeuble. On peut dire qu'il ne fait que constater le droit. Nous savons déjà qu'en vertu de ce principe, il ne peut se prononcer sur les actions possessoires (2). De même, il n'aura pas à connaître de l'action en paiement des frais d'instance exposés à sa barre (3).

La mission du tribunal mixte se restreint à la recherche des droits réels ; il sera donc incompétent en ce qui concerne les droits personnels qui peuvent se rapporter à l'immeuble (4). De même, si, dans une vente faite à la barre du tribu-

(1) Tunis, 2e ch., 11 novembre 1892 (J. T., 94-566).
(2) Cf. *suprà*, p. 342.
(3) Tunis, 2e ch., 13 février 1896 (J. T., 96-288).
(4) Tunis, 2e ch., 23 mai 1894 (R. A., 94-2-408) ; Tunis, 1re ch., 23 mars 1896 (J. T., 96-241).

nal français, l'adjudicataire use de la faculté que lui accorde le
D. Beyl. du 16 mars 1892 et requiert l'immatriculation de l'immeuble, au cas où cette procédure démontrerait que l'état juridique et la consistance matérielle du fonds ne sont point tels
que les décrit le cahier des charges, l'adjudicataire ne pourra
porter son action en diminution du prix devant le tribunal
mixte (1-2).

Comme nous l'avons admis, le tribunal mixte ne fait que constater la situation juridique de l'immeuble. Ses jugements ne
portent pas de condamnation et ne sont pas susceptibles d'exécution au sens strict du mot. Il n'y a donc pas lieu de les
soumettre à la procédure d'*exequatur* (3).

La nature des pouvoirs du tribunal mixte donne à son égard,
à la théorie de la chose jugée, un caractère spécial (4). A-t-il
rejeté une demande d'immatriculation, les parties peuvent
reprendre devant le tribunal de droit commun tout le litige,
sans se préoccuper du préjugé qui peut résulter du rejet de
l'immatriculation (5) ; cette solution n'a, d'ailleurs, rien que
de très juridique, car l'autorité de la chose jugée ne s'attache
qu'au dispositif des jugements et non à leurs considérants ; or,
la décision se contente de rejeter la demande sans dire droit
sur le fond de la contestation, à tel point que le jugement
portant refus de l'immatriculation ne constitue, à l'égard du
demandeur, qu'un simple débouté en l'état, qui lui permet de
recommencer la procédure s'il fournit une nouvelle preuve de
ses droits (6). Au contraire, si le tribunal mixte prononce l'admission de la requête, le titre de propriété, dressé à la suite de
sa décision, doit être respecté. Le décret du Président de la

---

(1) Trib. mixte, 29 octobre 1895 (J. T., 95-580).
(2) Le tribunal mixte est incompétent au sujet des oppositions qui touchent le domaine public (Trib. mixte, 28 mai 1895 J. T., 95-548).
(3) Alger, 1re ch., 26 mars 1895 (Clunet, 95-1051) ; Cf. *suprà*, p. 246.
(4) Cf. Martineau, article cité (J. T., 97-161).
(5) Tunis, 1re ch., 26 novembre 1894 (J. T., 95-23) ; Tunis, 2e ch.,
26 février 1897 (J. T., 97-156).
(6) Trib. mixte, 2e ch., 20 mars 1897 (J. T., 97-156).

République du 17 juillet 1888 est formel : le jugement du tribunal mixte acquiert donc, dans ce cas, une véritable autorité de chose jugée (1).

En principe, il n'existe pas de litispendance entre la juridiction française et la justice du Bey, puisqu'elles émanent de deux souverainetés différentes (2). Il serait, toutefois, inexact d'appliquer cette règle aux rapports des tribunaux français avec le tribunal mixte, bien que ce dernier soit certainement tunisien ; en décidant de la sorte, le tribunal de Sousse (3) a oublié que la matière faisait l'objet de règles spéciales. Elles sont formulées dans les articles 35 et 36 de la loi foncière.

Aux termes de l'article 35 de cette loi, toute personne citée devant le tribunal de droit commun peut dessaisir cette juridiction en formant, avant toute défense au fond, une demande d'immatriculation et en suivant sur cette demande. Il est certain que ce droit appartient au défendeur seul (4) ; il est, en outre, indispensable que la demande soit formée *in limine litis* (5), et cette faculté ne doit pas être reconnue au défendeur cité devant le tribunal de droit commun et opposant à l'immatriculation de l'immeuble litigieux, requise par le demandeur, à moins qu'il n'ait lui-même demandé l'immatriculation de la partie de l'immeuble revendiqué par lui et objet de son oppositoire à ladite immatriculation (6).

La loi de 1885 stipulait que les contestations pendantes au jour de sa promulgation resteraient du ressort des tribunaux de droit commun et que l'immatriculation serait suspendue jusqu'à leur décision définitive. Cette disposition de nature transitoire n'a plus aujourd'hui grand intérêt. Cependant, il est

(1) Tunis, 1re ch., 31 janvier 1893 (R. A., 93-2-257).
(2) Cf. *suprà*, p. 241.
(3) Sousse, 28 novembre 1895 (J. T., 96-31).
(4) Tunis, 2e ch., 10 juin 1896 (J. T. 96-375).
(5) Tunis, 2e ch., 27 décembre 1893 (J. T., 94-187) ; Tunis, 1re ch., 15 janvier 1894 (J. T., 94-134) ; Tunis, 2e ch., 7 mars 1894 (J. T. 94-174).
(6) J. de p. Tunis-Nord, ressort de La Goulette. 20 mars 1894 (J T. 94-335).

admis que la litispendance devant le tribunal de droit commun
peut être invoquée à la barre du tribunal mixte (1), à la condition que l'action n'ait pas été intentée à une date postérieure
à la demande d'immatriculation (2). Le tribunal mixte peut,
d'ailleurs, exiger des parties la preuve qu'elles font les dili-
gences nécessaires pour obtenir de la juridiction ordinaire une
solution définitive (3).

L'article 36 de la loi foncière a été établi en vue d'obéir aux
capitulations et de ne pas imposer une juridiction tunisienne
à des parties qui seraient justiciables du tribunal français. En
vertu de ses dispositions, au cas où une opposition à une
immatriculation requise par un justiciable des tribunaux français serait formée par un autre de leurs justiciables, ce dernier
pourrait porter la question devant notre tribunal à la condition
de le faire avant toute défense au fond devant le tribunal mixte,
et pourvu que l'instance soit basée sur un droit existant entre
ses mains avant l'insertion au *Journal Officiel* de la déclaration d'immatriculation. Dans ce cas, le tribunal mixte doit
surseoir jusqu'à une décision passée en force de chose jugée
du tribunal compétent (4).

Depuis le D. Beyl. du 6 novembre 1888 (5), il n'est plus
nécessaire que le demandeur en immatriculation soit justiciable de nos tribunaux, et il suffit que cette condition se présente
chez l'opposant pour donner ouverture à la faculté de dessaisir
le tribunal mixte. Le renvoi devant la juridiction française
aura donc lieu alors même que le demandeur en immatriculation serait tunisien (6). La partie qui requiert le renvoi, doit
produire les justifications nécessaires pour établir que sa

(1) Trib. mixte, 1ʳᵉ ch., 24 décembre 1896 (J. T., 97-48).
(2) Tunis, 2ᵉ ch., 17 janvier 1889 (R. A., 89-2-238).
(3) Trib. mixte, 1ᵉʳ ch., 22 octobre 1896 (J. T. 96-535).
(4) Un jugement ou un arrêt de débouté en l'état ne saurait permettre
de reprendre la procédure d'immatriculation devant le tribunal mixte
(Trib. mixte, 2ᵉ ch., 1ᵉʳ mai 1897, J. T., 97-310).
(5) R. A., 88-3-199.
(6) Tunis, 1ʳᵉ ch., 23 mars et 18 mai 1896 (J. T., 96-240 et 296).

demande repose sur un droit apparent, sans que ce dépôt de pièces et l'examen que le tribunal en fait puissent être considérés comme une défense au fond (1). Quand l'affaire a été renvoyée devant le tribunal français, la mise en cause d'un Tunisien ne modifie en rien la compétence de cette juridiction, car elle lui est attribuée formellement par l'article 36 de la loi foncière lorsque l'opposant est un de ses justiciables et qu'il veut lui soumettre la contestation immobilière, née de son opposition (2). Au cas où plusieurs oppositions seraient renvoyées devant le tribunal français par une même décision du tribunal mixte, il n'en résulterait aucune connexité entre elles, et l'un des opposants ne saurait forcer l'immatriculant défendeur à mettre en cause les autres opposants pour joindre leurs instances à la sienne (3).

Instance en immatriculation. — Le greffier du tribunal mixte a dû remettre le dossier de l'affaire au juge-rapporteur, qui surveille l'opération du bornage et met les opposants en demeure de lui faire parvenir leur requête introductive d'instance dans un espace de quinze jours, augmenté des délais de distance usités en Tunisie devant la juridiction française. L'opposant est forclos s'il ne produit pas son opposition dans le laps de temps prescrit, mais il est admis que la déchéance n'est acquise que par l'expiration du délai qui suit la dernière sommation (4). Par contre, une opposition même faite dans les délais est nulle, si elle est formulée par un opposant sans qualité, et elle ne peut être reprise après l'expiration desdits délais, alors même qu'un nouvel opposant, qualifié pour agir, interviendrait dans la cause (5).

(1) Trib. mixte, 2e ch., 11 juillet et 1er août 1896 (J. T., 96-445 et note 1) ; Trib. mixte. 2e ch., 13 février 1897 (J. T., 97-307).
(2) Tunis, 1re ch., 27 mai 1895 (J. T., 95-462).
(3) Tunis, 2e ch., 8 mai 1895 (J. T., 95-433).
(4) Trib. mixte, 15 avril 1889 (J. T., 94-423) ; Trib. mixte. 2e ch., 28 novembre 1896 (J. T., 96-599).
(5) Trib. mixte, 2e ch., 12 janvier 1897 (J. T., 97-159).

La requête introductive de l'opposition contient élection de domicile à Tunis et doit être accompagnée des pièces à l'appui. Le tout est communiqué au requérant l'immatriculation à qui le juge rapporteur accorde un délai pour fournir ses réponses.

Des débats contradictoires peuvent s'élever en séance publique sur les points développés dans les requêtes et mémoires, si les parties en font la demande. Elles comparaissent en personne ou sont représentées par des mandataires qui ne peuvent être choisis que parmi les défenseurs, les avocats, membres du barreau français, et les personnes admises à représenter les parties devant l'*Ouzara*.

Le tribunal délibère en dehors de la présence des parties ; sa décision est rendue en séance publique. Elle statue sur l'admissibilité totale ou partielle de l'immatriculation, fait rectifier le bornage et le plan, s'il y a lieu, et relate les inscriptions à porter sur le titre de propriété. Un jugement préparatoire ne saurait lier le tribunal mixte dans sa décision définitive (1).

Le tribunal mixte doit juger selon le droit commun ; bien que ses décisions ne soient susceptibles d'aucun recours, il n'est pas admissible qu'il ait le pouvoir de ne pas tenir compte de la loi. Par exemple, en droit tunisien, on se trouve en présence de deux interprétations de la loi musulmane : le rite malékite et le rite hanéfite ; or, c'est au défendeur à désigner le rite selon lequel il doit être jugé. Le tribunal mixte, pour se conformer à cette règle, doit rechercher celle des deux parties qui jouerait le rôle de défendeur devant le tribunal de droit commun, pour juger ensuite selon le rite invoqué par elle (2).

Dans tous les cas, le tribunal mixte possède le pouvoir le plus absolu d'examen sur l'admissibilité de l'immatriculation.

----

(1) Trib. mixte, 1re ch., 12 novembre 1896 (J. T., 96-575).
(2) Trib. mixte, 3 mars 1899 (R. A., 90-2-184).

Alors même qu'il ne se serait point produit d'opposition (1) ou que l'opposant n'aurait pas introduit sa requête dans le délai utile (2), le tribunal n'est point tenu d'ordonner l'immatriculation. Il peut la rejeter s'il lui apparaît qu'elle porte atteinte aux droits des tiers (3); en outre, il a une vraie mission de protecteur des intérêts des incapables et des non-présents, et il peut, dans ce but, exiger du requérant l'immatriculation, en l'absence même de toute opposition, les éléments de preuve suffisants pour établir le bien fondé de sa demande et permettre au tribunal de constater qu'il n'existe aucune hypothèse où il ait à remplir son rôle de protecteur des incapables et des non-présents (4). Par exemple, si on lui demande une immatriculation à titre de propriétaire, et que le tribunal constate que le demandeur n'est qu'enzéliste, l'immatriculation ne sera ordonnée qu'à la condition d'inscrire la rente enzel sur le titre de propriété (5).

Dans les débats contradictoires, la partie qui succombe doit supporter les frais qui sont taxés par le président du tribunal mixte (6). L'auteur d'une opposition vexatoire pourrait, en outre, encourir une condamnation à des dommages-intérêts, en vertu de l'article 1382 du Code civil, par exemple s'il a fait valoir des prétentions qu'un jugement précédent a déjà repoussées ; mais le légitime exercice du droit d'opposition, sans qu'il y ait faute de la part de l'opposant, ne saurait l'obliger à réparation civile (7).

Les jugements du tribunal mixte sont dispensés de la formalité de l'enregistrement (8).

(1) Trib. mixte, 17 février 1890 (R. A., 90 2-176).
(2) Trib. mixte, 13 février 1896 (J. T., 96-164).
(3) Trib. mixte, 17 février 1890 (R. A., 90-2-176).
(4) Trib. mixte, 2e ch., 1er août 1896 (J., 96-471) ; Trib. mixte, 2e ch., 26 septembre et 28 novembre 1896 (J. T., 96-536 et 599).
(5) Trib. mixte, 3 mars 1890 (R. A., 90-2-184).
(6) Tunis, 2e ch., 13 février 1896 (J. T., 96-288).
(7) Tunis, 2e ch., 16 janvier 1890 (J. T., 91-11).
(8) D. Beyl., du 20 juillet 1896, art., 8, n° 7 (J. T., 96-397).

Notons enfin qu'un créancier peut, au nom de son débiteur, suivre sur une opposition (1).

Une fois la décision du tribunal mixte rendue, le rôle de cette juridiction est terminé. Le jugement est définitif et ne saurait être l'objet d'un recours quelconque ; c'est ainsi qu'on ne pourrait faire tomber une immatriculation en discutant la transaction qui lui a servi de base (2).

Sur une expédition signée du président du tribunal mixte, le Conservateur de la propriété foncière procède à l'immatriculation après avoir, en cas de besoin, fait rectifier le plan et le bornage. Il annule et annexe à ses archives les anciens titres de propriété produits à l'appui de la demande. Il inscrit les droits réels immobiliers, dont le tribunal mixte a reconnu l'existence.

La loi foncière de 1885 et les textes postérieurs ne parlaient point de la rectification des erreurs matérielles et des omissions qui pouvaient se produire dans la procédure d'immatriculation. Un D. Beyl. du 25 février 1897 (3) est venu combler cette lacune en donnant au tribunal mixte la mission de rectifier les omissions et les erreurs matérielles contenues soit dans les relevés et plans du service topographique, soit dans les jugements prononçant l'immatriculation, soit dans les titres de propriété établis en exécution de ces jugements.

Un D. Beyl. du 19 mars 1897 (4) complète ces dispositions en décidant que les seules erreurs susceptibles de rectification sont les erreurs matérielles ou les omissions provenant d'une inadvertance de l'un quelconque des agents ayant pris part à l'immatriculation et consistant en une faute d'écriture, de chiffre ou de dessin.

La demande de rectification peut être introduite dès le prononcé du jugement. Elle est prescrite par l'expiration du délai

(1) Trib. mixte, 1re ch., 19 novembre 1896 (J. T., 96-577).
(2) Trib. mixte, 1re ch., 19 novembre 1896 (J. T., 96-576).
(3) J. T., 97-110.
(4) J. T., 97-143.

d'un mois à dater de l'établissement du titre dont notification au requérant est faite dans les vingt-quatre heures par le Conservateur de la propriété foncière.

La décision du tribunal mixte ne peut, en aucun cas, porter atteinte à la propriété et aux droits réels établis par le jugement d'immatriculation.

Chaque immatriculation donne lieu à l'établissement d'un titre de propriété en langue française, comportant la description de l'immeuble, sa contenance, les plantations et constructions qui s'y trouvent et l'inscription des droits réels immobiliers et des charges qui le grèvent. Le plan y est annexé.

Le titre établi au nom d'un incapable, en porte la mention.

Les titres de propriété et les inscriptions conservent les droits qu'ils relatent, tant qu'ils n'ont pas été annulés, rayés ou modifiés.

En cas de création d'un nouveau titre, le Conservateur annule l'ancien ainsi que la copie qui en existe et garde ces derniers documents dans ses archives.

Le propriétaire et l'enzéliste reçoivent des copies authentiques du titre de propriété; les autres intéressés n'ont droit qu'à la délivrance de certificats d'inscription.

Les modifications postérieures à l'établissement du titre sont examinées par le Conservateur qui doit en tenir compte si elles sont produites dans les formes légales. Il en est de même de celles qui surviennent après le jugement du tribunal mixte, mais avant la délivrance du titre de propriété. Le jugement, en fixant la condition juridique de l'immeuble au jour où il a été prononcé, a complètement dessaisi le tribunal mixte (1).

(1) Alger, 2e ch., 2 novembre 1895 (J. T., 96-129); Trib. mixte, 2e ch., 5 septembre 1896 (J. T., 96-447). — La Conservation de la propriété foncière suit une pratique contraire, et soutient que l'immatriculation est réalisée, non au moment de la décision du tribunal mixte, mais lors de l'établissement du titre. Cette pratique paraît illégale. — Cf. un article anonyme sur l'immatriculation et le tribunal mixte, au J. T., 97-88. — Cf. *etiam* Trib. mixte, 1re ch., 8 avril 1897 (J. T., 97-310).

Nous n'avons pas eu, dans ces quelques notes, l'intention de fournir une étude complète sur la loi foncière du 1ᵉʳ juillet 1885; notre seul but a été de donner un tableau succinct du tribunal mixte institué par elle : nous avons seulement tenu à marquer la place que cette juridiction occupe dans l'ensemble de l'organisme judiciaire créé à la suite de l'établissement de notre protectorat. C'est à ce seul point de vue que nous nous sommes placé dans cette notice, et les indications que nous avons données sur le système organisé en 1885 n'ont eu d'autre but que de fournir les renseignements indispensables à l'intelligence exacte du rôle du tribunal mixte et de son fonctionnement. Une étude de la loi foncière elle-même eût mérité d'autres développements et soulevé des questions qui ne rentrent point dans le cadre de notre travail, et que nous avons dû écarter à regret.

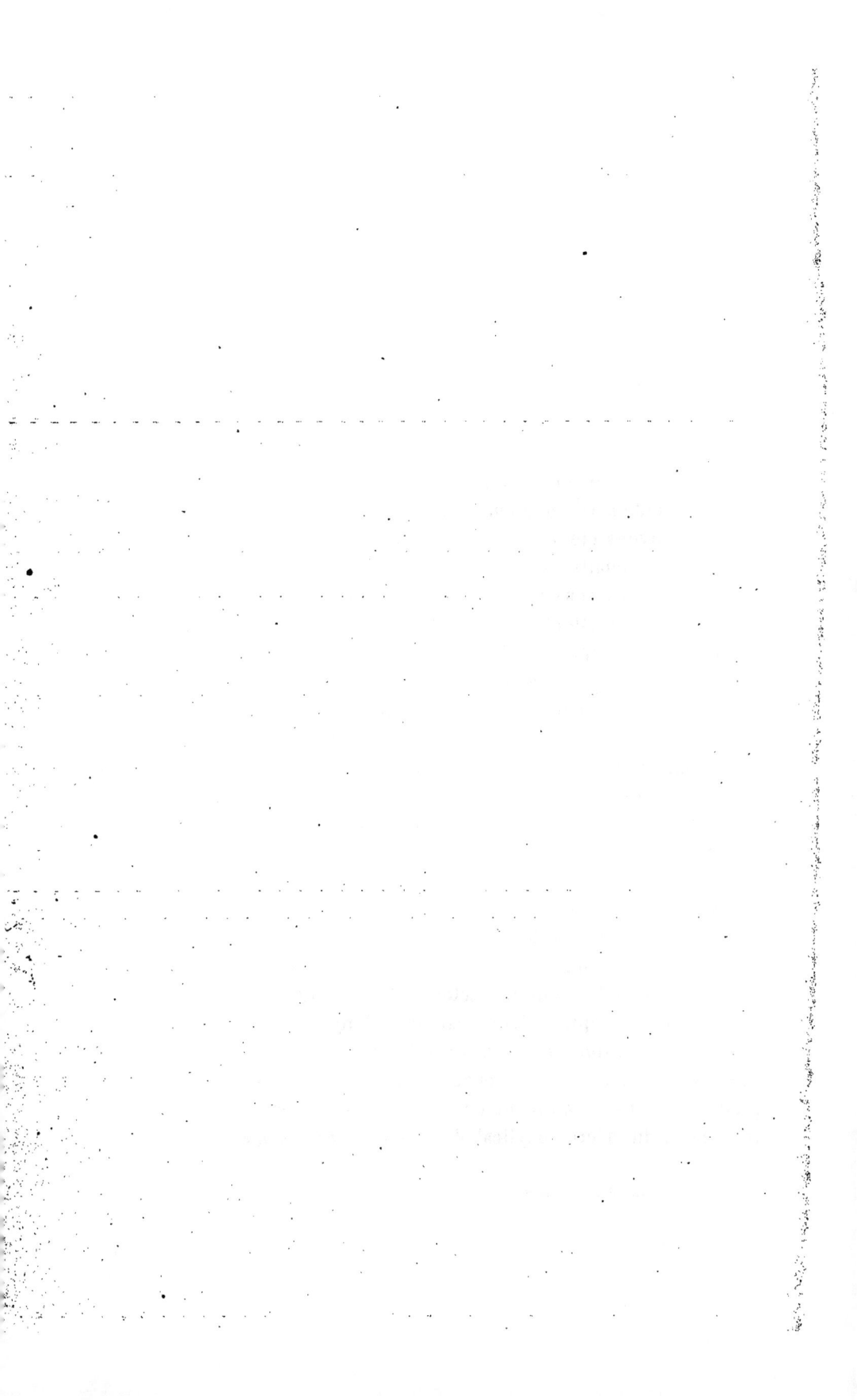

CONCLUSION

Par sa nature même, le travail que nous terminons devait être en grande partie une œuvre d'exposition : cependant, bien que nous ayons été contraint de la reporter surtout dans les questions de détails, nous nous sommes efforcé de faire une large part à la discussion. L'exposé et la critique des controverses nous permettent, pour conclure, de revenir à l'idée que nous avons développée au début de ce travail et qui considérait notre juridiction comme un élément politique de grande importance pour la consolidation de notre influence dans la Régence de Tunis. Sa création, qui a suivi si rapidement notre établissement en Tunisie, indique bien que le fonctionnement régulier de notre justice a été considéré par les organisateurs du protectorat comme un puissant moyen d'action au point de vue de l'influence politique et comme un organe indispensable du nouveau régime.

Ces considérations nous ont fait admettre de préférence dans toutes les hypothèses douteuses la solution la plus favorable à l'extension des pouvoirs de notre juridiction, comme étant la plus conforme à l'idée du protectorat. En agissant de la sorte, nous n'avons fait que suivre l'exemple donné par la Cour de cassation, dans son arrêt du 9 novembre 1894 (1), arrêt auquel nous avons souvent recouru et dans lequel elle a admis l'interprétation extensive, au point de vue de la compétence de nos tribunaux, du décret beylical du 2 septembre 1885, comme

(1) Cass. crim., 9 novembre 1894 (J. T., 94-540.

« conforme à la tendance générale de la législation tunisienne
et à l'esprit qui a présidé à la rédaction du texte précité. »

Si nous avons cru devoir repousser, dans l'espèce, cette interprétation, nous gardons cependant cet arrêt, à titre de document, comme une indication précieuse sur la façon de résoudre les questions controversées. Pour nous, comme pour les
magistrats qui ont rendu l'arrêt du 9 novembre 1894, la tendance générale de la législation tunisienne, c'est-à-dire non pas
celle du droit musulman indigène, mais bien celle de l'état
législatif, créé en Tunisie par le protectorat, cette tendance est
de faire triompher l'interprétation la plus favorable au développement de la compétence de la juridiction française.

L'évolution législative ne confirme-t-elle pas cette opinion ?
Ne voit-on pas, dès 1884 et 1885, une série de textes étendre
les pouvoirs de notre justice en matière mobilière et en matière
pénale ? N'a-t-elle pas obtenu compétence dans les affaires de
contentieux administratif ? D'autre part, la loi foncière de 1885
ne devait-elle pas lentement, mais progressivement, faire
passer les immeubles dans le domaine de notre juridiction ?
Le décret du 15 mars 1892, en rendant la procédure d'immatriculation plus facile, n'avait-il pas pour conséquence logique
d'activer ce mouvement ? Les faits confirment donc notre opinion, et nous exprimerions, à cette occasion, certains regrets ;
il est fâcheux que l'administration du protectorat n'ait pas eu
plus d'esprit de suite et qu'elle ait autorisé divers reculs qui
n'auraient jamais dû se produire. Leur importance est peut-
être minime, mais il y a là l'indice d'hésitations qui peuvent
compromettre notre prestige sur les populations indigènes.
Nous en citerons un exemple : après avoir organisé la répression des fraudes alimentaires par un décret du 21 mai 1888 (1),
le Gouvernement beylical déférait aux tribunaux français toutes
les infractions commises contre ce premier texte, quelle que
fût la nationalité du délinquant, par un nouveau décret du

(1) R. A., 88-3-134.

11 décembre 1889 (1). Le 26 octobre 1892 (2), une révision complète de la matière vint remplacer le décret de 1888, qui fut abrogé, tandis que celui de 1889 était passé sous silence. La question devenait aussitôt douteuse : le décret de 1889 était-il lui-même abrogé par voie de conséquence? Restait-il en vigueur, et la juridiction française conservait-elle sa compétence exclusive? Aujourd'hui, depuis le D. Beyl. du 27 janvier 1897 (3), qui a procédé à une nouvelle refonte de la matière, la question ne se pose plus ; elle est malheureusement résolue dans le sens du retour au droit commun et restreint les pouvoirs de la juridiction française à la répression des infractions commises par ses justiciables ; les indigènes seront jugés par le magistrat tunisien, tandis que, d'après le décret de 1889, ils étaient renvoyés devant nos tribunaux correctionnels.

Nous désirerions voir une réforme, qui nous paraît capitale, venir compléter un régime qui serait dirigé avec une unité de vues plus marquée. Nous faisons ici allusion à l'organisation d'une Cour d'appel à Tunis ; nous n'avons pas à revenir sur les inconvénients pratiques qui résultent de l'éloignement où se trouve la Cour d'Alger ; ce motif, à lui seul, justifierait une réforme, mais il n'est peut-être pas celui qui la rend le plus nécessaire. Pour nous, l'existence d'une Cour d'appel, à Tunis, est le complément naturel et indispensable de notre organisation judiciaire dans la Régence ; l'influence française ne pourra qu'y gagner. Aujourd'hui, la justice française, en Tunisie, manque d'une juridiction supérieure qui la dirige ; la Cour d'Alger est trop éloignée pour remplir efficacement ce rôle ; elle est, en outre, placée dans de mauvaises conditions pour exercer une pareille mission. Les nombreux conflits de jurisprudence qui s'élèvent entre elle et les tribunaux de Tunis et de Sousse sont là pour en fournir une preuve évidente. Influencés par la situation de l'Algérie, les magistrats de la

(1) R. A., 90-3-11.
(2) R. A., 92-3-208.
(3) J. T., 97-70.

Cour d'Alger ne se rendent pas un compte exact de l'état particulier de la Régence. Ils ont une tendance naturelle à assimiler la Tunisie à l'Algérie, sans accorder une importance suffisante à la différence de nature qui existe entre le protectorat et l'annexion et sans se rappeler que le droit musulman a eu dans la Régence un développement qu'il n'a jamais atteint en Algérie, ce qui a établi entre les législations indigènes des deux pays des différences notoires. On peut encore reprocher à la Cour d'Alger une tendance trop marquée à restreindre la compétence de notre juridiction. Une Cour d'appel siégeant à Tunis ne suivrait probablement pas de pareils errements, et l'influence nationale ne pourrait qu'y gagner.

Nous voudrions, en outre, voir affirmer la compétence de nos tribunaux dans toutes les instances où un Européen est en cause. Ce résultat n'est pas encore acquis à l'égard des litiges immobiliers. Cette réforme nous paraît utile pour le développement de notre colonisation ; elle nous semble résulter de la nature du protectorat. Il est, de prime abord, contraire à la notion de ce régime que les nationaux du protecteur puissent être soumis à la juridiction indigène, quand il existe sur le territoire protégé une justice organisée par la puissance protectrice (1).

Tels sont les vœux que nous formulerions avec le plus d'insistance : leur réalisation nous semble indispensable pour compléter, au point de vue judiciaire, l'œuvre du protectorat. La France peut déjà, malgré quelques erreurs inévitables, con-

_____

(1) Sans aller jusqu'à soutenir que le droit de juridiction accordé au protecteur sur ses nationaux dans l'Etat protégé, soit un élément essentiel de tout protectorat, il faut reconnaître qu'il en est une des conséquences naturelles. Les pays protégés sont, en général, d'une civilisation inférieure, et leur justice ne donne que de médiocres garanties aux nationaux du protecteur : ce dernier trouve, en outre, dans l'établissement d'une juridiction qui lui soit propre, une façon de rehausser son prestige et de sauvegarder sa dignité. — Cf. à ce sujet : Despagnet, *op. cit.*, p. 350 ; Gairal, *op. cit.*, p. 240 ; Gillet, *Des droits de la puissance protectrice sur l'administration de l'Etat protégé.* (Rev. gén. de dr. int. pub. 1895, p. 607.)

sidérer avec une légitime fierté l'ouvrage qu'elle a accompli dans la Régence. Ce succès doit être pour elle un encouragement à le perfectionner encore et un stimulant à terminer avec méthode et prudence la conquête pacifique de la Tunisie au régime de la civilisation.

Vᵘ : le Président de thèse : Vᵘ : le Doyen de la Faculté de droit :

A. CHAUSSE. VIGIÉ.

VU ET PERMIS D'IMPRIMER :

Montpellier, le 5 mai 1897.

Le Recteur :

GÉRARD.

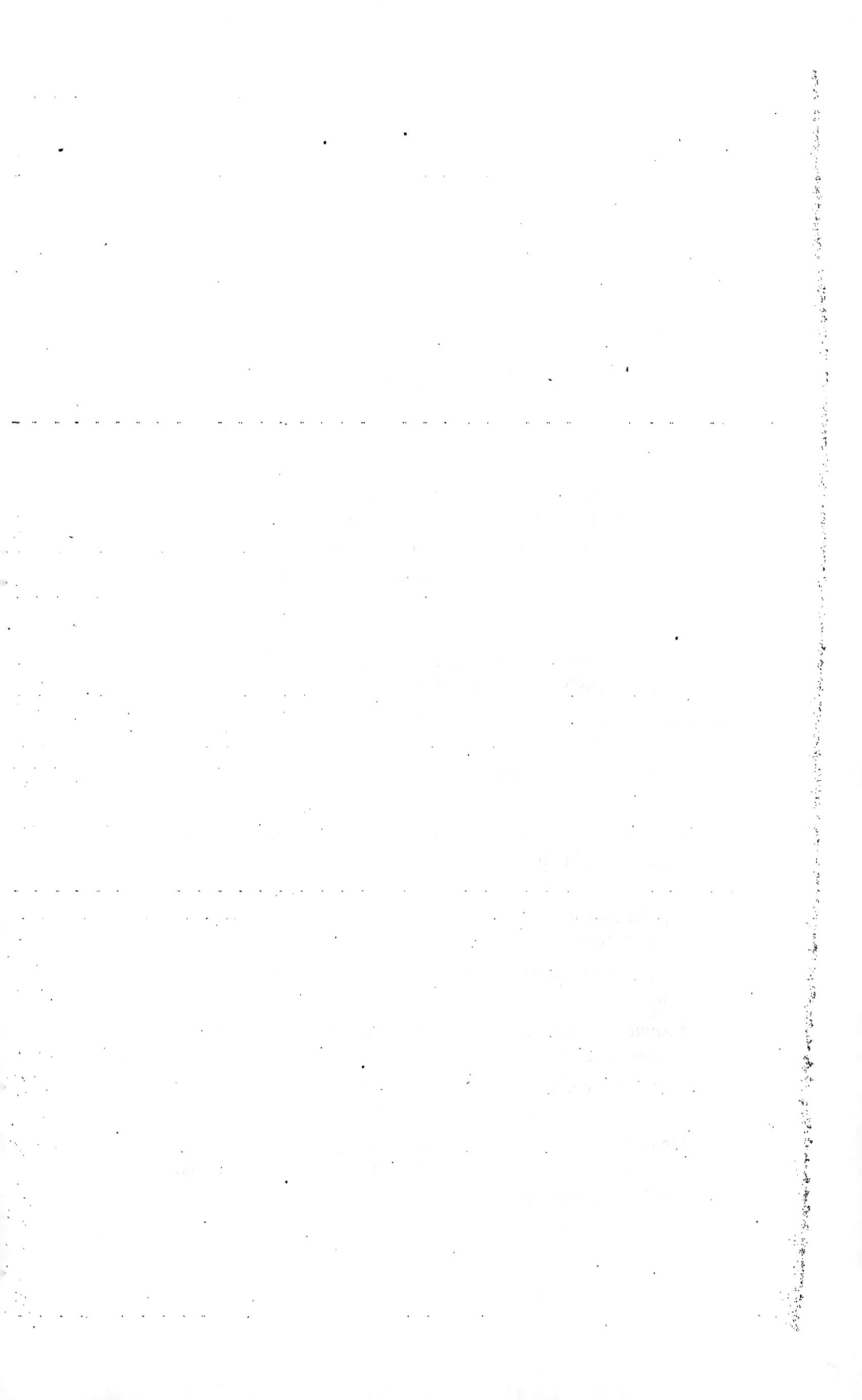

BIBLIOGRAPHIE

Abribat. — *Recueil de notions de droit musulman* (rite malékite et rite hanafite) *et d'actes notariés d'après le Cheikh Mohammed Elbachir Ettouali.* — Tunis, 1897.

Audinet. — *De la compétence des tribunaux français d'Algérie dans les contestations entre étrangers.* — Alger, 1887 (reproduit dans la R. A. 87-1-211 et 271).

— *De la nationalité française en Algérie et en Tunisie.* — Alger, 1889. (Reproduit dans la R. A. 89-1-149 et 165).

Berge. — *La juridiction française en Tunisie.* — Tunis, 1895. (Reproduit au *Bulletin de la Société de législation comparée,* 1895, p. 464).

— *Note sur la jurisprudence en matière d'enzel.* (J. T. 93-117).

— *Revue de la jurisprudence en matière d'expropriation pour cause d'utilité publique.* (J. T. 93-211).

— *De la nationalité des indigènes musulmans ou israélites au point de vue de la compétence de la juridiction française.* (J. T. 93-375).

— *Notes sur la jurisprudence en matière de Mahsoulats.* (J. T. 94-137).

— *Examen de la jurisprudence sur les servitudes relatives aux immeubles tunisiens.* (J. T. 94-283).

— *Vocabulaire des termes empruntés par la pratique judiciaire au langage indigène.* (J. T. 95-158).

— *De l'exécution en Tunisie des jugements français et de l'exécution en France des jugements rendus en Tunisie.* (Clunet, 1895-782).

Besson. — *Législation civile de l'Algérie*. — Paris, 1894.

Bompard. — *Législation de la Tunisie*. — Paris, 1888.

Bourde. — *La Tunisie*. (Journal *Le Temps*, janvier 1890).

Cambon (Paul). — *Rapport sur la loi immobilière du 1ᵉʳ juillet 1885*.

Carnières (de). — *La Réforme des Mahsoulats*. — Tunis, 1895.

Caudel. — *Les indigènes tunisiens*. (Ann. de l'école libre des sciences politiques 1892, p. 670 et 1893, p. 7).

Charpentier. — *Analyse du cours de législation algérienne*. — Alger.

Chastenet. — *A propos de la nouvelle loi tunisienne sur l'organisation de la propriété foncière*. (Journ. des Economistes, 1889, t. I, p. 360).

Clavel. — *Droit musulman. Du statut personnel et des successions*. Paris, 1895.

— *Le wakf ou habous d'après la doctrine et la jurisprudence*, 2 vol. Le Caire, 1896.

Cosseron de Villenoisy (général). — *La France à Tunis*. — Paris, 1891.

Coulon. — *Note sur la jurisprudence en matière de propriété immobilière tunisienne*. (J. T. 96-181).

— *De la compétence des Tribunaux français de Tunisie en matière d'avarie de transport sur mer* (J. T., 97-247 et 281).

Dain. — *Le système Torrens*.

— *Rapport au gouverneur général de l'Algérie sur l'application de l'act Torrens en Algérie et en Tunisie*. (R. A., 85-1-298).

Despagnet. — *Essai sur les protectorats*. — Paris, 1896.

Dislère et de Mouy. — *Droits et devoirs des Français dans les pays d'Orient et de l'Extrême-Orient*. — Paris, 1893.

Dianous (de). — *Notes de législation tunisienne*. — Paris, 1894.

Engelhardt. — *La situation de la Tunisie en droit international*. (Rev. de droit international et de lég. comp., 1881, p. 331.)

ENGELHARDT. — *Les protectorats romains* (Rev. gén. de dr. int. public, 1895, p. 489).

— *Les protectorats anciens et modernes.* — Paris, 1896.

ESTOURNELLES de CONSTANT (Baron d') (sous le pseudonyme de P. H. X.). — *La politique française en Tunisie ; le protectorat et ses origines (1854-1891).* — Paris, 1891.

FAUCON. — *La Tunisie avant et depuis l'occupation française.* — 2 vol. Paris, 1893.

FOURNIER DE FLAIX. — *Les progrès et les* desiderata *de la Tunisie.* (Econ. franç., 1893, t. I, p. 205).

FRANCE DE TERSANT (DE). — *Exposé théorique et pratique du système Torrens.*

GAIRAL. — *Le Protectorat international.* — Paris, 1896.

GÉRARD. — *De la nature juridique du protectorat.* (R. A. 1893-1-117).

GIDE (Charles). — *Etude sur l'act Torrens.* (Bull. de lég. comp. 1886, p. 317).

GIRAULT. — *Précis de législation et d'économie coloniales.* — Paris, 1894.

HACHENBURGER. — *De la nature juridique du protectorat et de quelques-unes de ses conséquences en matière pénale.* — Paris, 1896.'

HUGUES et LAPRA. — *Code algérien.*

JACQUEY. — *De la loi applicable au taux de l'intérêt légal en Tunisie pour les créanciers français.* (R. A. 87-1-171).

LANESSAN (de). — *La Tunisie.* Paris, 1887.

LENEPVEU DE LA FONT. — *De la juridiction des Tribunaux français en Tunisie et de leur compétence à l'égard des étrangers.* (Clunet, 1883, p. 437).

— *Extension de la juridiction française en Tunisie.* (Clunet, 1884, p. 489).

LEROY-BEAULIEU (Paul). — *L'Algérie et la Tunisie;* 2ᵐᵉ édit., Paris, 1893.

MARTINEAU (Charles). — *De la compétence des juges de paix en Tunisie.* — Tunis, 1895. Reproduit au J. T. 1895, p. 313, 345 et 377).

— *De l'influence des cessions de créance sur la compétence de la juridiction française en Tunisie.* (J. T. 93-305).

— *Les actions possessoires et la nouvelle loi foncière de Tunisie.* (J. T. 96-491).

— *De la force de chose jugée des jugements du Tribunal mixte.* (J. T. 97-161).

MÉNERVILLE (de). — *Dictionnaire de législation algérienne;* 3me édit. Alger et Paris, 1877.

MEYER. — *Le protectorat en Tunisie* (Annales de l'école libre des Sciences politiques, 1888, p. 73).

ORGEVAL (d'). — *Le régime douanier de la Tunisie.* (Annales de l'éc. lib. des sc. politiques, 1889, p. 613).

PENANT. — *Répertoire de droit colonial et maritime.* — Paris, 1896.

PETIT. — *Organisation des colonies françaises et des pays de protectorat.* — Paris et Nancy, 1894.

PIC. — *Influence de l'établissement d'un protectorat sur les traités antérieurement conclus avec les puissances tierces par l'Etat protégé.* (Rev. gén. de droit int. publ., 1896, p. 613).

PILLET. — *Des droits de la puissance protectrice sur l'administration de l'Etat protégé.* (Rev. gén. de dr. int. public, 1895, p. 583).

PORÉE. — *Du régime légal fait en Tunisie aux Français et aux étrangers en matière de contentieux administratif.* (Clunet, 1889, p. 223).

RAMBAUD. — *La France coloniale.* — Paris, 1886. (Notice sur la Tunisie, par Tissot).

ROUGIER. — *Précis de législation et d'économie coloniales.* — Paris, 1895.

SAUTAYRA. — *Législation de l'Algérie.* — Paris, 1878.

SALIÈGE. — *Notes sur le droit de Chefâa en Tunisie.* (J. T. 94-507).

SEBAUT. — *Dictionnaire de la législation tunisienne*, 2ᵉ édition. — Paris et Dijon, 1895.

SOUCHON. — *Questions de compétence soulevées, en matière pénale, par l'établissement du protectorat de la France en Tunisie.* (Clunet, 94-757.)

SUMIEN. — *Du régime des successions vacantes en Algérie.*— Alger, 1894. (Reproduit dans la R. A., 94-1-93.)

TILLOY. — *Répertoire de législation algérienne.*

VIGNON. — *La France dans l'Afrique du Nord.* — Paris, 1887.

WILHELM. — *Théorie juridique des protectorats.* (Clunet, 90-205.)

— *Des protectorats.* (Ann. de l'école libre des Sc. politiques, 1889, p. 694.)

ZEYS. — *Traité élémentaire de droit musulman algérien.*

— *Les juges de paix algériens.*

ANONYMES. — *De la compétence des Tribunaux français en Tunisie en matière immobilière.* (R. A. 90-1-133).

— *Les préliminaires du traité du Bardo.* (Ann. de l'école des Sciences politiques, 1893, p. 395).

— *L'immatriculation et le Tribunal mixte.* (J. T. 97-81).

PÉRIODIQUES

Rapportant la jurisprudence concernant ou intéressant la juridiction française de Tunisie.

Journal de droit international privé, par M. Clunet. (Depuis 1881).

Tribune des colonies et des protectorats. (Publiée à Paris depuis 1891.)

Revue algérienne, tunisienne et coloniale de législation et de jurisprudence. (Publiée à Alger depuis 1885).

Journal des Tribunaux de la Tunisie (jusqu'au 31 décembre 1896, *Journal des Tribunaux français en Tunisie*).

Journal des Tribunaux algériens.

31

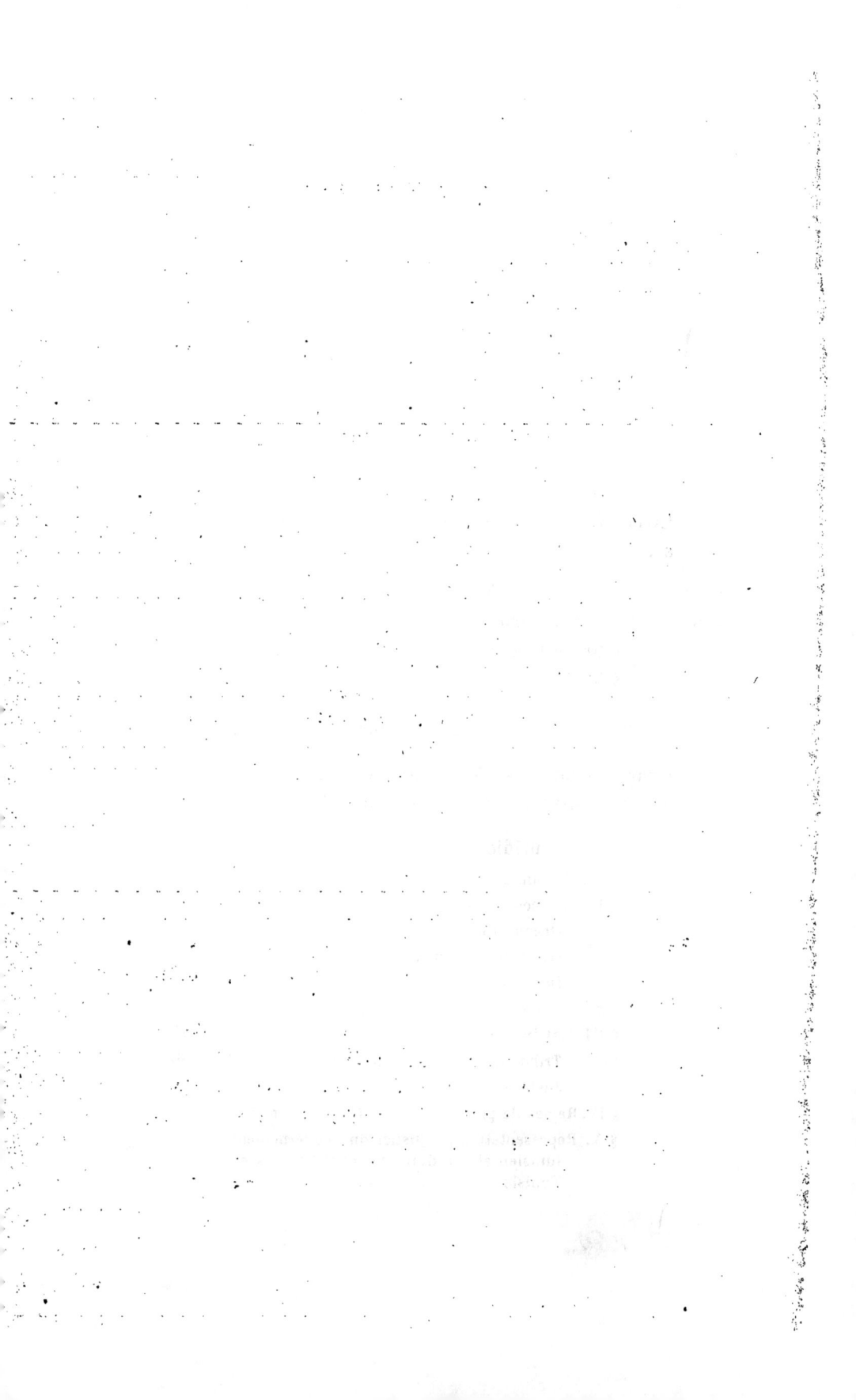

TABLE DES MATIÈRES

MONTPELLIER. — IMPRIMERIE GUSTAVE FIRMIN ET MONTANE.

www.ingramcontent.com/pod-product-compliance
Lightning Source LLC
Chambersburg PA
CBHW031627210326
41599CB00021B/3325